W0467738

hänssler

Cornelia Mack
Friedhilde Stricker (Hrsg.)

Zum Leben erziehen

Kinder auf das Leben vorbereiten

Cornelia Mack,
Freudenstadt, hat Sozialpädagogik in Tübingen studiert; 1977 Heirat, 1980 Studienabschluss mit Diplom. Sie hat vier Kinder und ist in der christlichen Frauenarbeit, bei Frauenfrühstückstreffen und in der Seelsorge tätig. Daneben ist sie Autorin und Herausgeberin zahlreicher Bücher.

Friedhilde Stricker, Diplom-Theologin, war von 1984-1986 als Missionarin in Liberia/Westafrika. Als Familienfrau und Mutter von vier Kindern arbeitet sie ehrenamtlich für MemberCare Partner, einem Netzwerk zur seelsorgerlichen Begleitung von Missionaren.

Hänssler-Paperback
Bestell-Nr. 393.781
ISBN 3-7751-3781-5

Internet: www.haenssler.de
E-Mail: info@haenssler.de
Umschlaggestaltung: Krüger & Ko.
Titelbild: SuperStock, München
Satz: Vaihinger Satz & Druck
Druck und Bindung: Ebner & Spiegel, Ulm
Printed in Germany

Die Bibelstellen sind nach Luther 1999, »Die Gute Nachricht«-Bibel sowie Hoffnung für alle zitiert.

Inhalt

Biblische Familiengeschichten

Erziehung im Kontext ...

Vorwort

■ Kinder zu erziehen, Familie zu gestalten und zu leben ist in unserer vielfältigen, multikulturellen und globalen Welt schwierig geworden.
Vielerlei Einflüsse stürmen auf Kinder und Erwachsene ein. Das Sortieren der unterschiedlichen Inhalte fällt uns oft schwer, die hinter verschiedenen Erziehungskonzepten stehenden Ideologien erkennen wir oftmals nur mühsam.
Das vor Ihnen liegende Buch möchte Ihnen Mut zur Erziehung machen, die ein gelingendes Leben des Einzelnen und der Gemeinschaft im Blick hat. Es will eine solide Basis legen für unsere Erziehungskonzepte und hilft auch zur Erkenntnis, welche Werte, welche Erziehungs-Stile biblisch begründet sind und welche nicht. Das christliche Menschenbild beruht auf anderen Werten als eine humanistische, nihilistische oder gar eine von anderen Religionen geprägte Sicht des Menschen.
Die biblische Anthropologie des Menschen gründet auf dem Bewusstsein, Gegenüber Gottes zu sein. Wir Menschen sind gerufen, unser Leben in der Beziehung zu unserem Schöpfer zu gestalten und daraus unseren Wert, unsere Würde, ebenso auch unseren Auftrag und Lebenssinn zu beziehen und vor ihm unser Tun und Lassen zu verantworten.
Gott lässt uns nicht allein im Strudel der Zeitströmungen, sondern bietet uns für unser Leben Orientierung durch klare Anweisungen und Hilfestellungen in der Bibel. Er gibt uns Werte für das menschliche Miteinander und Horizonte über unseren Alltag hinaus. Antworten und Leitlinien, aber auch provozierende Fragen – all das finden wir in der Bibel.
Wenn wir unser Leben, unsere Alltagsgestaltung, unsere Umgangsformen an der Bibel ausrichten, haben wir eine tragfähige Grundlage für die Gestaltung von Familie und anderen sozialen Netzwerken.

Familie ist ein Lernfeld für einen würdevollen und wertvollen Umgang miteinander: einander Halt geben und Freiräume zur Entwicklung und Entfaltung schaffen, Konflikte lösen, aber auch Spannungen bei Meinungsverschiedenheiten aushalten lernen. Wir lernen Verletzlichkeit bei uns selbst und anderen erkennen und respektieren. In der Familie ist es möglich, Gefühle auch einmal laut zu äußern und sich trotzdem wieder zu vertragen und Unterschiede in Charakter und Stil als versöhnte Menschen auszuhalten. So wird Familie zu einem Übungsfeld für Hilfsbereitschaft und Urvertrauen.

Miteinander in einer Familie zu leben, schafft auch eine unverwechselbare Lebens- und Familiengeschichte. Gemeinsames Leben birgt einen Schatz an positiven Erinnerungen, gestaltet die wichtigsten Lebensstationen und bedeutet für die meisten Menschen einen Reichtum an Erfahrungen und einen der verlässlichsten Begleiter durch das von Krisen bedrohte Leben.

Viele Eltern haben selbst solch einen Ort der Sicherheit und der emotionalen Grundprägung erlebt und können aus diesem Reichtum schöpfen. Andere haben solche Wert gebenden und Sicherheit vermittelnden Erfahrungen nicht gemacht und sind darum im Umgang mit den eigenen Kindern oft verunsichert.

Wo positive Konfliktlösungsmodelle nicht zur eigenen Lebensgeschichte gehören, treten oft Hilflosigkeit und Resignation an deren Stellen. Darum ist es wichtig, als Eltern auch die eigene Lebensgeschichte vor Gott zu öffnen, und wo nötig auch nach Heilung und Hilfe zu suchen, um keine negativen Prägungen und zerstörerischen Erfahrungen an die eigenen Kinder weiterzugeben.

Das vorliegende Buch möchte Wege aufzeigen, wie wir mit unseren Kindern umgehen können und Freude machen zur Erziehung. Es besteht aus einer Mischung aus biblischen Beiträgen und Erkenntnissen aus Psychologie und Pädagogik, eine Zusammenstellung, die in dieser Form bisher einmalig ist. Bei allen Beiträgen ist immer die Hoffnung im Blick, die Gott uns gegeben hat und die umsetzbare Wirklichkeit werden will in unserem persönlichen Leben und im Leben unserer Familien.

Cornelia Mack und Friedhilde Stricker

Erziehung zum Leben

Gott ist wie Vater und Mutter 1

»Du, Herr, bist unser Vater.« Jesaja 63,16
»Ich will euch trösten, wie einen seine Mutter tröstet.« (Jesaja 66,13)

■ Christliche Erziehung ist eine Erziehung, die sich an Gott selbst orientiert. Das Kennzeichen für die Erziehung Gottes ist Stabilität und Liebe. Liebe meint die Wertschätzung der Person, wie sie ist und werden kann. Sie macht die Wertschätzung nicht davon abhängig, was der andere leistet; sie erlischt auch dann nicht, wenn der andere aufgrund von Lebensbelastungen auf besondere Hilfe angewiesen ist.
Eine stabile Familie ist auch in der Liebe belastbar. Wenn Kinder in einer von Stabilität und Liebe geprägten Familie aufwachsen können, bedeutet dies einen Halt gebenden Schutzfaktor erster Ordnung gegen alle Gefährdungen.
Um solch ein prophylaktisch wirksamer Ort stabiler Liebe zu sein und zu bleiben, ist es wichtig, dass Eltern sich an Gott und seinem Wort orientieren, ihr Familienleben so gestalten, dass Gott darin Raum hat, damit sie ihr Vorhaben auch umsetzen können.

Viele Väter und Mütter bewegt die Frage: Bin ich ein guter Vater, bin ich eine gute Mutter? Die Verunsicherung ist groß. Woher nehmen Mann und Frau ihre Identität als Vater und Mutter? Diese Frage ist heute wichtiger als zu früheren Zeiten.
Unser Verständnis von Vatersein und Muttersein wird von den eigenen Eltern geprägt. Wie habe ich als Junge oder als Mädchen meinen Vater bzw. meine Mutter erlebt? Der Junge schaut sozusagen sein Vatersein von seinem Vater und das Mädchen ihr Muttersein von ihrer Mutter ab.

Früher gab es eine fest geprägte Vater- und Mutterrolle. Vatersein und Muttersein wurde mit vom gesellschaftlichen Umfeld bestimmt. Der Mann wusste: Wenn ich Vater werde, dann habe ich diese und jene Erwartungen zu erfüllen. In einer pluralistisch-individualistischen Gesellschaft, in der wir leben, gibt es keine verbindlichen Vorgaben mehr für das Vater- und Muttersein. Jeder Vater und jede Mutter ist somit für ihr Vater- und Muttersein selbst verantwortlich. Wenn nun in der eignen Herkunftsfamilie der Vater fehlte (sei es durch Tod oder Scheidung) oder die Familienbeziehungen nicht stimmen, weil jedes Elternteil seinen eigenen Weg geht, woher sollen dann die Kinder ein Vater- und Mutterbild bekommen? Kein Wunder, wenn immer mehr Väter und Mütter nach der eigenen Identität fragen. Der Sozialpsychologe Ulrich Beck weist darauf hin, dass viele Männer und Frauen in ihrem Vater- und Muttersein verunsichert sind. Diese Unsicherheit führt oft zu instabilen Beziehungen zwischen Mann und Frau und Eltern und Kindern. Kinder aber brauchen starke Eltern, an denen sie sich orientieren können.

Woher sollen Eltern ihr Vater- und Mutterbild nehmen?

Hier kann uns der christliche Glaube weiterhelfen. Das Gottesbild der Bibel ist die Dreieinigkeit: Vater, Sohn und Heiliger Geist. Der Vater begegnet uns als Schöpfer von Himmel und Erde, der Sohn als Erlöser und Befreier von Schuld und Ichgefangenschaft und der Heilige Geist als der Erneuerer unseres Lebens.

Inwiefern kann uns dieses Gottesbild helfen, unser Vater- und Muttersein zu leben?

Wenn wir die Bibel aufmerksam lesen, werden wir feststellen, dass sie uns in erster Linie Leben vermitteln möchte. Nicht irgendwelches Leben, sondern Leben aus Gott. Gott hat den Menschen zu seinem Ebenbild geschaffen und damit festgelegt, dass der Mensch nicht aus sich selbst heraus bestimmen kann, wer er ist und wie er leben soll. Alle Versuche, sein Leben selbst zu bestimmen, sind bisher gescheitert. Das gilt auch für das Elternsein.

Gott verkörpert Vater (Jes 63,16) und Mutter (Jes 66,13), darum können beide, sowohl Vater wie Mutter, ihr Vater- und Muttersein vom dreieinigen Gott ableiten.

Ich möchte drei Kennzeichen hervorheben, die für eine Elternschaft von größter Bedeutung sind:

1. die Einheit, 2. die Beziehung und 3. das Gespräch.

Die Einheit

Vater, Sohn und Heiliger Geist leben in einer tiefen inneren Einheit. Aus dieser Einheit heraus erfüllt jeder seine Aufgabe.

Für Eltern ist es wichtig, in Einheit zu leben. Diese Einheit ist die Grundlage für die Ehe und ihre Elternschaft. Aus dieser Einheit heraus bekommt die Ehe und Familie Stabilität, bekommen die Kinder Halt und Orientierung.

Kinder versuchen Eltern gegenseitig auszuspielen, das ist ganz normal. Deshalb sind gemeinsame Absprachen zwischen den Eltern notwendig.

Die Beziehung

Damit sind wir bei dem zweiten Merkmal des dreieinigen Gottes: die Beziehung. Gott Vater, Sohn und Heiliger Geist leben in einer vertrauensvollen Beziehung. Diese Beziehung ist so tief und fest, dass sie selbst als Jesus ans Kreuz geschlagen wurde, nicht wankte. Eine vertrauensvolle Beziehung hat offensichtlich etwas mit Verlässlichkeit und Zutrauen zu tun. Der Vater vertraut, dass der Sohn den Weg des Leidens und Sterbens bis zum Ende gehen wird. Der Sohn vertraut dem Vater, dass er ihm nichts zumutet, was nicht zum Guten dient und der Vater und Sohn senden den Heiligen Geist nach der Auferstehung und Himmelfahrt von Jesus zu den Menschen in der Gewissheit, dass dieser im Sinn von Vater und Sohn handeln wird und in rechter Weise das menschliche Leben erneuert, heiligt und begabt.

Menschliche Beziehungen sind immer gefährdet. Darum ist es für Eltern so wichtig, dass sie in einer festen und stabilen Beziehung zueinander und dann auch mit den Kindern leben. Aus der Entwicklungspsychologie und Pädagogik wissen wir, dass die Ehebeziehung und die Eltern-Kind-Beziehung das Fundament für ein gesundes und glückliches Familienleben sind. Je mehr Eltern in einer festen Gottesbeziehung leben und diese immer wieder erneuern und stabilisieren lassen, desto fester wird auch ihre Ehebeziehung und Eltern-Kind-Beziehung werden.

Das Gespräch

Beziehungen aber müssen gepflegt werden. Zur menschlichen Beziehungspflege gehört vor allem das Gespräch. Damit wären wir beim dritten Kennzeichen vom Vater- und Muttersein, das wir uns vom dreieinigen Gott »abschauen« dürfen. Gott ist kein stummer Gott. Er steht nicht nur in einem lebendigen Dialog mit den Menschen, sondern auch mit sich selbst. Es ist auffallend, dass Jesus, als er auf dieser Erde lebte, ständig das Gespräch mit dem Vater suchte. Der Wille des Vaters war ihm wichtiger als menschliche Meinungen. Als seine Brüder ihn aufforderten zum Laubhüttenfest nach Jerusalem zu gehen, lehnte es Jesus ab. Einige Tage später machte er sich auf den Weg und ging hin, nachdem er vom Vater grünes Licht erhalten hatte (Joh 7,1ff.). Jesus hat alles mit dem Vater abgesprochen. Auch der Heilige Geist handelt nicht eigenmächtig. Er tut nur das, was der Vater und der Sohn ihn tun heißen (Joh 14,26; 16,13). Eltern müssen miteinander im Gespräch sein und bleiben. So einfach sich das anhört, so schwierig ist es. Gespräch erfordert Zeit. Unser Alltag bringt es mit sich, dass Eltern und Kinder verplant sind und wenn etwas Zeit bleibt, braucht man sie für sich selbst. Verstummt das Gespräch, lebt sich die Familie auseinander. Die Beziehungen werden instabil und die Einheit brüchig. Darum sollten sich Eltern bewusst Zeit nehmen, miteinander im Gespräch zu sein. Es gibt im Leben eines Mannes keinen wichtigeren Gesprächspartner als die Frau und umgekehrt. Nur dann, wenn sie sich einig sind, die Beziehung fest ist und das Gespräch funktioniert, können sie einander frei geben, damit jeder seine Begabung leben und seinen ihm von Gott zugedachten Auftrag ausführen kann. Nur so werden sie zur gegenseitigen Ergänzung und schaffen damit die Voraussetzung für eine offene Familienatmosphäre, in der die Kinder Geborgenheit und Sicherheit, Stabilität und Liebe erfahren.

Von Gott her bekommen Vater und Mutter ihre Identität

In Epheser Kapitel 3 Verse 14 und 15 lesen wir:
»Deshalb beuge ich meine Knie vor dem Vater, der der rechte Vater ist über alles, was da Kinder heißt im Himmel und auf Erden.«
Das griechische Wort für Vater, *patèr*, hat eine umfassendere Bedeutung als das deutsche Wort Vater. Gott wird als der Ursprung aller Geschlechter bezeichnet. Sinngemäß können wir übersetzen: *Deshalb beuge ich meine Knie vor dem Vater, aus dem heraus alles Vatersein und Muttersein seinen Ursprung hat, ja aus dem heraus die Familie ihren Bestand hat.*
Paulus sagt uns, wie wir als Vater, Mutter und Familie unsere Identität finden. Der Weg dazu ist die demütige Hingabe des Lebens an Gott. Das Beugen der Knie ist eine symbolische Handlung, mit der wir unsere Hingabe zum Ausdruck bringen. Alles, was uns zu unserem Vatersein oder Muttersein fehlt, bekommen wir von Gott. Wir brauchen ihn nur darum zu bitten. Wie sagt es Jesus: *»Bittet, so werdet ihr nehmen, dass eure Freude vollkommen sei«* (Joh 16,24). Übertragen wir diese Aussage auf die Elternschaft, dann würde das bedeuten, dass der Mann Gott bittet, ein Vater nach seinem Willen zu sein und ebenso die Mutter. Wenn der Vater sein Vatersein und die Mutter ihr Muttersein von Gott her empfangen und aus der Kraft Gottes heraus leben, dann werden beide ein gesundes Selbstwertgefühl besitzen (1. Kor 8,6). Die Folge wird ein Familienleben sein in der eine frohe und offene Atmosphäre herrscht. Wenn Jesus von der vollkommenen Freude spricht, dann meint er damit, dass sich auch in der Familie die göttlichen Verheißungen erfüllen.
Was bedeutet es Vater und Mutter zu sein?
Betrachten wir in aller Kürze das Wesen Gottes:

Gottes Wesen ist Liebe (1. Joh 4,8.16), darum ist sein ganzes Handeln von dieser Liebe geprägt. Was auch immer Gott tut, es ist immer eine Liebestat. Diese Liebe (die Bibel hat dafür ein eigenes Wort: *Agape*, damit wir sie von aller menschlichen Liebe unterscheiden können) ist zu jedem Opfer bereit und kann auch noch dort lieben, wo nichts Liebenswertes mehr zu finden ist. Nun wissen wir, dass Kinder zum Aufwachsen vor allem Liebe brauchen.

Eltern wissen aber auch, wie schwer es ist, die Kinder jeden Tag neu in allem Auf und Ab des Alltags und der Entwicklungsphasen zu lieben. Kinder, die ohne Liebe aufwachsen, werden kaltherzig, aggressiv oder psychisch krank. Auch für Vater und Mutter gilt: *»Die Liebe Gottes ist ausgegossen in unsre Herzen«* (Röm 5,5). Darum fährt Paulus als Folge seiner Ausführungen, dass alle Vaterschaft und Mutterschaft ihren Ursprung in Gott hat, mit dem Hinweis in Vers 17 fort, dass solche Eltern *in der Liebe verwurzelt und auf sie gegründet* sind.

Ein weiterer Wesenszug Gottes ist seine Kraft. Gottes Kraft können wir in besonderer Weise an seiner Schöpfung erkennen (Jer 10,12; Röm 1,20; 1. Kor 12,6 u. a.). Diese Kraft und Stärke stellt Gott auch den Eltern zur Verfügung. Sie sollen an innerer Kraft und Stärke zunehmen, schreibt Paulus (Eph 3,16). Ist das nicht eine gute Nachricht für alle Väter und Mütter, die oft an die Grenzen ihrer Kraft kommen, wenn das Baby die gesamte Nacht schreit oder wenn es Probleme in der Schule gibt oder wenn der Teenager ihnen auf den Nerven herumtrampelt?

Der dritte Wesenszug Gottes ist Licht. In 1. Johannes 1,5 heißt es: *»Gott ist Licht, und in ihm ist keine Finsternis.«* Wenn Gott Licht ist, dann bedeutet es, dass in ihm Wahrheit und Leben zu finden sind. Ohne Licht gibt es kein Leben. Wenn Jesus sagt: *»Wer mir nachfolgt, ... wird das Licht des Lebens haben«* (Joh 8,12), dann bedeutet das für Eltern, ihr Leben echt und transparent aus der Kraft des Wortes Gottes zu gestalten. Eltern, die im Licht Gottes leben, sind Modell für ein Leben im Licht. Kinder orientieren sich am modellhaften Vorleben (Vorbild) der Eltern. Sie schauen sich Verhaltensweisen bei den Eltern ab und übernehmen vieles in ihr eigenes Leben. Die Muster, die die Kinder bei den Eltern vorfinden, prägen auch ihr Selbstbild, ihre Konfliktfähigkeit, Bindungsfähigkeit, Vertrauensbereitschaft und ihre Werteinstellung. Auf diese Weise bekommen sie ein gesundes Selbstwertgefühl.
Welche Auswirkung hat solch eine Elternschaft auf das Familienleben?
Schauen wir wieder auf Gott. Gott ist der eigentliche Erzieher aller Menschen. Betrachten wir Gott als Erzieher, der uns Menschen gegenüber wie Vater und Mutter ist, dann werden wir an Gottes Han-

deln erkennen, wie Vatersein und Muttersein gelebt werden kann. Es gibt ein Bild in der Bibel, das uns das Vatersein und Muttersein Gottes in besonderer Weise anschaulich beschreibt: das Bild vom Hirten. Dieses Bild findet sich in vielfacher Beschreibung in der Bibel wieder. Besonders anschaulich wird es uns in Hesekiel 34 in den Versen 15 und 16 beschrieben. Dort lesen wir: *»Ich will selber für meine Herde sorgen und sie zu ihren Ruheplätzen führen. Das sage ich, der Herr, der mächtige Gott. Ich will die Verlorengegangenen suchen und die Versprengten zurückbringen. Ich will mich um die Verletzten und Kranken kümmern und die Fetten und Starken in Schranken halten. Ich bin ihr Hirte und sorge für sie, wie es recht ist.«*
Besser kann elterliches Verhalten nicht beschrieben werden.
Was bedeuten diese Aussagen für unser Vater- und Muttersein?

»Meine Herde«: Das Pronomen »meine« sagt nicht, dass Gott fremdbestimmender Besitzer unseres Lebens ist, sondern in welcher Beziehung wir Menschen zu Gott leben. Er ist unser Schöpfer und Erhalter und er übernimmt die Verantwortung für unser Leben. Dieses »mein« ist verankert im Kreuz von Jesus Christus. Am Kreuz hat Gott deutlich gemacht, was es bedeutet, wenn er »mein« sagt. Er hat damit die Voraussetzungen für ein schuldfreies Leben geschaffen. Wenn Vater oder Mutter von »meinen« Kindern sprechen, dann sollten sie sich der Verantwortung bewusst sein, die sie als »Hirten« ihrer Kinder übernommen haben. Verstehen Eltern sich als »Hirten«, dann ist ihre Erziehung geprägt von dienen, Opfer bringen, schützen und versorgen, nicht aber von beherrschen oder vernachlässigen.

»Sorgen«: In anderen Übersetzungen heißt es »weiden«. Wenn Gott für uns Menschen sorgt und uns auf eine Weide führt, dann wird damit der Lebensraum und die Lebensqualität angesprochen. In Psalm 23 heißt es: *»Er weidet mich auf einer grünen Aue und führet mich zum frischen Wasser.«* So lässt es sich leben. Jesus sagt von sich, im Zusammenhang seiner Rede vom »guten Hirten«, dass er gekommen ist, damit wir Menschen Leben im Überfluss haben (Joh 10,11).
Auf die Erziehung übertragen bedeutet »weiden« und »sorgen« einen Lebensraum zu schaffen, der den kindlichen Bedürfnissen nach Spielen und Lernen, Ruhe und Aktivität, emotionaler Wärme und Geborgenheit, singen und beten gerecht wird.

»Ruheplätze«: Jeder Hirte weiß, dass Wiederkäuer Ruhe brauchen, damit sie das, was sie gefressen haben, verdauen können. Ein Hirte treibt die Schafe auch nicht über die Weide, sondern lässt ihnen Zeit, gemächlich zu grasen. Aber die Weide suchen sich die Schafe nicht selbst und nachts führt der Hirte sie in ein schützendes Gehege. So verhält sich Gott uns Menschen gegenüber. Für Eltern ist wichtig zu wissen, dass Kinder Zeiten der Ruhe und der Entspannung brauchen. Konzentrationsschwächen haben oft ihre Ursache im Stress und permanenten Leistungsdruck, dem die Kinder ausgesetzt sind. Verantwortliche Eltern gestalten das Familienleben so, dass darin genügend Ruheplätze im Tages-, Wochen- und Jahresablauf zu finden sind.

»Verlorene suchen und Versprengte zurückbringen«: In dieser Aussage kommt die göttliche Fürsorge den Menschen gegenüber zum Ausdruck. Gott ist ein suchender Gott, der jedem Menschen nachgeht und jeden gewinnen möchte. Suchen drückt die Sorge aus, die der Suchende um den Verlorengegangenen hat. Jesus erzählt in mehreren Gleichnissen, wie Gott sich um den einzelnen Menschen bemüht, ihn sucht. Das schönste Gleichnis ist wieder ein Hirtengleichnis. Ein Hirte ist mit hundert Schafen unterwegs. Eines der Schafe geht verloren. Sofort macht sich der Hirte auf die Suche. Er sucht so lange, bis er das verlorene Schaf gefunden hat. Jesus schildert die Situation mit folgenden Worten: *»Und wenn er (der Hirte) es (das Schaf) gefunden hat, dann freut er sich, nimmt es auf die Schulter und trägt es nach Hause. Dort ruft er seine Freunde und Nachbarn zusammen und sagt zu ihnen: ›Freut euch mit mir, ich habe mein verlorenes Schaf wiedergefunden!‹«* Die Suche nach dem verlorenen Schaf macht deutlich, wie hoch der Wert des einzelnen Menschen in den Augen Gottes ist.

Kinder entwickeln sich nicht immer gradlinig. Nicht nur, dass jedes Kind eine andere Entwicklung nimmt, weil es andere genetische Voraussetzungen hat. Auch auf die Umwelt reagiert jedes Kind anders. So kann es zu den unterschiedlichsten Störungen bis hin zu Verhaltensauffälligkeiten kommen. Es ist wichtig, diese zu erkennen und pädagogische und therapeutische Hilfe in Anspruch zu nehmen, um dem Kind wieder zu einer »gesunden« Persönlichkeitsentwicklung zu verhelfen. Suchen und zurückbringen sind zwei Begriffe, die verdeutlichen, dass es sich um liebevolle Maßnahmen handelt und nicht um ausgeübten Druck.

»Um die Verletzten und Kranken kümmern«: Gott sieht den einzelnen Menschen so, wie er ist und nicht wie er ihn gerne haben möchte. Verletzte und Kranke brauchen Hilfe, Zuwendung, tröstende Worte und ermutigenden Zuspruch. Eine der zentralen Aussagen im Alten und Neuen Testament ist, dass Gott sich der Schwachen, Elenden und Kranken annimmt, also sich um sie kümmert. Ich denke da an Elia, der in eine Erschöpfungsdepression gefallen war und nicht mehr leben wollte. Wie nahm sich Gott seiner an, richtete ihn körperlich und seelisch auf und machte wieder Mut zum Leben (1. Kön 19). Jesus war ständig unterwegs zu Kranken, Schwachen, Leidenden, Müden und Einsamen und half ihnen. Er ruft uns Menschen zu: *»Kommt alle zu mir, die ihr euch plagt und schwere Lasten zu tragen habt. Ich werde euch Ruhe verschaffen«* (Mt 11,28). Diese persönliche Zuwendung an den Einzelnen ist mit das Wichtigste, was Eltern ihren Kindern geben können, denn in unserer Leistungsgesellschaft werden Kinder leicht überfordert. Kinder erfahren nicht nur äußerliche Verletzungen und Blessuren, sondern noch viel mehr innere. Etwa durch andere Kinder, durch Erwachsene, die Geschwister oder durch die Eltern selbst. Eltern brauchen darum einen Blick für die Nöte des einzelnen Kindes. Schwache und kränkelnde Kinder bedürfen der besonderen Aufmerksamkeit der Eltern, damit sie weder verwöhnt, noch vernachlässigt werden. Ein vertrauensvolles, mutmachendes Wort, eine Umarmung, emotionale Nähe, einfach Dasein wirken heilend.

»Das Starke in Schranken halten«: Schranken sind Grenzen. Wir Menschen lernen oft nur, wenn wir an Grenzen stoßen und dadurch unsere Begrenztheit erfahren. Immer wieder lesen wir in der Bibel von Menschen, die Gott in ihre Schranken gewiesen hat. Da ist König Saul, den Gott einen Krieg verlieren ließ (1. Sam 28,5ff.), oder König David, dem er einen Propheten schickte, um ihn auf sein egoistisches und schuldhaftes Verhalten (Ehebruch) aufmerksam zu machen (2. Sam 12). König Hiskia schickt er eine Krankheit (Jes 38), während er Petrus, der den Mund sehr voll nahm, sein Versagen vor Augen führte (Lk 22,31-34.54-62).
Es gehört zu den Aufgaben der Eltern, Kindern Grenzen zu setzen

und Kindern, die Grenzen überschritten haben, wieder in ihre Grenzen zu weisen.
Grenzen sind Reibungspunkte, die zu Konflikten führen. Solche »Grenzkonflikte« gehören zum normalen Alltag.

Eltern, die sich an Gott orientieren, werden erfahren, wie sie in ihrem Elternsein wachsen und reifen, sie werden gerne Eltern sein und bei Gott eine unerschöpfliche Kraftquelle für ihr Vater- und Muttersein finden. Auf diese Weise werden sie ihren Kindern gegenüber nicht nur gute Eltern sein, sondern Eltern, die aus Vollmacht leben und handeln.

Elternsein in Verantwortung vor Gott 2

Partnerschaft als Prozess

■ Die Partnerschaft zwischen Eltern und Kind ist mehr als irgendeine andere Art der Partnerschaft ein Ereignis, ein Prozess. Zu einem Kind kann nur dann eine partnerschaftliche Beziehung entstehen, wenn Kinder als anvertrautes Leben verstanden werden, das nicht einfach zum »Besitz« der Eltern gehört.
Vater und Mutter sind nicht die Schöpfer ihrer Kinder. Sie haben zwar ihre Kinder gezeugt und geboren, aber sie haben sie im eigentlichen Sinn des Wortes nicht geschaffen. Junge Eltern sehen ihrer neuen Rolle und Aufgabe meist mit zwiespältigen Gefühlen entgegen. Für die Eltern beginnt eine neue Epoche ihres Lebens. Aus diesem Grund haben Entwicklungspsychologen den Vorschlag gemacht, den Beginn des Erwachsenenalters nicht bei der Loslösung vom Elternhaus anzusetzen, sondern bei der Geburt des ersten eigenen Kindes. Durch die Übernahme der Elternrolle erfährt der Lebensstil jedes Menschen einen tiefen Einschnitt.

Schon während der Schwangerschaft ändert sich die Beziehung der Ehepartner zueinander. Für viele Paare bedeutet das erste Kind einen starken Verlust von gemeinsamen Freuden. Andererseits kann aber auch eine neue tiefe Verbindlichkeit der Beziehung zueinander wachsen. Schlimm ist, dass diese gemischten Gefühle in der Gesellschaft, und zwar in gleicher Weise bei Christen und Nichtchristen, tabuisiert sind. Darüber spricht man nicht. Die Geburt eines Kindes hat prinzipiell ein freudiges Ereignis zu sein. Ängste und Ärger über den verlorenen »Spaß« am Leben dürfen nicht laut werden (U. Giesekus).

Das führt häufig dazu, dass negative Gefühle verdrängt werden, was wiederum zur Folge hat, dass sich die Ehepartner weniger gut verstehen und sich gegenseitig zunehmend Vorwürfe machen. Außerdem nehmen in der Regel über die Jahre der Kindererziehung – auch nach der Geburt weiterer Kinder – die gemeinsamen Aktivitäten der Eltern in vielen Fällen deutlich ab. Das führt unausweichlich zu Spannungen zwischen den Ehepartnern. Den Kindern bleiben die elterlichen Spannungen nicht verborgen, denn sie sind gute Beobachter. Fatalerweise beziehen die Kinder die Elternkonflikte auf sich. Sie fühlen sich schuldig und geraten in eine Zerreißprobe.

Da Kinder aber ein starkes Harmoniebedürfnis haben, werden sie alles daransetzen, um diese Spannungen zu lösen. Spannungen als solche sind unvermeidbar und in einem gewissen Maße sogar wichtig, denn Kinder müssen lernen, damit umzugehen. Übersteigt die Spannung aber das erträgliche Maß, wird das Risiko für ein Kind zu groß, diese Belastung auszuhalten.
Was können Eltern tun, damit ihre Kinder nicht in die Zerreißprobe ehelicher Spannungen geraten?

Oft ist es schwierig, als Eltern zu erkennen, was innerhalb der Familie krank ist. Jeder Elternteil ist unmittelbar betroffen und damit nicht mehr objektiv, anders ausgedrückt: betriebsblind. Eine große Hilfe können gute, verschwiegene Freunde sein, mit denen man offen über Familienprobleme sprechen kann, ohne befürchten zu müssen, dass das Gesagte nach außen getragen wird.

Christliche Eltern sind sich dessen bewusst, dass sie vor Gott als Erzieher ihrer Kinder immer Anfänger bleiben. Sie brauchen sich in ihren Anfechtungen, in ihrer Müdigkeit, in ihrem Scheitern nicht vor Gott zu verstecken. Durch die Vergebung, die sie von Jesus für ihr Versagen erbitten können, werden sie befreit, ihre Kinder neu zu sehen, die Last ihrer Kinder in der Zerreißprobe mitzutragen, wie Jesus es getan hat. Nur im Bewusstsein der eigenen Ohnmacht, der eigenen Armut, der eigenen Grenzen können Eltern ihren verantwortungsvollen Auftrag an ihren Kindern wahrnehmen.

Der Mensch im Machtgefüge der Sünde

Nach dem Zeugnis der Bibel ist die Sünde nicht nur eine Seinsweise des einzelnen Menschen, sondern die Sünde »schafft auch einen sündigen Zusammenhang, in dem wir alle stehen« (G. Bohne).

Jeder Mensch steht von Anbeginn seines Menschseins an im Machtbereich der Ursprungssünde.
Allerdings ist die Ursprungssünde keine »Erbmasse«, die – auf welchem Weg auch immer – weitergegeben wird. Sondern ein Machtbereich, in den der Mensch hineingeboren ist. In der aller Heilsgeschichte vorausgehenden Urgeschichte wird die Ursprungssünde mit folgenden Ereignissen gekennzeichnet:

- Adam und Eva greifen in den Raum über, den Gott sich allein vorbehalten hat. Sie essen vom Baum der Erkenntnis (1. Mose 3,1-24).
- Gemeinschaft zwischen Gott und den Menschen ist nicht mehr möglich. Auch die Gemeinschaft zwischen Mann und Frau ist nachhaltig gestört (1. Mose 3,16). Gott schickte Adam und Eva aus dem Garten fort (1. Mose 3,23).
- Das ungesunde Wetteifern unter den Brüdern führt zur Ermordung Abels durch seinen Bruder Kain (1. Mose 4,1-16).
- Die Überheblichkeit des Menschen im Bereich des Machbaren findet seinen Ausdruck im Turmbau zu Babel (1. Mose 11,1-9).

Die typischen Merkmale der Ursprungssünde sind »Abwendung von Gott, gieriges An-sich-Reißen eines von Gott stammenden Gutes, Weigerung, das göttliche Gebot zu befolgen, absolut gesetztes Eigeninteresse bis zur Selbstvergottung, Nichtbeachtung von schöpfungsgemäßen Grenzen« (A. Ganoczy).

Seit diesen Grundentscheidungen der Menschheit bedeutet Ursprungssünde, »dass wir die Sünde niemals als eine noch offene Möglichkeit ergreifen, sondern dass wir bereits immer von der Sünde herkommen« (H. Thielicke).

Christliche Erziehung

Auch christliche Eltern müssen sich dessen bewusst sein, dass sie Menschen mit Fehlern und Schwächen sind und dass sie selbst täglich von der Vergebung durch Jesus leben. Ihr größtes Anliegen ihren Kindern gegenüber ist es, durch ihr Tun und Leben dazu beizutragen, dass ihre Kinder an Jesus Christus glauben und seinem Wort vertrauen.
Kein Kind kommt aus sich heraus zum Glauben an Gott. Schmerzlicher denn je erleben wir in unserer immer gottloser werdenden Welt, dass das Kind dem Glauben als Lebensstil des eigenen Milieus begegnen muss, um ihn für sich zu entdecken und zu realisieren. Denn Kinder können etwas ganz Bestimmtes nur dann entdecken, wenn es für sie entdeckbar gemacht wird. Kinder müssen selbst fragen, suchen und finden dürfen.
Cyrill, der erste Bischof von Jerusalem (um 313–387), wurde berühmt durch seine vorbildlich christliche Unterweisung, die zahlreiche Menschen veranlasste, dem Heidentum den Rücken zuzukehren, um Christ zu werden. Er wurde einmal gefragt, wie er einen Menschen zum Glauben führe. Er antwortete: »Ich lasse ihn ein Jahr bei mir wohnen.«
Christliche Erziehung ist die gemeinsame, Generationen übergreifende Erfahrung, dass Gott unser Leben trägt und täglich aus seiner Vergebung erneuert.

Solch eine Grundhaltung begründet Gemeinschaft zwischen Eltern und Kindern. Wo diese Regeln Grund und Maßstab christlicher Erziehung sind, werden Eltern davor bewahrt, ihre Kinder aus der Überlegenheit der Elternposition zu behandeln. Aus diesem Grund werden die Unterschiede nach Alter und sozialer Stellung relativiert. Da werden die Lehrenden zu Lernenden. Eltern erfahren an und mit ihren Kindern die Chance, ihr Leben täglich vor Gott zu erneuern und lebendig zu halten.

Autorität und Vertrauen

Der Begriff »Autorität« geht auf das lateinische Wort »auctoritas« zurück, das soviel bedeutet wie »Urheberkraft«, »Urheberschaft«.

Es ist bereits im 16. Jahrhundert in den deutschen Sprachraum eingedrungen und wurde im Lauf der Geschichte auch zur Bezeichnung von Überlegenheit und Befehlsgewalt. Wie in anderen Bereichen, zum Beispiel in der Kirche und im Staat, so kam es auch in der Erziehung zu einem Missbrauch. Die Autorität der Eltern wurde als blinde Machtüberlegenheit verstanden.

Erziehung zum Gehorsam soll das Kind nicht *unterordnen*, sondern *einordnen*, einordnen in die menschliche Gesellschaft, die von jedem einzelnen Menschen gewisse Anpassungsleistungen erwartet. Ein Übermaß an Verboten und Geboten hindert ein Kind daran, selbständig zu werden und eigene Interessen zu vertreten. Zu viel Zwang treibt das Kind entweder in die Resignation oder in die Opposition. Da, wo das Kind zu einem Gebilde oder Produkt der Erziehung degradiert wird, ist das Kind seiner Persönlichkeit, seiner Würde beraubt.

Katharina Rutschky (1977) bezeichnet eine Erziehung, der es um Gehorsam um jeden Preis, Gehorsam um des Prinzips willen geht, als »Schwarze Pädagogik«. Damit ist alles das gemeint, was der Führung des Kindes zur Mündigkeit widerstreitet. Ziele der Schwarzen Pädagogik seien:

- die rechtzeitige Beugung des eigenen Willens. Der eigene Wille des Kindes müsse gebrochen werden.
- Neugier, vor allem auf dem Gebiet der Geschlechtlichkeit, müsse unterbunden werden. Kinder sollen Tag und Nacht überwacht, bei jeder Heimlichkeit überführt, bei jeder Unwahrheit bloßgestellt werden.
- Das Kind wird an den moralischen Maßstäben des Erwachsenen gemessen. Zugleich aber wird es ängstlich abgeschirmt vor einer Einsicht in die Fehler der Erwachsenen.
- Erwachsene seien dem Kind gegenüber unfehlbar, das Kind dagegen neige zu ständiger Bosheit und Unart.

Auf diesem Hintergrund kommt Alice Miller (1980) zu dem Schluss: »Erst die Sensibilisierung für die feinen und subtilen Arten der Demütigung eines Kindes können uns helfen, den Respekt für das Kind zu entwickeln, den es vom ersten Tag seines Lebens braucht, um seelisch wachsen zu können.«

Aufgrund vieler seelsorgerlicher Gespräche liegt die Vermutung nahe, dass bis zum heutigen Tag noch in vielen christlichen Familien Methoden der so genannten Schwarzen Pädagogik angewandt werden. In wohlmeinender Absicht, nur das Beste für ihr Kind zu wollen, handeln Eltern nach Martin Luthers Grundsatz aus dem Deutschen Katechismus von 1529: »Willst du nun nicht Vater und Mutter gehorchen und dich lassen (er-)ziehen, so gehorche dem Henker ... gehorche dem Streckebein, das ist der Tod.«

Zur Zeit Luthers kannte noch niemand den Begriff Erziehung im heutigen Sinn. Zu seiner Zeit kam wohl kaum jemand auf den Gedanken, ein Kind solle durch Erziehung freigesetzt werden zur Selbständigkeit und Personalität. Vielmehr stand für Luther und seine Epoche fest, dass ein Kind unmöglich ohne harte Zucht in die Ordnung des kirchlichen, politischen und moralischen Lebens einzufügen sei.

Für die Schwarze Pädagogik ist das Kind ein hilfloses, törichtes, böses oder sogar krankes Wesen. Dem ist entgegenzuhalten, dass Gott jedes Kind als eigene Persönlichkeit geschaffen hat und jedem Kind eine eigene, einmalige Würde verliehen hat. Eltern, die ihr Kind in dieser Weise aus Gottes Hand annehmen, werden ihr Kind durch behutsames Begleiten und denkendes Mitwirken hin zur Selbstständigkeit und Personalität ihres Kindes erziehen.

Eltern müssen Entscheidungen treffen, denn wer erzieht, entscheidet immer von neuem, was seines Erachtens richtig oder falsch, gut oder nicht gut ist. Aber sie sollten es in der Weise tun, dass sie vom Kind her denken, in Fühlung mit ihm stehen, auf seine Förderung bedacht sind. Bei jeder Handlung sollten sie sich fragen, wie sie ankommt. Eltern sollten auch offen und bereit sein, Fehler zuzugeben und ihre Kinder um Verzeihung zu bitten. Auch einem dreijährigen Kind gegenüber kann man schon sagen: »Es tut mir Leid, hier habe ich mich geirrt, hier habe ich nervös und ungeduldig reagiert.«

Eltern, die ihren Erziehungsstil vom Geist Jesu bestimmen lassen, werden ihre Kinder als eigene Persönlichkeiten achten, sie werden sie lieben und ihnen ihre Fehler und Vergehen bedingungslos vergeben, weil sie wissen, dass Gott auch ihnen bedingungslos entgegenkommt.

Es ist weder Eltern noch Kindern damit gedient, den Begriff »Autorität« zu zerstören oder total auszuklammern. Zu vermeiden ist der Missbrauch der Autorität als blinde Machtüberlegenheit, und notwendig ist die Rückkehr zur ursprünglichen Bedeutung des Wortes »Autorität«. *Autorität* – im Unterschied zur blinden Gewalt – liegt nur dann vor, wenn der Inhaber von Autorität auf einer in einem letzten Grunde gleichen Ebene mit dem steht, über den er Autorität ausübt. So sind Eltern und Kinder gleichermaßen Geschöpfe Gottes. Ihre Würde ist unantastbar und in ihrer Persönlichkeit sind sie unvergleichbar und einmalig. Eine Autorität auf dieser Basis entmündigt nicht, »sondern ruft diejenigen, die unter ihr stehen, gerade zur Mündigkeit auf. Sie fordert nicht Kapitulation, sondern verantwortliche, d. h. mündige Kontrolle« (H. Thielicke).

Eine so verstandene Autorität belässt das Kind nicht in einer reinen Abhängigkeit von seinen Eltern, sondern macht das Kind zum Partner der Eltern. Die Partnerschaft zwischen Eltern und Kind ist ein Prozess, der sich mit dem Heranwachsen des Kindes immer weiterentwickelt. Sie ist ein dynamisches Geschehen, bei dem die Faktoren *Vorschusskredit*, *Glaubwürdigkeit* und *Vertrauen* eine entscheidende Rolle spielen.

- *Vorschusskredit* haben die Eltern für eine partnerschaftliche Beziehung zu ihren Kindern insofern, da die ersten Grunderfahrungen, die ein Kind macht, die »der Güte und hingebenden Liebe« von Vater und Mutter sind (G. Bohne).
- *Glaubwürdigkeit* wird in der Beziehung Eltern – Kind vor allem dadurch gestützt, dass die Anordnungen der Eltern »konsequent sind und ihre Voraussagen eintreffen« (J. Wiebering). Grundsätzlich ist ein Mensch nur dann glaubwürdig, wenn er in Übereinstimmung mit der von ihm vertretenen Meinung existiert.
- *Vertrauen* ist nicht zu verwechseln mit Leichtgläubigkeit. Vertrauen wächst immer dann, wenn die Autorität ein hohes Maß an Konstanz aufweist.

Gehorsam und seine Grenzen

Im Lauf der Entwicklung werden Vater und Mutter immer mehr von der Forderung zum Rat übergehen und dem Heranwachsenden die Entscheidung überlassen. Die Forderung eines unmittelbaren direkten Gehorsams ist nur dann sinnvoll, »wenn eine eigene Entscheidung noch nicht möglich ist« (J. Wiebering).
Von dem Zeitpunkt an, von dem Kinder aus eigener Einsicht das Richtige tun können, stehen Vater und Mutter vor der Aufgabe, ihre Weisungen und Gebote zu begründen, um sie ihren Kindern einsehbar zu machen.

Wie die Autorität, so ist auch der Gehorsam in eine sich immer weiterentwickelnde Partnerschaft zwischen Eltern und Kind einzubinden. Diesen Prozess gehen all die Eltern mit, die von Anfang an ihr Kind als eigene Persönlichkeit und als künftigen Partner ansehen. Dabei stoßen Eltern und Kinder immer neu an zwei Grenzen des Gehorsams: an die Grenze zwischen der Gehorsamsforderung der Eltern und dem Wohl des Kindes sowie an die Grenze zwischen Gehorsam und eigener Einsicht.

- *Gehorsamsforderung der Eltern und das Wohl des Kindes*
  Es gibt für Kinder in ihrem Verhältnis zu ihren Eltern eine Grenze des Gehorsams. Diese ist immer dann erreicht, wenn es Eltern Jugendlichen und Erwachsenen nicht ermöglichen, ihr eigenes Leben aufzubauen und selbst zu verantworten. Bleibende Abhängigkeit von den Weisungen der Eltern und bindender Gehorsam machen lebensuntüchtig. Es gibt nicht wenige selbst inzwischen zu Eltern gewordene Erwachsene, die immer noch von ihren Eltern fremdbestimmt werden. Eine solche Haltung steht im Widerspruch zu der Verheißung des vierten Gebotes, »damit es dir wohl ergehe«. In dieser Verheißung geht es nicht nur um das Lebensrecht der Eltern, sondern auch um das der Kinder. Eltern, die verhindern, dass Kinder lebensfähig werden, eine eigene Ehe führen und für ihre Familie da sein können, stellen sich in Gegensatz zu dem in der Verheißung erklärten Willen des lebendigen Gottes. Dies gilt auch für Eltern, die ihre Kinder unnötig in Gewissens- und Glaubensnöte stoßen. In solchen Fällen gilt es, sich klar und eindeutig der Gehorsamsforderung der Eltern zu widersetzen.

- *Gehorsam und eigene Einsicht*
  In der Erziehung kommt es immer dann zu Konflikten, wenn es nach der Meinung der Eltern noch an eigener Einsicht fehlt und nach der Meinung der Kinder die Gehorsamsforderung der Eltern unzumutbar ist. Diese Konflikte sind nur dann lösbar, wenn beide, Eltern und Kinder, sich einer Autorität unterwerfen, die darüber entscheidet, ob der Heranwachsende eine angemessene Einsicht zur verantwortlichen Lebensführung erreicht hat. Diese Autorität kann auf Dauer kein Mensch sein, auch nicht moralische Grundsätze, sondern nur der lebendige persönliche Gott. Die Autorität Gottes hat aber für Eltern und Kinder nur dann Gewicht, wenn es beiden darauf ankommt, »Gott im innersten Leben verbunden zu sein« (G. Bohne).

Kinder in der Zerreißprobe

Kinder können in ihrem Vertrauen und in ihrer Suche nach Orientierung durch eine ganze Palette von Erscheinungsformen der Ichbezogenheit von Erwachsenen enttäuscht werden.
Bei der Entstehung eines Kindes leisten die Eltern nur einen »Mitbeitrag«. Sie können ihrem Kind weder das Geschlecht, noch die Anlagen noch die Begabungen geben. So haben zum Beispiel große Dichter und Musiker oft zahlreiche leibliche Brüder und Schwestern, aber nur dem *einen* war es vergönnt, aus der Reihe der Geschwister zu überragender Größe aufzusteigen.

Dasselbe gilt auch für alles, was einem Menschen das Leben schwer macht. Es gibt überkommene Not, Veranlagungen und Krankheiten, die von einem Geschlecht zum anderen weitergereicht werden. Dazu kommt, dass Kinder ihren Eltern nur auf Zeit anvertraut sind. Der Prozess der Partnerschaft zwischen Eltern und Kind mündet notwendig in die Zeit der Freigabe ein. Jedes Kind muss seinen eigenen Weg finden und gehen. Außerdem gibt es keine ideale Partnerschaft zwischen Eltern und Kindern. Eltern und Kinder machen Fehler und verletzen einander. Nicht selten ist das Elternhaus alles andere als ein behüteter oder geschützter Raum.

Vergebung und Vergeben können

Es gibt keine menschliche Gemeinschaft, auch nicht die einer intakten Familie, in der Menschen nicht aneinander schuldig werden. Wo immer aber Vater und Mutter, Eltern und Kinder einander Unrecht tun, treten sie zugleich in Widerspruch gegen Gottes Willen. So wird die Mauer, die Menschen voneinander trennt, immer auch eine Mauer zwischen Gott und den Menschen. Die Beseitigung dieser doppelten Mauer ist die Vergebung. Die Wirkungsgeschichte von Schuld und Vergebung zeigt zum Beispiel die Begegnung von Jesus mit dem Oberzöllner Zachäus. Zachäus hatte sich an seinen Mitmenschen versündigt. Er beutete sie förmlich aus. Dieses Handeln stand im klaren Widerspruch zum Gebot: »Du sollst nicht stehlen« (2. Mose 20,15).

Jesus vergibt dem Oberzöllner, und zwar ohne viel Worte zu machen. Er kehrt bei ihm als Gast ein und hebt damit die Ächtung des Zachäus auf. Zachäus kann von diesem Augenblick an das tun, was er vorher nicht konnte: ein neues Leben beginnen (Lk 19,1-10).

Unvergebbare Schuld wirkt wie ein Anker, der ein Boot an einer bestimmten Stelle festhält. Der, der dem anderen nicht vergibt, »gleicht einem Menschen, der sich ins Boot setzt und anfängt zu rudern, aber trotzdem nicht vorwärts kommt, weil er den Anker nicht gelichtet hat« (E. Steinwand).

Für ein Kind ist nichts schwerer zu ertragen und nichts störender für sein gesamtes Leben, als wenn Eltern ihm eine Schuld nachtragen. Im Bewusstsein einer nicht vergebenen Schuld lebt das Kind fern von seinen Eltern. Die Bitte um Vergebung kann keiner dem anderen abnehmen, sie muss vom schuldig Gewordenen selbst gesprochen werden. Der, der dem anderen vergibt, hat die Möglichkeit, durch mannigfache Zeichen der Liebe deutlich zu machen, dass die Sache wirklich wieder gut ist. Vergebung ist ein schöpferischer Akt, der dort, wo Leben gescheitert war, einen Neuanfang setzt.

Ulrich Mack

3 Zehn Worte – das Leben

Ich stelle mir vor: In einem Ort irgendwo in Israel vor gut 2000 Jahren treffen sich ein alter Rabbi und sein 7-jähriger Schüler – nennen wir ihn Joschi – zum Unterricht. Ein Rabbi ist ja nicht nur Vorsteher der Gemeinde, sondern zugleich Lehrer des Ortes. Die beiden begegnen sich vor der kleinen Synagoge des Ortes.

Joschi: »Shalom, Rabbi.«
Rabbi: »Shalom, lieber Joschi, Friede sei mit dir und der Segen des Höchsten soll dich beschirmen. Hast du die Zehn Worte gelernt?«
Joschi: »Ja, Rabbi. Ich kann sie nun alle auswendig, so wie sie in den Heiligen Schriften bei Mose stehen.«
Rabbi: »Komm, wir gehen hinauf!«

Der Rabbi und sein Schüler Joschi betreten die kleine Synagoge, gehen aber diesmal nicht in den Schulraum, sondern hinauf auf das Flachdach. Dort lehrt der Rabbi gern, wenn es nicht zu heiß ist oder regnet. Bald stehen die beiden auf dem Dach des Hauses.

Joschi: »Ist das schön hier oben. Da sehen die Gassen und Häuser auf einmal ganz klein aus.«
Rabbi: »Ja, ich geh gern auf dieses Dach. Man sieht so viel auf einmal und hat einen weiten Blick auch auf die Felder und die Berge da hinten. Und manchmal, wenn das Wetter besser ist, sehen wir sogar bis zum Gebirge hinter den Bergen.«

Der Rabbi hat beim Reden seine beiden Arme ausgestreckt und die Hände geöffnet. »Joschi, sag mir, was wir über die gute Schöpfung Gottes gelernt haben.«
Joschi: »Herr, wie sind deine Werke so groß und viel. Du hast sie alle weise geordnet.«
Rabbi: »Gut so, Joschi.«
Joschi: »Aber warum streiten sich die Leute dann so oft miteinander? Als ich vorhin da unten an dem Haus dort vorbeiging, habe ich gehört, wie Jakob und Sarah wieder heftig miteinander gezankt haben.«
Rabbi: »Ja, das ist traurig. Da hat der Höchste – gelobt sei sein Name! – die Welt so schön gemacht, und Menschen müssen sich streiten und bestehlen und sich das Leben schwer machen. Das ist traurig.«
Joschi: »Ja, aber der Allmächtige hat es doch nicht so gewollt, oder?«
Rabbi: »Bestimmt nicht, Joschi.«
Joschi: »Aber warum lässt er es dann zu? Will er es denn?«
Rabbi: »Was meinst du dazu?«

Joschi denkt für einen Moment nach. Dann strahlen seine Augen. »Natürlich nicht, das hat Gott ja in den Zehn Worten gesagt. Und wir müssen eigentlich doch nur tun, was er uns geboten hat.«
Rabbi: »Gut, jetzt kommen wir zu den Zehn Worten, die der Höchste Mose für uns gegeben hat. Wir haben schon letztes Mal darüber gesprochen, und nun hast du sie gelernt. Zähl sie einmal auf.«
Joschi fängt an, die Zehn Worte aufzusagen, die wir als die »Zehn Gebote« kennen. Zunächst stottert Joschi noch ein wenig, aber dann wird er sicherer und schneller.
»Ich bin der Herr, dein Gott, der ich dich aus Ägyptenland aus der Knechtschaft geführt habe. Du sollst keine anderen Götter haben neben mir!«
Joschi hat dabei den Daumen seiner linken Hand gehoben. Nun streckt er beim zweiten Gebot noch den Zeigefinger aus.
»Du sollst dir kein Bildnis noch irgendein Gleichnis machen, weder von dem, was oben im Himmel, noch von dem, was unten auf Erden, noch von dem, was im Wasser unten unter der Erde ist. Bete sie nicht an und diene ihnen nicht!«

Rabbi: »Und warum, Joschi? Auch die Begründung ist wichtig.«
Joschi: »So geht das zweite Wort weiter: Denn ich der Herr, dein Gott, bin ein eifernder Gott, der die Missetat der Väter heimsucht bis ins dritte und vierte Glied an den Kindern derer, die mich hassen, aber Barmherzigkeit erweist an vielen Tausenden, die mich lieben und meine Gebote halten.«
Joschi atmet erleichtert auf. Der Rabbi nickt anerkennend: »Gut, Joschi. Das ist ein schweres Gebot.«
Joschi: »Ja, und ein langes dazu. Warum muss der Höchste das so ausführlich sagen?«
Rabbi: »Das ist eine gute Frage, aber Gott scheint das einfach wichtig zu sein. Vielleicht sehen wir nachher warum. Jetzt mach mal weiter in den Worten.«

Joschi zeigt nun groß den Mittelfinger der linken Hand: »Du sollst den Namen des Herrn, deines Gottes, nicht missbrauchen, denn der Herr lässt den nicht ungestraft, der seinen Namen missbraucht.«
Rabbi: »Und das vierte Wort?«
Joschi streckt den vierten Finger seiner Hand aus und stöhnt leise: »Wieder so ein langes Wort: Gedenke des Sabbattages, dass du ihn heiligest. Sechs Tage sollst du arbeiten und alle deine Werke tun. Aber am siebten Tage ist der Sabbat des Herrn, deines Gottes, da sollst du keine Arbeit tun, auch nicht dein Sohn, deine Tochter, dein Knecht, deine Magd, dein Vieh, auch nicht dein Fremdling, der in deiner Stadt lebt.«
Rabbi: »Na sieh, du hast das lange Wort ja gut gelernt. Und nun sag mir auch, warum unser Schöpfer uns das mit dem Sabbat so deutlich sagt.«
Joschi: »Denn in sechs Tagen hat er Himmel und Erde gemacht und das Meer und alles, was darinnen ist, und ruhte am siebten Tage. Darum segnete der Herr den Sabbattag und heiligte ihn.«
Rabbi: »Ein großes Lob gebe ich dir, Joschi. Du hast das wichtige Sabbat-Gebot des Schöpfers gut gesagt. Er selbst hat geruht ... – und was machen wir manchmal für eine Hektik aus unserem Leben? – Aber jetzt das fünfte Wort.«

Joschi streckt nun auch den kleinen Finger aus und hat seine ganze linke Hand geöffnet. »Du sollst deinen Vater und deine Mutter ehren, auf das du lange lebest in dem Lande, das dir der Herr, dein Gott, geben wird.«

Rabbi: »Ich gratuliere dir! Du hast die Worte gut gelernt, und du wirst sehen; das ist wichtig für dein Leben. Aber nun die nächsten Worte.«

Joschi: »Ja, die kann ich!«

Joschi streckt nun seine rechte Hand aus; und erleichtert zeigt er bei jedem der folgenden fünf Gebote, beginnend mit dem Daumen der rechten Hand, alle fünf Finger, einen nach dem anderen.

»Du sollst nicht töten.
Du sollst nicht ehebrechen.
Du sollst nicht stehlen.
Du sollst kein falsches Zeugnis geben über deinen Mitmenschen.
Du sollst nicht begehren deines Nächsten Hauses und nicht begehren deines Nächsten Weibes, seines Knechtes, noch Magd, Rind, Esel noch alles, was dein Nächster hat.«

Joschi hat nun beide Hände geöffnet und ist stolz darauf, dass er seinen »Lernstoff« auswendig sagen konnte.

Der Rabbi freut sich mit: »Nun sieh, Joschi, nun hast du beide Hände geöffnet. Zweimal fünf Worte hat uns Gott gegeben. Und mit den beiden Händen können wir jetzt zupacken. Wenn du einen Ball fangen willst, brauchst du beide Hände. Wenn du auf dem Feld deinem Vater hilfst und mit Hacke oder Schaufel arbeitest, brauchst du beide Hände. Und hast du schon einmal gesehen, wie Menschen sich umarmen?«

Joschi: »Ja, da legen sie beide Arme um sich herum.«

Rabbi: »Ja, so haben sie sich ganz lieb. Aber nun kannst du dir schon denken, warum der Höchste uns zwei Hände voll seiner Worte gegeben hat?«

Joschi: »Vielleicht will er uns damit umarmen?«

Joschi ist unsicher geworden bei diesem ungewohnten Gedanken. Doch der Rabbi antwortet: »Ja, so könnte man das durchaus sagen. Und sicher hat Gott, der Höchste, auch gedacht: Wenn wir das Leben richtig anpacken wollen, dann brauchen wir nicht nur zwei Hände, sondern auch seine Zehn Worte. Ich will dich noch etwas fragen: Überleg einmal, wie lange hast du denn für die beiden Hände gebraucht – für die ersten fünf und für die zweiten fünf Worte?«

Joschi antwortet schnell: »Die zweiten sind viel einfacher. Und sie sind auch viel kürzer. Die ersten sind so schrecklich kompliziert.«
Rabbi: »Gewiss, Joschi, die zweite Hand hattest du schnell aufgezählt: nicht töten, ehebrechen, stehlen usw. Was meinst du denn, warum sind die ersten fünf Worte so schwierig?«

Joschi: »Ach, ich weiß auch nicht, warum die so kompliziert sind. Da muss der Allmächtige irgendwie viel erklären, warum er das will, was da steht.«
Rabbi: »Genau, Joschi, da muss der Höchste viel erklären, warum wir uns kein Bild von ihm machen sollen, oder warum wir den Sabbattag heiligen und warum wir Vater und Mutter ehren sollen. Warum muss er denn das bei der rechten Hand nicht tun?«
Joschi: »Die kurzen Gebote klingen irgendwie logischer, oder? Dass man nicht stehlen und nicht lügen und sich nicht totschlagen soll, das weiß doch eigentlich jeder.«
Rabbi: »Genau. Und bei der linken Hand ist das schwieriger. Das, was der Allmächtige uns da sagt, das vergessen wir oft oder tun so, als sei es nicht wichtig. Aber dem Allmächtigen« – und nun nimmt der Rabbi selbst seine Hände zur Hilfe und zeigt mit den Fingern die Reihenfolge der Gebote – »ist es zuerst einmal wichtig, dass er Gott ist und keine anderen Mächte oder Dinge uns zum Götzen werden. Ihm ist es außerdem wichtig, dass wir uns kein Bild von ihm machen und keine Vorstellungen, in die wir Gott hineinpressen. Gott ist es wichtig, dass wir seinen Namen heiligen und nicht einfach über Gott daherreden. Und dass wir bei der vielen Arbeit, die uns in Trab hält, auch einen Tag haben, an dem wir ausruhen und an Gott denken sollen, das scheint ihm besonders wichtig zu sein.«
Joschi: »Ist darum das Sabbatgebot so lang?«
Rabbi: »Ja, das kannst du daran sehen. Und auch das letzte Gebot in der linken Hand ist wichtig, dass wir Vater und Mutter ehren. – Kannst du dir vorstellen, Joschi, was bei all den Worten in der linken Hand gleich ist?«
Joschi: »Na ja, alle sind auf jeden Fall länger als die Worte in der rechten Hand.«
Rabbi: »Gut, Joschi. Sie sind länger, sie erklären mehr und sie enthalten oft eine Begründung. Und was noch?«

Joschi denkt nach.

Der Rabbi versucht weiterzuhelfen: »Nun, es ist leichter, Joschi, wenn du die rechte Hand noch einmal anschaust. Da geht es darum, dass Menschen sich nicht töten sollen, die Ehe nicht brechen, sich nicht bestehlen, sich nicht belügen und nicht neidisch sein sollen. Da geht es also immer darum, wie Menschen mit Menschen umgehen.«
Joschi: »Und in der linken, Rabbi, da geht es darum, wie Menschen mit Gott umgehen?«

Rabbi: »Ja, sieh, in der linken Hand sagen alle Worte etwas, wie wir Gott ehren sollen. Und die Worte in der rechten Hand sagen, wie wir dann als Menschen miteinander leben können.«

Joschi streckt noch einmal nacheinander die Finger seiner linken Hand aus und geht in Gedanken die Worte durch. Beim kleinen Finger stutzt er: »Aber das mit den Eltern, das ist doch auch ein Gebot zwischen Menschen?«
Rabbi: »Im Grunde schon, Joschi, aber es gehört, wie du siehst, in die linke Hand. Das merkt man auch daran, dass es nicht so kurz ist wie die Worte auf der rechten Seite. Was meinst du? Warum hat Gott, der Allmächtige, es in die linke Hand und nicht in die rechte gegeben?«
Joschi: »Hm, weiß nicht.«
Rabbi: »Na ja, das ist auch eine schwere Frage, aber dieses fünfte der heiligen Zehn Worte zeigt uns, dass es Gott nicht egal ist, wie Kinder zu ihren Eltern und auch wie die Eltern zu ihren Kindern sind. Und es hat sogar etwas mit Gott zu tun, wie Lehrer zu ihren Kindern sind und was sie ihnen beibringen. Und der Höchste – gelobt sei sein Name! – möchte gern, dass Eltern und Lehrer so mit den Kindern umgehen, dass diese nachher allen Grund haben, sie zu ehren. Erziehung hat immer etwas mit Gott zu tun. Aber jetzt machen wir uns das nicht zu schwer. Jetzt gehen wir einmal zu den Worten in der rechten Hand.«

Joschi: »Da wird es einfacher.«
Rabbi: »Ja, warum.«
Joschi: »Im Grund fangen alle Gebote gleich an! 'Du sollst nicht' und dann ist wohl ziemlich klar, was wir nicht sollen – töten, die Ehe brechen, stehlen, lügen, neidisch sein.«

Rabbi: »Genau, das sind die fünf 'Finger', die zwischen Menschen wichtig sind. Und sieh, mit diesen Worten schützt Gott das Leben, die Ehe, das Eigentum, den guten Ruf und den Frieden zwischen den Menschen. Aber jetzt noch eine Frage, dann ist es genug für heute. Was denkst du, Joschi, was sind die beiden Daumen?«
Joschi überlegt kurz, bewegt dann den Daumen der linken Hand: »Der Allmächtige ist unser Gott, der Schöpfer, der das Leben gemacht hat.« Und Joschi bewegt nun den Daumen der rechten Hand: »Und ... ?«
Rabbi: »Ja, der Gott, der das Leben geschaffen hat, der will es auch schützen. Darum hat er gesagt: Du sollst nicht töten. Keinem Mitmenschen sein Leben nehmen oder es beschneiden. Darum hat der Höchste seine Zehn Worte gegeben.«

Bei diesen Worten hat sich der Rabbi wieder umgedreht und sieht wieder hinaus in die Weite, über den kleinen Ort zu den Bergen. Wieder breitet er seine Arme aus und öffnet seine beiden Hände: »Sieh dir an, Joschi, was für ein herrlicher Tag! Das alles hat uns der Ewige gegeben.« Dann sieht der Rabbi auf seine Hände: »Und seine Worte hat er uns gegeben, damit wir leben können – mit Gott und mit Menschen, auch wenn's manchmal schwer fällt. Shalom, Joschi. Hast wirklich gut mitgemacht heute.«
Joschi: »Shalom, Rabbi! – Und keine Hausaufgabe?«
Rabbi: »Nein, keine. Was wir heute miteinander gelernt haben, das genügt.«

Karl-Heinz Espey

Der Mensch – ein sexuelles Wesen von Anfang an

4

»Und Gott ... schuf sie als Mann und Frau.« 1. Mose 1,27

1. Sexualerziehung ja – aber wie?

■ Jedes Kind hat ein Recht auf Erziehung. Erziehung ist Anleitung zum Leben. Ziel und Auftrag von Erziehung sind selbstbewusste, eigenständige Menschen, die sich in den unterschiedlichen Lebensbereichen zurechtfinden.

Anleitung zum Leben muss die Sexualität einschließen. Wird sie ausgeklammert, dann fehlt etwas Wesentliches. Diese Aufgabe hat in erster Linie das Elternhaus zu erfüllen, wobei zahlreiche Eltern es am liebsten bei einer punktuellen Aufklärung über körperliche Vorgänge bewenden lassen, die sich etwa folgendermaßen abspielt: »Du musst deinem Sohn endlich mal Bescheid sagen«, wobei die Mutter ausnahmsweise von *deinem* Sohn spricht. Der Vater nimmt daraufhin seinen Sohn beiseite, schickt die Mutter und die Geschwister aus dem Zimmer und versucht, seinen Sprössling mit gestelzten Worten und einem gewissen Pathos in der Stimme in die Geheimnisse des Lebens einzuweihen. Er beschreibt ihm eine Reihe körperlicher Vorgänge, nennt ihm ein paar Verhaltensregeln und beendet seine Belehrung nach spätestens einer halben Stunde mit einem Gefühl der Erleichterung: »Geschafft – Gott sei Dank! Der Junge weiß jetzt Bescheid und wird sich hoffentlich mit seiner Geschlechtlichkeit und dem Umgang mit dem anderen Geschlecht zurechtfinden.« Der Vater hat sich einer leidigen Pflicht entledigt und das heikle Thema mit einigen tiefen Seufzern abgearbeitet.

Eine simple Anatomie der Sexualität genügt aber keineswegs, weil es bei ihr nicht zuerst um den Geschlechtsverkehr oder den Akt der Zeugung geht, sondern um die ganzheitliche Hingabe eines Menschen an einen anderen. Deshalb ist es unerlässlich, dass sich unsere Sexualerziehung wie ein roter Faden durch die Kindheit und Jugendzeit unserer Kinder zieht, damit sie zu liebes-, verantwortungs- und bindungsfähigen Frauen bzw. Männern heranreifen können. Sexualerziehung ist niemals ein Teilgebiet, wie etwa die sportliche, berufliche oder politische Erziehung, weil unsere Sexualität kein *Teil* von uns ist, sondern unsere Gesamtpersönlichkeit ausmacht. Fühlen, Wollen, Denken und Handeln sind Ausdruck unserer Geschlechtlichkeit. Im Schöpfungsbericht (1. Mose 1) heißt es: »Und Gott schuf den Menschen zu seinem Bilde, zum Bilde Gottes schuf er ihn; *und schuf sie* als Mann und Frau« (1. Mose 1,27). Eine gewissenhafte Sexualerziehung trägt dem Rechnung. Sie weckt und fördert alle geistigen, seelischen und körperlichen Kräfte des Kindes, so dass sich Mädchen zu liebesfähigen Frauen und Jungen zu liebesfähigen Männern entwickeln können.

Sexualerziehung ist eine gesamtpersonale Erziehung, die keinen Lebensbereich außer Acht lassen und überspringen darf. Sie beginnt bei der Geburt und endet, wenn Eltern ihr Kind aus ihrer Erziehungsverantwortung entlassen, das heißt wenn es zum Erwachsenen herangereift ist.

2. Ecksteine der Sexualerziehung

Vorbildhaft leben

Ein überaus wertvoller Baustein der Sexualerziehung ist ein intaktes Elternhaus. Das häusliche »Betriebsklima« wird von unseren Kindern »eingeatmet« und »gespeichert«. Es *prägt* unsere Kinder. Eine gute Atmosphäre im Elternhaus kann unseren Kindern durch nichts anderes ersetzt werden. Dazu gehört u. a., dass Eheleute als Liebespaar miteinander sowie als Elternpaar mit ihrem Kind leben: dass sie dessen Gewohnheiten, Interessen und Eigenarten kennen, dass sie wahrnehmen, was es braucht. Das ist weniger eine Zeitfrage, sondern eine Frage des Interesses, der Verantwortlichkeit, der Bereitschaft, für sein Kind da zu sein.

Wer für sein Kind da sein will, ist aufmerksam – ihm nah. Er spielt, unterhält sich, wandert mit ihm, geht mit ihm schwimmen etc. Er *lebt* mit ihm und bekommt dabei sehr genau mit, was sein Kind momentan bewegt, womit es sich beschäftigt und mit welchen Problemen es sich herumschlägt.

Eltern können ihrem Kind in der Regel nur das mitgeben, was sie selbst haben und sind. Kein Erzieher wird sein Kind innerlich weiterbringen können, als er selbst gekommen ist. Kinder, die in gebrochenen oder schwierigen Familienverhältnissen aufgewachsen sind, brauchen oft lange und mühsame Wege der Verarbeitung und Heilung, um über die negativen Muster der Herkunftsfamilie hinaus zu wachsen und diese durch neue, positive zu ersetzen. Das Vorbild erzieht! Weder meine Worte noch meine Belehrungen, sondern mein *Leben* prägt mein Kind. Eine zwanzigjährige Tochter sagte zu ihrer Mutter: »Wenn ich euch – gemeint waren die Eltern – nicht als Vorbild hätte, ich hätte keinen Mut, ernsthaft über Heirat und Familie nachzudenken.« Sie beobachtete in ihrer Umgebung – an der Uni, im Freundeskreis, in der Gemeinde -, dass viele Beziehungen in die Brüche gehen. Aber das »Betriebsklima« in ihrer Herkunftsfamilie machte ihr Mut, trotzdem darauf zuzugehen.

Eltern bedeuten Kindern mehr als körperliche Pflege und intellektuelle Anleitung. Kein Krankenhaus, keine Anstalt, kein Internat kann eine intakte Familie ersetzen. Sie ist weit mehr als Brut- und Aufzuchtstätte. Aus dem Zusammenspiel von moralischen, seelischen und geistigen Elementen entwickelt sich die Persönlichkeit. Kinder, die in guten und geordneten Familienverhältnissen aufwachsen, neigen deutlich weniger zu Fehlhaltungen, Neurosen oder anderen Störungen als solche, die diesen Schutzraum entbehren müssen.

Zur Bejahung des eigenen Geschlechts anleiten

Zur Sexualerziehung gehört auch, dass dem Jungen erlaubt wird, ein Junge zu sein und dem Mädchen ein Mädchen, so dass der Junge *gerne* männlich und das Mädchen *gerne* weiblich ist. Das ist am ehesten Kindern möglich, die in ihrem Geschlecht angenommen werden.

Zahlreiche Eltern legen sich bereits vor der Geburt auf ein Geschlecht fest. In ihren Köpfen und Herzen kreieren sie ein Wunschkind, z. B. einen strammen Jungen. Wenn dieser Junge leider nur ein Mädchen wird, können sie sich aufgrund ihrer inneren

Festlegungen dazu verleiten lassen, ihr Kind als Jungen zu erziehen. Das mag sich in Äußerlichkeiten wie Kleidung und Frisur äußern oder darin, dass sie das Mädchen in bestimmten Verhaltensweisen bestätigen bzw. bestärken, die als typisch männlich gelten.

Obwohl wir heute längst nicht mehr in so starren Rollenbildern verhaftet sind wie frühere Generationen, sollten Eltern vermeiden, bei solch einem Mädchen den Eindruck zu verfestigen, für Mama und Papa lediglich zweite Wahl zu sein. Damit machen sie es ihm schwer, sein Geschlecht anzunehmen, sich in ihm sicher und wohl zu fühlen und später gerne Frau zu sein. Eine gute Sexualerziehung gibt Kindern die Erlaubnis, ihr eigenes Geschlecht anzunehmen, zu sein, was sie sind, so dass sie identisch mit sich selbst aufwachsen können.

Zur Liebesfähigkeit anleiten

»Gott schuf den Mensch zu seinem Bilde«, berichtet 1. Mose 1,27. Der Beter des 8. Psalms attestiert dem Menschen eine hohe Würde. Er bezeugt, dass Gott ihn wenig niedriger gemacht habe als sich selbst (V. 6); oder, wie es die Gute Nachricht ausdrückt: *»Du (Gott) hast ihm (dem Menschen) Macht und Würde verliehen. Es fehlt nicht viel, und er wäre wie du.«* Somit ist unsere Fähigkeit zu lieben ein Abbild göttlicher Liebe. In der innigen Liebesbeziehung von Mann und Frau können wir sie am intensivsten darstellen. Unsere Sexualität ist eine wunderbare Gabe Gottes, mit der wir uns gegenseitig beglücken können – leider aber auch tief verletzen!

Eltern tun gut daran, ihre Kinder anzuleiten, zwei Fähigkeiten zu erlernen: Hingabe und Annahme, zu schenken und sich beschenken zu lassen. Liebe hat nichts mit Techniken zu tun, die man mehr oder weniger perfekt beherrscht. Sexualerziehung ist Förderung der Liebesfähigkeit, die darin zum Ausdruck kommt, dass junge Menschen dauerhafte Bindungen eingehen, gestalten und aufrecht erhalten können.

Kinder, die ihre Eltern vom ersten Lebenstag an als zugewandte, zuverlässige Bezugspersonen erleben, haben beste Voraussetzungen, liebesfähig zu werden. »Ein Kleinkind, das die Erfahrung gemacht hat, angenommen und geborgen zu sein – und das ist nicht einfach eine Folge der geistigen Einstellung seiner Eltern, sondern eine Folge seines Erlebens -, kann auf dem Boden dieses inneren Friedens von seinem seelischen Reichtum Liebe an den anderen abgeben« (Christa Meves in: »Kindgerechte Sexualerziehung«, S. 28). Fehlt dieser positive Rahmen, dann verkommt die Sexualität leicht zu einer Art Ersatzbefriedigung des Seelenhungers nach Liebe.

Zur Verzichtfähigkeit anleiten

Gesunde Sexualität ist mit einem Gefühl der Beglückung verknüpft. Wir empfinden es in unserer Seele und in unserem Körper und nennen es Lust. Lust ist etwas überaus Positives. Sexuelle Genussfähigkeit ist wertvoll und uneingeschränkt zu bejahen. Gut, wenn wir unseren Kindern lustvolle Erfahrungen ermöglichen, bei denen alle Sinne angesprochen werden. Dazu gehören angenehme Körperempfindungen sowie Lusterfahrungen in anderen Bereichen.

Gleichzeitig müssen sie lernen, Lust in die Gesamtheit ihrer Persönlichkeit und ihrer Lebensbezüge zu integrieren. Das ist ohne persönliche Zurücknahme und Verzicht nicht zu machen. Unsere Wünsche müssen unser Gegenüber im Auge behalten. Wenn wir sie auf dessen Kosten befriedigen, schaden wir ihm und setzen unsere Beziehung aufs Spiel. Wer nicht gelernt hat, seine sexuellen Bedürfnisse um des anderen willen zurückzunehmen, kann nicht partnerschaftlich lieben. Deshalb ist auch die Anleitung zur Verzichtfähigkeit ein wichtiges Anliegen der Sexualerziehung. Diesem Anliegen werden Eltern am ehesten gerecht, indem sie ihre Kinder zum einen mit ihrer Nähe und Fürsorge beschenken, ihnen aber auch erlauben, einen eigenen Bereich innerhalb der Familie zu haben: das eigene Bett, den eigenen Schrank, die eigene Spielzeugkiste. Jedes Kind braucht etwas, das ihm ganz allein gehört, das niemand – die Eltern eingeschlossen – antastet. Wenn einem Kind ständig seine Wünsche abgeschlagen und ihm sein persönlicher Lebensraum verwehrt wird, wie soll es dann freudig geben und schenken können?! Wird hingegen sein Bedürfnis, etwas Eigenes zu haben respektiert, kann es sich leichter zurücknehmen. Es kann loslassen und verzichten, weil es zuvor empfangen hat.

Zu körperlicher Nähe anleiten

Wenn ein Kind von klein auf lernt, dass es schön ist, einen Körper zu haben, fühlt es sich in der Regel in ihm zu Hause. Ich habe öfter mit Menschen zu tun, die ein negatives oder überhaupt kein Verhältnis zu ihrem Körper, speziell zu ihren Geschlechtsorganen, haben. Bei vielen hat das damit zu tun, dass ihnen während ihrer Kindheit Lusterfahrungen untersagt worden sind. Sie berichten von verklemmten oder distanzierten Eltern, die jeglichen Körperkontakt vermieden haben und ihnen durch Worte und Gesten zu verstehen gaben, dass der Genitalbereich eine Gefahren- oder Schmuddelzone sei.

Ich empfehle Ihnen keineswegs, den Genitalbereich überzubetonen, aber ihn Ihrem Kind als einen Teil seines Körpers vertraut zu machen. Wenn Sie es z. B. baden, dürfen Sie die Geschlechtsteile genauso unspektakulär mit ihrem Namen nennen – also Scheide oder Glied – wie Arme und Beine.

Kleine Kinder erspüren die Schönheit ihres Körpers mit ihren Händen, mit ihrer Haut. Für Säuglinge ist die Haut neben dem Mund das wesentliche Kontakt- und Erlebnisfeld. Es tut ihm wohl, beim Stillen oder bei anderen Gelegenheiten hautnahen Kontakt mit seinen Eltern zu haben. Auch älter gewordene Kinder genießen die körperliche Nähe beider Eltern. Schmusen, auf den Schoß setzen, Streicheln ist in behutsamer Weise auch Sache der Väter. Dafür werden sie von ihren Kindern geliebt. Dabei muss klar sein, dass es hier auch Tabuzonen gibt. Gerade angesichts der Debatte über sexuellen Missbrauch und das wachsende Bewusstsein auch unter Mädchen, muss klar sein, dass Zärtlichkeiten zwischen Vätern und Töchtern eine klare Grenze haben müssen.

Für die meisten Kinder gibt es nichts Schöneres, als am Wochenende oder im Urlaub zu den Eltern ins Bett zu schlüpfen und sich an sie zu kuscheln. In dem Maße, wie ihr Bedürfnis nach Körperkontakt gestillt wird, gewinnen sie ein positives Verhältnis zu ihrem eigenen Körper und damit zu ihren Lustempfindungen. Das ist weder unnatürlich noch anrüchig, sondern einfach nur schön.

Kleine Kinder erobern und entdecken ihre Welt mit ihrem Mund und ihren Händen. Der Säugling, der anfangs nur strampelt, entdeckt eines Tages seine Hände und Füße als Spielzeug. Er sieht sie an, spielt mit ihnen und steckt sie in den Mund. Der kleine Junge entdeckt eines Tages sein Glied und spielt damit wie zuvor mit seinen Zehen. Dabei lernt er seinen Körper kennen. Wenn seine Eltern sich erschrocken oder peinlich berührt zeigen, vielleicht sogar, wie ich das bei Bekannten erlebt habe, ihr Kind auf das Händchen schlagen und sagen: »Das ist ba oder pfui!«, dann erreichen sie genau das Gegenteil von dem, was sie erreichen möchten: sie verstärken die Aufmerksamkeit des Kindes auf den Genitalbereich und bauen unter Umständen Blockaden auf. Ich halte es für unproblematisch, wenn Kinder beim An- und Ausziehen, beim Baden oder auf der Toilette ihre Geschlechtsorgane anfassen. Wir tun ihnen keinen Gefallen, wenn wir ihnen Aversionen gegen Körperteile suggerieren, die uns der Schöpfer u. a. auch dazu geschenkt hat, dass wir durch sie Lust empfinden. Kinder sollten ihren Körper unbefangen entdecken dürfen, damit sie später Glück und Erfüllung in ihrem partnerschaftlichen Sexualleben genießen können.

Das solideste Fundament aller Sexualerziehung ist eine Atmosphäre der Geborgenheit und Annahme, resultierend aus der intakten Ehe der Eltern und deren Bejahung ihres Kindes. Das Vorbild der Eltern und ihre positive Grundhaltung werden für das Kind zum Leitbild dessen, was ein partnerschaftliches Miteinander der Geschlechter auszeichnet. Wer von Kindesbeinen an in einer offenen, warmen Atmosphäre aufwächst, reift am ehesten zu einer in jeder Hinsicht liebes- und damit hingabefähigen Persönlichkeit heran.

3. Drei Fragen – drei Antworten

Mit drei, vier Jahren tauchen die ersten Fragen auf. Das Kind erkundigt sich, woher die Babys kommen. Viele Eltern zucken zusammen, schauen sich verstohlen an, ringen zuerst nach Luft und dann nach Worten. Das Kind hat eine simple Frage gestellt und erwartet eine simple Antwort – keineswegs eine detaillierte Abhandlung über Zeugungs- und Geburtsvorgänge.

Bevor ich ein paar Formulierungsvorschläge mache, möchte ich drei Kriterien nennen, die meines Erachtens für die Vermittlung sexueller Zusammenhänge unverzichtbar sind:

1. Sie muss *den Tatsachen entsprechen.* Ammenmärchen, wie etwa, dass der Klapperstorch die Babys bringt oder die Eltern sie in einem Geschäft kaufen, sind fehl am Platz.

2. Sie muss *verständlich* sein. Das Kind muss die Antworten auf seine Fragen nachvollziehen können.

3. Sie muss *warmherzig* sein. Die ersten Annäherungen eines Kindes an sexuelle Zusammenhänge sollen verbunden sein mit positiven Vorstellungen und Gefühlen.

Viele sind unsicher bezüglich des richtigen Zeitpunktes für die Vermittlung sexueller Zusammenhänge. Ich halte die alte Regel: »Antworten, wenn das Kind fragt« nach wie vor für praktikabel. Da aber manche Kinder wenig oder überhaupt nicht fragen, können auch die Eltern die Initiative ergreifen, wenn sie den Eindruck haben, es sei an der Zeit.

Drei Fragen tauchen am häufigsten auf:

a) ***»Woher kommen die Kinder?«*** Wenn ein drei- bis vierjähriges Kind danach fragt, können wir in der Regel darauf schlicht und ergreifend antworten, dass sie im Bauch der Mutter wachsen. Es ist noch nicht einmal erforderlich zu erklären: »Sie kommen aus dem Bauch der Mutter.« Wir Erwachsenen legen in eine Frage oft mehr hinein, als das Kind gemeint hat.

Sachlich falsch sind Antworten wie: »Mütter tragen die Kinder unter dem Herzen.« Oft verbirgt sich dahinter die Scheu, in die Nähe des Genitalbereiches zu gelangen. Denn für viele beginnt unterhalb des Bauchnabels die Tabuzone.

b) ***»Wie kommen die Kinder aus dem Bauch der Mutter heraus?«*** Auch hier reicht für Kinder im Vorschulalter normalerweise die einfache Antwort: »Die Babys kommen zwischen den Beinen der Mutter heraus. Die Öffnung heißt Scheide. Von ihr geht eine Röhre bis in den Bauch der Mutter, in dem das Baby wächst. Durch diese Röhre, die sich wie ein Gummi dehnen kann, kommt das Baby heraus. Das nennt man Geburt.« Bei diesen Erklärungen können einfache Zeichnungen, die die Geschlechtsorgane mit ein paar Strichen darstellen, dem Kind helfen, sich den Geburtsvorgang besser vorzustellen.

Wenn wir unseren Kindern neben dem Sachwissen Gottes Schöpferkraft bezeugen, der alles wunderbar angelegt hat, setzen wir einen wertvollen Eckstein für ihre Gottesbeziehung ein: Gott hat uns das Leben geschenkt. Gott lässt das Baby im Bauch der Mutter wachsen. Wir freuen uns darüber und sind ihm dankbar, wenn das Baby gesund aus dem Körper der Mutter herausgekommen ist. – Wer Gott von Kindesbeinen an positiv erlebt, tut sich in der Regel leichter, ihm zu vertrauen und mit ihm zu leben.

c) ***»Wie kommen die Kinder in die Mutter hinein?«*** Auf diese Frage zu antworten, bereitet Eltern die meisten Schwierigkeiten. Über Schwangerschaft und Geburt lässt sich noch relativ leicht reden. Aber wie es sich mit der Zeugung verhält, darüber würden viele am liebsten den Mantel des Schweigens hüllen.

Bei Kindern bis zu fünf Jahren kann man antworten, dass die Babys im Bauch der Mutter wachsen. Einzelheiten des Zeugungsvorganges sind für die meisten Kinder dieses Alters noch uninteressant und deshalb unangemessen. Sobald aber ein Kind nach der Zeugung fragt, sollten Eltern ohne Umschweife beschreiben, dass der Vater der Mutter seinen Samen gibt, indem er sein Glied in die Scheide der Mutter einführt. Der Same vereinigt sich mit dem Ei der Mutter, und dann wächst im Bauch oder genauer in der Gebärmutter ein Kind. Auch hier können einfache Illustrationen das Gesagte verdeutlichen.
Kinder fragen nicht nach den Zeugungsvorgängen, um in die Intimsphäre der Eltern einzudringen. Schon die Art und Weise, wie sie fragen, zeigt, dass sie keine Vorstellung von sexueller Lust und Geschlechtsverkehr haben, sondern lediglich, wie unbekümmert sie mit diesen für uns so heiklen Fragen umgehen.
Auf eine falsche Antwort möchte ich noch kurz eingehen. Es gibt immer noch Eltern, die sich mit dem »lieben Gott« aus der Affäre ziehen. Sie missbrauchen ihn als Feigenblatt, wenn sie ihren Kindern etwa erklären: »Wenn Vater und Mutter sich lieb haben, bringt der liebe Gott ein Kind.« Dieser Satz verstößt gegen die Kriterien, die ich vorhin genannt habe. Damit führen Eltern ihr Kind hinters Licht.

Wenn ein Kind nach der Entstehung neuen Lebens fragt, erwartet es keine Vorlesung über anatomische oder technische Einzelheiten männlicher und weiblicher Geschlechtlichkeit sowie des ehelichen Geschlechtsverkehrs, sondern es möchte Klarheit gewinnen über einen Lebensbereich, zu dem es noch keinen direkten Zugang hat. Um ihn mit positiven Vorstellungen und Empfindungen für das Kind zu verknüpfen, müssen die elterlichen Antworten den Tatsachen entsprechen, verständlich und warmherzig sein.

Irgendwann fragen Kinder möglicherweise auch nach den Lustgefühlen beim Liebesakt. Selbst wenn sie diese noch nicht vollständig nachvollziehen können, dürfen sie anhand der elterlichen Antworten eine Ahnung davon bekommen, dass sie zu den schönsten und beglückendsten Erfahrungen gehören, die zwei Menschen miteinander genießen können – und das nicht nur, wenn sie sich ein Kind wünschen.

Cornelia Mack

5 Erziehen im Kontext von Leid, Sterben und Tod

*»Lehre uns bedenken,
dass wir sterben müssen,
auf dass wir klug werden.«
Psalm 90,12*

■ Als Erzieher, als Eltern oder Lehrer leben wir mit unserem Tun und Lassen, mit unserem ganzen Leben immer unter dem Horizont unserer eigenen Vergänglichkeit, unter dem Horizont der Begrenzung unseres Lebens, die uns durch den Tod gesetzt wird.

Für viele Menschen ist die Erinnerung an die eigene Sterblichkeit etwas Beängstigendes. Viele Menschen verdrängen alles, was irgendwie an den Tod erinnern könnte. Die Devise unserer heutigen Zeit lautet: Lebe jetzt und hier, genieße dein Leben und denke nicht an morgen.

An Erleichterungen unseres Lebens durch die fortschreitenden Technologien haben wir uns gewöhnt und sind dadurch gleichzeitig immer weniger bereit, im Alltag Schmerzen und Leid hinzunehmen. Leidensbereitschaft gehört zu den nicht mehr gefragten Eigenschaften, vielmehr herrscht mehr und mehr der Anspruch vor, vom Leiden befreit zu werden – und das möglichst schnell. Bei Schmerzen nehmen viele Menschen sofort Tabletten oder lassen sich Spritzen geben, damit sie weiterhin gleichbleibend leistungsfähig und genussfähig sein können.

Nicht nur Krankheit und Schmerzen, sondern auch Leid, Sterben und Tod werden aus unserem Alltagsleben verdrängt. Sterben geschieht nur noch in den seltensten Fällen zu Hause, die Mehrzahl der Menschen stirbt heute in Heimen oder Krankenhäusern. So ist eine persönliche Begegnung mit Sterbenden nur noch sehr selten möglich. Die Konfrontation mit und die eigene Betroffenheit über den Tod gehört zu den Ausnahmen.

Wenn Kinder in ihrer unmittelbaren Art nach dem Tod und dem Sterben fragen, sind wir oft hilflos oder das Thema ist uns sogar peinlich. So setzen wir die gesellschaftliche Tabuisierung des Themas Tod fort. Allzu schnell leiten wir zu anderen Themen über, wollen Kinder vor der brutalen Wirklichkeit des Todes schützen und verhindern auf diese Weise eine behutsame, aber wichtige Auseinandersetzung mit den Themen, von denen jeder Mensch im Lauf seines Lebens betroffen sein wird.

Es gibt Eltern, die in solchen Situationen zu den Kindern sagen: »Das verstehst du noch nicht«, oder »Das geht dich nichts an«, oder »Das erkläre ich dir später«. So geht eine Chance verloren, den Kindern altersgerecht zu antworten.

Die Hilflosigkeit im Umgang mit Kindern hat oft ihre Wurzel in der eigenen Unsicherheit und den fehlenden Antworten bei uns Erwachsenen. Vielleicht spielt auch Angst mit, eigene schlechte Erfahrungen mit diesem Thema oder fehlende Hilfestellung in der eigenen Kindheit.

Darum brauchen wir zuerst für uns selbst eine Antwort auf Sterben und Tod. Wir brauchen eine Hoffnung, die über den Tod hinausreicht, wir brauchen eine aktive Auseinandersetzung mit unserer Sterblichkeit, mit der Begrenzung unseres Lebens und allen sich daraus ergebenden Konsequenzen. Andernfalls können wir auch in der Erziehung mit diesen Fragen nicht umgehen.

Lehre uns bedenken, dass wir sterben müssen, auf dass wir klug werden

Der Psalm Moses erinnert uns daran, dass das Sterben eine wichtige Dimension für unser Leben beinhaltet. Unser Leben ist von Anfang bis Ende in Gottes Willen aufgehoben. Gott setzt Beginn und Ende.

Das Wissen um unsere Sterblichkeit, das Wissen um die Grenze des eigenen Lebens im Tod gibt uns Klugheit und Weisheit.

Mit dem Wissen um den Horizont der Ewigkeit weiß ich, dass ich mein Leben eines Tages vor meinem Schöpfer verantworten muss. Was ich hier und heute tue, ist nicht egal. Mein Leben soll Antwort sein auf den Ruf Gottes, damit ich es im Gegenüber zu ihm lebe. Ohne dieses Wissen fehlt unserem Leben der Rahmen. Ohne dieses Wissen bin ich auf mich selbst gestellt und in der Gefahr, mein Leben zur eigenen Bedürfnisbefriedigung zu gestalten – mir selbst verantwortlich und sonst niemand anderem.

So fügt das Wissen um die eigene Vergänglichkeit, die Erfahrung des Sterbens oder des Todes bei uns nahe stehenden Menschen unseren Lebensprioritäten eine heilsame Relativierung zu. Vieles was vorher wichtig oder sehr wichtig war, bekommt eine andere Wertigkeit.
Ohne diesen Rahmen, der uns durch den Tod gesetzt wird, stehen wir in der Gefahr, uns in Kleinigkeiten zu verbeißen, uns um Nebensächlichkeiten zu streiten, uns um Unwichtiges zu verkämpfen, uns in Gegenwärtigem zu verlieren. Wenn wir Leid oder Tod erfahren, bekommt Alltägliches eine andere Gewichtung und wir fragen wieder neu danach, was eigentlich im Leben zählt.
In emotionalen Grenzerfahrungen, die durch Tod oder Leid ausgelöst werden, fragen wir neu, wozu es sich zu leben lohnt, wofür es zu kämpfen lohnt und worum es zu streiten lohnt. Wir hinterfragen unsere Prioritäten und die Werte des eigenen Lebens und orientieren uns an Horizonten, die auch angesichts von Tod und Ewigkeit noch Bestand haben.

Welche Werte werden dann wichtig?

Solche, die Jesus in der Bergpredigt nennt – Versöhnung und Friedfertigkeit, Bereitschaft zur Hingabe und Liebe.
Wir sollten im eigenen Leben für die Werte der Ewigkeit und die Horizonte eines Lebens, das von Gottes Gegenwart erfüllt ist, Raum machen.

Auf dass wir klug werden: das meint auch ein Erkennen dessen, was unwichtig oder weniger wichtig, zweitrangig im Leben ist: Inhalte, die sich auf Ideologien oder Materielles beziehen, auf Vordergründiges und Äußerliches.
Der Rahmen der Sterblichkeit macht uns klug. Unser Alltag bekommt durch den Horizont der Ewigkeit andere Inhalte, im

Umgang miteinander, im Umgang mit materiellen Dingen, im Umgang mit Leid.
Er konzentriert uns auf das Wesentliche und Wichtige des Lebens, es ist gut, diesen Horizont auch in der Erziehung nicht aus den Augen zu verlieren. Worauf legen wir Wert im täglichen Miteinander? Worum streiten wir uns? Wofür setzen wir unser Leben ein?

Jesus Christus ist die Quelle der Hoffnung für unser Leben und nur von ihm her können wir uns auch den Fragen nach Leid, Krankheit, Sterben und Tod stellen. Wenn wir darum wissen, dass Jesus in jeder Situation bei uns ist und dass er mit uns durch den Tod geht, dann können wir uns auch den Schattenseiten des Lebens stellen und haben Antworten, die durch uns persönlich hindurchgegangen sind.

Praktische Tipps zu Erziehungsfragen bei Leid, Trauer und Tod

1. Gefühle der Trauer und der Hilflosigkeit nicht verdrängen

Mit Leiderfahrungen umzugehen, gehört sicher zu den schwierigsten Herausforderungen in Erziehungssituationen.
Manchmal stehen wir als Erzieher selbst ratlos oder hilflos vor entsprechenden Situationen. Wichtig ist darum, dass wir unsere Gefühle offen zeigen und den Mut haben, darüber zu sprechen.
Leiderfahrungen in unserer Zeit sind vielfältig – entweder unmittelbar durch Krankheit, Unfall oder Tod eines Menschen oder Tieres, aber auch durch die Medien, die in großer Brutalität Leidsituationen zeigen.
Fragen nach dem Warum brechen dann bei Kindern und Erwachsenen auf.
Vorschnelle Antworten sind dann sicher nicht hilfreich.
Gut ist es, wenn wir Kinder in den Trost mit hineinnehmen können, der uns selbst immer wieder hilft: *Bei Gott ist das Leid nie das Letzte. Jesus hat auch gelitten. Kein Leid dieser Welt ist so groß, dass Jesus es nicht verstehen könnte und uns darin nicht begleiten, helfen und uns nahe sein wollte. Und: Wenn Gott uns eine Last auflegt, hilft er uns auch, sie zu tragen. Das hat er uns versprochen.*

2. Die Wahrheit über den Tod sagen

Die meisten Menschen werden bereits irgendwann im Verlauf der Kindheit oder Jugend mit dem Tod eines Mitmenschen konfrontiert. Am ehesten erleben Kinder in der Regel das Sterben von Großeltern, aber auch oft von Nachbarn oder auch Freunden, manchmal auch von einem Elternteil. Es ist wichtig, den Kindern keine Lügen im Blick auf Sterben und Tod zu erzählen, sondern ihnen die Wahrheit zu sagen.

Verschweigen, Tabuisieren, Anlügen kann fatale Folgen für Kinder haben. Einem Kind wurde erzählt, der Opa sei sehr müde gewesen und »eingeschlafen«. Das führte bei dem Jungen zu Schlafstörungen und Einschlafschwierigkeiten, bis den Eltern der Grund klar wurde: Das Kind hatte Angst, es würde in eine gleiche Art von Schlaf fallen wie der Großvater – einschlafen und nie wieder aufwachen.

Auch kleinen Kindern sollten wir deutlich sagen, worum es beim Sterben geht. Das stärkt das Vertrauen der Kinder in ihre Eltern. Sie spüren: meine Eltern reden mit mir auch über schwere und große Themen, sie trauen mir zu, dass ich das schon verstehe. Wichtig ist, dass wir den Kindern dabei auch immer vermitteln, von welcher Hoffnung wir leben.

3. Angst und Trauer zum Gesprächsthema machen

Kinder brauchen die Möglichkeit, über Angst, Trauer und Verlust zu reden, darum sollten wir in der Gegenwart der Kinder diese Themen nicht vermeiden. Manchmal sollten wir sogar ganz gezielt das Gespräch darüber eröffnen, z. B. dann, wenn wir den Eindruck haben, dass ein Kind sich innerlich zurückzieht nach einem schweren Erlebnis von Leid oder Tod.

Das Sprechen darüber kann emotionale Knoten lösen und neue Horizonte öffnen. Kinder profitieren auch von den Hoffnungen und den Hilfestellungen, die den Eltern oder Erziehern selbst Halt geben in schweren Situationen des Lebens. Wenn wir von einer Hoffnung auf die Auferstehung getragen sind, wenn wir uns getröstet wissen von dem Gott allen Trostes, dann spüren Kinder das und können selbst auch besser mit Leid, Angst oder dem Verlust eines Menschen umgehen.

4. Bewusst Abschied nehmen

Eine Beerdigung ist ein öffentlicher Akt des Abschiednehmens von einem Menschen. Auch wenn dieses Erlebnis sehr schwer sein kann, ist es hilfreich, dies in Gemeinschaft mit anderen zu erleben. Es wäre falsch, Kinder auf Beerdigungen nicht mitzunehmen. Sie sind ein offizieller Schlusspunkt im Kreis von Menschen, die diesem Verstorbenen die letzte Ehre erweisen, die ihn als Weggefährten und Lebensbegleiter geschätzt oder einfach gekannt haben. Auch das offene Grab oder der offene Sarg ist ein wichtiges Erlebnis für Kinder. Verstorbene strahlen oft einen tiefen Frieden aus. Allein der Anblick eines Gesichtes, dem man abspürt, dass der Mensch ans Ziel gekommen ist, und die Atmosphäre des zur Ruhe Gekommenseins an einem offenen Sarg kann hilfreicher sein als tausend gutgemeinte Worte. Wenn wir Kinder davon »verschonen« wollen, fehlt ihnen oft ein wichtiger Punkt im Prozess des Loslassens und Hergebens. Gemeinsam nochmals an den Verstorbenen zu denken, am Grab zu singen und zu beten und sich zu verabschieden ist etwas elementar Wichtiges und Verbindendes. Solche Erfahrungen werden, auch wenn sie schwer sind, zu Stützen, die auch in der Trauer danach helfen. Auch das Aufsuchen von Gräbern ist wichtig, als Zeichen dafür, dass wir die Verstorbenen nicht vergessen wollen und uns dankbar an sie erinnern.

Ähnliches gilt auch beim Tod eines Haustieres. Es ist wichtig, dass wir Kindern in solchen Fällen die Trauer nicht verbieten oder ersparen. Der Schmerz muss zugelassen und erlaubt werden. Wir sollten Kinder nicht schimpfen oder ärgerlich reagieren, wenn sie über einen solchen Verlust laut und lange weinen oder tagelang betrübt oder lustlos sind. Trauer muss zugelassen werden und ist zur Verarbeitung und zur Auseinandersetzung mit diesem Thema nötig. Auch hier kann es eine Hilfe sein, mit dem Kind zusammen im Garten oder Wald ein kleines Grab mit Blumen und Kreuz zu errichten, eine Stätte der Erinnerung an das Lebewesen und viele schöne Momente, die man mit ihm zusammen erlebt hat.

5. Kindern Geborgenheit vermitteln

Wenn Kinder nach dem Tod fragen, kann dies ganz verschiedene Gründe haben. Entweder sie fragen aus persönlicher Betroffenheit und persönlichem Erleben heraus – wie z. B. der Tod eines Menschen oder Tieres. Sie können aber auch aus Unsicherheit oder dem Bedürfnis nach Geborgenheit heraus fragen.

Manchmal haben Kinder Angst, dass ihnen ein Mensch, der ihnen wichtig ist, genommen wird, dann fragen sie nicht nach dem Tod, sondern eigentlich nach Sicherheit. »Wenn ihr tot seid, wer sorgt dann für uns?« Die Angst vor der Trennung kann die viel größere Angst sein als die Angst vor dem Tod.

In solchen Fällen ist es wichtig, den Kindern deutlich zu versichern, dass wir in jeder Lebenssituation in Gott geborgen sein können und dass auch nach dem Tod der Eltern Menschen da sind, die dann für sie Verantwortung übernehmen, dass gut für sie gesorgt werden wird. Diese Sicherheit kann für Kinder ein ganz wichtiger Faktor sein, um sich geborgen fühlen zu können und sich mit dem Thema Tod auseinander setzen zu können.

6. Kinder fragen – wie antworten wir?

Frage: Ist es schlimm, wenn man stirbt?

Mögliche Antwort: Das Sterben kann manchmal auch schlimm sein, wenn man z. B. große Schmerzen hat. Aber das Totsein ist nicht schlimm, wenn man dann bei Jesus ist.

Frage: Was kommt nach dem Sterben?

Mögliche Antwort: Nach dem Sterben ist es nicht einfach aus. Wer mit Gott hier und heute lebt, der ist nach dem Sterben auch bei Gott. Und dort sind wir geborgen und es geht uns gut.

Frage: Was ist mit den Menschen, die nicht mit Gott leben?

Mögliche Antwort: Es gibt eine Stelle in der Bibel, die davon erzählt, dass jeder Mensch die Chance hat, sich für Gott zu entscheiden – manche sogar noch nach dem Tod oder in der Todesstunde. Auch Menschen, die hier nichts von Gott wissen konnten oder wollten, können dort vielleicht nochmals eine Chance haben. Aber letztlich liegt das in Gottes Hand. Die Bibel berichtet auch davon, dass es einen Bereich gibt, wo Gott nicht ist. Und wer nicht mit Gott leben will, der ist dann in diesem Bereich.

Wichtig ist, dass wir die Gottesferne, oder auch Hölle, niemals als Drohmittel oder Erziehungsmittel einsetzen, sondern immer sehr vorsichtig und nicht richtend oder verfügend über diesen Bereich sprechen. Am Ende richtet Gott und nicht wir Menschen. Es gibt den Bereich der Ferne von Gott, aber wer letztlich in diesem Bereich sein wird, weiß allein Gott.

Frage: Wenn ich tot bin, bin ich dann noch ganz?
Mögliche Antwort: Ja, noch mehr als ganz – alles wird wieder gut – bei Gott gibt es keine Schmerzen, keine Langeweile, nichts Trauriges und nichts Schweres mehr. Wir bekommen einen neuen Leib bei Gott.

Frage: Wie kann man im Himmel sein und gleichzeitig im Sarg?
Ist der Eingang zum Himmel im Sarg?
Mögliche Antwort: Im Grab ist nur unser Körper, sozusagen die äußere Hülle des Menschen. Es ist so, als ob wir einen Mantel ausziehen würden. Der Körper ist wie ein Mantel. Der Mantel liegt dann da, aber der Mensch ist nicht mehr im Mantel. Wenn wir sterben, geht unsere Seele aus dem Körper. Gott ruft alle Menschen zur Auferstehung. Das, was und wie wir waren, ist dann bei Gott, und dort bekommen wir dann einen neuen Körper. Menschen, die krank waren oder behindert, bekommen einen neuen, gesunden Körper. Blinde können sehen, Amputierte haben wieder alle Körperteile, Taube können hören. Im Sarg ist nur noch die Hülle des Menschen.

Frage: Wo ist der Himmel?
Mögliche Antwort: Der Himmel ist da, wo Gott ist. Dieser Himmel hat nichts mit den Wolken, die wir über uns sehen, zu tun. Der Himmel, von dem die Bibel berichtet, ist der Bereich, wo Gott wohnt. Er ist in einer Welt, die wir noch nicht sehen können.
Hilfreich kann hier auch bei größeren Kindern (oder auch Erwachsenen) die englische Sprache sein. Dort gibt es zwei Begriffe für Himmel. *Sky* für den über uns sichtbaren Himmel und *heaven* für den Herrschaftsbereich Gottes.

Frage: Wie ist es in der Ewigkeit? Ist es dort langweilig?
Mögliche Antwort: In der Ewigkeit ist alles, was es auf dieser Welt an Schönem gibt, beieinander und zusammengefasst. Langeweile ist nicht schön, deswegen kann es im Himmel auch nicht langweilig sein. Wir können uns die Ewigkeit nicht richtig vorstellen, aber auf jeden Fall ist es dort so, dass es alles, was wir uns an Schönem wün-

schen, dort gibt. Dort sind wir froh und freuen uns mehr, als wir uns hier auf der Erde jemals über irgendetwas gefreut haben. Wir freuen uns, weil wir ganz bei Gott sind und weil wir ganz in seiner Liebe sein können. Alles, was uns hier stört, traurig macht, ärgert, wehtut, gibt es in der Ewigkeit nicht mehr.

Wenn wir selbst als Eltern, als erwachsene Begleiter unserer Kinder, von dieser Hoffnung und Gewissheit getragen sind, nach dem Tod und nach dem Leid dieser Welt bei Christus zu sein, dann können wir unseren Kindern Antworten geben, die tragend sind und die auch ihnen Halt und Sicherheit geben können. Fragen der Kinder sind immer auch Fragen an unseren Glauben und können uns helfen, uns immer wieder neu gewiss darüber zu werden, was uns im Leben und Sterben hält und trägt.

Erziehung, Kultur und Gesellschaft

Erziehung und Gewissen 6

■ Wir wissen heute, dass der Mensch und seine Persönlichkeit in der frühen Kindheit durch das Verhalten von Kontakt- oder Bezugspersonen eine prägende Formung erfährt. Das Verhalten dieser Kontakt- oder Bezugspersonen wird von der Gesellschaft und Kultur, in deren Rahmen sie leben, maßgeblich beeinflusst. Daraus übernimmt ein Mensch im Lauf seiner frühen Lebensphasen die dort geltenden Regelungen in einem umfassenden Sinn. Er integriert diese Regelungen dabei so vollkommen in seine Psyche, dass er sie als Erwachsener bewusst und unbewusst als seine ureigene Kultur wahrnimmt. Das bedeutet, dass er nach Abschluss dieser Entwicklung mit den Kennzeichen einer Basispersönlichkeit ausgestattet ist, die seine Gesellschaft und Kultur kennzeichnet und ihn befähigt, sein Leben in dieser zu gestalten und zu meistern.

Erziehung im engeren Sinn geschieht im Wesentlichen mit dem Ziel, das Gewissen einer Persönlichkeit zu formen, das heißt es mit Maßstäben auszurüsten, mit deren Hilfe ein Mensch sein eigenes Handeln und das Handeln seiner Mitmenschen daraufhin beurteilen kann, ob solches Handeln als gut oder böse, als erstrebenswert oder nicht erstrebenswert einzustufen ist. Erziehung als Formung des individuellen Gewissens ist einer der am tiefsten greifenden und folgenreichsten Teilaspekte des Hineinwachsens in die eigene Kultur.

Der Begriff Kultur

Im Folgenden ist von einem Kulturbegriff die Rede, der alles, was Menschen tun und denken umfasst. Für alles, was Menschen tun, gibt es Regelungen – bewusste und unbewusste. Wer frühstückt, tut es gewöhnlich, wie es sich gehört, d. h. nach den Regeln seiner Gesellschaft, ebenso wie jemand, der ein Musikinstrument spielt oder ein Telefongespräch führt. Die Regelsätze, die wir dabei benützen und die uns unsere Kultur zur Verfügung stellt, bilden eine Art Strategie, mit deren Hilfe wir unsere Ziele erreichen. Kultur steuert alles menschliche Handeln in charakteristischer Weise und umfasst alle Bereiche des Lebens, auch ganz alltägliche oder banale wie beispielsweise die Kleidermode. Muslime, die in unserer Gesellschaft leben, kleiden sich anders als wir – ein Verhalten, das erkennbar von ihrer Kultur geformt ist.

Enkulturation als Prozess

Wenn ein Mensch geboren wird, besitzt er noch keine bestimmte Kultur.

Menschliche Neugeborene sind, im Unterschied zu Tierkindern, mit einer ausgesprochen leistungsstarken Veranlagung und einem ausgeprägten Bedürfnis zum Erlernen einer Kultur und einer Sprache ausgestattet. Dass diese Veranlagung leistungsstark sein muss, lässt sich daran erkennen, dass wir mit ihrer Hilfe eine Kultur (und Sprache) lernen, ohne uns dessen bewusst zu sein, und dazu hin in einem Alter, in dem die Fähigkeit zum logisch-schließenden Denken späterer Lebensphasen noch nicht entwickelt ist.

Die Art und Weise, wie sich Mütter ihren Kindern gegenüber verhalten, ist in verschiedener Hinsicht von Bedeutung. Unter den zahlreichen Möglichkeiten, die im Einzelfall zur Wahl stehen, ist es in der Regel immer nur eine einzige Verhaltensweise, die das Kind erlebt. Diese eine Verhaltensweise stellt sich dem Kind im Lauf der Zeit als normales Verhalten der Mutter dar. Auf dieses normale Verhalten stellt es sich ein und erwartet es schließlich in allen vergleichbaren Situationen.

Es sind im Wesentlichen die Kontakt- oder Bezugspersonen in der unmittelbaren Umgebung des Kindes, deren von Kultur geprägtes Verhalten schon in einem frühen Alter bestimmte Vorstellungen und Begriffe entstehen lässt. Das Weltbild, das auf diese Weise bei einem Kind aufgebaut wird, ist also ganz unmittelbar abhängig vom Weltbild seiner Kontakt- und Bezugspersonen.

Diesem Weltbild in seiner kulturtypischen Form ist das Kind geradezu ausgeliefert. Weil es völlig ohne Kultur geboren wird, aber eine Veranlagung dazu und ein ausgeprägtes Verlangen danach besitzt, kann es gar nicht anders, als nach dem zu greifen, was es in seiner unmittelbaren sozialen Umgebung an Kultur vorfindet. Kinder sind hoch motiviert, an ihrer eigenen Enkulturation aktiv mitzuwirken. Ihre Motivation ist umso nachhaltiger, je mehr Lernanregungen sie in der Kultur ihrer Umgebung vorfinden. Dadurch wird der Prozess der Enkulturation in hohem Maß gefördert und beschleunigt. Kinder lernen ihre Kultur (und Sprache) überraschend schnell und mühelos, auch und gerade deren zahllose Details und Kompliziertheiten. Sie lernen sogar mühelos gleichzeitig zwei oder auch drei Kulturen (und Sprachen), solange sie sich in der Phase der frühen Kindheit und in entsprechender Umgebung befinden.

Neugeborene sind nicht nur mit einer Veranlagung zur Übernahme einer Kultur und Sprache ausgestattet, sondern auch mit einer Veranlagung zur Bewertung ihrer Handlungen und Entscheidungen als gut oder böse. Wir nennen diese Veranlagung Gewissen. Aber auch dies ist bei der Geburt noch nicht entwickelt, sondern wird unter den gleichen Bedingungen angeeignet wie die übrigen Veranlagungen, die es besitzt.

Kinder sind im Kultur- und Spracherwerbsalter weitestgehend manipulierbar. Das hat enorme Vorteile, aber auch folgenschwere Nachteile.

Wer beispielsweise in einer kriminellen Umgebung aufwächst, hat kaum die Möglichkeit zur Übernahme eines Weltbildes, das Strategien dafür bereitstellt, in einer sozial intakten Gemeinschaft von Menschen zu leben. Aber selbst in den Kulturen von normal funktionierenden menschlichen Gemeinwesen sind mitunter negative Elemente enthalten: Vorurteile aller Art, Diskriminierungen gegen Mitglieder, die sich als weniger angepasst erweisen usw. Weil solche Elemente ebenso kritiklos in die Psyche aufgenommen werden wie alle übrigen, sind Kinder und Jugendliche während des Enkulturationsprozesses besonders anfällig für Manipulationen – eine Erscheinung, die beispielsweise von autoritären Regierungen leicht für ihre Zwecke missbraucht werden kann. Der deutsche Nationalsozialismus z. B. hat diese Disposition in der so genannten Hitlerjugend systematisch genutzt: als Erziehung zum Kampf, zum Rassenhass usw.

Das hohe Tempo, das Kinder bei der Übernahme von Kultur aus ihrer sozialen Umgebung vorlegen, wird auch dadurch gefördert, dass sie zunächst über keinerlei Vorstellungen irgendwelcher Art verfügen. Sie sind eine »tabula rasa«, ein unbeschriebenes Blatt. Daher wenden sie sich dem für sie Neuen kritiklos und unvoreingenommen zu. Bei Erwachsenen, die eine zweite Kultur (und Sprache) lernen wollen oder müssen, ist das bedeutend schwieriger. Dies hat natürlich Konsequenzen für die kulturelle Integration von erwachsenen Einwanderern.

Bei normal entwickelten Kindern intensiviert sich der Prozess der Enkulturation in der 2. Hälfte des 1. Lebensjahres, wird im Lauf der Kindheit und Jugend immer differenzierter und endet erst mit dem Tod. Man kann davon ausgehen, dass bis zum 8. Lebensjahr etwa 80% all jener Strategien (in ihren Grundformen) gelernt sind, über die ein Individuum zur Gestaltung seines Lebens als Erwachsener verfügen wird.

Die Enkulturationsphase ist nun gerade auch der Zeitabschnitt in dem Erziehung mit größter Nachhaltigkeit und Selbstverständlichkeit wirksam wird. Was jetzt an Erziehungsarbeit nicht geschieht, kann in späteren Lebensphasen fast nicht nachgeholt werden. Es ist davon auszugehen, dass nach Abschluss etwa des 10. Lebensjahres die Erziehungsfähigkeit des Menschen abnimmt bzw. die Bereitschaft eines Kindes, sich erziehen zu lassen.

Konkret bedeutet dies, dass die Lebensphase, in der ein Mensch 80% seiner ureigenen Kultur und Verhaltensnormen übernimmt, diejenige ist, die er überwiegend zusammen mit seinen allerersten Kontakt- und Bezugspersonen verbringt – mit seinen Eltern also. Wer meint, Defizite, die dabei entstanden sind, in der Zeit nach dem 10. Lebensjahr noch abbauen zu können, macht sich Illusionen. Es ist geradezu ein Unding, von Lehrerinnen und Lehrern der (weiterführenden) Schulen zu erwarten, das Versäumte nachzuholen.

Ergebnisse des Enkulturations- und Erziehungsprozesses

Was der junge Mensch bis zum Ende dieses Prozesses an Kultur und damit auch an Verhaltensnormen gelernt hat, ist ihm zur Selbstverständlichkeit geworden und wird emotional von ihm be-

jaht. Die Strategien zur Daseinsbewältigung, über die er jetzt verfügen kann, helfen ihm nicht nur, seine Bedürfnisse in einem umfassenden Sinn zu befriedigen. Sie sorgen auch für seine psychische Sicherheit im Umgang mit anderen, seine Sozialkompetenz.
Die Kultur aber, die in dieser Weise in die Psyche und Persönlichkeit integriert wurde, kann nicht mehr aus ihr herausgelöst und nicht rückgängig gemacht werden. Das Gleiche gilt auch für die Prägung des Gewissens bzw. Über-Ichs, d. h. jener Veranlagung, die ein Individuum befähigt, seine eigenen Handlungen und die seiner Mitmenschen zu bewerten.
Das bedeutet unter anderem, dass es für einen Menschen nicht möglich ist, seine Kultur zu wechseln. Wohl aber kann er eine zweite Kultur lernen, wenn auch bei weitem nicht so vollkommen wie seine Erstkultur. Deren Strategien werden immer im Vordergrund stehen und sein Handeln entscheidend bestimmen.

Normen und Werte

Im Lauf des Enkulturationsprozesses entstehen zwei weitere Phänomene, die für das Verhalten des Menschen in seiner Gesellschaft von großer Bedeutung sind: Normen und Werte. Normen sind kulturbestimmte Denkmuster oder Regelsätze für menschliches Verhalten, deren Beachtung zu korrektem, anständigem oder normalem Verhalten führt. Normen sind nicht unbedingt starr, sondern gestatten Abweichungen oder enthalten Möglichkeiten zu flexibler Anwendung, wenn die Situation es erfordert. So gilt es zwar in europäisch-westlichen Kulturen als Norm, beim Essen Messer, Gabel oder Löffel zu benutzen. Bei Geflügel jedoch darf man – in entsprechender Umgebung, z. B. einem Biergarten – auch die Hände zu Hilfe nehmen, wenn man ein Hühnerbein isst.
Das christliche Abendmahl wird, so die Norm, mit Brot und Wein gefeiert. In den Schützengräben des zweiten Weltkriegs tat man es unter Umständen auch mit ein paar Brocken Zwieback und Tee, getrunken aus einer Konservendose statt aus dem silbernen Kelch.
Normen sind häufig nicht rational begründbar, zum Beispiel deutsche Tischsitten. Warum legen wir beim Löffeln der Suppe die linke Hand neben den Teller auf den Tisch und nicht auf den Schoß, was anderswo, in der amerikanischen Gesellschaft etwa, völlig in Ordnung ist? Es gibt in der Tat keine objektive Begründung dafür.
Aus der Nichtbegründbarkeit von Normen können sich Erzie-

hungsprobleme ergeben. Kinder, die an Tischsitten gewöhnt werden sollen, beginnen in einem bestimmten Alter, spätestens in der Pubertät, danach zu fragen, warum sie sich so verhalten sollen, wenn es doch auch anders gehe.

An dieser Stelle können Erziehende einen entscheidenden Fehler machen, wenn sie versuchen, für das Verhalten bei Tisch eine einsichtige Begründung zu geben. Kleinere Kinder kann man damit zufrieden stellen, pubertierende Jugendliche dagegen weniger. Sie erkennen schnell, dass sich vieles, was ihnen von den Erwachsenen als anständiges Verhalten empfohlen wird, von diesen nicht recht begründen lässt, und lehnen es dann noch entschiedener ab, sich entsprechend zu verhalten.

Wenn Eltern schließlich in akute Beweisnot geraten und zu Formulierungen greifen wie: man müsse sich so und so verhalten, weil es eben so üblich sei, wird es unerfreulich. Die Diskussion nimmt an Lautstärke zu und die Fetzen fliegen. Dabei liegt das richtige Argument greifbar nahe. Man braucht einem Kind nur zu erläutern, dass seine Mitmenschen in bestimmten Situationen ein bestimmtes Verhalten erwarten. Wer dieses Verhalten an den Tag legt, erscheint ihnen als anständig, wird von ihnen akzeptiert und erfährt ihre Zuwendung. Wer sich anders verhält, wird von ihnen abgelehnt und hat nichts von ihnen zu erwarten. Mit diesem Hinweis stellt man den zu Erziehenden vor eine Alternative, in der er selbst viel unmittelbarer entscheiden kann, was er soll oder will. Sich an die Norm zu halten heißt nämlich nichts anderes, als diejenige der beiden Möglichkeiten zu wählen, die sich gewöhnlich als die befriedigendere erweist. So lässt sich aufmüpfigen Jugendlichen gegenüber viel leichter argumentieren, und die Diskussion endet seltener in beiderseitiger Verärgerung.

Werte sind nicht absolut. Sie erscheinen nur im Rahmen der dazugehörigen Kultur als Werte und können in einer anderen als *Un-Werte* erscheinen. Schlanke Frauen gelten beispielsweise in Südsee-Gesellschaften als wenig attraktiv und nicht in der Lage, viele Kinder zu bekommen. Je korpulenter eine Frau, umso größer das Ansehen ihres Mannes, denn nur so wird augenfällig, dass er reich genug ist, um sie (und ihre Kinder) gut ernähren zu können. In europäisch-westlichen Gesellschaften dagegen ist Übergewichtigkeit immer ein Unwert.

Werte bilden Zielvorstellungen, das heißt, sie motivieren zum

Handeln. Menschen, die ein für sie wertvolles Ziel erreichen wollen, beschreiten unter Umständen sogar Wege, die von Unwerten gekennzeichnet sind. So gilt es zwar als abzulehnen, einen Menschen hungern zu lassen, denn Hunger ist in der Regel nichts Erstrebenswertes. Hungert jedoch ein Mensch, um schlank zu werden, so erregt er damit Bewunderung.

Enkulturation und Gewissen (Über-Ich, Ich-Ideal)

Auch das Gewissen bildet eine Strategie zur Gestaltung und Bewältigung des Daseins. In der Psychologie spricht man statt vom Gewissen vom Über-Ich oder auch Ich-Ideal.

Bei seiner Geburt verfügt der Säugling ausschließlich über eine Anlage zum Gewissen, aber noch über keinerlei ethisch-moralische Maßstäbe, mit denen es sein Handeln als »gut« oder »böse« bewerten, geschweige denn steuern könnte. Diese Maßstäbe erwirbt sich das Kind im Lauf seiner Entwicklung durch Lernen, durch Erfahrungen in Tausenden von konkreten Situationen.

Am Ende dieses Lernprozesses verfügt das Individuum über einen komplexen und sehr detaillierten Satz von Regeln zur moralischen Bewertung seiner eigenen Handlungen, aber auch zur Bewertung der Handlungen anderer.

Es ist ein verbreiteter Irrtum zu meinen, Gewissen sei etwas, was die Natur dem Menschen mitgegeben habe, eine Art Organ, das sich auf natürliche Weise, also von selbst entwickle und seine ethisch-moralischen Funktionen in ihm ausübe. In christlichen Kreisen erscheint es als so etwas wie die Stimme Gottes. Das ist es sehr wohl auch. Diese Betrachtungsweise hat jedoch ihre Tücken. Sie engt unseren Blick auf ganz bestimmte Aspekte ein, die das Gewissen bietet, und bewirkt, dass wir eine Reihe anderer, ebenfalls wichtiger Aspekte übersehen. Die Verengung kann uns insbesondere das Erkennen von Gewissensorientierungen, die von den unseren abweichen, erheblich erschweren.

Zwar wird jedes normal entwickelte Kind mit einer Veranlagung geboren, die sich im Lauf seiner Entwicklung zu einem Gewissen ausbildet. Im Lauf des Enkulturationsprozesses wird das Gewissen von der kulturellen und sozialen Umgebung in charakteristischer

Weise geformt, so dass es zu erheblichen Unterschieden in der Gewissensorientierung menschlicher Gesellschaften kommt.
Daher ist es falsch, wenn man die Handlungen von Menschen in fremden Kulturen von vornherein mit christlich-europäisch-westlichen Maßstäben zu bewerten versucht. Unter Umständen begehen wir diesen Fehler schon dann, wenn wir Menschen aus unserem eigenen Lebensraum, die einer anderen sozialen Schicht angehören als wir selbst, damit beurteilen.
Manche Christen neigen dazu, bei der Interpretation von Handlungen und Verhaltensweisen der Menschen in ihrem Umfeld unvorsichtigerweise immer gleich mit einzubeziehen, was die Bibel dazu sagt, ohne zu bedenken, dass die zu interpretierenden Handlungen und Verhaltensweisen von Menschen stammen, für die biblische Maßstäbe in der Gegenwart keine Rolle spielen, in ihrem Enkulturationsprozess nie eine Rolle gespielt hatten, also in ihr Gewissen gar nicht integriert wurden.

Funktionen des Gewissens

Wer richtig verstehen will, worum es sich dabei handelt, muss sich immer vor Augen halten, dass Gewissen nicht in erster Linie etwas mit Religion zu tun hat, sondern dass es auch und gerade in Bereichen wirksam ist, die keinen direkten Bezug zur Theologie haben. Das Gewissen steuert nämlich zunächst einmal das Sozialverhalten des Menschen, indem es ihm die Kriterien für richtiges und falsches Handeln gegenüber Menschen liefert. Diese Kriterien gibt es in allen Gesellschaften, unabhängig davon, ob sie eine heilige Schrift, die solche Kriterien ausdrücklich beschreibt, besitzen oder nicht.
Wenn sich zwei Buschmänner für eine bestimmte Tageszeit, etwa nach Sonnenstand, an einer bestimmten Stelle, einem Felsen, einem Baum zur Jagd verabreden, so kann das Unternehmen nur stattfinden, wenn sie sich an die Abmachung halten. Dazu brauchen beide ein funktionierendes Gewissen. Es muss sie über ihr Verantwortungsgefühl oder mit Hilfe von Gewissensbissen daran erinnern, dass der eine vergeblich wartet, wenn sich der andere nicht verlässlich verhält.
Dass in diesem Fall das individuelle Gewissen eine erhebliche Rolle spielt, ist offensichtlich. Die Frage, ob sich derjenige, der sich

nicht an die Abmachung hält, schuldig macht oder gar eine Sünde begeht, ist dagegen unerheblich.

Richtiges und falsches Verhalten sind zunächst einmal durch die Traditionen der Gesellschaft, in der sie als recht und falsch gelten, definiert. Diese Traditionen regeln die zwischenmenschlichen Beziehungen – auch ohne Bezug zu einer außermenschlichen Autorität. Das Gewissen übt hier wichtige soziale Funktionen aus, ohne die ein Gesellschaftsgefüge nicht aufrechterhalten werden kann. Man könnte dies die *horizontale Dimension* des Gewissens nennen.

Weil rechtes und falsches Handeln aber auch unter dem Aspekt von Schuld und Sünde zu bewerten sind, die nicht oder nur in zweiter Linie von der betreffenden Gesellschaft definiert werden, sondern von einer Autorität, die über ihr steht, von einem Gott, einer Gottheit, übt das Gewissen religiöse Funktionen aus, mit deren Hilfe ein Individuum sein Handeln unabhängig von gesellschaftlichen Bezügen bewerten und organisieren kann. Man könnte dies die *vertikale Funktion* des Gewissens nennen.

Engagierten Christen entgeht dieser Unterschied in der Regel. Sie übersehen daher leicht, dass auch Menschen ohne jegliche Kenntnis der Bibel zwischen Gut und Böse unterscheiden und folglich ein Gewissen haben. Christen neigen dazu, Menschen in fremden Gesellschaften oder einfach solchen mit anderer Gewissensorientierung »Gewissenlosigkeit« zu unterstellen. Außerdem steht in ihrem betont christlich orientierten Bewusstsein die religiös-theologische Dimension, der vertikale Aspekt, derart im Vordergrund, dass sie der sozialen Dimension, dem horizontalen Aspekt, einen Zusammenhang mit dem Gewissen absprechen. Wie fatal das sein kann, lässt sich an folgendem Beispiel leicht erkennen:

Ein Europäer putzt sich anständig die Nase, indem er ein Taschentuch benutzt. Man kann natürlich auch mit dem Daumen das eine Nasenloch zuhalten und das andere kräftig durchblasen. Dieser so genannte Fuhrmannsgruß gilt unter Europäern als nicht gesellschaftsfähig. Ihn deswegen als Schuld oder Sünde zu bezeichnen, wäre lächerlich. Gesetzlich orientierte Christen neigen jedoch dazu, diese Verbindung herzustellen. Manche gesellschaftlichen Konventionen wie Mode (Rocklänge und Frisur, besonders bei Frauen), Theater und Kino kommen dabei leichter als andere in den Verdacht, nicht nur inakzeptabel, sondern Sünde zu sein. Christliche Elternhäuser, deren Erziehungskonzept auf der Vor-

stellung beruht, dass alles, wofür man sich schämen muss, auch Sünde sei, erziehen ihre Kinder nicht zur Freiheit, sondern zu einer (im neutestamentlichen Sinn) gesetzlichen Haltung. In problematischeren Fällen führt dies zu einer angstbesetzten Grundhaltung, die dem an sich gesunden Selbstzweifel mehr Raum gibt als nötig.
Das entwickelte Gewissen des erwachsenen Individuums hat in allen menschlichen Gesellschaften folgende (hier sehr vereinfacht dargestellte) Funktionen:

1. Das Gewissen *prüft Handlungen*, beabsichtigte oder begangene, daraufhin, ob sie mit den Normen der betreffenden Gesellschaft, der Gruppe usw. übereinstimmen oder nicht. Dabei spielt es keine Rolle, ob eine Handlung oder Verhaltensweise schon in die Tat umgesetzt oder nur beabsichtigt ist. Geprüft werden beide. Für die Absicht ist die Prüfung durch das Gewissen besonders wichtig, wie wir noch sehen werden.
2. Das Gewissen *signalisiert Übereinstimmung* mit diesen Normen durch ein Gefühl, recht zu handeln oder gehandelt zu haben. Die vom Gewissen geprüften Handlungen und Verhaltensweisen werden dabei als gut, anständig oder normenkonform erkannt. Das Gefühl, das daraus folgt, heißt volkstümlich »gutes Gewissen«.
3. Das Gewissen *signalisiert Nichtübereinstimmung* mit diesen Normen durch das Gefühl, Unrecht zu tun oder getan zu haben. Die vom Gewissen geprüften Handlungen und Verhaltensweisen werden dabei als böse, unanständig oder gegen die Norm verstoßend erkannt. Das Gefühl, das daraus folgt, heißt volkstümlich »schlechtes Gewissen«, und es wird als Bestrafung wahrgenommen.
4. Das Gewissen *kontrolliert* das Individuum durch das Gefühl des schlechten Gewissens und *verhindert* (in der Regel) Verstöße gegen die Normen durch die Erwartung dieser Bestrafung.

Zu beachten ist dabei Folgendes: Identifiziert das Gewissen eine Handlung oder Verhaltensweise als gut, so macht es dem Menschen einen Weg frei zu ungehinderter Aktion. Identifiziert das Gewissen dagegen eine Handlung als Normenverstoß, wird es als Bestrafung wahrgenommen. Ist das Böse, der Normenverstoß, geschehen, so wird das Individuum durch das Gefühl, etwas Böses, Unpassendes oder Unanständiges getan zu haben, das heißt durch ein schlechtes Gewissen, bestraft. Ist der Normenverstoß noch nicht geschehen, sondern geplant, aber erkannt, funktioniert das Gewissen als Sper-

re: Es verhindert böses, unpassendes oder unanständiges Verhalten, indem das Individuum erwartet, von seinem Gewissen durch das Gefühl eines schlechten Gewissens bestraft zu werden.
Von erheblicher Bedeutung ist die sehr unterschiedliche Qualität, in der ein gutes und schlechtes Gewissen erfahren wird. Es wäre eigentlich zu erwarten, dass im Gegensatz zur Bestrafung durch das eigene schlechte Gewissen ein gutes Gewissen als Belohnung erfahren wird. Das ist in der Regel nicht der Fall. Dem Gefühl des guten Gewissens kommt in diesem Zusammenhang nur geringe Bedeutung zu. Ein Mensch, der normenkonform handelt, erlebt sein Gewissen weder als Institution, die ihm den Weg zum Handeln ausdrücklich freimacht, noch empfindet er das Gefühl, recht zu tun oder getan zu haben, als in besonderer Weise hervorgehoben. Im täglichen Handeln und Verhalten hat das gute Gewissen etwas Selbstverständliches, Undramatisches an sich.
Ganz anders dagegen das Gefühl des schlechten Gewissens: Ein Mensch, der gegen die Normen seiner Kultur, seiner Gesellschaft oder Gruppe zu handeln vorhat, erlebt sein Gewissen als Institution, die ihm den Weg zum Handeln mehr oder weniger gebieterisch versperrt, und er empfindet das Gefühl, nicht normenkonform gehandelt zu haben, als belastend. Im täglichen Handeln und Verhalten hat das schlechte Gewissen etwas Auffälliges, Gewichtiges, Dramatisches, Hemmendes und Blockierendes an sich.

Schuldgefühl und Schamgefühl

Diesem höheren begrifflichen Gewicht, das dem schlechten Gewissen im menschlichen Denken und Fühlen zukommt, entspricht ein weiteres Kennzeichen, das dem guten Gewissen fehlt. Das schlechte Gewissen übt seine Funktionen in zwei verschiedenen Erscheinungsformen aus. Es verhindert und bestraft Normverletzungen sowohl über ein Schuldgefühl, als auch über ein Schamgefühl.
Schuldgefühle sind in aller Regel Gewissensreaktionen, mit denen das Individuum auf Verstöße gegen Normen reagiert, die von seiner Kultur, Gesellschaft oder Gruppe ausdrücklich als Recht und Gesetz formuliert werden. Schuldgefühle sind aber auch Gewissensreaktionen, mit denen das Individuum auf Verstöße gegen

Normen reagiert, von denen es weiß, dass sie von einer außermenschlichen Autorität, einer Gottheit etwa, gesetzt sind. Solche Normverletzungen heißen Sünde, ein Begriff, den es im Übrigen nicht nur in christlich geprägten Kulturen und Gesellschaften gibt. **Schamgefühle** dagegen sind in aller Regel Gewissensreaktionen, mit denen das Individuum auf Verstöße gegen Normen reagiert, die von seiner Kultur oder Gesellschaft als allgemein akzeptierte Regeln des Anstands und des Wohlverhaltens angesehen werden, als das, was sich gehört und was man erstreben sollte. Dazu zählen etwa Tischmanieren, Kleiderordnungen, ein bestimmtes Körpergewicht, das man nicht überschreiten sollte, oder die Fähigkeit, eine sportliche Leistung zu erbringen, die von den übrigen Mitgliedern der eigenen Gruppe in gleicher Weise erbracht wird.

Streng einteilen lassen sich einschlägige Situationen aber nicht in solche, in denen man ausschließlich ein Gefühl der Schuld oder der Scham empfindet. Es ist eigentlich immer beides vorhanden, und die Übergänge können sehr fließend sein. Wichtig ist jedenfalls, dass Gewissen nicht nur etwas mit Schuld (Sünde) und den dazugehörigen Empfindungen zu tun hat, sondern auch mit Scham (Schande) und den dazugehörigen Empfindungen. Beide, das Schuldgefühl und das Schamgefühl, steuern Handlungen und Verhaltensweisen eines Menschen so, dass er mit den übrigen Mitgliedern seiner Kultur, Gesellschaft oder Gruppe funktionieren und sich in diese einordnen kann. Gewissenlose Menschen, die weder Schuld noch Scham empfinden, kann es auf Dauer daher in keiner Gesellschaft geben.

Schuldorientierung und Schamorientierung

Wenn man die verschiedenen Kulturen, Gesellschaften und Gruppierungen, in denen Menschen leben, auf ihre Gemeinsamkeiten und Unterschiede hin untersucht, erkennt man zwei Grundformen menschlicher Gewissensorientierung. Es gibt Kulturen, Gesellschaften und Gruppen, deren Individuen von ihrem Gewissen überwiegend mit Schuldgefühlen bestraft werden, wenn sie gegen Normen verstoßen. Und es gibt Kulturen etc., deren Individuen von ihrem Gewissen überwiegend mit Schamgefühlen bestraft werden, wenn sie gegen Normen verstoßen. Aus diesen beiden Krite-

rien ergeben sich tief greifende Unterschiede im Verhalten der Menschen und natürlich auch für die Kulturen und Gesellschaftsordnungen insgesamt.
Gesellschaften mit eher schuldorientierten Individuen sind generell weniger eng strukturiert und normiert. Sie lassen Pluralismus der Meinungen zu und neigen zur Vielfalt ihrer Wertmaßstäbe und Handlungsmuster. Weil die Freiheit des Individuums als hoher Wert gilt, sind sie eher vom Zerfall bedroht, denn es wird den Individuen zugestanden, sich selbst, ihre Meinungen und Bedürfnisse für wichtiger halten zu dürfen als die »der anderen«.
Gesellschaften mit eher schamorientierten Individuen sind enger strukturiert, oft sogar streng hierarchisch. Sie neigen zur Vereinheitlichung der Meinungen, Wertmaßstäbe und Handlungsmuster. Ihre Mitglieder sehen sich eher gezwungen, ihre individuelle Freiheit, ihre Meinungen und Bedürfnisse den Interessen der Gruppe unterzuordnen. Sie selbst sind weniger wichtig als »die anderen«.

Erziehung und Gewissensorientierung

An dieser Stelle können wir uns nun der Frage zuwenden, auf welche Weise der Vorgang der Gewissensorientierung abläuft, genauer gesagt, wie es zur Ausprägung eines eher schuldorientierten oder eher schamorientierten Gewissens in Kindheit und Jugend kommt. Zwei Bedingungen müssen erfüllt sein, damit Gewissensorientierung überhaupt stattfindet: 1. Ein Kind braucht (mindestens) eine Bezugsperson, 2. das betreffende Kind muss eine Veranlagung besitzen, die es danach verlangen lässt, zu einer Bezugsperson eine von Harmonie geprägte Beziehung aufzubauen und zu erhalten.
Jedes normal entwickelte Kind wird mit dem Bedürfnis nach einer harmonischen Beziehung zu mindestens einer Bezugsperson geboren. Diese ist in der Regel seine Mutter, die erste Person, mit der es in körperlichen und seelischen Kontakt kommt – ein Kontakt, der neben vielem anderen auch seine Gewissensbildung in entscheidender Weise steuert. Im Lauf seiner Entwicklung treten weitere Bezugspersonen in dem Maß in das Blickfeld des Kindes, wie sich seine Fähigkeiten zur Kontaktaufnahme mit diesen Personen erweitern und differenzieren.
Wir hatten gesehen, dass der Enkulturationsprozess durch die Be-

zugspersonen eines Kindes in einer Weise bestimmt wird, dass es deren Kultur vollkommen unbewusst aufnimmt und zu seiner eigenen macht. Da dies auch und insbesondere für die Orientierung seines Gewissens gilt, die ja ein Teil jener Kultur ist, die es übernimmt, stammen auch die Normen und Werte, die es verinnerlicht, und die sein Gewissen mehr und mehr bestimmen, in erster Linie von seiner Bezugsperson (oder seinen Bezugspersonen). Um klarzumachen, wie man sich den Ablauf dieses Vorgangs denken muss, hier ein konkretes Beispiel:

Eine Mutter (oder auch ein Vater) unterhält sich mit einem vierjährigen Kind im Wohnzimmer über eine Rose, die in einer hohen, schlanken Blumenvase auf dem Tisch steht. Als das Telefon im Nebenzimmer klingelt, erklärt die Mutter/der Vater dem Kind, dass sie/er den Anruf beantworten und das Kind so lange allein lassen müsse. Es solle alles so belassen, wie es jetzt sei, insbesondere solle es die Vase nicht anfassen, bis sie/er zurückkomme. Das Telefongespräch dauere nicht lange.

Es gibt eine ganze Reihe von möglichen (und unmöglichen!) Situationen, die das Kind geschaffen haben kann, wenn die Bezugsperson zurückkommt. Nehmen wir zunächst die einfachste: Die Vase steht an ihrem Platz. Das Kind war gehorsam und hatte die Anweisung der Bezugsperson beachtet. Wie reagiert diese nun darauf? Auch da gibt es die verschiedensten Möglichkeiten.

Erste Möglichkeit: Die Bezugsperson ist aufmerksam, stellt fest, dass das Kind getan hat, was sie ihm aufgetragen hatte, und gibt ihm zu verstehen, dass sie mit ihm und seinem Verhalten zufrieden ist. In einer solchen Reaktion erfährt das Kind, dass die harmonische Beziehung, die es von seiner Natur her mit seiner Bezugsperson aufgebaut hat, vollkommen ungestört, ja sogar bestätigt ist, denn von der Bezugsperson gehen deutliche Signale aus, die eben dieses besagen. Für das Kind ist die Erfahrung positiv, aber nicht besonders eindrucksvoll, keineswegs dramatisch, sondern etwas, was es als normal erfährt.

Zweite Möglichkeit: Die Bezugsperson nimmt nicht nur wahr, dass ihr Kind getan hat, was sie wollte, sondern versucht, solches Verhalten bewusst zu fördern, indem sie darüber in Begeisterung und überschwängliches Lob ausbricht. Auch diese Reaktion erfährt das Kind als positiv, als Bestätigung der Harmonie, nach der es verlangt. Dass die überschwängliche Reaktion der Mutter problematisch ist, kann es nicht wahrnehmen. Warum ist sie überzogen?

Die Bezugsperson, die bei richtigem Verhalten eines Kindes ständig in begeistertes Lob ausbricht, nimmt sich selbst die Möglichkeit, in wirklich herausragenden Fällen kindlichen Wohlverhaltens, wo dies viel weniger selbstverständlich ist, ihr Lob entsprechend zu gestalten:

Sie entwertet es inflationär und ihr Kind bekommt einen falschen Eindruck von der Bedeutung und vom Stellenwert seines Handelns. Kinder, deren Gewissen unter solchen Bedingungen geformt wird, erwarten im Lauf der Zeit mehr und mehr auch für bedeutungslose Selbstverständlichkeiten Aufmerksamkeit und Anerkennung von ihren Mitmenschen. Sie reagieren beleidigt, wenn sie ihnen nicht zuteil wird.

Kinder, die eine Erziehung in diesem Sinn erlebt haben, können in der Schule verhaltensauffällig werden. Sie erwarten nämlich von ihren Lehrern für jede noch so unbedeutende oder auch nur selbstverständliche Leistung lobende bis überschwängliche Anerkennung. Erfolgt diese nicht, wird sie von den Kindern eingefordert, indem sie mit Verhaltensweisen, die das Unterrichtsgeschehen stören, Aufmerksamkeit zu erregen versuchen. (Das Erziehungsverhalten, das Kinder ausschließlich mit Lob zu enkulturieren versuchte, wurde in den so genannten Kinderläden der Zeit nach 1968 teilweise bis zum Exzess angewandt – mit problematischen Folgen.)

In der Regel jedoch wird der Bezugsperson gar nicht besonders zum Bewusstsein kommen, dass ihr Kind getan hat, was es sollte. Folglich wird sie gar nicht ausdrücklich darauf eingehen. Ihre Reaktion ist normal, jedenfalls ohne Dramatik. Dies ist ein wichtiger Gesichtspunkt.

Schauen wir uns erst einmal eine ganz andere Situation an, die von der Bezugsperson nach dem Telefonat vorgefunden werden kann: Die Vase liegt in Scherben am Boden und die Rose in einer Pfütze auf dem Tischtuch (oder umgekehrt). Wie reagiert die Bezugsperson jetzt?

Auch hier gibt es wieder mehrere Möglichkeiten, nämlich eine breite Palette von Nichtbeachtung und wortlosem Beheben des Schadens bis hin zu Wutausbruch und körperlicher Gewalt gegenüber dem Kind. Der Regelfall wird so aussehen, dass die Bezugsperson in irgendeiner Weise »böse« wird. In jedem Fall reagiert sie dramatischer, als sie es täte, hätte das Kind gehorcht. Dies ist der entscheidende Unterschied in den beiden Situationen.

Das Kind erfährt hier die Reaktion seiner Bezugsperson als Signal dafür, dass die Harmonie zwischen ihm und ihr gestört ist. Von diesem Augenblick an wird ein normal veranlagtes und bis dahin normal entwickeltes Kind einiges oder alles tun, um die Harmonie zwischen sich und seiner Bezugsperson wieder herzustellen. Wichtiger aber ist, dass dem Kind in dieser Situation klar wird, dass es etwas »Böses« getan hat, und zwar in dem Sinn, dass seine Bezugsperson durch sein Handeln und Verhalten »böse« geworden ist. Die Verletzung, die es dadurch erfährt, empfindet es als »Bestrafung«.

Aus Tausenden solcher Einzelerlebnisse leitet ein Individuum her, was während seiner Kindheit und Jugend, was in der Welt, in der sozialen Umgebung seiner Bezugsperson(en) als gut und böse, als anständig und unanständig, als ehrenvoll und beschämend, als Schuld und rechtes Handeln, als zu Erstrebendes oder zu Meidendes gilt: Es lernt die Normen und Werte seiner Kultur aus der Reaktion seiner Bezugsperson(en) auf sein eigenes Handeln und Verhalten.

Diese Reaktionen erscheinen ihm positiv, wenn es dabei Harmonie zwischen sich und der jeweiligen Bezugsperson empfindet, und sie erscheinen ihm negativ, wenn es die Harmonie zwischen sich und der jeweiligen Bezugsperson als gestört erfährt.

Die Bildung des Gewissens ist nur auf dem Weg solcher Erfahrungen möglich. Ohne sie findet keine Orientierung auf die Normen und Werte einer Gesellschaft hin statt. Gewissensorientierung entsteht folglich nicht von Natur aus, sondern wird von den Bezugspersonen gesteuert und herbeigeführt.

Hier zeigt sich uns in aller Deutlichkeit, welche Verantwortung die Bezugspersonen eines Kindes für dessen Gewissensbildung tragen. Verinnerlichung der Reaktion von Bezugspersonen bedeutet aber mehr als nur die Fähigkeit, gut und böse, anständig und unanständig, ehrenvoll und beschämend, Schuldhaftes und Gerechtes voneinander zu unterscheiden. Wenn die »böse« gewordene Bezugsperson und die Störung der Harmonie als Bestrafung erst einmal verinnerlicht sind, dann ist eine Bezugsperson für ethisch korrektes Handeln nicht mehr nötig. Sie ist von jetzt an sozusagen in das Gewissen eingebaut und funktioniert von dort aus als gutes oder böses Gewissen. Es ist ein Über-Ich bzw. ein Ich-Ideal entstanden.

Aus dem Unterschied, dass Reaktionen von Bezugspersonen auf Normenverstöße in der Regel bewusster wahrgenommen und erlebt werden als deren Reaktionen auf die Einhaltung der Normen lässt sich erklären, warum ein schlechtes Gewissen später viel dramatischer auf das Bewusstsein wirkt als ein gutes Gewissen.

72 Was bisher zur Entstehung des individuellen Gewissens gesagt wurde, erklärt noch nicht, wie es zu einem eher schuldorientierten oder eher schamorientierten Gewissen kommt.

Der Unterschied hat eine verblüffend einfache Ursache. Eine Faustregel nach Melford E. Spiro (1958 und 1961) lautet danach folgendermaßen:

Gesellschaften, in denen Kinder von wenigen Bezugspersonen enkulturiert und sozialisiert werden, bringen eher schuldorientierte Individuen hervor. Gesellschaften, in denen Kinder von zahlreichen Bezugspersonen enkulturiert und sozialisiert werden, bringen eher schamorientierte Individuen hervor.

Um klarzumachen, wie Gewissensorientierung in Gesellschaften aussieht, die zur Schamorientierung führen, hier noch einmal ein konkretes Beispiel:

Auf den Inseln Mikronesiens ist die zeitliche Länge des Gottesdienstes nicht festgelegt. Er dauert eben so lange, wie der Pfarrer etwas zu sagen hat, oder solange die Leute zuhören wollen. Kinder werden dabei schon einmal unruhig, und ihre Mütter haben dann Mühe, sie zu beruhigen, wenn sie es nicht vorziehen, die Kirche zu verlassen, um von draußen zuzuhören, wo sich die Kinder anderweitig beschäftigen können, ohne zu stören.

Eine europäische Mutter würde ihrem Kind gut zureden, an seine Fähigkeit zum Aushalten appellieren, ihm vielleicht ihre Uhr zeigen und erklären, dass der Pfarrer aufhören werde, wenn der Zeiger an einer bestimmten Stelle steht. Eine Insulanerin dagegen wird ihr Kind abzulenken versuchen. Das gelingt ihr nur eine Zeit lang. Schließlich greift sie zu einem überraschenden Mittel. Sie zeigt dem Kind die anderen Kirchenbesucher und sagt: »Die alle sehen jetzt, was du für ein ungezogenes Kind bist!« Wenn ein (weißer) Ausländer im Gottesdienst anwesend ist, wird er gar bevorzugt derjenige sein, von dem die Mutter sagt, er sehe, was für ein ungezogenes Kind sie da bei sich habe. Die Reaktion des Kindes ist charakteristisch: Es verbirgt sein Gesicht. Aus Tausenden solcher Erlebnisse abstrahiert ein Individuum während seiner Enkulturationsphase sehr genau, was in seiner Kultur als gut und böse, als erstrebenswert und zu meiden gilt. Dies lernt es aber nicht aus den Reaktionen seiner unmittelbaren Bezugspersonen, sondern unter ständigem Hinweis auf einen erweiterten Personenkreis, auf die Gruppe, die anderen – wer das auch immer sein mag. Im Lauf seiner Entwicklung richtet es sein Handeln und Verhalten mehr und mehr nach dem, was diese eventuell dazu meinen: Es wird zu einem vorwiegend schamorientierten Individuum.

Die Bestrafung, die ein schamorientiertes Individuum erwartet, wenn es sich nicht normenkonform verhält, ist weit weniger ein Schuldgefühl als ein Schamgefühl. Dieses ist es, was ein schamorientiertes Individuum in erster Linie als schlechtes Gewissen erfährt.

Aus alledem ist jedenfalls klar ersichtlich, dass auch Gewissensorientierungen ganz wesentlich von den Kulturen bestimmt sind, in denen sie entstehen und gebraucht werden.

Problematik der Erziehung zur Schamorientierung

Es gibt Menschen, die das Bedürfnis entwickeln, ihr Handeln und Verhalten überwiegend oder ständig nach irgendwelchen »anderen« zu richten. Dies kann in einen Zustand permanenter Unfreiheit führen und einem Menschen die Kraft nehmen, individuell zu entscheiden, zu handeln und sich zu verhalten. Solche Schamorientierung kann zu einer Zwangsjacke werden, die »den anderen« ein massives Übergewicht verleiht. Es gibt Menschen, die dadurch seelisch so stark deformiert werden, dass sie sich in psychiatrische Behandlung begeben müssen.

Es gibt Lebensbereiche, in denen Gewissensorientierung dieser Art missbraucht wird. Wir wissen heute, dass extreme politische Gruppierungen und Terrororganisationen ihre Mitglieder zur Konformität zwingen, indem jeder, der »aussteigen« will, damit rechnen muss, als »Spielverderber« oder »Verräter« gebrandmarkt zu werden. Ein Vorwurf, den Menschen, die zur Schamorientierung neigen, nicht ertragen können. Sie sind unter Umständen eher bereit, ein Verbrechen zu begehen, als sich diesem Verdacht auszusetzen. Sie handeln gruppenkonform, gegen ihren eigentlichen Willen.

Schamorientierung geht Hand in Hand mit dem Bedürfnis des Individuums, von seiner Gruppe anerkannt zu werden, und mit der Angst, diese Anerkennung zu verlieren. Schamorientierte Individuen zeigen in der Regel eine Neigung dazu, ihr Bedürfnis nach Anerkennung zu übersteigern, und sie leiden entsprechend unter dem erhöhten Druck, sich diese Anerkennung zu erhalten. Manche sind dafür zu erheblichen Opfern bereit.
Man findet sie z. B. in Jugendbanden, in denen die Jugendlichen sich zu den schlimmsten kriminellen Handlungen und Verhaltensweisen hergeben, nur um ihre Anerkennung als Gruppenmitglieder aufrechtzuerhalten. Die entscheidende Entblößung, die ein künftiges Mitglied an die Gruppe kettet, kann in einer »Mutprobe« bestehen, in deren Verlauf ein Zigarettenautomat aufgebrochen oder einer wehrlosen alten Frau die Handtasche entrissen wird, wobei »die anderen« zuschauen.
Gruppenzwang durch Rückgriff auf Schamorientierung üben manchmal auch fundamentalistische religiöse Vereinigungen auf ihre Mitglieder aus. Wer seine Mitgliedschaft kündigen will, muss mit völligem Gesichtsverlust rechnen. Es gibt Sekten, in denen die verbleibenden Mitglieder einem ausgetretenen Mitglied den Gruß verweigern. Hat sich ein solches Individuum bis zu einem gewissen Grad in eine derartige Gruppe integrieren lassen, weil es sich angenommen fühlte und vermeintliche oder echte Anerkennung fand, dann gibt es für schamorientierte Individuen kein Zurück ohne massiven Verlust dieser Anerkennung. Trennung von der Gruppe ist eine Schande und wird gefürchtet, eine Hemmung von erheblicher Wirkung, wie die Erfahrung zeigt.

In sozialistischen Ländern ist dieses Verfahren als Erziehungsprinzip auch in den Schulen verbreitet. Schüler, die sich nicht ideologiekonform verhalten, werden öffentlich bloßgestellt. Undiszipliniertes Verhalten, ja selbst einfache Verstöße gegen die Hausordnung werden vor der ganzen Schulgemeinschaft, vor dem »Kollektiv«, den bedeutsamen »anderen«, zur Sprache gebracht: ein zugegebenermaßen äußerst wirksames Instrument zur Einbindung des Individuums in die Gruppe.
Missbräuchliche Einwirkung auf die Gewissensorientierung liegt auch vor, wenn man ein Kind einseitig durch Beschämung zu normenkonformem Verhalten erzieht. Dies geschieht dadurch, dass

auf sein Handeln und Verhalten nicht nur seine unmittelbaren Bezugspersonen wie Vater und Mutter reagieren, sondern dass eine mehr oder weniger große Zahl von »anderen« davon Kenntnis bekommt und Einfluss darauf nimmt. Wenn Kinder bei abweichendem Verhalten ständig die Frage vorgehalten bekommen, was »die Leute«, eine Art imaginäre Gruppe, von ihm denken, wird es schließlich sein Handeln und Verhalten immer weniger vor sich selbst rechtfertigen und verantworten, sondern sich nach »den Leuten« richten, sich fremd bestimmen lassen und entsprechend unter dem Gefühl der Unfreiheit leiden.

Erziehung zum Christsein?

In unserem europäisch-westlichen Kulturkreis entstehen auf diese Weise Gewissensausrichtungen mit Schamorientierung häufiger bei Kindern aus christlichem Elternhaus. Die Kinder von Pfarrern, Predigern und Missionaren sind dabei in entscheidenden Phasen ihrer Entwicklung und Enkulturation dem Zwang ausgesetzt, zum Teil jahrelang, ihr Handeln und Verhalten auf eine Gemeinde und deren Wertvorstellungen hin auszurichten, weil sie einerseits die Existenz der Familie nach außen (über die Stellung des Vaters) gefährden würden und andererseits nach innen die Harmonie in der Familie aufrechterhalten wollen. Dieser Druck kann auch von Eltern als Gemeindemitgliedern ausgehen, die fürchten, ins Gerede zu kommen, wenn ihre Kinder sich nicht so verhalten, wie dies von den übrigen Gemeindemitgliedern erwartet wird, indem die Kinder beispielsweise nicht regelmäßig an den sonntäglichen Veranstaltungen teilnehmen wollen.

In christlichen Familien wird bei der Gewissenserziehung nicht selten nach einem problematischen Verfahren vorgegangen. Ein Kind, acht Jahre alt, geht trotz ständiger Ermahnung mit seinen Sachen nicht sehr achtsam um. Wenn es mit schmutzigem Kleid oder zerrissenen Hosen nach Hause kommt, wird ihm, oft noch vor Verwandten und Fremden als Zeugen, mahnend erklärt, dass es mit seinem Verhalten den Vater im Himmel (oder den »lieben Heiland«) sehr traurig mache. Aus ständigen Hinweisen und Erlebnissen dieser Art wird das Gewissen des Kindes nicht nur (durch Beschämung) zur Schamorientierung gezwungen. Es entwickelt sich bei ihm auch ein völlig falsches Gottesbild. Selbstverständlich müssen christliche Eltern ihrem Kind sagen, dass Gott alles sieht und alles weiß. Das heißt aber nicht, dass es ihn durch Wohlverhalten bei Laune halten oder bei Fehlverhalten als Buhmann erfahren muss.

Viele überstehen diese Art der Erziehung zum Christsein ohne nachhaltige Beeinträchtigungen, erinnern sich aber ungern an das, was sie dabei empfanden. Für andere wiegen die Folgen schwerer. Von Natur aus willensstarke Kinder entziehen sich spätestens in der Pubertät dem Gruppenzwang, revoltieren und kehren der Gemeinde den Rücken. Oft wenden sie sich ganz vom Christentum ab. Einige lassen sich verformen bis zur Unfähigkeit, eigene Entscheidungen zu treffen, zu handeln und sich zu verhalten ohne die Angst, »die anderen« könnten etwas dagegen haben, würden sie mit Verachtung strafen und als Verworfene betrachten. So entstehen Schamorientierungen, die als so genannte *ekklesiogene Psychosen* zu klinischen Fällen werden. Dieses Ausmaß ist wohl eher selten. Das Leiden, das geheim gehalten wird, ist aber weiter verbreitet, als wir glauben.

Erziehung als Anpassung

Hierher gehört auch die Frage der Anpassung, besser der Angepasstheit von Kindern. Es ist klar, dass nur solche Individuen in der Lage sind, mit anderen in einer Gruppe oder Gemeinschaft zu leben, die einen gewissen Grad der Anpassung an die Normen und Werte erfahren haben, die in ihrer Gruppe Gültigkeit haben. Wer eine solche Anpassung nicht in ausreichendem Maß besitzt, kann entweder überhaupt nicht Mitglied werden, bleibt eine Randfigur oder wirkt als Störenfried innerhalb der Gruppe.

Randfiguren haben es insofern schwer, als sie ständig ein Gefühl des Unbefriedigtseins empfinden und psychische Energie investieren müssen, um nicht ganz aus der Gruppe oder Gemeinschaft hinausgedrängt zu werden. Individuen dagegen, die eine zu starke Gewissensbildung in Richtung Schamorientiertheit erfahren haben, leiden ebenfalls, denn sie können von der Gruppe leicht erpresst werden. Sie sind überangepasst und ordnen sich dem Willen anderer unter, weil sie nicht die Kraft besitzen, ihren eigenen Willen dagegenzusetzen.

Erziehung und Gewissen als Befähigung zur Orientierung

Es ist daher falsch, wenn man Kinder in der Enkulturationsphase ohne Gewissensorientierung belässt, indem ihre Bezugspersonen ihnen keine Erfahrungen mit Normen, Normverletzungen und deren Folgen vermitteln – mit welchen Begründungen auch immer, etwa der, man wolle ihnen ihre individuellen Freiheiten nicht beschneiden und ihnen eigene Entscheidungen zugestehen. Dies kann ein Gewissen nur in die Orientierungslosigkeit führen.
Entscheidend ist eine Gewissensorientierung, die nur so viel Angepasstheit wie nötig vermittelt. Diese muss irgendwo zwischen den Extremen von Schuldorientierung und Schamorientierung liegen. Wo genau dieser Ort zwischen den Extremen liegt, wird von der Kultur der Gesellschaft, in der das betroffene Individuum leben muss, bestimmt. In unseren europäisch-westlichen Kulturen liegt er offenbar näher bei der Schuldorientierung, in anderen näher bei der Schamorientierung.
Erziehung, so können wir zusammenfassend sagen, ist wesentlich Entwicklung und Bildung des individuellen Gewissens als zielgerichtete Eingriffe in den Enkulturationsprozess. Dessen grundlegende Ergebnisse und Wirkungen werden hauptsächlich in der frühen Kindheit erzielt. Optimale Ergebnisse und Wirkungen setzen aber voraus, dass das betreffende Individuum ein soziales Umfeld vorfindet, in dem sich der Enkulturationsprozess so frei wie möglich und gleichzeitig so geregelt wie nötig entfalten kann. Dieses soziale Umfeld ist die (intakte!) Familie. In unseren europäisch-westlich ausgerichteten Gesellschaften ist es die so genannte Kernfamilie, d.h. ein Mann und eine Frau, die im Sinne der betreffenden Gesellschaft als verheiratet gelten, und deren Kinder. In dieser Kernfamilie lernt ein Mensch die Strategien, die er zur Meisterung seines Daseins braucht, am leichtesten, sehr intensiv und nachhaltig. Eine der wichtigsten Funktionen dieser Familie besteht folglich darin, das Individuum in optimaler Weise auf die (diesseitige und jenseitige) Welt und ein erfolgreiches Leben hin zu orientieren. Man nennt sie daher auch seine Orientierungsfamilie.

Hartmut Schmid

Die Generationen im Alten Testament 7

■ Das Leben ist geprägt von Beziehungen. Dazu gehören ganz grundlegend die Beziehungen zwischen den Generationen. Immer wieder muss um das Selbstverständnis der einzelnen Generationen und den Umgang der verschiedenen Generationen miteinander gerungen werden. Im Blick auf unsere Themenstellung geht es um die Frage, was das Alte Testament zu den Generationen im Einzelnen und zum Verhältnis zwischen ihnen sagt.

Die Generationen sind von Gott gewollt

Diese Feststellung klingt zunächst selbstverständlich. Aber es sind gerade die selbstverständlichen Dinge, die für unser Leben bestimmend und prägend sind. Entscheidend ist die Tatsache, dass die verschiedenen Generationen und ihre Abfolge in Gottes Willen begründet sind.
Mit der Erschaffung des Menschen ist durch Gott Grundlegendes für die Generationen festgelegt. Im ersten Wort der Bibel über die Generationen erfahren wir, dass Gott Mann und Frau den Auftrag gab, Kinder zu zeugen (1. Mose 1,28). Im zweiten Wort hören wir, dass Kinder die Eltern verlassen, um in der Ehe eine neue Einheit einzugehen (1. Mose 2,24). Damit sind zwei grundlegende, in der Schöpfung gestiftete Merkmale für die Generationen festgestellt. Ihr Verhältnis ist bestimmt durch persönliche Abhängigkeit (Eltern – Kinder) und einer wachsenden Selbständigkeit, die in der Ehe und in neuer Elternschaft mündet. Es ist eine der wichtigsten Aufgaben der Generationen in ihrem Verhältnis zueinander, zwischen diesen beiden Polen in der jeweiligen Lebensphase die richtige Mischung zu finden.

Diese grundlegenden Bestimmungen für die Generationen sind mit dem Sündenfall nicht aufgehoben. Durch den Tod begrenzt sich jedoch die Zahl der jeweils lebenden Generationen auf drei bis vier (2. Mose 20,5). Auch entsteht durch Alterung und Tod insbesondere für die älteste Generation eine neue Herausforderung.

Die Generationen sind durch das Elementarste miteinander verbunden: der Weitergabe des Lebens. Obwohl Gott der souveräne Schöpfer ist und der Herr des Lebens bleibt, beteiligt er doch seine Geschöpfe an der Entstehung von neuem Leben. Einerseits kommt darin die Abhängigkeit von Gott zum Ausdruck, da jedes Leben letztlich Gottes Gabe ist, andererseits wird dem Menschen in der Verantwortung für das Leben die denkbar größte Verantwortung innerhalb der Schöpfung übergeben.

Die Abfolge der Generationen eröffnet sodann den Raum der Geschichte. Genealogien bzw. Geschlechtsregister sind die kürzeste und dichteste Weise der Geschichtsschreibung. Diese Bedeutung haben sie auch in der Bibel (1. Mose 5,10; 11,10-26; 1. Chr 1-9; Mt 1,1-17). Sie machen deutlich: Geschichte ist geprägt durch die Folge der Generationen, damit auch durch Geburt und Tod. Für das Verständnis der Geschichte ist der Zusammenhang zwischen den einzelnen Generationen wichtig, da jede Generation – in Annahme oder Ablehnung – auf der vorausgehenden aufbaut. In tiefster Weise zeigt sich dies in der Heilsgeschichte. Nicht ohne Grund beginnt das Neue Testament mit dem Hinweis auf die Beziehung von Jesus zu David und Abraham (Mt 1,1). Die Bedeutung der Generationen gilt auch für jedes persönliche Leben. Jeder Einzelne ist geprägt durch seine Vorfahren.

Weil die Generationen auf Gottes Schöpferwillen zurückgehen, lehrt die Bibel die Achtung vor jeder Altersstufe des Menschen, vor jeder Generation. Den Niederschlag findet dies in den Geboten. Ganz grundsätzlich gilt: *»Du sollst nicht töten«* (2. Mose 20,13). Jeder Mensch, egal ob jung oder alt, hat ein göttliches Recht auf Leben. Kinder sind eine Gabe des Herrn (Ps 127,3; 128,3; 5. Mose 28,11; Jer 1,5). Dazu tritt das andere Gebot: *»Du sollst deinen Vater und deine Mutter ehren«* (2. Mose 20,12). Dieses Gebot gilt nicht in erster Linie den kleinen Kindern und Jugendlichen, wie es oft in der praktischen Anwendung ausgelegt wird, sondern den Erwachsenen im Blick auf ihre älter werdenden Eltern. Wenn die Lebenskräfte abbauen und der Mensch nur noch wenig oder gar nichts mehr leisten kann, wenn die Sonderlichkeiten des Menschen im Alter zunehmen, gerade dann ist die Achtung des Menschen vor dem Leben der Eltern gefordert. Der Hintergrund dieses Gebots ist die schlichte Tatsache, dass man den Eltern das Leben verdankt.

2. Die Merkmale der einzelnen Generationen

Ganz grob lassen sich drei Generationen unterscheiden: 1. Kinder und Jugendliche, 2. Erwachsene und in der Zeit des Alten Testaments in aller Regel verheiratete Männer und Frauen, 3. ältere Männer und Frauen. Selbstverständlich sind die Übergänge zwischen den Generationen fließend und eine weitere Differenzierung ist möglich.

Für eine grobe Abgrenzung der Generationen im Blick auf das Alter finden wir einige Angaben. Die Leviten waren zum Priesterdienst eingesetzt je nach Situation ab 30 (4. Mose 4,3.23), 25 (4. Mose 8,24) oder 20 Jahren (1. Chr 23,24; Esr 3,8). Der Dienst endete mit 50 Jahren. Allerdings gab es für ältere Priester die Möglichkeit, freiwillig weiterhin zu helfen, aber nicht mehr in leitender Position. Die Zahl 20 markiert noch öfters einen Einschnitt. So durften die über Zwanzigjährigen nicht ins gelobte Land, nachdem Israel Gott ungehorsam war (4. Mose 14,29; 32,11), sie waren also für ihr Tun voll verantwortlich. Außerdem waren sie fähig für den Kriegsdienst (4. Mose 1,3; 2. Chr 25,5) und steuerpflichtig (2. Mose 30,14).

Eine interessante Auflistung findet sich in 3. Mose 27,1-8. Dort wird je nach Alter und d. h. Arbeitskraft ein entsprechender Geldwert genannt, der bei einem Gelübde an das Heiligtum zu geben ist. Für den ersten Lebensmonat wird noch kein Wert genannt. Der Hauptgrund dürfte in der sehr hohen Säuglingssterblichkeit zu suchen sein sowie in der engen Beziehung des Neugeborenen zur Mutter. Vom ersten Monat bis fünf Jahre sind fünf Schekel (bzw. Lot) für das männliche Kind, drei für das weibliche genannt. Von fünf bis zwanzig Jahre sind es zwanzig bzw. zehn Schekel, eine zunehmende Mithilfe ist in diesem Alter möglich. Von zwanzig bis sechzig Jahre sind es fünfzig bzw. dreißig Schekel, der Mensch ist in der Blütezeit seiner Kraft und Arbeitsfähigkeit. Ab sechzig Jahren sind es noch fünfzehn bzw. zehn Schekel. Der deutliche Rückgang deutet auf den starken Abfall der Arbeitskraft. Ein deutlicher Le-

benseinschnitt wird hier nach fünf, zwanzig und sechzig Jahren vollzogen.
Wenden wir uns jetzt den einzelnen Generationen zu.

a) Kindheit und Jugend

Auf die entscheidende Grundaussage wurde schon hingewiesen: Jedes Menschenleben ist eine Gabe Gottes (Jer 1,5; Ps 139,13-16) und deshalb der Verantwortung der Eltern als Gabe Gottes übergeben.
Die Kindersterblichkeit war sehr hoch. Dadurch und weil es bei vielen Krankheiten oder Unfällen im Vergleich zu unserer Zeit keine medizinische Hilfe gab, war der Tod ein ständiger Begleiter des Lebens. Auch junge Leute waren mit dieser Todeswirklichkeit konfrontiert und lernten mit ihr entsprechend umzugehen.
Kurz nach der Geburt erfolgte die Namensgebung. Sie wird im Alten Testament sowohl von der Mutter, als auch dem Vater vorgenommen, mehrheitlich jedoch von der Mutter. Viele Namen im Alten Testament sind nicht nur nach dem schönen Klang, sondern nach der Bedeutung gewählt, sei es, dass eine Erfahrung oder ein Wunsch darin zum Ausdruck kommt. Interessanterweise gibt es kein Beispiel, dass ein Sohn den Namen des Vaters erhalten hätte, auch nicht des Großvaters, es sei denn, dieser war schon verstorben. So hatte keiner der Nachkommen Davids auf dem Königsthron von Isai, Davids Vater, bis Zedekia, dem letzten König über Juda, denselben Namen. Kommt darin ein Wissen um die Individualität jedes einzelnen Menschen zum Ausdruck? Etwa die Hälfte der Personennamen im Alten Testament sind theophore Namen, d.h. sie beinhalten einen Hinweis auf Gott. Dies dürfte teils bewusst gewählt, teils auch nur aus Tradition erfolgt sein.
Kleinkinder waren in erster Linie der Mutter anvertraut. Die Stillzeit dürfte in der Regel drei bis vier Jahre (1. Sam 1,22-24; 2. Makk 7,28) gedauert haben. Schon früh wurden die Kinder in die anfallende Arbeit der Eltern mit einbezogen (1. Sam 16,11; 17,17; Jer 7;18; vgl. Ri 8,20). Dabei blieben die Mädchen in der Obhut der Mutter, die Söhne wurden vom Vater erzogen. Die Mädchen erlernten in erster Linie häusliche Arbeiten. Die Söhne wurden in einer weithin durch die Landwirtschaft geprägten Gesellschaft in der Regel in das Leben des Bauern bzw. Kleinbauern eingeführt. Kinder aus dem Stamm der Leviten erlernten von den Vätern das

Priesterhandwerk. Die meisten Menschen lebten damals in relativ kleinen und überschaubaren Ortschaften, in denen jeder jeden kannte. Außerdem spielte sich vieles im Freien ab, so dass ein Kennenlernen der Dorfbewohner und ihrer Arbeit nicht ausbleiben konnte. Die Kinder und Jugendlichen wuchsen somit in einer natürlichen Weise in die Welt der Erwachsenen hinein und wurden dadurch auf ihr selbstständiges Leben vorbereitet. Sie hatten Anteil an den fröhlichen Erlebnissen und Festen, aber auch an den Mühen, der Arbeit und der Trauer.

Dass Kinder auch gespielt haben, hören wir selten, am deutlichsten in Verheißungen (Jes 11,8; Sach 8,5). Damit ist das Spielen der Kinder nicht ausgeschlossen, aber es tritt in der Überlieferung und in der Bedeutung für die damalige Zeit stark zurück. Dass Kinder auch damals frech sein konnten, belegt die Szene in 2. Könige 2,23: Knaben aus Bethel rufen zu Elisa: »*Kahlkopf, komm herauf!*«

Inwieweit es eine schulische Ausbildung gab, ist ungewiss. Die Erziehung geschah im Wesentlichen im Elternhaus. Die Kunst des Schreibens dürfte vornehmlich am Hof, am Heiligtum und bei extra ausgebildeten Schreibern geübt worden sein. Das Lesen war eher verbreitet als das Schreiben.

b) Die Erwachsenen

Ausgehend von verschiedenen Bibelstellen wurde oben das Alter von zwanzig Jahren als ein wichtiger Einschnitt genannt. Man darf diese Angabe jedoch nicht starr zugrunde legen, als beginne mit zwanzig Jahren die Zeit des erwachsenen Menschen. Mit der körperlichen Reife galt der Mensch als erwachsen. Die Hochzeit dürfte in der Regel im Alter zwischen etwa zwölf und zwanzig Jahren stattgefunden haben, bei den Jungen in dieser Zeitspanne eher später, bei den Mädchen früher. Aus 4. Mose 14,29; 32,11 geht hervor, dass die genannten Zwanzigjährigen schon Kinder hatten. Mit der körperlichen Reife wurde der junge Mann kult-, ehe-, rechts- und kriegsfähig.

Das Leben war für die Frau in erster Linie durch Geburt und Erziehung der Kinder geprägt. Kinder gehörten ganz selbstverständlich zur Ehe und waren auch als eigene Absicherung für die Versorgung im Alter wichtig. Kinderreichtum war erwünscht (1. Mose 24,60; Ps 127,5). Da die hohe Säuglingssterblichkeit die Zahl der Schwangerschaften noch erhöhte und außerdem die Stillzeit mehrere Jahre betrug, wird deutlich, wie stark das Leben der Frau von ihren Kindern bestimmt war. Es ist nicht überraschend, dass in 1. Mose 3,16 die Geburt und damit eben Kinder als wesentliches Kennzeichen der Frau genannt ist. Umgekehrt wurde Kinderlosigkeit als Schmach empfunden (1. Mose 30,1; 1. Sam 1,1-7). Neben den Kindern war die Aufgabe der Frau die Arbeit im und um das Haus, aber auch die Hilfe bei der Feldarbeit war nicht ausgeschlossen.

Das Leben des Mannes war bestimmt durch die Versorgung der Familie. Die Gesellschaft zur Zeit des Alten Testaments war eine bäuerliche und so waren die meisten Männer mit der Feldarbeit und je nach Vermögen mit einer größeren oder kleineren Viehhaltung beschäftigt. 1. Mose 3,17-18 nennt für den Mann die Feldarbeit als das charakteristische Kennzeichen. Daneben gab es Priester, Handwerker und Händler, und mit der Gründung eines Königtums auch zunehmend Beamte, die vor allem in den Städten lebten. Der Vater ist das Oberhaupt der Familie. Aber darin ist er Gott verantwortlich und an Gottes Gebot gebunden.

Die Erziehung war in den ersten Jahren und bei den Töchtern vornehmlich Aufgabe der Mutter. Die Erziehung der Söhne und generell die religiöse Erziehung wurde bei zunehmendem Alter immer mehr Aufgabe des Vaters (s. u.). Da die Söhne in der Regel den Beruf des Vaters vom Vater erlernten, ging Erziehung und Lehre Hand in Hand.

Diese Generation der Erwachsenen steht gleichsam zwischen den Generationen, zwischen den Kindern und den Alten, den eigenen Eltern. Gegenüber beiden hat sie eine Verantwortung: gegenüber den eigenen Kindern die Erziehung, gegenüber den Eltern bei deren abnehmender Kraft die Versorgung. In der Regel lebten die Generationen zusammen und die Frau zog bei der Hochzeit zum Mann und damit auch indirekt zu dessen Eltern. Es muss deshalb auffallen, dass 1. Mose 2,24 formuliert: *»Darum wird ein Mann seinen Vater und seine Mutter verlassen und seiner Frau anhangen ...«* Unabhängig davon, bei wessen Eltern die junge Familie wohnt, will dieses Wort sagen, dass sie eine selbstständige Ehe und Familie gründen und aufbauen soll. Das Ziel der Erziehung ist, die Kinder zu einem selbstständigen Leben zu erziehen. Ziel der Erwachsenen ist es, Ehe und Familie leben zu können. Deshalb gehört zum Miteinander der Generationen das richtige Maß von Nähe und Distanz. Im Grunde müssen alle Generationen das Loslassen lernen.

c) Die Alten

Ein Kennzeichen des Alters sollte die Lebenserfahrung, die Weisheit sein. Dies ist ein Grund, warum alte Menschen geachtet und gehört werden sollen (1. Kön 12,6-8). Deshalb können graue Haare auch als Schmuck bezeichnet werden (Spr 16,31). Allerdings ist diese Weisheit des Alters nicht zwingend, was für die betreffenden keine Ehre ist (Hiob 12,20).
Der gesundheitliche Zustand kann sehr unterschiedlich sein. So wird von Mose gesagt: *»Seine Augen waren nicht schwach geworden, und seine Kraft war nicht verfallen«* (5. Mose 34,7). Aber in der Regel ist das Alter verbunden mit zunehmender körperlicher Schwäche. Eindrücklich wird dies in Prediger 12,1-7 geschildert. Immer weniger kann sich der älter werdende Mensch an der Arbeit beteiligen, wobei sich die ältere Frau im Haus und in der Mithilfe bei der Erziehung der Kleinen noch eher nützlich machen kann.
Weil der alte Mensch schwächer wird, sind die jungen Menschen aufgefordert, gerade die Alten zu ehren, und zwar in gleicher Weise Vater und Mutter (2. Mose 20,12; 3. Mose 19,32; Spr 23,22).
Die Lebenserwartung lag bei fünfzig bis siebzig Jahren, achtzig Jahre waren schon eine Besonderheit (Ps 90,10; abgesehen von den höheren Altersangaben in der frühen Zeit des Alten Testaments).

3. Die Weitergabe des Glaubens und der Lebenserfahrung

Eine Aufgabe der Generationen aneinander, genauer der Eltern gegenüber den Kindern und Jugendlichen ist die Erziehung. Da »Erziehung« das Gesamtthema dieses Buches ist und sich viele Beiträge damit befassen, an dieser Stelle nur ein paar Grundlinien.
Der Auftrag der Erziehung kann mit zwei Kernaufgaben zusammengefasst werden: 1. Die Weitergabe des Glaubens; 2. die Ertüchtigung zum Leben. Beide Ziele sind selbstverständlich nicht zu trennen, sondern aufs Engste aufeinander bezogen.

a) Die Weitergabe des Glaubens

Wie schon festgestellt, haben die Eltern, insbesondere der Vater, die Verantwortung für die religiöse Erziehung. Der Hausvater entscheidet, an wen die Hausgemeinschaft glaubt und wie entsprechend diesem Glauben das Leben gestaltet wird. Josua bekannte vor dem ganzen Volk: *»Ich aber und mein Haus wollen dem Herrn dienen«* (Jos 24,15). Umgekehrt kann das Gericht darin begründet werden, dass die Väter einen anderen Glauben weitergegeben haben (Jer 9,13).

Aber wie geschah die Weitergabe des Glaubens im Einzelnen? Zunächst ist das Gebet und der Segen innerhalb der Familie zu nennen, natürlich auch die Lehre, z. B. in der Weitergabe der Gebote. In erster Linie – dies sei nochmals unterstrichen, weil es heute häufig anders aussieht – war dies Aufgabe des Vaters. Ein besonders schönes Beispiel haben wir von Hiob. Er opferte für seine Söhne Brandopfer zur Vergebung der Sünden (Hiob 1,5). So können Eltern auch heute stellvertretend für ihre Kinder vor Gott treten.

Ein ganz wichtiger Punkt ist die Erzählung der Heilsgeschichte. Immer wieder wird betont, dass den Kindern die Geschichte Israels mit Gott erzählt werden soll (2. Mose 12,26-27; 13,14; 5. Mose 4,9-10; 6,20-24; 11,19; Jos 4,6-7). Warum? Der Gott der Bibel wird aus seinem Handeln erkannt. Dieses Handeln Gottes hat eine lange Geschichte. Jeder Einzelne erlebt nur einen ganz kleinen Teil dieser Geschichte. Indem die Geschichte von Gottes Handeln erzählt wird, wird jeder Einzelne in diese Geschichte mit hineingenommen. Außerdem stehen Gottes große Erwählungs- und Heilstaten am Anfang der Geschichte. Bei Israel war es der Auszug aus Ägypten, der Bundesschluss mit der Gabe der Gebote am Sinai und die Einnahme des Landes. Für die Christen ist es das Leben von Jesus, das in seiner Heilsbedeutung in Kreuz und Auferstehung gipfelt. Nur wenige waren Zeitzeugen. Die nachfolgenden Generationen müssen durch das Erzählen auf diese Taten Gottes, die ja nicht nur geschichtlich interessant, sondern für jeden von bleibender Bedeutung sind, aufmerksam gemacht werden.

In diesem Zusammenhang ist auch auf die Feste zu verweisen. In den Festen Israels wird entweder der Ernte dankbar gedacht oder sie erinnern an die Heilsgeschichte Israels. So dienen die Feste für die große Gemeinde des Volkes Israel dazu, dass Gottes Gabe und Handeln in Schöpfung und Geschichte gefeiert wird. In diesem Sinn sind die Feste auch in der Christenheit immer wieder neu zu entdecken und mit Inhalt zu füllen.

Wie wichtig die Geschichte von Gottes Handeln insgesamt ist, zeigt sich daran, dass die Bibel selbst in erster Linie Gottes Handeln und Gottes Geschichte mit Menschen erzählt. Dies sollte uns ermutigen, sowohl die biblische Geschichte, als auch die Geschichte von Gottes Handeln in der Geschichte der Kirche, aber auch in unserem persönlichen Leben zu erzählen.

b) Die Weitergabe von Lebenserfahrung

Erziehung dient der Ertüchtigung zum Leben. Dazu ist es hilfreich, wenn die Erfahrungen früherer Generationen weitergegeben werden. Diese Erfahrungen sind gebündelt in der Weisheitsliteratur. In ihr wird zunächst deutlich, wie eng Glaube und Leben zusammengehören. Grundlegend für die Weisheit ist die Furcht Gottes: *»Die Furcht des Herrn ist der Anfang der Erkenntnis. Die Toren verachten Weisheit und Zucht«* (Spr 1,7).

Ein weiteres wichtiges Kennzeichen der Weisheit ist die Bereitschaft zu hören, sich raten zu lassen, Erkenntnis und Erfahrung Anderer anzunehmen (Spr 1,1-6). Insbesondere gilt die Aufforderung: *»Mein Sohn, gehorche der Zucht deines Vaters und verlass nicht das Gebot deiner Mutter«* (Spr 1,8). Im gleichen Zusammenhang ergeht die Warnung vor falschen Erziehern: *»Mein Sohn, wenn dich die bösen Buben locken, so folge nicht«* (Spr 1,10). Das häufige Vorkommen von »Sohn« in den Sprüchen zeigt, dass die Weisheit ganz stark, wenn auch nicht ausschließlich, auf die Erziehung zielt. Gleichzeitig wird damit aber auch die Weisheit der Eltern vorausgesetzt. Das Ziel ist somit, dass von Generation zu Generation Weisheit weitergegeben wird.

In der Weisheit wird die ganze Breite des menschlichen Alltags unter der Fragestellung thematisiert, wie im Alltag gelebt werden kann, dass das Leben gelingt. Hier können nur wenige herausragende Themen angesprochen werden.

Wichtig ist die Warnung vor Verführung, vor den Frevlern und der falschen Frau, also Verführung zu Ehebruch und Untreue. Ermahnungen zu Demut, Geduld, Gerechtigkeit und Ehrlichkeit begegnen immer wieder. Richtiger Umgang mit der Zeit und dem Besitz wird thematisiert, ebenso wie die richtige Einstellung zur Arbeit. Vor unnützem und leerem Gerede wird gewarnt, dafür die Bereitschaft zu hören und zu beobachten hervorgehoben. Die Weisheit erkennt durch Beobachtung Gesetzmäßigkeiten des Lebens und möchte daraus lernen. Auch die Zurechtweisung und eine wenn nötig gewisse Härte in der Erziehung wird nicht verschwiegen. Sie soll aber nicht der Laune der Erzieher entspringen, sondern in der Liebe begründet sein (Spr 3,11-12).

Zusammenfassung

Wir haben festgestellt, dass die Generationen und ihre Abfolge von Gott gewollt sind. Auch charakteristische Merkmale der einzelnen Generationen sind in Gottes Willen begründet. Gott gibt zur Gabe immer eine Aufgabe. So auch hier. Die Menschen sind beauftragt, das Leben, den Glauben und die Weisheit weiterzugeben.

Wolfgang Theis

Familie in der griechisch-römischen Kultur und die christlichen Haustafeln im Neuen Testament

8

»Alles, was ihr tut
mit Worten oder mit Werken,
das tut alles im Namen des Herrn Jesus
und dankt Gott, dem Vater, durch ihn.«
Kolosser 3,17

Das »Haus« in der antiken Welt

■ In der gesamten Antike ist das »Haus« »die grundlegende soziale Einheit. Haus und Hausgemeinschaft sind Lebensraum, Produktionsstätte, Ort für Erziehung und Religion und Ausgangspunkt des Rechts«[1].

Ein solches »Haus« kann folgende Personengruppen umfassen: die Kleinfamilie (Eltern mit ihren Kindern), die weitere Verwandtschaft sowie Diener und Sklaven. Die soziale Lebensgemeinschaft, die im griechischen Sprachraum mit dem Begriff »oikos« (Haus) bezeichnet wird, wird im lateinischen Einflussbereich »familia« genannt.

Wir können recht genau auflisten, welche Personengruppen zu einer Familie in der Antike gehören *konnten*. Welche Personen aber *tatsächlich* in einer Familie lebten, lässt sich nur von konkreten Angaben her beantworten. In der neueren Erforschung der Sozialgeschichte der Familie geht man stärker davon aus, »dass schon in der griechisch-römischen Antike die meisten Menschen in einer Kleinfamilie gelebt haben«[2] – vor allem in den Städten. Ein großes Haus setzt nämlich vermögende Verhältnisse voraus[3].

Die zentrale Bezugsperson innerhalb eines solchen Hauses ist der »Hausvater«, der *pater familias*. Er steht dem Haus vor. Seine rechtliche Stellung wird zutreffender mit dem Begriff »Hausherr« beschrieben. Er allein ist nämlich Person »eigenen Rechts«. Alle übrigen Mitglieder der Familie sind rechtsabhängig und seiner Herrschaft untergeordnet. Als Hausherr übt er die *patria potestas* (die väterliche Gewalt) über die Kinder aus; außerdem hat er das Eigentumsrecht über die Sklaven und die Vermögenswerte des Hauses.

Im Rahmen unseres Themas interessiert besonders das Verhältnis zwischen Eltern und Kindern. Einige wichtige Aspekte dazu seien kurz beleuchtet.
»Unstrittig ist in der gesamten Antike, dass Kinder den Eltern und insbesondere dem Vater mit besonderer Ehrfurcht begegnen sollen.«[4] Die Verehrung der Eltern kann sogar in die Nähe der Verehrung der Götter gerückt werden. Was Ehrfurcht gegenüber den Eltern konkret heißt, verdeutlicht ein Zitat von Epictet: »Sohn sein heißt: all das Seine als Eigentum des Vaters betrachten, diesem in allem gehorchen, ihn niemals vor irgendjemand tadeln, ihm durch Wort und Tat nicht wehe tun, ihm in allem nachgeben und weichen und ihn nach Kräften unterstützen (Diss II 10.7)«[5]. Eine besondere Verpflichtung haben die erwachsenen Kinder für die Versorgung ihrer älter werdenden Eltern.

Was das Rechtsverhältnis zwischen Eltern und Kindern betrifft, bekommt der Vater eine dominierende Position.[6] Der Vater entscheidet souverän über die Aufnahme der Kinder in die Familie. Dazu hob er das neugeborene Kind, das man vor ihn gelegt hatte, vom Boden auf, womit das Kind in die Familie aufgenommen war. Er konnte selbst Kinder, die von ihm gezeugt waren, aus der Familie verstoßen oder aussetzen. Folgende Gründe konnten zur Aussetzung von Kindern führen: wirtschaftliche Not, Missbildung eines

Kindes, Zweifel an der Vaterschaft, aber auch der Wunsch nach einem Leben in Luxus. Außerdem wurden Mädchen eher ausgesetzt als Söhne. Das Recht des Hausvaters »zur Aussetzung, zum Verkauf oder zur Verpfändung, sogar zum Töten ... war privat- und strafrechtlich nicht begrenzt«[7]. Die väterliche Macht wurde durch die sittliche Norm, die allgemeine, traditionelle Meinung der Mitbürger und durch die Furcht vor den Göttern gegen Missbrauch eingegrenzt.[8]

Eine Besonderheit der römischen Rechtsauffassung war die lebenslange Dauer der väterlichen Gewalt. Zwar konnte der erwachsene Sohn, was das öffentliche Leben betraf, selbstständig werden: er konnte einen Beruf ausüben, ein Geschäft betreiben, sich in öffentlichen Angelegenheiten betätigen. Aber im Haus und innerhalb der Familie blieb er dem Familienvater unterstellt, bis dieser starb. Im Osten des Römischen Reiches herrschte eine andere Rechtsauffassung: die väterliche Gewalt über die Kinder erlosch, sowie diese erwachsen geworden waren.

Eine wichtige Aufgabe der Eltern war in griechisch-römischer Zeit die Erziehung der heranwachsenden Kinder.[9] Dabei fiel der Mutter, besonders bei der Erziehung der jüngeren Kinder, die Hauptaufgabe zu.

In den ersten sechs Lebensjahren wurden Jungen und Mädchen gleichermaßen von der Mutter im Haus erzogen. Dabei wurde sie häufig von Sklavinnen unterstützt. Die Väter hatten in den ersten sechs Lebensjahren nur wenig Einfluss auf die Erziehung ihrer Kinder.

Während die Mädchen auch weiterhin durch die Mutter und die weiblichen Hausangestellten erzogen wurden, schloss sich für die Jungen ab dem siebten Lebensjahr ein schulischer Unterricht an. Dazu wurden die Jungen zu Lehrern gebracht, die sie in Sport, Musik, Lesen, Schreiben und Rechnen unterrichteten. Die Dauer dieser Schulzeit war nicht gesetzlich geregelt. Sie war häufig vom Gutdünken des Vaters und seinen finanziellen Möglichkeiten abhängig. Für die meisten Jungen war der privat organisierte Schulunterricht mit fünfzehn bis sechzehn Jahren beendet.

An die Schule schloss sich eine Art Ausbildung an, in der der junge Mann auf seine Aufgabe als künftiger Hausherr und als Staatsbürger vorbereitet werden sollte. Diese Aufgabe übernahm entweder der Vater oder ein besonders ausgebildeter und vertrauenswürdiger Sklave. Vermögende Hausherren schickten ihre Söhne auf eine weiterführende Schule oder zu einem Philosophen oder Rhetor in die Ausbildung.

Die Erziehungspraxis in den Schulen war in griechisch-römischer Zeit sehr streng. Viele Zitate belegen die Härte der körperlichen Züchtigung. So bürgerte sich für die Entlassung aus der Schule die Redewendung ein: »die Hand unter dem Stock wegziehen«[10]. Daneben gibt es im ersten Jahrhundert einige Stimmen, die »ein maßvolles Erziehungskonzept [belegen], das sich der Prügelei und übergroßer Härte enthält«[11]. Als Vertreter sind hier vor allem Plutarch (ca. 45-120 n. Chr.), der eine ganze Abhandlung zur Kindererziehung verfasst hat, und Quintilian (ca. 35-100 n. Chr.) zu nennen.

Die »Haustafeln« – Beispiele frühchristlicher Ethik

Das Verhältnis zwischen Eltern und Kindern wird im Neuen Testament ausdrücklich in den so genannten »Haustafeln« angesprochen. Den Begriff der »Haustafel« hat Martin Luther in den deutschen Sprachgebrauch eingeführt.[12] Er versteht darunter Mahnungen an bestimmte Personengruppen innerhalb der Gesellschaft, wobei er den Rahmen des »Hauses« überschreitet.

Die Revisionen der Lutherübersetzung gehen mit dem Begriff behutsam um und benutzen ihn nur als Überschrift von Kolosser 3,18-4,1 und Epheser 5,21-6,9. Bei diesen beiden Abschnitten kann man mit Recht von »Haustafeln« sprechen, da die Situation einer Hausgemeinschaft vorausgesetzt wird und die Beziehungen innerhalb des Hauses reguliert werden.[13]

Nun ist einigen Auslegern aufgefallen[14], dass die Anweisungen an die verschiedenen Personengruppen nicht spezifisch christlich seien. Auf ähnliche Empfehlungen stoße man auch bei griechischen und römischen Philosophen, besonders aus der Richtung der Stoa. Außerdem lässt sich eine gewisse Nähe zu Schriften aus dem Bereich der Ökonomik feststellen. Diese sollten Hausherren dazu anleiten, ihrem Haus gut vorzustehen. Auf Grund der – nicht zu leugnenden – Berührungspunkte mit zeitgenössischem hellenistischem Gedankengut haben manche Bibelausleger gemeint, die frühe Christenheit habe die meisten Inhalte der Haustafel lediglich übernommen und nur oberflächlich christianisiert.

Neuere Untersuchungen[15] haben dagegen stärker auf Beobachtungen hingewiesen, die verdeutlichen, worin sich die christlichen Haustafeln von vergleichbaren hellenistischen Texten unterscheiden und wie sehr sie von Grundüberzeugungen des christlichen Glaubens geprägt sind.

- Es gibt drei Paare von Adressaten: Frauen und Männer, Kinder und Väter, Sklaven und Herren. Dies entspricht den personalen Beziehungen innerhalb einer antiken Hausgemeinschaft. Auffällig ist, dass jeder Adressat direkt angeredet und ermahnt wird. Dies ist insofern ungewöhnlich, weil in den griechischen Schriften »fast immer nur der männliche, erwachsene und freie Leser angesprochen und ihm dargelegt [wird], wie er sich Frauen, Kindern und Sklaven gegenüber benehmen soll«[16]. In der Haustafel im Kolosser- und Epheserbrief werden Frauen, Kinder und Sklaven zu eigenständig ansprechbaren Personen, zu verantwortlichen und vollwertigen Subjekten ethischen Handelns.[17]
- Die Personengruppen werden paarweise ermahnt. Jede Anweisung an eine Personengruppe bekommt sofort ihr Gegengewicht, indem die andere entsprechende Personengruppe ebenfalls ermahnt wird. Die gesellschaftlich geringer geachteten Frauen, Kinder und Sklaven werden zuerst genannt. Aber in gleicher Weise werden auch die Männer in ihrer Eigenschaft als Ehemänner, Väter und Hausherren ermahnt. Setzt man die Situation des antiken Hauses voraus, ergeht an die »Familienväter« eine dreifache Weisung entsprechend der Beziehung, in der sie zu den anderen Personen des Hauses stehen.
- Die Ermahnungen, die auffallend knapp formuliert sind und an unbedingte Rechtssätze im Alten Testament erinnern, zeigen, dass es bei der christlichen Haustafel nicht nur um Empfehlungen für eine gute, vernünftige und nützliche Haushaltsführung geht, wie dies in der antiken Literatur zur Ökonomik geschieht. Vielmehr sind sie als Ermahnung zu einer christlichen Lebensführung im alltäglichen Miteinander zu verstehen.

- Die Mahnungen richten sich auf zwei Aspekte der angesprochenen Beziehungen.
  Zum einen verdeutlichen die Anweisungen an Frauen, Kinder und Sklaven, dass es in dieser Beziehung um Über- und Unterordnung geht. Die Angesprochenen sollen sich in eine bestimmte Ordnung einordnen, indem sie sich unterordnen oder durch Gehorsam ihre Unterordnung zum Ausdruck bringen.
  Zum anderen verdeutlichen die Mahnungen an den Ehemann, Vater und Hausherrn, wie er diese Beziehungen inhaltlich füllen, gestalten und leben soll: als eine Liebesbeziehung zu seiner Frau, als ein vertrauensvolles Verhältnis zu seinen Kindern, als ein Verhältnis, in dem selbst der Sklave zu seinem Recht kommt.
  Die Rechtsverhältnisse des antiken Hauses, für das Über- bzw. Unterordnung typisch ist, werden nicht aufgelöst. Aber die Beziehungen innerhalb des Hauses sollen inhaltlich in einer Weise gefüllt und gelebt werden, die vom christlichen Glauben geprägt ist.
- Auch in der Art und Weise, wie die Anweisungen begründet werden, lassen sich zwei Begründungsebenen unterscheiden. Die eine Ebene kann man als »sittliches Urteil«[18] bezeichnen. Es wird in folgenden Formulierungen ausgedrückt: »es ziemt sich« (vgl. Kol 3,18); »es ist angemessen« (vgl. Kol 3,20); Kinder sollen so erzogen werden, damit sie »nicht den Mut verlieren« (vgl. Kol 3,21). Hier wird mit Einsichten argumentiert, die im zwischenmenschlichen Bereich sittlich üblich und plausibel sind. Ganz ähnlich argumentiert die griechische philosophische Ethik. Daneben ist eine zweite Begründungsebene zu beobachten, die den ganzen Text der Haustafel durchzieht. Das Verhalten der Frauen (Kol 3,18), der Kinder (Kol 3,20), der Sklaven (Kol 3,22) und der Hausherren (Kol 4,1) wird immer wieder in Beziehung zu dem Herrn Jesus Christus gesetzt. Daran wird deutlich, dass alle Personengruppen – auch die angesprochenen Kinder – als glaubende Christen angeredet werden. Die Haustafel will also »die Binnenbeziehungen im christlichen Haus ordnen, nicht die Außenbeziehungen«[19].
- Schließlich sei in diesem Zusammenhang darauf hingewiesen, wie wichtig der Kontext für das Verständnis der Haustafel ist. Paulus hat in Kolosser 3,17 betont, dass *alles, was Christen tun, sie im Namen des Herrn Jesus tun sollen*. Diese Aussage steht wie eine Überschrift

über der Haustafel und »stellt das folgende Schema *insgesamt* unter die Leitlinie des Handelns ,im Namen des Herrn Jesus'«[20]. Die gemeinsame Hinordnung auf *den Herrn Jesus* wirkt sich aus. Die Beziehungen innerhalb des Hauses werden für *alle* Personengruppen um eine erweitert und auf den *einen Herrn* hin orientiert. Das hat zur Konsequenz, »dass dieser Herr nun das Zentrum des Oikos [des Hauses] ist, damit auch das Recht setzt und die Beziehungen inhaltlich füllt«[21].

In welcher Weise der Herr Jesus Christus die Beziehungen inhaltlich füllt, belegt etwa Kolosser 3,12. Mit den dort genannten Begriffen »liebevolles Erbarmen, Güte, Demut, Sanftmut, Langmut« umschreibt Paulus an anderen Stellen, wie Gott sich in Jesus den Menschen zuwendet. Das neue Verhalten der Christen innerhalb der Beziehungen des Hauses gründet also in dem Verhalten Gottes zu den Menschen.

Als der Kolosserbrief geschrieben wurde, war das Haus eine elementare soziale Lebensform in der Antike. Die Haustafel zeigt, dass die frühe Christenheit diese soziale Lebensform nicht aufgelöst, sondern dass sie das Leben in diesen sozialen Bezügen unter die Herrschaft von Jesus Christus gestellt hat[22]. Die Haustafel ist daher ein lehrreiches Beispiel für die Begegnung des Evangeliums mit einer Kultur. Es zeigt, wie außerchristliche Vorgaben durch die christliche Botschaft von innen her durchdrungen und zum Teil auch verändert wurden.

Das durch Christus veränderte Verhalten in einem christlichen »Haus«

➔ *Anweisungen an Kinder und Väter/Eltern in der Haustafel des Kolosserbriefes*

Die Ermahnung an die Kinder

Dass Kinder den Eltern »in allem« gehorsam sein sollen, ist in der Antike eine selbstverständliche sittliche Norm.[23] Nun ist aber gerade vor diesem traditionellen Hintergrund die Mahnung an die Kinder in Kolosser 3,20 in mehrfacher Hinsicht bemerkenswert.

- Bemerkenswert ist zum einen, dass die Kinder direkt angesprochen, »also als volle menschliche Personen angesehen werden«[24]. Mit hoher Wahrscheinlichkeit handelt es sich bei ihnen nicht um Erwachsene, sondern um heranwachsende Kinder, die noch von ihren Eltern erzogen werden müssen. Deutlicher wird dies in Epheser 6,4 gesagt. Dort wird das erziehende Handeln der Eltern mit dem Verb *ektrepho* beschrieben, das »aufziehen, großziehen, erziehen«[25] bedeutet.
- Bemerkenswert ist außerdem, dass die Kinder als solche angesprochen werden, die in den Herrschaftsbereich des Herrn Jesus Christus hineingehören (vgl. die Wendung »im Herrn« in Kol 3,20). Das kann nur bedeuten, dass diese Kinder Christen sind. Sie werden auf ihre Zugehörigkeit zu Jesus Christus angesprochen und als christliche Kinder ermahnt. Die Mahnung an die Adresse der Kinder ist »ein indirekter Hinweis dafür, dass auch gläubige Kinder in den Hausgemeinden dabei waren, in denen dieser Brief vorgelesen wurde«[26].
- Bemerkenswert ist drittens, wie die Aufforderung an die Kinder, den Eltern zu gehorchen, begründet wird: »denn das ist wohlgefällig in dem Herrn«. Die Wendung lautet nicht: »denn dies gefällt dem Herrn«. Vielmehr geht es um ein Verhalten »im Herrn«, also um ein Verhalten im Herrschaftsbereich von Jesus Christus. Was im gehorsamen Verhalten der Kinder zu ihren Eltern »wohlgefällig« ist, muss von dem Herrn Jesus Christus her definiert und gefüllt werden. Darin liegt möglicherweise ein unausgesprochenes kritisches Motiv gegenüber unberechtigten Gehorsamsforderungen des Hausherrn.

Die Mahnung an die Adresse der Kinder, den Eltern zu gehorchen, bleibt zunächst im Rahmen der traditionellen sittlichen Normen der gesamten Antike. Dennoch wirkt sich die Zugehörigkeit zu dem Herrn Jesus Christus im familiären Verhalten der christlichen Kinder zu ihren Eltern aus: es geht um ein Gehorchen, das dem Glauben an und einem Leben mit Jesus Christus entspricht.

Die Ermahnung an die Väter/Eltern

In der Ermahnung an die Eltern (Kol 3,21) werden vor allem »die Väter« (so wörtlich) angeredet. Man kann fragen, ob sich diese Mahnung nicht an beide Eltern richtet, weil die Formulierung beide Elternteile umfassen kann (vgl. Hebr 11,23).[27] Berücksichtigt

man allerdings die zentrale Position des Hausvaters in einem antiken Haus, dann wird deutlich, warum besonders die Väter angesprochen werden. Der Hausvater hat das Recht, die Kinder zu züchtigen, sie mit Worten zu ermahnen, sie streng zurechtzuweisen und sie körperlich hart zu bestrafen. Durch eine strenge oder selbstherrliche Erziehung steht der Vater stärker in der Gefahr, die Kinder zu reizen oder zu verbittern. Die Väter werden deshalb ausdrücklich ermahnt, darauf zu verzichten, ihre Kinder aufzureizen.
Diese Anweisung wird mit einem Argument motiviert, das erstaunlich modern klingt: »damit die Kinder den Mut nicht verlieren (nicht scheu werden)«. Die Situation der Kinder wird mit psychologischem Feingefühl gesehen: das Kind könnte unter einer zu strengen Erziehung den Mut zum Leben und für sein eigenes Selbstwerden verlieren.[28] Dieser Hinweis ist nicht spezifisch christlich. »Inhaltlich begegnet diese Aussage auch außerhalb des NT, insbesondere bei Plutarch und Quintilian, die sich gegen die große Härte der Erziehungspraxis wenden. Wird dort aber an die Einsicht der Väter appelliert oder auch an ihr Interesse an guten Beziehungen im Haus, so handelt es sich hier um Forderungen, die angemahnt werden können«[29].
Es fällt auf, dass die Ermahnung an die Väter nicht mit einem ausdrücklichen Hinweis auf »den Herrn« begründet wird. Allerdings darf man die Einzelmahnung nicht aus dem Zusammenhang der Haustafel herauslösen. Der erwachsene Mann ist ja in mehrfacher Hinsicht Adressat: als Gatte, als Vater und als Herr über Sklaven. Dabei handelt es sich »um *dieselben Männer*, die auf ihre verschiedenen Beziehungen zu den Angehörigen des Hauses angesprochen werden«[30]. Gerade die Haustafel im Kolosserbrief erfährt ihre Zuspitzung in der letzten Aussage (Kol 4,1): Sie erinnert den Hausherrn daran, dass auch er »einen Herrn im Himmel hat«.
Weil es diesen »Herrn im Himmel« gibt, kommt den irdischen Herren keine letzte und uneingeschränkte Herrschaft mehr zu. Weil der christliche Hausherr (er wird in der Haustafel angeredet!) zu diesem Herrn gehört, stehen die verschiedenen Beziehungen innerhalb des Hauses unter dem Vorzeichen einer neuen Herrschaft. *Alles* im Namen des Herrn Jesus zu tun (Kol 3,17) bedeutet, dass die Beziehungen innerhalb des Hauses *insgesamt* von diesem Herrn her zu sehen und mit Leben zu füllen sind. Das betrifft auch das Verhältnis und das Verhalten der Väter zu ihren Kindern. »Väter, die einen Herrn

im Himmel haben, sind nicht mehr ›eigenen Rechts‹ ..., sondern auf diesen Herrn bezogen«[31].

➔ *Anweisungen an Kinder und Väter (Eltern) in der Haustafel des Epheserbriefs*

Wie im Kolosserbrief werden auch in der Haustafel des Epheserbriefs (Eph 5,21–6,4) sowohl Kinder als auch Väter direkt angesprochen und ermahnt (Eph 6,1-4). Allerdings werden die Mahnungen ausführlicher begründet und in bestimmter Weise akzentuiert.

Paulus fordert im Epheserbrief die Kinder nicht ausdrücklich dazu auf, den Eltern »in allem« (vgl. Kol 3,20) zu gehorchen, sondern betont stärker den Gehorsam »im Herrn«. Dass dieses Verhalten nicht nur rein zwischenmenschlich gefordert ist, macht der Hinweis auf das Gebot Gottes klar. Das Gebot, die Eltern zu ehren, wird wörtlich nach der Septuaginta, der griechischen Übersetzung des Alten Testaments zitiert (vgl. 2. Mose 20,12 und 5. Mose 5,16). Die Mahnung, den Eltern zu gehorchen, entspricht also dem Willen Gottes. Gottes Wille »zielt auf das gelingende Verhältnis zwischen Kindern und Vätern«[32].

Paulus hebt besonders hervor, dass dies »das erste Gebot mit einer Verheißung ist«. Nach den vier Geboten der Zehn Gebote, die sich auf das Verhältnis des Menschen zu Gott beziehen, »steht die Forderung, Vater und Mutter zu ehren, an der Spitze der zwischenmenschlichen Regelungen. Hierdurch wird der innerste Kern einer Gesellschaft, die Familie, in den Schutzraum des göttlichen Gebotes gerückt«[33].

Die Verheißung wird in ihrem Wortlaut gegenüber der alttestamentlichen Vorlage leicht abgewandelt. Die Wendung »in dem Land, das dir der Herr, dein Gott, geben wird« wird verkürzt zu »auf Erden«. Paulus passt das Zitat an die Situation der heidenchristlichen Leser an: ihnen ist kein Landbesitz in Kanaan verheißen. Für die glaubenden Christen ist der Segen Gottes in Jesus Christus zusammengefasst (Eph 1,3). Der Umgang mit dem alttestamentlichen Zitat macht deutlich: »Wohlstand, langes Leben und Landbesitz lassen sich nicht bruchlos auf den Neuen Bund übertragen«[34]. Der Segen in Jesus Christus hat eine wesenhaft geistliche Bedeutung (vgl. Eph 1,3-14), er *kann* aber durchaus leibliche Komponenten wie ein langes Leben beinhalten. Wie und ob sich die mit dem Elternehregebot verbundene Verheißung erfüllt, wird von Paulus nicht weiter ausgeführt. Er will die Wichtigkeit der Ermahnung an die Kinder herausstellen. Deshalb verknüpft er sie mit dem Gebot Gottes und erinnert zugleich an die Verheißung Gottes.

Auch die Weisung an die Väter/Eltern erhält im Epheserbrief einen besonderen Akzent.

Ermahnung, Zurechtweisung und Strafe gehören zur Erziehung dazu. Doch sollen die Kinder nicht durch eine übertrieben strenge Erziehung oder durch unangemessen harte Bestrafung von Seiten der Väter (der Eltern) erzürnt und verhärtet werden. Dagegen wendet sich die Aufforderung an die Väter: »Macht eure Kinder nicht zornig«.

Auffallend ist die Begründung. Das psychologisch einsichtige Motiv »damit sie nicht den Mut verlieren« (vgl. Kol 3,21) wird ersetzt durch die positive Aufforderung: »sondern erzieht sie in der Zucht und Ermahnung des Herrn«. Die Wendung »Zucht und Ermahnung des Herrn« erinnert an Aussagen des Alten Testaments, die von Gottes erziehendem Eingreifen an seinem Volk sprechen. Allerdings ist das erziehende Eingreifen Gottes selbst bei deutlichen Ermahnungen und strafenden Zurechtweisungen umschlossen von der Liebe Gottes zu seinen Menschen. Darum will Paulus als Vater der Gemeinde die Korinther »wie geliebte Kinder zurechtweisen« (vgl. 1. Kor 4,14). Und nach Römer 15,14 sollen sich die Christen untereinander »voll Güte« ermahnen. »Die Herrschaft Jesu Christi gibt allem notwendigen Mahnen und Zurechtweisen den Geist der Liebe«[35].

Entsprechendes fordert Paulus für die Erziehung innerhalb der Familie. Die Väter/Eltern sollen ihre Kinder »aufziehen in Zucht und Ermahnung des Herrn«. »Zucht« und »Ermahnung« umschreiben den gesamten Vorgang der Erziehung, wobei der erste Begriff »Zucht/Erziehung« mehr im Sinne einer (strengen) Gesamterziehung zu verstehen ist. Der zweite Begriff »Weisung/Ermahnung« zielt mehr auf eine Zurechtweisung durch Worte, also eine mildere Art der Erziehung.[36]

Mit dem Hinweis auf »den Herrn« werden beide Begriffe der Autorität von Jesus Christus unterstellt. »Wie das Leben insgesamt, so vollzieht sich auch das Verhältnis von Eltern und Kindern im Horizont der Autorität des Herrn«[37]. Ähnlich interpretiert Werner Jentsch diese Bibelstelle. Er versteht den Genitiv »des Herrn« als einen »Genitiv der Beziehung oder der Eigenschaft, und er besagt, Christus ist der Herr und Heiland der Welt, aber der Welt der Erziehung nun auch im Besonderen«[38]. Als dem Herrn und Heiland der Welt ist ihm auch der Bereich der Erziehung unterstellt. Das bedeutet: Eltern und Kinder stehen gleichermaßen unter dem für sie gestorbenen und auferstandenen Jesus Christus. In Hinordnung zu diesem Herrn entsteht ein Erziehungsdenken und eine Erziehungspraxis, die heranwachsende Kinder in der Verantwortung vor Gott und im Glauben an die Vergebung durch Christus zu erziehen sucht.

Dies hat für die elterliche Aufgabe der Erziehung praktische Konsequenzen, die ich wenigstens andeuten möchte.

- Christliche Eltern werden aufgefordert, die Erziehung ihrer heranwachsenden Kinder in Hinordnung auf den Herrn Jesus Christus zu gestalten, indem sie sich in diesem – nicht selten schwierigen – Bereich zwischenmenschlichen Verhaltens an Jesus Christus und seinen Weisungen orientieren.
- Eltern, die die Liebe Gottes und die Vergebung durch Jesus Christus erfahren haben, wissen, dass sie in ihrer erzieherischen Aufgabe versagen und an ihren Kindern schuldig werden. Sie sind daher auf Gottes Vergebung angewiesen und müssen vielleicht ihre Kinder um Vergebung bitten.
- Eltern, die an den auferstandenen Herrn Jesus Christus glauben, geben deshalb die Hoffnung für ihre Kinder nicht auf, wie schwierig sich die Erziehung im Alltag gestalten mag. Darum gehört zu einer Erziehung »im Herrn« auch, dass Eltern durch Wort- und Lebenszeugnis auf Jesus Christus hinweisen, für ihre Kinder beten und sie zum eigenen Glauben an Jesus Christus ermutigen und anleiten.

Erziehung im Alltag heute

Die Ehe der Eltern 9

■ Die Liebesbeziehung zwischen Vater und Mutter ist für die Kindererziehung von größter Bedeutung, ja, sie sollte Vorrang vor der Beziehung zu den Kindern haben, denn:
- Die Kinder sind nur auf Zeit bei den Eltern, die Ehe gilt dagegen lebenslänglich.
- Die Ehe wird nicht durch Kinder definiert.
- In ihrem Umgang miteinander prägen die Eltern die Werte und Umgangsformen ihrer Kinder.
- Nichts hemmt die Entwicklung der Kinder mehr, als eine zerbrechende Ehe.

1. Die Kinder sind nur auf Zeit bei den Eltern, die Ehe gilt lebenslänglich

Unter normalen Umständen geht die Ehe und die Beziehung der Eltern der Geburt der Kinder voraus und »überlebt« die Kindererziehung. In früheren Jahrhunderten war das »Überleben« der Kinder sicher nicht so selbstverständlich wie heute, da viele Mütter bei der Geburt oder früh starben. Aufgrund der niedrigen Lebenserwartung der Frauen bemühte man sich auch, die Kinder möglichst früh zu bekommen. Doch bei der heutigen Lebenserwartung in der westlichen Welt muss ein normales Ehepaar damit rechnen, dass für etwa die Hälfte der Dauer der Ehe die erwachsenen Kinder bereits das Haus verlassen haben – von der Zeit vor der Geburt des ersten Kindes gar nicht zu sprechen. Selbst bei 5 Kindern ist das Ehepaar leicht noch einmal 20 Jahre allein, bei der heute üblichen kleineren Kinderzahl können daraus sogar 40 Jahre werden!
Deswegen ist es schon für den Erhalt der Ehe wichtig, dass die Investition in die Beziehung der Eltern Vorrang vor der Kindererzie-

hung hat. Sonst kann es geschehen – und es geschieht sehr oft –, dass die Kinder aus dem Haus gehen und die zurückbleibenden Eltern sich nichts mehr zu sagen haben, weil die Kinder zum Lebensinhalt und zum Kitt der Beziehung geworden sind.
So wichtig, so schön und so arbeitsintensiv Kindererziehung ist: Sie darf nicht der Kitt werden, der die Ehe zusammenhält. Investieren Sie also wenigstens ebenso intensiv in Ihre Beziehung zu ihrem Lebenspartner, wie in ihre Beziehung zu den Kindern!
Lassen Sie Ihre Kinder wissen, dass die Beziehung zu Ihrem Ehepartner wichtiger ist. Die Kinder werden sich dadurch nicht zurückgesetzt fühlen, sondern geborgen wissen.

2. Die Ehe wird nicht durch Kinder definiert

Durch den Ehebund – ebenso wie durch die Adoption – wird Blutsverwandtschaft (alttestamentlich gesprochen dasselbe »Fleisch«) hergestellt, wo sie vorher nicht bestanden hat. Zwei Menschen, die nicht einmal blutsverwandt sind und in ganz verschiedenen Umgebungen aufwachsen, werden durch die Ehe zu einer untrennbaren Einheit zusammengeschmiedet. Die neue Verwandtschaft übertrifft sogar die bisherigen Verwandtschaftsbande. In 1. Mose 2,24 wird die Ehe definiert, indem »ein Mann Vater und Mutter verlassen und an seiner Frau kleben« wird und dadurch Mann und Frau »ein Fleisch« werden. Durch die Ehe wird also die engste biologisch-blutsverwandtschaftliche Bindung, die es gibt, nämlich die der Eltern und Kinder, überboten! Es ist offensichtlich, dass »das eheliche Band als stärker dargestellt wird als das im Alten Testament doch so hoch gestellte sittliche Verhältnis zwischen Eltern und Kindern«[1].
Nach dem Schöpfungsbericht ist die Ehe der Höhepunkt der Schöpfung. Nachdem Gott alles geschaffen hatte (»Und Gott sah, dass es gut war«, 1. Mose 1,25), schuf er zuletzt Mann und Frau, die füreinander bestimmt sind (1. Mose 1,26-30), und stellte erst dann fest, dass alles »sehr gut« (1. Mose 1,31) war. Zu diesem Zeitpunkt war zwar schon von Nachkommen die Rede, aber sie existierten noch nicht – und trotzdem war alles, auch die Ehe ohne Kinder, »sehr gut«.
Durch Jahrtausende haben Menschen das Glück der Ehe erfahren

und bezeugt, so etwa ein römischer Christ des 5. Jahrhunderts in der Nähe von Bonn: »Hier ruht Meteriola, meine teure Gattin, die mit mir viele lange, lange Jahre Mühen und Arbeit teilte, die mir 23 Jahre Gattin gewesen ist und acht Jahre und sieben Monate und 18 Tage Schwester im Herrn, unserem Gott Jesus Christus, der geruhen möge, mir meine Wege zu weisen, denen ich folgen kann.«[2]

Wie aber kommt eine Ehe zustande? Zunächst ist es ein großes Geheimnis, was in Mann und Frau vorgeht, die sich kennen und lieben lernen und schließlich eine Ehe schließen. Dies macht Sprüche 30,18-19 sehr schön deutlich: *»Drei sind mir zu wundersam, und vier verstehe ich nicht: des Adlers Weg am Himmel, der Schlange Weg auf dem Felsen, des Schiffes Weg mitten im Meer und des Mannes Weg beim Weibe.«*
Diese ganz persönliche, gewissermaßen innerliche Seite der Ehe ändert jedoch nichts daran, dass die Eheschließung wie die Verlobung auch eine für die Öffentlichkeit fassbare juristische und gesellschaftliche Seite hat. Dietrich Schneider definiert Liebe allgemein und damit auch die eheliche Liebe wie folgt: »Unter 'Liebe' versteht man die Beziehung zwischen Personen, wobei die Ebene des Gefühls (Zuneigung, Freiwilligkeit) wie die rechtliche Seite (Treue, Verbindlichkeit) gleichermaßen wichtig sind.«[3] Diese Treue und Liebe kommen vor allem im Verzicht und Opfer zum Ausdruck und sind daher das Gegenteil von Egoismus und Lustprinzip. Jesus verzichtete zu unseren Gunsten, um unseren Bund mit Gott zu stiften.
Der Ehebund erhält seine Bedeutung nicht von den Kindern her, sondern ist die gottgewollte, also beste Voraussetzung für Kinder und ihre Erziehung.

3. Sexualität hat ihren Wert nicht nur in der Zeugung, sondern auch in Glück und Erfüllung

Was für die Ehe allgemein gilt, gilt auch für die Sexualität in der Ehe speziell. Sie spielt zwar eine zentrale Rolle bei der wunderbaren Zeugung von Nachkommenschaft (z. B. Mal 2,14-15), die Gott der Familie schenken will, erschöpft sich aber nicht darin und ist auch Gottes Schöpfung und Wille, wenn keine Kinder gezeugt werden.

Die Sexualität dient zunächst dem Glück und der Erfüllung der Ehepartner und ihrer Liebesbeziehung. Dass die Ehe auch ohne Kinder vollgültige Ehe ist, ja die Beziehung zum Ehemann von weit größerer Bedeutung ist als die Frage nach Kinderlosigkeit oder Kindern, macht Elkana, der Ehemann der Hanna, sehr schön deutlich, denn er hatte seine kinderlose Frau sehr »lieb« (1. Sam 1,5) und fragte sie: *»Bin ich dir nicht mehr wert als zehn Söhne?«* (1. Sam 1,8).

Dass die Sexualität eine Schöpfung Gottes ist und die Ehepartner erfreuen soll, macht vor allem das Hohelied Salomos deutlich, das Kinder gar nicht erwähnt. In Hohelied 5,10-16 schildert zum Beispiel das Mädchen ihren Geliebten, der ihr eine einzige »Wonne« ist. Auch an anderen Stellen hat Salomo die eheliche Sexualität gerühmt und besungen. So heißt es in Prediger 9,9: *»Genieße das Leben mit deiner Frau, die du lieb hast, solange du das eitle Leben hast, das dir Gott unter der Sonne gegeben hat, denn das ist dein Teil am Leben und bei deiner Mühe, mit der du dich mühst unter der Sonne.«* In Sprüche 5,15-20 wird eine solche Aufforderung noch deutlicher ausgesprochen und mit der Warnung vor außerehelicher Sexualität verbunden: *»Trinke Wasser aus deiner Zisterne und was quillt aus deinem Brunnen. Sollen deine Quellen herausfließen auf die Straße und deine Wasserbäche auf die Gassen? Habe du sie allein und kein Fremder mit dir. Dein Born sei gesegnet, und freue dich der Frau deiner Jugend. Sie ist lieblich wie eine Gazelle und holdselig wie ein Reh. Lass dich von ihrer Anmut allezeit sättigen und ergötze dich allewege an ihrer Liebe. Mein Sohn, warum willst du dich an der Fremden ergötzen und herzest eine andere?«* In all diesen Stellen ist von Kindern nirgends die Rede!

Wären Sexualität und Zeugung untrennbar miteinander verbunden, müsste die Sexualität ja spätestens aufhören, wenn ein Ehepaar genügend Kinder hat und oder erst recht, wenn die Frau zu alt ist, um schwanger zu werden oder wenn einer der beiden Partner unfruchtbar ist. Der Gedanke an eine Ehe ohne Sexualität ist aber in der Bibel undenkbar (vgl. 1. Kor 7,1-6; 1. Tim 4,1-5). Vielmehr heißt es: *»Genieße das Leben mit deiner Frau, die du lieb hast, solange du das eitle Leben hast, das dir Gott unter der Sonne gegeben hat«* (Pred 9,9). Deswegen deutet die christliche Seelsorge eheliche Krisen im Ausleben der Sexualität immer als Kennzeichen einer grundlegenden Krise der Ehe überhaupt. In aller Deutlichkeit schreibt Paulus in 1. Korinther 7,3-4: *»Der Mann leiste der Frau, was er ihr schuldig* *ist, desgleichen die Frau dem Mann. Die Frau verfügt nicht über ihren Leib, sondern der Mann. Ebenso verfügt der Mann nicht über seinen Leib, sondern die Frau.«* Dieser Text macht auch unmissverständlich deutlich, dass die Sexualität nicht nur den Mann erfreuen soll, sondern dass die Bibel eine sexuelle Gleichberechtigung kennt, weil beide Ehepartner nicht sich selbst gehören, sondern dem anderen – auch und gerade auf sexuellem Gebiet.

4. Die Bedeutung der Ehe der Eltern für die Prägung der Kinder

Nichts hemmt die Entwicklung der Kinder mehr, als eine zerbrechende Ehe, denn in ihrem Umgang miteinander prägen die Eltern die Werte und Umgangsformen ihrer Kinder.
Selbst wer der Kindererziehung Vorrang vor der Ehe geben möchte, sollte um der Kindererziehung willen in die Liebesbeziehung der Eltern investieren! Denn es gibt kaum etwas, dass die Entwicklung der Kinder negativer beeinflusst als das Auseinanderbrechen einer Ehe und eine Scheidung. Deswegen muss die Investition in die Beziehung der Ehepartner Vorrang vor allem anderen haben!
Kinder lernen am konkreten Vorbild, wie man miteinander umgeht. Die zentralen Werte unseres Lebens werden in der Familie nicht vorrangig durch »Vorlesungen«, sondern durch Anschauungsunterricht vermittelt.
Nichts verwirrt Kinder aber mehr als fehlende Einigkeit und fehlende gemeinsame Werte ihrer Eltern. Dass heißt nicht, dass Eltern automatisch immer einer Meinung sein müssen, sondern gerade, dass sie in vielen Gesprächen ermitteln, für welche Werte sie einstehen wollen und den besten Weg für ihre Kinder suchen.
Nehmen Sie sich als Ehepartner Zeit, ausführlich über Ihre Kindererziehung zu sprechen. Reden Sie solange miteinander, bis Sie das Empfinden haben, die Anliegen des anderen verstanden zu haben. Das wird sowohl Ihrer Beziehung gut tun, als auch bessere Entscheidungen für Ihre Kinder hervorbringen. Diese Gespräche sind natürlich nicht nur bei der Kindererziehung wichtig, sondern für alle Lebensbereiche.
Lassen Sie sich von ihren Kindern nicht auseinander dividieren,

weder grundsätzlich, noch in Bezug auf konkrete Erziehungsentscheidungen. Eltern dürfen unterschiedlicher Meinung sein. Kinder dürfen ruhig wissen, dass die Entscheidung der Eltern das Ergebnis einer Diskussion ist – sie sollen das ja selbst auch für ihr Leben lernen –, aber am Ende muss eine klare Entscheidung für die Kinder stehen. Wenn Sie mit Entscheidungen ihres Ehepartners nicht einverstanden sind, diskutieren Sie es nicht vor ihren Kindern, sondern unter vier Augen mit ihrem Partner. Sollten Sie dann gemeinsam ihre Meinung ändern, können Sie das ja ihrem Kind mitteilen und erläutern. Aber wenn Sie ihren Ehepartner vor den Kindern kritisieren oder gar »ausschimpfen«, wissen die Kinder bald nicht mehr, wer hier eigentlich Kind und wer Elternteil ist! Im Übrigen wird es auch Ihrer Ehe gut tun, wenn die Partner wissen, dass der andere sie nicht öffentlich kritisiert, sondern erst das Gespräch sucht.

5. Der Umgang mit Sexualität wird durch Werte geprägt

Dass unser Umgang als Eltern miteinander die Werte der Kinder prägt, gilt auch und gerade für die Sexualität. Die Psychologie hat längst mit umfangreichen Statistiken belegt, wie stark sich der Umgang mit der Sexualität von Generation zu Generation vererbt. Dies gilt für positive Elemente genauso wie für negative. So haben Frauen, die häufig einen erfüllenden Orgasmus erleben meist auch Mütter, denen es ebenso erging. Und erschreckenderweise »vererbt« sich auch sexueller Missbrauch, so dass die Opfer überdurchschnittlich häufig später selbst zu Tätern werden.
Wir haben bereits gesehen, dass Paulus in 1. Korinther 7,3-4 die Gleichberechtigung im sexuellen Umgang der Ehepartner fordert beziehungsweise als logische Konsequenz aus dem Wesen der Ehe ansieht. Diese Gleichberechtigung macht auch deutlich, dass der sexuelle Umgang miteinander maßgeblich von den Werten von Mann und Frau bestimmt wird. Nach 1. Thessalonicher 4,1-8 ist der Mann dafür verantwortlich, dass er seine Frau in einer gerade auch auf sexuellem Gebiet ehrbaren und die Würde der Frau nicht verletzenden Art und Weise gewinnt. Nach 1. Petrus 3,7 soll der

Mann seine Frau besonders auf sexuellem Gebiet zuvorkommend und mit Ehrerbietung behandeln, damit Gott seine Gebete überhaupt erhört.

Dass der sexuelle Umgang miteinander von Werten bestimmt wird, führt dazu, dass damit auch maßgeblich die Werte der Kinder mitgeprägt werden, und zwar gleichgültig, wie viel sie tatsächlich davon mitbekommen. Viele Untersuchungen haben gezeigt, dass Kinder als Erwachsene so mit dem anderen Geschlecht umgehen, auch im sexuellen Bereich, wie sie es zu Hause gelernt haben, und zwar erstaunlicherweise auch und gerade dann, wenn sie von expliziten sexuellen Handlungen gar nichts mitbekommen haben.

Das alles bedeutet natürlich nicht, dass Kinder nur ein Nebenprodukt der Ehe wären. Die Aufforderung *»seid fruchtbar und mehrt euch«* (1. Mose 1,28; an Adam und Eva) oder *»sei fruchtbar und mehre dich«* (1. Mose 35,11; an Jakob) macht deutlich, dass die Ehe unter normalen Umständen auf Kinder angelegt ist (vgl. 2. Mose 1,7; Jes 48,18-19). Es gilt als Segen, wie Hiob »seine Kinder und seine Kindeskinder, vier Generationen« zu sehen (vgl. Hiob 42,16). Gemeindewachstum beginnt in der Bibel immer damit, dass sich das Volk Gottes durch Vermehrung vergrößert. Gott hat die Sexualität als wunderbares Mittel zur Zeugung von Kindern geschaffen, die in gottesfürchtigen Familien Gottes Liebe und Gesetz kennen lernen. In Maleachi 2,14-15 werden Nachkommen als selbstverständliches, gottgegebenes Ziel des Ehebundes beschrieben: *»Weil der Herr Zeuge war zwischen dir und der Frau deiner Jugend ... Die deine Gefährtin und die Frau ist, mit der du einen Bund geschlossen hast. Nicht einer hat das getan, in dem noch ein Rest von Geist war. Denn er sucht Nachkommen, die Gott geheiligt sind.«*

Cornelia Mack

Erziehen in Liebe und Konsequenz 10

Lebt in der Liebe, wie auch Christus euch geliebt hat und hat sich für euch dahingegeben.
Epheser 5,2

■ Viele Eltern sind heute im Umgang mit ihren Kindern verunsichert.
Tausenderlei verschiedene Vorstellungen und Erziehungskonzepte gehen uns durch den Kopf. Zeitschriften, Fernsehsendungen, Volkshochschulkurse, Vorträge zur Erziehung werden uns angeboten – und in fast jedem kommen unterschiedliche, teilweise gegensätzliche Vorstellungen zum Tragen.
Das Gefühl, etwas Wichtiges im Umgang mit den Kindern zu versäumen oder versäumt zu haben, kann ein ständiger Begleiter in den Gefühlen der Eltern sein. Oder es begleitet uns die Angst, vieles falsch zu machen, die Vorstellungen von perfekter Elternschaft nicht zu erfüllen, den Erwartungen der Kinder nicht zu genügen und am Ende vielleicht als Versager dazustehen.

Eine Hilfestellung im Umgang mit Kindern ist uns durch den Bibeltext aus dem Epheserbrief gegeben. Die Art und Weise, wie Gott uns in Christus begegnet, die Liebe, die er uns schenkt, kann für uns zur Quelle der Kraft und der Inspiration werden, wie wir unsere Beziehungen gestalten können: Das von Gott Empfangene weitergeben, so dass seine Liebe in der Atmosphäre unserer Familien, unserer Ehen, unserer übrigen Beziehungen Gestalt gewinnen kann.

1. Die Grundlage: Wie Gott mir, so ich dir

Wir Menschen sind von Gott auf ein Gegenüber angelegt.
Auf das Gegenüber zu Gott und auf das Gegenüber zu anderen Menschen.
Das ist die Grundbefindlichkeit des Menschen.
Martin Buber sagt: Wir werden am Gegenüber zum Du.
Gott hat uns gewollt (geschaffen), er liebt uns und er braucht uns (er hat ein Ziel mit unserem Leben, eine Berufung für uns).
Diese Grundlage, die Gott in uns Menschen legt, ist auch die Grundlage für die Erziehung. Darum stehen wir als Eltern vor der Herausforderung, unseren Kindern ein solches Gegenüber zu sein, das vermittelt, was Gott uns zuspricht:

- Geliebtsein (»auch mit Fehlern bist du angenommen und geborgen«);
- die Würde des Dasein-Dürfens (»du bist gewollt«);
- Sinn (»du bist für etwas da auf dieser Welt«).

Dieses Angenommensein, Gewolltsein und Geliebtsein ist wie ein guter »Mutter«-Boden, in dem sich ein Kind verwurzeln kann und der ihm für das Erwachsenenalter Halt und Sicherheit gibt. Dieser Boden hilft uns, Hoffnung für die Welt und für die Menschen zu haben und Verantwortung in dieser Welt zu übernehmen.

Diese Grundlage können wir den Kindern aber nur vermitteln, wenn sie auch für uns selbst Grundlage ist. Wir können nur lieben, wenn wir uns selbst auch geliebt wissen. Wir können unseren Kindern dieses Gewolltsein nur vermitteln, wenn es auch unsere tiefste Grundüberzeugung ist. Wir können unseren Kindern nur dann lohnende Lebensziele vermitteln, wenn wir auch selbst Sinn in unserem Leben erfahren.
»Das erste, was wirkt, ist das Sein des Erziehers, das zweite das, was er tut, und das dritte erst, was er redet.« (Romano Guardini)

Die Basis der Erziehung ist das Wissen um das eigene Geliebtsein. Oft fühlen wir uns nur dann geliebt, wenn wir etwas bringen, wenn wir gut sind, wenn wir attraktiv sind, wenn wir etwas leisten, wenn wir den Erwartungen anderer entsprechen.
Geliebtsein aber bedeutet: In den wahren Motiven, die mein Leben ausmachen, erkannt werden. In den tieferen Schichten meines We-

sens ehrlich werden und dennoch nicht verurteilt, sondern wertgeachtet zu werden. Genauso geht Gott mit uns um. Er liebt uns auch dann noch, wenn er hinter unsere Fassaden schaut – dorthin, wo wir unfähig sind zum Lieben, dort, wo nur Dunkelheit oder Schmutz zu finden sind. Dort, wo wir mit uns selbst nicht zurecht kommen. Das, was hinter unseren Fassaden manchmal zu finden ist, ist wirklich nicht so erfreulich. Trotzdem liebt Gott uns noch. Er unterscheidet zwischen Sache und Person.
Er knüpft keine Bedingungen an seine Liebe. Die Liebe, die Gott uns entgegenbringt, gilt auch noch nach Abzug unserer Stärken, sie gilt auch dann noch, wenn wir mit Schuld, Versagen und Unfähigkeiten dastehen. Die Liebe Gottes ist wie ein großes Trotzdem – trotz all meiner Schuld, trotz all meiner Selbstverurteilung, trotz all meiner Unfähigkeiten. Gott liebt uns nicht erst, wenn wir so geworden sind, wie wir sein sollten, sondern schon lange vorher.

Bei Gott beziehe ich meinen Wert nicht aus meiner Leistung, sondern aus seiner Liebe zu mir. Da können wir mit unserer Leistung nichts mehr dazu tun. Das Ja Gottes ist die Grundlage, die wir für den Umgang mit unseren Kindern und mit anderen Menschen benötigen. Das Ja Gottes zu uns befreit uns und gibt uns Stabilität, Sicherheit für unser Leben. Es gibt uns Stärke und die Gewissheit, wertvolle Menschen zu sein, in Gottes Augen Würde zu haben, geliebt zu sein – trotz allem Schweren oder Ärgerlichem. Dieses grundsätzliche Ja Gottes anzunehmen und dann weiterzugeben, ist unser Auftrag in der Erziehung. »Du bist nicht von Gott geliebt, weil du so wertvoll bist, sondern du bist so wertvoll, weil Gott dich liebt.«

2. Liebe ist nicht austauschbar

Viele Menschen verwechseln heute Liebe mit Konsum, mit Geschenken, Materiellem, Essen oder äußeren Reizen. Dies alles kann auch Ausdruck von Liebe sein. Aber in erster Linie hat Liebe nichts mit äußeren Dingen zu tun, sondern mit einer inneren Wertschätzung und Würdigung, mit Achtung und Hoffnung für den anderen. Liebe und Geborgenheit werden heute oft durch andere Dinge ersetzt: Konsum statt Liebe, Spielsachen statt Zuwendung, Fernsehen statt Geborgenheit, Süßigkeiten statt einer Umarmung.

Wenn Kinder unzufrieden sind, dann wollen sie keine Ersatzmittel, sondern Zuwendung, Nähe, Geborgenheit. Nur einfach bei der Mutter oder beim Vater sein, schmusen, körperliche Nähe erfahren, sich sicher fühlen.
Wenn wir Liebe mit Tun und Machen, mit Kaufen und Organisieren verwechseln, dann wird sie schnell anstrengend. Wir müssen unseren Kindern nicht alles Mögliche bieten, uns dauernd Neues für sie ausdenken und auf alle Bedürfnisse, die durch die Werbung geweckt werden, reagieren. Kinder brauchen keine Markenkleidung und keinen eigenen Fernseher oder PC. Sie brauchen eigentlich nur eine Umarmung, körperliche Nähe, unser Zuhören, Gespräche, Heimat.

In dem Begriff »Wohlstandsverwahrlosung« wird diese Gefahr deutlich beschrieben. Kinder, die von ihren Eltern materiell alles bekommen, was sie haben wollen, verarmen innerlich, verwahrlosen, weil sie keine inneren Werte mehr kennen, keine innere Orientierung und keine Heimat mehr haben. Weil Liebe mit Ersatzmitteln verwechselt wurde. Es ist ein Trugschluss zu meinen, Kinder wären glücklicher, wenn man ihnen alle materiellen Wünsche erfüllt.

3. Liebe zeigt sich in Zuwendung und Geborgenheit

Im Baby- und Kleinkindalter bedeutet Liebe in erster Linie, dass wir Kindern Zärtlichkeit und Geborgenheit geben. Als Eltern oder Erzieher sollten wir darauf achten, dass die Bezugspersonen nicht zu häufig wechseln, dass der Tagesablauf eine gewisse Regelmäßigkeit hat, und dass Eltern präsent sind. Kinder, die stundenlang schreien müssen, entwickeln schon als kleine Kinder Einsamkeitsängste, erleben keine wirkliche Geborgenheit. Die Gegenwart der Mutter oder des Vaters ist eine ganz wichtige Grundlage für die Persönlichkeitsentwicklung.
Auch ältere Kinder brauchen diese Sicherheit der Liebe:
Das können wir zum Beispiel vermitteln, indem wir unseren Kindern jeden Tag ein Lob, ein gutes Wort, eine Anerkennung, eine

Umarmung, eine zärtliche Geste, freundliche Blicke schenken. Körperkontakt als Zeichen unserer Liebe ist für Kinder enorm wichtig.

In der Pubertät müssen Eltern vorsichtiger mit körperlicher Nähe und Liebesbeweisen sein. Vor allem in der Öffentlichkeit lehnen Teenager solche Liebesbezeugungen oft ab, weil sie es in einer Zeit der Ablösung als Zeichen der zu engen Bindung an die Eltern deuten und auch als eine Quelle der Peinlichkeit anderen Menschen gegenüber erleben.
Trotzdem brauchen sie die Sicherheit und Verlässlichkeit der elterlichen Liebe. Sie brauchen das Engagement der Eltern für sie. Sie brauchen Menschen, die sich der Auseinandersetzung stellen, die sich spontan Zeit zum Gespräch nehmen können und Zuflucht in den Stürmen des Lebens sein können – Menschen, die sie ernst nehmen.

4. Liebe äußert sich in Vertrauen

Beim ersten Kind entwickeln Eltern oft große Ängste. Beim ersten Schnupfen wälzen wir Bücher über Kinderkrankheiten. Sobald die Kinder ihre ersten Schritte in die Selbstständigkeit tun, überhäufen wir sie mit Ratschlägen oder malen uns die furchtbarsten Szenen aus. Diese Ängste übertragen wir dann oft noch auf unsere Kinder, so dass sie dadurch selbst verunsichert werden, sich nichts mehr zutrauen und Konflikten aus dem Weg gehen.
Angst und Misstrauen von Seiten der Eltern oder Erzieher sind eine schlechte Grundlage für ein positives Selbstwertgefühl.
Bei Fehlern werden die Kinder dann gleich geschimpft und entmutigt, kritisiert oder abgelehnt.
Gottes Umgang mit uns Menschen ist auch ein Wegweiser für unsere Erziehung: bei Fehlern knechtet er uns nicht, sondern bietet uns seine Hand an. Er hilft uns auf, wenn wir gestolpert sind. Er schenkt uns Vergebung, um neu zu beginnen. Er hat Hoffnung für unser Leben und gibt uns damit Perspektiven über unser Versagen hinaus.
So können wir von Gottes Art lernen, mit unseren Kindern umzugehen. Bei Versagen können wir sie zu einem neuen Versuch ermutigen. Bei Fehlern können wir ihnen vermitteln, dass wir ihnen

auch ein anderes Ergebnis zutrauen. Wir können ihnen Wertschätzung geben, wenn sie gescheitert sind.
Lob und Bestätigung ist wie der Lebenssaft, der dem Baumstamm Kraft zum Wachsen gibt. Nörgelei ist wie ein Wurm, der ständig an den Wurzeln des Baumes nagt.
Das Loben und Bestätigen soll in unserem Umgang mit Kindern mehr Raum haben als das Schimpfen und Nörgeln. Vor allem sollten wir darauf achten, bei allem Grund zum Kritisieren und allen Anlässen zum Ärger, dem Kind nicht die Würde abzusprechen.

Unser Vertrauen älteren Kindern gegenüber wird oft auf die Probe gestellt. Dennoch ist es besser, ihnen Vorschuss-Vertrauen zu geben, als eine Atmosphäre des Misstrauens zu verbreiten.
So wie Gott auch uns immer wieder die Möglichkeit zum Neuanfang gibt, so sollen wir auch unseren älteren Kindern gegenüber immer wieder die Hand zur Versöhnung und zum Vertrauen reichen und Bitterkeit und Unversöhnlichkeit keinen Platz in unserem Herzen geben.

5. Lieben heißt auch Grenzen setzen

Liebe zeigt sich nicht nur darin, dass wir alles gutheißen, was ein Kind tut. Liebe äußert sich auch darin, deutlich Grenzen zu ziehen, konsequent im Umgang mit Kindern zu sein, verlässlich zu unseren Worten zu stehen.
Kleinkinder brauchen einen klaren Rahmen oder Bereich, innerhalb dessen sie sich frei und sicher bewegen können. Sie brauchen klare und feste Regeln: »Das darfst du und das darfst du nicht. Innerhalb dieser Regeln bist du sicher, außerhalb nicht. Wenn du dich außerhalb dieses Rahmens bewegst, hat das Konsequenzen für dich.« Darin erfahren sie Sicherheit und Geborgenheit. Wenn Kinder immer wieder testen, ob noch gilt, was die Eltern gesagt haben, dann wollen sie nur feststellen, ob der Rahmen noch gilt, ob er noch Geborgenheit gibt, ob die Eltern zu ihrem Wort stehen.
Wenn ein Kind nicht folgt, dann muss die Mutter (oder der Vater) dem Kind helfen, dass es begreift, was jetzt dran ist: dem Kind eine deutliche Grenze setzen, körperlich präsent sein, das Gehorchen mit ihm üben, bei Protest nicht nachgeben. Protestgeschrei ist kein Ver-

lassenheitsgeschrei, sondern Erprobung des Kindes (»Wie weit kann ich gehen? Wie ernst meinen es die Eltern? Wie verlässlich ist ihr Wort?«).Viele Eltern schreien nur hinter ihren Kindern her, wenn sie irgendetwas von ihnen wollen – wenn diese dann nicht folgen, hören sie auf, nach dem Kind zu rufen, sind dabei aber frustriert, verärgert oder verletzt. Das wirkt sich auf die Beziehung zum Kind aus und bald wird sich emotional eine negative Einstellung in den Eltern breit machen, sinngemäß etwa so: »Mein Kind folgt ja sowieso nicht. Ich kann ja sagen, was ich will. Es nützt ja doch nichts.« Dabei wären ein paar kleine Schritte schon ausreichend: es an die Hand nehmen; irgendwohin führen oder von etwas wegführen; ihm etwas aus der Hand nehmen oder ihm etwas geben. Die Freude der Eltern, wenn das Kind begreift, macht auch dem Kind Freude und es lernt – durch Vertrauen und Zutrauen – ganz schnell, was die Eltern mit Ja oder Nein meinen. Das gibt den Kindern Sicherheit und schenkt Eltern und Kindern eine positive innere Beziehung zueinander: Wir können uns aneinander freuen, wir können einander Freude machen.
Diese Grenzen, die wir setzen, müssen wir natürlich immer wieder neu durchdenken. Je älter die Kinder werden, desto weiter müssen die Grenzen gesetzt werden. Aber die Grenzen dürfen nicht jeden Tag verändert werden, sondern müssen über gewisse Zeiträume, manchmal auch Jahre, gültig sein.

Auch im Schulalter ist Gehorsam wichtig. Wir sollten dabei aber darauf achten, dass wir nicht willkürlich oder despotisch mit den Kindern umgehen, sondern ihnen vertrauen, sie lieben. Drohungen sind z. B. kein gutes Erziehungsmittel, weil wir dabei von vornherein voraussetzen, dass das Kind nicht gehorchen will, ihm den guten Willen absprechen. Wo das Kleinkind durch die körperliche Begrenzung lernt, brauchen Schulkinder eher das Gespräch, das Nachfragen der Eltern: Warum hast du dies oder jenes getan oder nicht getan? Warum hast du mein Vertrauen hier missbraucht? Wie kann ich dir an diesem Punkt helfen, besser zu folgen? Oft entdecken wir in solchen Gesprächen tiefer liegende Probleme oder Konflikte eines Kindes, die sonst nicht ans Tageslicht gekommen wären. Die Konsequenz solcher Gespräche ist entweder, dass wir eine bestimmte Erwartung neu formulieren oder aber eine Grenze aufheben, den Umgang mit bestimmten Dingen oder Situationen dem Kind erleichtern, den Freiraum erweitern.

Aggressionen, Wut oder Trotz der Kinder dürfen wir nicht als persönlichen Angriff auf uns sehen, sondern als Hilferuf. Ein Kind (ebenso wie ein Erwachsener übrigens auch) drückt damit immer auch einen Mangel oder einen Bedarf aus. Wenn ein Kind emotional unausgeglichen ist, dann sind wir in unserer Fantasie gefragt, wo wir dem Kind Hilfe geben können. Ein vorsichtiges Nachfragen (»Was war denn in der Schule?«, oder »Hat dich jemand oder etwas geärgert?«) kann schon sehr viel von dem momentanen emotionalen Wirrwarr des Kindes lösen. Dass wir die Kinder in diesen Situationen verstehen und ihnen helfen wollen, mit sich und anderen zurechtzukommen, ist viel hilfreicher, als selbst wiederum mit Wut oder Rückzug oder Gleichgültigkeit oder sogar mit Liebesentzug zu reagieren.
Durch solches Verhalten erfährt ein Kind, dass die Liebe verlässlich bleibt, es spürt: ich bin – egal wie viele Fehler ich mache und egal, wie unperfekt ich bin, dennoch ein geliebter und angenommener Mensch.
Kinder leben auf durch ein Lob, ein gutes Wort, eine Anerkennung, eine Umarmung, eine zärtliche Geste und freundliche Blicke, Körperkontakt. Unsere Kinder erfahren auf diese Weise die Grundgeborgenheit, die sie brauchen, um stabile und sichere Menschen werden zu können.

Als Eltern sollten wir auf unsere Gedanken und Gefühle achten, darauf, dass wir keine Mauern zwischen uns und unseren Kindern bauen – auch wenn diese uns durch ihr Verhalten verletzen oder verunsichern.
Stunden der Stille und des Gebetes können uns gerade in schwierigen Zeiten zu wahren Oasen werden, in denen wir unsere Beziehung zu unseren Kindern vor Gott bringen, uns hinterfragen und prüfen. Stunden in denen wir uns korrigieren lassen, um Vergebung bitten und uns immer wieder die Kraft zum Lieben schenken lassen. Kinder sind nie unser Besitz, sondern uns nur auf Zeit geliehen, von Gott für eine bestimmte Wegstrecke oder Zeitspanne anvertraut. Dieser Blickwinkel hilft uns auch zur Dankbarkeit für unsere Kinder.

Liebe ist der Entschluss, das Ganze eines Menschen zu bejahen, auch wenn er an vielen Punkten nicht meinen Erwartungen oder Idealen entspricht.

Lieben heißt, den anderen nicht nur trotz, sondern mit seinen Fehlern zu lieben.

6. Frustrationstoleranz macht konfliktfähig

Frustrationstoleranz ist die Fähigkeit, Frustrationen zu tolerieren, d. h. warten zu können, Spannungen wie z. B. Hunger oder Schmerz aushalten zu können, ohne in Scheinbefriedigungen oder Ersatzbefriedigungen zu fliehen.

Frustrationstoleranz ist eine wichtige Voraussetzung für die Bewältigung und Lösung von Konflikten. Dass heute viele Ehekonflikte vor dem Scheidungsrichter enden, hat mit seinen Grund in mangelnder Frustrationstoleranz. Als Kinder haben die Partner nicht gelernt, dass Spannungen, wenn sie durchgestanden sind, einen positiven Ausgang nehmen können. Darum haben sie Angst vor Konflikten und Spannungen in der Ehe und fliehen aus dem Konflikt. Ständig unterdrückte, nie geklärte Konflikte führen irgendwann ins Zerbrechen von Beziehungen.

Frustrationstoleranz ist eine Fähigkeit, die langsam und allmählich eingeübt werden muss. Ein Baby hat noch keine Frustrationstoleranz. Es schreit sofort, wenn es Hunger hat und meistens bekommt es dann auch gleich etwas zu essen. Ein Kleinkind kann Hunger und Durst schon eine Weile aushalten, größere Kinder können auch mal eine Stunde aufs Essen warten und Erwachsene können eine oder zwei Wochen lang oder länger fasten.

Leider ist uns die Wichtigkeit der Frustrationstoleranz heute im Zusammenhang mit der Erziehung aus dem Blickfeld geraten. Das liegt daran, dass wir in unserer Gesellschaft heute sehr stark bedürfnisorientiert leben. Die Befriedigung unserer Bedürfnisse gilt als hoher Wert. Psychologische Halbwahrheiten tun ein Übriges dazu, indem Menschen suggeriert wird, dass wir verkümmern oder seelisch verklemmt werden, wenn wir zu viele Bedürfnisse unterdrücken müssen. Dazu kommt, dass wir uns heute fast jedes Bedürfnis erfüllen können. Auch Erwachsene praktizieren es kaum noch, auf etwas bewusst zu verzichten. Wir können uns zu jeder Jahreszeit alles kaufen: Erdbeeren im Winter, Bananen und Orangen im Sommer.

Wir können uns fast alles holen, wozu wir gerade spontan Lust haben – und wenn wir das Bedürfnis nach einem erlebnisorientierten Wochenende haben, dann gestalten wir uns auch dieses: »Leb, wer du bist« oder: »Tu, was du willst.« – »Heute und hier muss gelebt werden – was morgen kommt, ist egal.« Diese Schlagworte sind Inhalt von Werbeslogans und sie prägen unbewusst auch unser Denken. Aber ein Leben nach dem Lustprinzip macht das Leben auf Dauer leer und schal.

Echte Freude kann nur der erleben, der auch die Tiefen kennt. Spannungsreiches Warten und Vorfreude auf etwas erhöht den Genuss einer Sache vielmehr, als die sofortige Befriedigung. Wer negative und spannungsvolle Erfahrungen macht, kann die schönen Seiten des Lebens anders schätzen und genießen.

Wir reifen an jeder durchgestandenen Krise, an jedem ausgehaltenen Schmerz, an jeder durchgestandenen Frustration.

Darum ist Frustrationstoleranz eine wesentliche Eigenschaft, die zu reifem Menschsein und ausgeprägten Charakteren dazugehört.

Gerade im Kleinkindalter wird eine wesentliche Grundlage für die spätere Konfliktfähigkeit gelegt – durch die Fähigkeit mit Frustrationen umgehen zu können. Kleinkinder lernen das nicht von selbst, wir müssen ihnen dabei helfen. Frustrationstoleranz lernen beginnt mit der Konsequenz der Eltern. Ja und Nein sagen, klare Grenzen setzen. Gehorchen können hängt mit Frustrationstoleranz zusammen. Ein Nein ist ein Nein, ein Ja ist ein Ja. Wir müssen auch als Eltern unser Nein konsequent durchhalten, damit unsere Kinder zu konfliktfähigen Persönlichkeiten heranreifen können.

Wie wichtig kann es für ein Kind sein, wenn es merkt: »Ich kann Hunger und Durst aushalten und ich sterbe nicht daran.« »Ich schaffe es, auf etwas zu warten und mir nicht gleich Befriedigung zu holen.« An solchen Erfahrungen reift ein Kind und wird zu einer stabilen und auch belastbaren Persönlichkeit. Im Leben gibt es immer wieder Situationen, die wir durchstehen müssen, die wir aushalten müssen, wo wir einen langen Atem brauchen. Darum ist es wichtig, den Kindern in diesem Bereich mehr und mehr zuzutrauen und sie darin zu stärken. Solche Erfahrungen geben den Kindern Selbstwert und Selbstvertrauen.

Frustrationstoleranz zu lernen beginnt mit der Konsequenz der Eltern.

Ja und Nein sagen, klare Grenzen setzen.

Wo ein Kleinkind durch die Erfahrung von Begrenzung Stärke erlebt, kann es zu einer konfliktfähigen Persönlichkeit heranreifen und ist so besser für die Krisen in der Pubertät und im Erwachsenenalter gewappnet.

7. Lieben heißt: Unterscheiden zwischen Sache und Person

Lieben bedeutet auch, dass wir sachliche Kritik und persönliche Kritik auseinander halten. Wenn wir uns über unsere Kinder ärgern, dürfen und müssen wir das äußern. Jedoch immer so, dass das Kind noch Wert und Würde in unseren Augen hat, dass es sich noch grundlegend angenommen weiß.
Gott macht diesen Unterschied im Umgang mit uns ebenfalls. Er kritisiert uns, er weist uns zurecht, aber an seiner Liebe zu uns ändert das nichts. Wenn ich schuldig bin oder werde, dann weist Gott mich zurecht, dann hilft er mir Schuld zu erkennen, aber er liebt mich bedingungslos – auch mit Schuld und Versagen.
Wer dieses bedingungslose Geliebtsein bei Gott erfahren hat, der kann es auch im Umgang mit den Kindern umsetzen. Wenn wir kritisieren, sollten wir immer mit vermitteln, dass dies an unserer Wertschätzung an dem Kind oder Ehepartner nichts ändert.
Wut, Willkür, Liebesentzug, Aggression im Umgang mit Kindern entzieht dem Kind den Boden der Sicherheit. Wenn wir unsere Kinder anschreien, stürzen wir sie in ein emotionales Chaos. Wenn wir zu einem Kind sagen: »Mit dir rede ich nicht mehr«, oder: »Ich will dich nicht mehr sehen, geh mir aus den Augen«, dann verletzen wir die Grundwürde des Kindes. Auch die Würde, die Gott dem Kind entgegenbringt.

Natürlich ist es wichtig zu formulieren, was nicht richtig ist. Natürlich ist es wichtig, den Kindern zu sagen, wenn sie etwas falsch gemacht haben. Aber das kann man auch, ohne die Grundwürde zu verletzen, ohne den Boden der Liebe, des grundsätzlichen Angenommenseins zu verlassen.
Z. B. : »Du ärgerst mich jetzt gerade, aber ich liebe dich trotzdem«, oder: »Ich bin nicht einverstanden mit dem, was du getan hast, aber ich habe dich trotzdem gern«, oder: »Das war nicht richtig von dir

und du musst das wieder in Ordnung bringen, aber du bist trotzdem ein wertvoller Mensch. Ich will, dass du das wieder gutmachst oder dass du dich entschuldigst, aber deine Fehler ändern nichts an meiner Liebe zu dir«, oder: »Ich liebe dich, auch wenn du mir Angst machst oder mich an meine negativen Erfahrungen aus der eigenen Kindheit erinnerst.«
Es kann eine Hilfe sein, in Gedanken durchzubuchstabieren, wie unsere Grundhaltung zu den Kindern aussieht, wie wir unseren Kindern gegenüberstehen wollen, wie wir ihnen begegnen wollen: »Wie Gott mir, so ich dir.«

8. Lohnende Lebensziele

Erziehen in Liebe und Konsequenz ist immer einfacher, wenn wir wissen, wozu wir erziehen. Das Ziel bestimmt den Stil und den Inhalt.
Wir sind dazu geschaffen, dass wir über uns selbst hinauswachsen, dass wir eingebunden sind in einen größeren Zusammenhang, dass wir uns den Sinn unseres Lebens nicht selbst geben müssen, sondern von Gott zugewiesen bekommen.
Am Anfang, in der Schöpfung, gibt Gott dem Menschen eine Aufgabe.
Jeder Mensch und darum auch jedes Kind hat von Gott einen speziellen Auftrag im Leben. Diesen Auftrag kann das Kind nur selbst herausfinden, aber Eltern können bei dieser Entdeckungsreise begleiten und helfen.
Darum sind die Eltern immer auch zuerst selbst gefragt: »Wofür und wozu lebe ich? Lebe ich für mich selbst oder lebe ich für etwas Größeres?«
Wenn das eigene Ich im Vordergrund steht, dann sind egoistische Ziele das Wichtigste. Das prägt dann auch unseren Stil: Ellenbogen und Rücksichtslosigkeit, Hartherzigkeit oder sogar Hass.
Lebe ich für Gott, dann bin ich getragen von dem, was er mir gibt. Das prägt dann auch meine Art zu leben, meine Inhalte, meinen Stil.
Normalerweise fragt ein kleines Kind immer zuerst nach sich und nicht nach den anderen. Darum ist die Familie ein Übungsfeld, um zu lernen, wie man aufeinander Rücksicht nimmt, sich in andere Menschen einfühlt und sich allgemeinen Interessen unterordnet.

Das schönste Geschenk, das Sie ihren Kindern machen können ist, wenn Sie selbst ein Leben mit Lebensqualität leben: Sich Sinn, Inhalt und Ziel von Gott geben lassen.

Reichtum, Erfolg, Karriere und Lust machen uns Menschen nicht glücklich. Auch Freizeit, Muße und Nichtstun sind nicht des Lebens höchste Erfüllung, sondern dass wir Betätigungsfelder haben, in die wir uns hingeben können. Aufgaben, Herausforderungen, die uns ganz ausfüllen und in denen wir uns mit unseren Gaben einbringen können und die unserem Leben Sinn geben. Aufgaben, die mit unseren Gaben übereinstimmen und in denen wir das entfalten können, was Gott in unser Leben hineingelegt hat: Für und von dem leben, der uns gemacht hat, der uns gewollt hat, der uns liebt und der uns Sinn und Ziel geben will.

9. Versöhnungsbereitschaft und Vergebung

Wie gut, dass wir als Eltern immer wieder mit unserem Versagen vor Gott treten können. Jeden Tag werden wir schuldig aneinander und machen Fehler. Wie gut zu wissen, dass auch da gilt: Gott liebt uns nicht erst dann, wenn wir alles richtig gemacht haben, sondern schon vorher, er liebt brutto und bedingungslos.

Wenn wir aus der Vergebung leben, die Gott uns anbietet, dann können wir auch unsere Kinder immer wieder um Vergebung bitten. Wo wir unsere Fehler unseren Kindern gegenüber zugeben und sie um Verzeihung bitten können, da bleiben die Türen der Herzen unserer Kinder offen. Da herrscht ein Verhältnis des Vertrauens.
Jesus kam, um uns zu vergeben, um unsere Herzen von Schuld und Hartherzigkeit rein zu waschen. Selbst dann, wenn wir unsere Schuld als unvergebbar empfinden oder wir uns selbst nicht vergeben können, kann Jesus sie doch wegnehmen.
Im Zerbrechen kann Jesus uns verwandeln und verändern. Wo unsere hohen Ziele nicht mehr zählen, sondern wir ehrlich vor Gott und Menschen werden, da werden wir auch barmherzig mit anderen Menschen – angefangen mit denen in der Familie bis hin zu den anderen Eltern, die in unseren Augen so vieles falsch machen.

Je mehr wir unsere eigene Unfähigkeit sehen, desto weniger haben wir es noch nötig, andere zu verurteilen oder uns über sie zu stellen.

Erziehen heißt immer auch schuldig werden, heißt an die eigenen Grenzen zu kommen, heißt sehen lernen, dass Kinder anders werden, als wir uns das wünschen oder vorstellen, heißt schlussendlich auch demütig werden. Ich kann meine eigenen Kinder nicht als Beweis für meine pädagogischen Fähigkeiten vorzeigen. Mein Wert ist nicht abhängig von meinen erzieherischen Erfolgen, der Sinn meines Lebens besteht nicht in dem, was ich aus meinen Kindern »gemacht« habe. Am Ende eines Erziehungsprozesses bleibt uns nur Gottes Barmherzigkeit und seine Vergebung mit uns schuldig gewordenen Eltern. Diese Barmherzigkeit Gottes macht uns auch barmherzig mit anderen Eltern, die auch Fehler gemacht haben oder noch machen.
Unser Leben wird wertvoll durch das, was Gott in es hineinlegt und nicht durch das, was wir daraus gemacht haben. Am Ende zählt nicht unsere Leistung, sondern Gottes Vergebung.

Cornelia Mack

11 Erziehen durch Prägen

»Ich aber und mein Haus wollen dem Herrn dienen.«
Josua 24,15

1. Prägen durch Sein

■ Wem wollt ihr dienen: Gott oder den fremden Göttern? Das ist die Frage, die Josua auf dem Landtag zu Sichem seinem Volk stellt – und fügt dann den Schlusssatz an: *»Ich aber und mein Haus wollen dem Herrn dienen«*, und meint damit: Was ich tue und bin, mein Leben, mein ganzes Sein und mit mir mein Haus, alle die zu meiner Familiengemeinschaft dazugehören, wollen Gott dienen.
Es ist nicht selbstverständlich in einer Welt voller Möglichkeiten und Angebote, voller fremder Götter und Versuchungen, sich eindeutig und klar zu dem einen, einzigartigen und alleinigen Gott zu bekennen. Doch Josua tut dies hier und steht damit beispielhaft für viele Menschen damals und heute.
Eine klare Entscheidung zu Gott beinhaltet, dass ich die um mich und mit mir lebenden Menschen mit in diese Hoffnung einbeziehen und uns miteinander auf diese Grundlage stellen möchte.
Das Volk antwortet so auch auf Josuas Schlussfrage: *»Darum wollen wir auch dem Herrn dienen, denn er ist unser Gott«* (Josua 24,18).

Als Eltern, denen Gott im eigenen Leben wichtig geworden ist, wollen wir unsere Erkenntnisse, unsere Überzeugungen, unsere Hoffnungen, unsere Freude an Gott unseren Kindern weitergeben. Wir wünschen uns, dass unsere Kinder sich dann ebenso eindeutig und klar dazu bekennen: wir wollen auch dem Herrn dienen. Doch nicht

immer ist das so einfach, wie wir uns das vorstellen. Trotz aller Bemühungen und aller Klarheit, kann es sein, dass sich Kinder für andere Wege entscheiden und eben nicht Gott dienen wollen. Gott lässt uns Menschen diese Freiheit.
Wenn wir als Eltern und Erzieher Kinder prägen wollen, kommt es dabei ganz entscheidend auf unser Sein an, nicht nur auf unser Reden. Glaube und Leben müssen dabei in Einklang miteinander sein. Das Bild, das Kinder von Gott entwickeln, hängt von dem ab, was wir ihnen von Gott erzählen – aber mindestens im gleichen Maß davon, wie wir als Eltern sind. Wenn wir den Kindern Liebe und Geborgenheit schenken können, dann prägen wir das Denken des Kindes über Gott genau in diese Richtung. Wenn wir willkürlich und lieblos mit unseren Kindern umgehen, dann werden Kinder sich Gott als einen willkürlichen Tyrannen vorstellen, der unberechenbar und unzuverlässig ist.
Schlimme Erfahrungen mit Vätern sind eine schwere Hypothek in der Biografie eines Menschen. Das Gottesbild ist ganz wesentlich geprägt vom Verhalten des eigenen Vaters. Vertrauen zu Gott, Geborgenheit, sich fallen lassen können, ist solchen Menschen fast nicht möglich oder nur nach langer Therapie oder Wegen zur inneren Heilung im Glauben.
Der enge Zusammenhang zeigt sich umgekehrt darin, dass das kleine Kind dem Vater Eigenschaften zuspricht, die eigentlich Gott zukommen: Er weiß alles, kann alles und vermag alles wieder in Ordnung zu bringen. Darum ist es für das spätere Vertrauen des Kindes zu Gott außerordentlich wichtig, dass der Vater nicht willkürlich, despotisch und hart ist, sondern dass er dem Kind zeigt, was Güte, Freundlichkeit und Fürsorge ist.

Unsere Grundverantwortung als Eltern besteht darin, den Kindern zuerst Liebe und Vertrauen entgegenzubringen. Wir sind in dem Empfinden der Kinder am Anfang so etwas wie eine Urerfahrung von Gott – menschliche Mittler für das, wie Gott ist.
Wir sind umso glaubwürdiger, je mehr das, was wir über den Glauben und über Gott in Worten weitergeben, durch unser Leben nachvollziehbar ist.
Die erste Prägung, die Kinder erleben, geschieht immer im Elternhaus.
Um den Glauben zu einer prägenden Erfahrung für Kinder zu ma-

chen, gibt es viele verschiedene Möglichkeiten. Entscheidend ist, dass das, was wir weitergeben, uns auch persönlich wichtig und wertvoll ist, dass unser Sein davon durchdrungen ist.

2. Prägen durch gemeinsames Beten

Mit Kindern beten ist eine schöne Sache.
Gott schenkt uns das Gebet. Es ist ein Angebot Gottes an uns, dass wir mit ihm reden dürfen. Es ist kein Muss und keine Pflicht, sondern eine Chance – auch für uns Erwachsene – zur Veränderung, zum Loslassen, zum Vertrauen.
Genau genommen dürfen und können wir *immer* beten (auch in Gedanken, beim Kochen, Waschen, beim Autofahren, auch in Begegnungen mit Menschen). Das Gebet ist wie eine zweite Ebene, eine Dauerantenne, die immer in Betrieb sein kann.
Darüber hinaus ist es aber wichtig, auch in gewisser Regelmäßigkeit mit den Kindern das Beten zu einer positiven Gewohnheit werden zu lassen: Abends vor dem Schlafengehen, morgens beim Aufwachen, vor den Mahlzeiten oder auch dann, wenn uns etwas besonders betroffen macht, erschüttert oder freut. Dann können wir uns an Gott wenden und auch als Erwachsene alles vor ihm ausbreiten. Am Beispiel der Eltern lernen Kinder auf diese Weise selbst Vertrauen, lernen Halt und Trost, Geborgenheit und Gelassenheit von dem zu empfangen, der größer ist als jede Not, stärker als der Tod, mächtiger als alle Mächte der Welt.
Schon im Babyalter können wir mit dem Beten über und mit unseren Kindern beginnen. Je früher Kinder das Beten erleben, desto leichter wird es zu einer guten Gewohnheit.
Für den äußeren Rahmen bietet sich an, abends zum Beten eine Kerze anzuzünden. Als Familie kann man sich zum Beten miteinander in einem Kreis auf den Boden um eine Kerze herum setzen und den Raum abdunkeln. Auch in der Körperhaltung können wir Ruhe ausdrücken: Hände falten, die Augen schließen, still werden. Auf diese Weise finden wir schneller zur Stille, erleben Wärme und Ruhe. Sich so in Gott zu bergen und dies schon durch die äußere Gestaltung zu verdeutlichen, kann gefühlsmäßige Brücken zum Vertrauen auf Gott bauen.
Wir dürfen kein Kind zum Beten zwingen. Wenn ein Kind nicht

selbst beten möchte, können wir ihm anbieten, für es zu beten.
Bei den Formulierungen sollten wir darauf achten, dass Kinder das Beten nicht veralbern, nicht herunterleiern und kein Theaterspiel daraus machen.
Wie Kinder beten, ist abhängig vom Alter. Es ist gut, wenn wir darauf achten, dass möglichst beides, freie Gebete und Gebete in Reimen, gebetet werden. Kleine Kinder halten sich gern an gereimte Gebete, je älter sie werden, desto freier formulieren sie selbst.

Das Gebet sollte wie ein Gespräch mit einem liebenden Vater sein. Beten lernen hat mit Vertrauen zu tun. Auch das Gespräch über Gott, über Jesus, über Glauben sollte eine so normale Sache sein, wie das Gespräch über andere alltägliche Dinge auch.
Für Kinder kann es ungeheuer tröstlich und hilfreich sein, zu erfahren und zu erleben, dass es da jemanden gibt, der noch stärker ist als die Eltern, dass es da jemanden gibt, dem die Eltern ganz vertrauen und den sie um Hilfe bitten.

3. Prägen durch Glauben gestalten und feiern

Kinder erleben die Welt noch direkter, haben spontanere Zugänge zu Glaubensdingen wie wir Erwachsene. Kindern können biblische Inhalte auf vielerlei Weise nahe gebracht werden, entweder durch Bilder oder durch Figuren. Auch das Nachspielen von biblischen Geschichten eröffnet Kindern intensive Zugänge zu Glaubensinhalten. Gut eingängige Lieder sind ebenfalls ein wichtiger Bestandteil der Vermittlung von biblischen Inhalten.
Die Feste des Kirchenjahres bieten sich besonders an, anhand von Symbolen, Bildern und Erzählungen zu gestalten, was unser Glaube bedeutet.

Advents- und Weihnachtszeit

In der *Adventszeit* werden wir oft in besonderer Weise herausgefordert, mit unseren Kindern über den Glauben zu reden. Die Inhalte dieser Zeit führen uns immer wieder zu den Wurzeln unseres Glaubens, zum Kind in der Krippe, zu den Engeln auf den Feldern, zu den anbetenden Königen an der *Krippe*. In der Adventszeit bietet es sich an, eine Krippe aufzustellen.

Wenn Eltern noch keine Krippe besitzen, können sie zusammen mit ihren Kindern selbst eine herstellen. Beim *gemeinsamen Basteln* ergeben sich oft schon gute Gesprächsmöglichkeiten über die Erlebnisse und Erfahrungen der Menschen aus den biblischen Berichten.
Krippenszenen in der Adventszeit stimmen uns auch äußerlich auf das Weihnachtsgeschehen ein. Immer wieder können wir eine Figur herausgreifen und die Weihnachtsgeschichte aus der Sicht verschiedener Figuren erzählen.
Der Zugang zu den biblischen Ereignissen wird so intensiver und emotionaler. Wer z. B. – als Kind, aber auch als Erwachsener – einmal an der Krippe gekniet hat als Hirte, Josef, Maria oder König, bekommt eine tiefere Beziehung zum Weihnachtswunder und findet so zur Anbetung über das große Weihnachtsgeschenk Gottes.
Andere Möglichkeiten ergeben sich durch bewusstes Gestalten der einzelnen Tage im Advent, die sich mit ihren unterschiedlichen Bräuchen sehr gut eignen, Glaubensinhalte zu vermitteln: *Adventskalender oder Adventsketten*, *Adventskisten oder Gutscheinkalender*, die darauf Bezug nehmen, sind eine Gelegenheit, diese Zeit zu füllen und zu gestalten.

Passions- und Osterzeit

In der *Passions- und Osterzeit* ergeben sich viele intensive Zugänge zum Thema Leid, Sterben und Auferstehung. Wie gut, dass Christus uns nicht nur an Weihnachten durch seine Geburt ein Fest bereitet, sondern dass er auch der ist, der die Tiefen des Lebens kennt, der gelitten hat, der verleumdet und geschlagen, getreten und angespuckt wurde. Auch dies gehört doch zur Realität unseres Lebens und zur Lebenserfahrung der Kinder in unserer heutigen Zeit.
Kinder erleben Leid oder Gewalt – in der Schule oder auf dem Sportplatz, im Kindergarten oder zu Hause. Die Geschichten von der Passion von Jesus, von seinem Leid und seinem Schmerz sind nichts Weltfremdes, nicht weit weg von unserer Erfahrung. Christus kennt nicht nur den Tod, sondern auch den Weg aus dem Tod, er ist durch den Tod in ein neues Leben durchgedrungen.
Passion und Ostern sagen uns, dass unser Leben nicht in unbeantworteten Fragen stecken bleiben muss, dass wir nicht in Depression versinken müssen angesichts des Lebens und seiner Dunkelheiten.

Durch Ostern bekommen wir neue Horizonte für unser Leben, können befreit werden von Fesseln der Schuld und des Versagens, müssen nicht in den Löchern von Frustration sitzen bleiben und uns nicht mehr auf unsere eigene Kraft verlassen und aus eigenen Quellen schöpfen, sondern dürfen uns an den hängen und von dem empfangen, der für uns eine neue Bahn ins Leben gebrochen hat. – Die Liebe Gottes offenbart sich nicht nur an Weihnachten, sondern sie findet erst im Sterben und Auferstehen von Jesus ihre Vollendung.

Die Bräuche in der Passion helfen uns zur Gestaltung dieser Zeit mit Kindern:

- Mit größeren Kindern kann man sich eine Zeit des *Fastens* im übertragenen Sinn vornehmen, wobei auf bestimmte Annehmlichkeiten des alltäglichen Lebens bewusst verzichtet wird: z. B. Süßigkeiten oder Fernsehen, Computerspiele oder irgendeine andere fesselnde Beschäftigung.
  Fasten im Sinne von Essensverzicht ist nicht geeignet für Kinder. Kinder müssen essen, weil sie die Nahrung für ihr Wachstum brauchen. Pubertierende (vor allem Mädchen) sollten auf keinen Fall fasten, da dies wie eine »Einstiegsdroge« in eine psychische Krankheit wirken könnte. Das Nichtessen wird religiös begründet und evtl. auch überhöht. In einer instabilen Lebensphase kann dies im schlimmsten Fall in eine Essstörung wie z. B. Magersucht münden oder zu religiösem Wahn oder zwanghaftem religiösen Perfektionismus führen.
- Mit kleineren Kindern kann man anhand von ausgesäten und aufgekeimten Weizenkörnern über Sterben und neues Leben reden.
- Wir können einen Dornenkranz flechten und über Leid und Schmerz sprechen.
- Am *Palmsonntag* bietet es sich an, an den Einzug von Jesus in Jerusalem zu denken. Auch der Esel, auf dem Jesus geritten ist, können wir zum Thema machen oder die Begrüßung von Jesus mit Hosiannarufen.
- Eine weitere Gestaltungsmöglichkeit besteht darin, Palmsträuße zu binden: geschmückte Gebinde, die mit Brezeln, dem typischen Fastengebäck, behängt und mit einem Hahn verziert wurden – zur Erinnerung an die Verleugnung des Petrus und einem ungebrochenen Weidenstab, Zeichen dafür, dass durch den Tod von Jesus über unserem Leben nicht mehr der Stab gebrochen wird.

Der *Gründonnerstag* erinnert an den letzten Abend, den Jesus mit seinen Jüngern verbrachte. Er feierte mit ihnen das Passahmahl und setze dabei das Abendmahl ein. Jesus wusch den Jüngern die Füße – eine Handlung, mit der sonst nur einfache Diener oder Sklaven betraut wurden. An beide Ereignisse: Abendmahl und Fußwaschung wird an Gründonnerstag in besonderer Weise gedacht.

- In Erinnerung an den Auszug aus Ägypten, dem ersten Passah, kann man auch dieses Fest mit den Kindern feiern: mit Mazzenbrot und anderen Zutaten ein Essen gestalten und über den Auszug aus Ägypten, den Schutz durch das Blut des Lammes und die Befreiung zu neuem Leben und neuen Lebensräumen sprechen.
- Ein Osterlamm kann in Erinnerung an »Christus, das Lamm Gottes, das der Welt Sünde trägt« als Kuchen gebacken werden und an die geschlachteten Lämmer des Volkes Israel vor dem Auszug aus Ägypten erinnern. Der Osterhase ist vermutlich ein missglücktes Osterlamm, dessen Ohren einem Bäcker zu lang geraten waren und aus dem sich dann im Volksbrauch in der Frühlingszeit der eierlegende Osterhase entwickelt hat.

Der *Karfreitag* ist ein Tag, an dem es sich anbietet, anhand von Bildern mit den Kindern über den Tod von Jesus, über Leiden, Sterben und Auferstehen nachzudenken.

- Für ältere Kinder eignen sich auch schon Kreuzweg-Meditationen: Menschen gehen dabei miteinander die Leidensstationen von Jesus nach und betrachten dabei Bilder (szenische Darstellungen, Gemälde oder Skulpturen), die das Geschehen wiedergeben.

Ostern, die Auferstehung von Jesus, ist von dem jubelnden Sieg über den Tod durchdrungen. Aus dem Ostergeschehen haben sich vielerlei Bräuche entwickelt:

- Ostereier bemalen und die Bedeutung der Symbolik erklären: das Osterei, die zerbrochene Schale als Symbol für das aufgebrochene Grab – ein alter Osterspruch lautet: »Wie der Vogel aus dem Nest gekrochen, hat Jesus Christus das Grab zerbrochen.«
- Osterkerzen basteln und den Ostertisch damit schmücken.
  Sie sind auch eine Erinnerung an das Osterfeuer in der Osternacht, der Nacht des Lichtes. Christus ist zum Licht durchgedrungen, zum neuen Leben, Christus ist das Licht der Welt.
- Mehr und mehr werden in den letzten Jahren z. B. auch Oster-

krippen Brauch, bei denen sich ebenfalls vielfältige Erzähl- und Darstellungsmöglichkeiten ergeben. Neben dem Aufstellen von einzelnen Szenen kann es auch Freude machen, im Rollen- oder Stegreifspiel Szenen und Geschichten darzustellen und nachzuerleben.

Andere Möglichkeiten

Zum *Erntedank* können wir selbst einmal ein Dankfest gestalten. An *Pfingsten* können wir den Geburtstag der Kirche oder Gemeinde feiern. All das sind Feste, die unterschiedlichste Erfahrungen mit biblischen Inhalten eröffnen.

Kinder brauchen für Zugänge zum Glauben auch die persönliche Offenheit der Eltern: *Berichte, Erzählungen*, wie der Glaube der Eltern ihren Alltag geprägt hat, Erfahrungen, wie Gott in Notsituationen, in lebensbedrohlichen Gefahren oder in Krankheitszeiten geholfen hat, wie wir als Eltern Gebetserhörungen und Trost oder auch Veränderungen durch die Begegnung mit Gott erfahren haben. Meistens ergibt sich solch ein Gespräch – vor allem mit älteren Kindern – spontan und ungeplant.
Solche Erzähl- und Begegnungsmomente, wo wir uns in der Tiefe öffnen und ungeschützt preisgeben, sind besondere Höhepunkte, Geschenke Gottes. Wir sollten immer offen sein für solche besonderen Stunden, die Gott schenkt. Es sind Gelegenheiten, die meistens einmalig sind und nicht so schnell oder gar nicht mehr wiederkehren. Darum ist es wichtig, sie im Heute und Jetzt, wenn sie sich ergeben, wahrzunehmen und zu nutzen. Manches angeblich so Wichtige wie Telefonanrufe, Termine oder andere Störungen muss dann zweitrangig werden.

Besondere Höhepunkte gemeinsamer Glaubenserlebnisse kann auch die Teilnahme an von Christen durchgeführten *Veranstaltungen* sein – entweder in der eigenen Gemeinde oder auch darüber hinaus bei besonderen Aktionen bestimmter Gruppen, Gemeinschaften, Verbänden o. Ä.: z. B. Familientage oder Jugendtage, Konzerte, christliche Sport- und Spielveranstaltungen. Pantomime, Tanz und andere Kleinkunst werden in den letzten Jahren verstärkt als Möglichkeit der Verkündigung auch im christlichen Bereich wahrgenommen. Auch *Familienfreizeiten* können Höhepunkte sein, von denen Kinder und Erwachsene ein ganzes Jahr lang »zehren« können. Wichtig ist allerdings, dass Kinder bei der Programmgestaltung gleichermaßen wie die Erwachsenen berücksichtigt werden. Wenn Kinder nur dabeisitzen müssen, wenn Erwachsene Vorträge oder Predigten hören, werden sie das nächste Mal zu solchen »christlichen Veranstaltungen« nur noch gezwungenermaßen oder gar nicht mehr mitgehen und schnell können dann gutgemeinte Planungen der Eltern zu Streitpunkten und enttäuschten Erwartungen führen.

Den Glauben unserer Kinder können wir nicht machen, produzieren oder gar erzwingen. Wenn unsere Kinder zum Glauben kommen, ist das immer ein großes, nicht selbstverständliches Geschenk Gottes an uns und nie unser Verdienst. Wer Kinder in der Pubertät hat, weiß, wie schwer zu diesem Zeitpunkt Glauben zu vermitteln ist. Oft können wir dann nichts mehr sagen, »nur« noch für die Jugendlichen beten.
Entscheidend ist bei dem allen unsere Echtheit. Unser Glaube darf keine aufgesetzte Maske sein, sondern muss in die Tiefe unserer Seele reichen und »wurzelfest« sein.
Wenn wir selbst vom Geschenk der Liebe Gottes leben, dann spüren dies auch unsere heranwachsenden und oft von inneren und äußeren Stürmen umhergeworfenen Kinder. Als Eltern können wir sie dann oft nur noch betend in die Liebe und das Licht Gottes stellen und darum ringen, dass die Liebe Gottes, die offenen Vaterarme Gottes auch unser Elternsein prägen. Vom Vater des verlorenen Sohnes, der auch ein Bild für den himmlischen Vater ist, können wir das Loslassen lernen, das Warten und Lieben können – bedingungslos: So wie Gott mir, so ich dir. Allein die Freude über Gottes Geschenk an uns und nicht der Zwang oder irgendeine fromme Pflichterfüllung sollte für uns Eltern das Motiv sein, unseren Kindern vom Glauben zu erzählen, von dem großen liebenden und schenkenden Vater im Himmel.

Cornelia Mack

Erziehen durch Lehren 12

*»Diese Worte, die ich dir heute gebiete,
sollst du zu Herzen nehmen und
sollst sie deinen Kindern einschärfen
und davon reden,
wenn du in deinem Hause
sitzt oder unterwegs bist,
wenn du dich niederlegst
oder aufstehst.«
5. Mose 6,6-7*

1. Kinder zu lehren, ist unser Auftrag

■ Ist es überhaupt richtig, mit unseren Kindern über den Glauben, über Gott, übers Beten zu sprechen? Manche Menschen sagen: »Mein Kind soll sich einmal später selbst entscheiden, welchen Glauben es haben möchte, darum rede ich nicht mit ihm darüber.« Doch wertfreie, inhaltsfreie Erziehung gibt es nicht. Das wäre so, als ob wir mit unseren Kindern nicht reden würden, damit sie sich selbst einmal entscheiden können, welche Muttersprache sie sprechen möchten.
Erziehung im neutralen Raum gibt es nicht.
Das, was wir tun, wie wir sind und was wir reden, prägt unsere Kinder. Sie übernehmen unsere Werte, unsere Konfliktlösungsmodelle, unsere Mimik und unseren Umgangston, unseren Grad der Ordentlichkeit, unsere Gestik, unsere Sprache bis hinein in kleinste Formulierungen, unsere Denkmuster. Damit übernehmen sie auch unseren Glauben oder unsere Art, über Glaubensdinge zu reden

oder zu denken, auch die inneren Ordnungen, unsere Prioritäten, unsere Ziele.
Manchmal kann es auch schmerzhaft sein, die eigenen Fehler oder Fehlhaltungen im eigenen Kind wieder zu entdecken.
Was wir selbst sind, was uns wichtig ist, das geben wir weiter. Wovon wir leben und woran wir Freude haben, was uns Halt gibt und was uns Sinn im Leben gibt, sind alles Inhalte, die wir bewusst und oft noch viel stärker unbewusst an unsere Kinder weitergeben.
Menschen kommunizieren immer ganzheitlich. Wenn wir unseren Kindern vom Glauben weitersagen wollen, sollten wir immer mit bedenken, dass dies nicht nur eine Sache des Denkens und Redens ist, sondern eine Sache des Herzens und des ganzen Seins. Menschen empfangen Botschaften mit allen Sinnen. Wenn wir uns niederlegen oder aufstehen, zu Hause oder unterwegs, wie es in 5. Mose steht – soll uns die Botschaft Gottes umtreiben, soll sie uns in allem, was wir sind und tun, bestimmen.
Es ist Gottes klarer Auftrag an uns, als Eltern oder Erzieher, den Kindern die Inhalte unseres Glaubens zu vermitteln. Aber es darf nie losgelöst von unserer sonstigen alltäglichen Kommunikation gesehen werden. Die Grundwürde, die Gott uns schenkt, der Sinn den er unserem Leben gibt, die Liebe, die er für uns bereit hat – alles soll sich in unserer Alltagskommunikation niederschlagen, soll unser Reden und Tun prägen.

2. Kindliches Denken und unser Reden über Gott

In der Entwicklungspsychologie teilt man das Denken der Kinder in verschiedene Phasen ein.
Von *0-2 Jahren* ist das Denken in unserem (Erwachsenen-) Sinn noch nicht weit ausgeprägt. Ein Kind kann in dieser Altersstufe noch nicht richtig unterscheiden zwischen Ich und Nicht-Ich. Im Lauf des ersten Lebensjahres fängt die Unterscheidung zwischen Ich und Außenwelt allmählich an. Kinder in diesen ersten beiden Lebensjahren nehmen z. B. die Welt als Ganzes wahr und unterteilen ihre Welt noch nicht in verschiedene Bereiche.
In diesem Alter erfassen Kinder gerade auch die Inhalte des Glau-

bens sehr stark auf der emotionalen Ebene. Es ist das Alter, in dem die emotionalen Grundlagen für späteres Vertrauen und Glauben an einen liebenden Gott gelegt werden.
In dieser Altersstufe ist es wichtig, dass wir den Kindern Gott als den vermitteln, der Geborgenheit schenkt, der uns Freude, Sinn und Sicherheit geben möchte. Dazu gehören feste Rituale des Singens und Betens am Abend oder Morgen oder bei Tisch; den Sonntag als Festtag und Feste im Kirchenjahr zu feiern; in Gemeinschaft mit anderen Christen zu leben und Leben zu teilen.
Reden über Gott heißt in dieser Altersstufe durch lebensmäßige Strukturen etwas vom Glauben vermitteln. Das ist dann auch die Basis, die trägt und in allen weiteren Altersstufen natürlich weiterhin wichtig ist.
Die zweite Phase ist das Alter zwischen *2 und 4 Jahren.*
In dieser Altersstufe denkt ein Kind auf einer symbolischen, magischen, ganzheitlichen – und immer noch sehr ichbezogenen Weise. Das Kind belebt die Gegenstände: »Der Baum ist traurig. Der Boden ist blöd, wenn man hinfällt. Die Steine tun mir weh, die Schuhe freuen sich, der Regen will mich nass machen.« Das ist das so genannte animistische Denken, wie wir es auch in Naturreligionen finden. Animismus heißt, dass alle Gegenstände – auch die in der Natur – beseelt sind: wenn man einen Baum verletzt, dann kommt der Geist des Baumes und bestraft usw. Gegenstände erhalten eine Seele, ein Denken und Fühlen, Gegenstände können sich – im animistischen Denken – auf uns auswirken, sie reagieren auf uns.
Kinder in diesem Alter versuchen, jeder Tatsache oder natürlichen Gesetzmäßigkeiten einen Sinn zu geben: z. B. »Die Sonne geht schlafen, weil sie müde ist«, oder: »Der Wind bläst, weil er die Blätter fliegen lassen will«, oder: »Es regnet, weil die Blumen trinken müssen«.
Für uns als Eltern heißt das, dass wir uns ruhig mit den Kindern auf diese kindliche Denkebene begeben dürfen. Manche Eltern haben Angst, dass sie ihre Kinder in diesem Denken festhalten, wenn sie sich sprachlich und gedanklich mit den Kindern gleichstellen.
Sich für eine gewisse Zeit auf das kindliche Niveau zu begeben, ist eine wichtige Sache. Wir brauchen uns auch nicht darum zu sorgen, dass wir das Kind dadurch auf dieser Stufe fixieren. Die Weiterentwicklung des Denkens ist eine ganz natürliche Sache. Eltern oder Erzieher spüren sehr schnell, bis wann sie auf diese Weise

noch mit den Kindern reden können und wann ihre Kinder das nicht mehr akzeptieren.
In Bezug auf den kindlichen Glauben heißt das, dass Kinder in dem Alter überhaupt keine Schwierigkeiten haben, an Wunder zu glauben, an die Allmacht Gottes oder die Erschaffung der Welt durch Gott.
Darum können wir auch getrost kindlich mit unseren Kindern reden – nicht kindisch, aber in der kindlichen Sprache. Wenn Kinder dann aber beginnen, nach Hintergründen und Ursachen zu fragen, dann sollten wir nicht bei einfachen Antworten stehen bleiben, sondern uns Mühe geben, die Frage des Kindes richtig zu verstehen und entsprechend zu antworten. Oft ist die Frage eines Kindes in diesem Alter nicht so vordergründig, wie wir oft meinen, auch nicht so nüchtern oder sachlich gemeint, wie wir mit unseren erwachsenen Ohren hören.
Wenn Kinder in diesem Alter Fragen stellen, so fragen sie vor allem nach dem Sinn und nicht so sehr nach der Logik. Sie suchen in diesem Alter mit ihren Fragen immer auch nach Geborgenheit und Ganzheitlichkeit.
Beispiel: Wenn das Kind fragt, »warum ist die Sonne abends weg«, dann hilft es dem Kind nicht, wenn wir ihm logisch erklären, dass die Erde eine Kugel ist – und die Sonne deswegen jetzt in einem anderen Teil der Erde scheint. Das übersteigt die Vorstellungskraft der Kinder, selbst wenn wir es ihnen an einem Globus demonstrieren würden – (älteren Kindern ab 6 oder 7 Jahren kann man das auf diese Weise schön veranschaulichen), sondern dann ist es viel hilfreicher zu sagen: »Weil die Menschen auch mal schlafen müssen.« – oder: »Gott hat das so eingerichtet, damit die Menschen zur Ruhe kommen.«
Bei jeder Frage kann es hilfreich sein zu fragen, wie das Kind auf diese Frage kommt, was ihm an der Frage wichtig ist, welche Antwort es jetzt braucht, warum es gerade so fragt.
Wenn ein Kind in diesem Alter z. B. fragt: »Wo komme ich her?«, fragt es noch nicht nach den Vorgängen von Zeugung, Schwangerschaft und Geburt, sondern grundsätzlicher, darum ist die richtige Antwort in diesem Alter: »Aus Gottes Plan«, oder: »Aus Mamas Bauch«, oder: »Gott hat dich geschaffen«.
Im Alter zwischen *4 und 7 Jahren* denken die Kinder schon anschaulicher. Sie versuchen, das, was sie denken, in Experimente

umzusetzen, auszuprobieren. Es ist das Alter, in dem viele Jungs Maschinen und Geräte bauen, Burgen und Landschaften, und Mädchen oft Rollenspiele beginnen, Szenen des Lebens darstellen. Erfahrungen, die Kinder bisher gemacht haben, bestimmen mehr und mehr ihr Denken. Ihre Denkweise wird dem der Erwachsenen ähnlicher.

»Die Blumen wachsen, weil sie Wasser, Erde und Sonne haben ... und Gott lässt die Sonne scheinen, damit die Blumen wachsen können.«

Gott benützt die Naturgesetze – vorher hieß es einfach: Das macht Gott so.

Im Blick auf Glauben beginnen Kinder, genauer nachzufragen. Darum müssen wir auch überlegter antworten. Mit einfachen Antworten geben sich die Kinder oft nicht mehr zufrieden.

Ab 7 Jahren denken Kinder wesentlich differenzierter.

In diesem Alter können auch schon Widersprüche und Spannungen, Gegensätze im Denken von den Kindern ausgehalten und ertragen werden.

Kinder in diesem Alter machen Aussagen wie z. B.:

»Ich glaube, dass man ihn nicht sehen kann. Nämlich, wenn man etwas nicht sehen kann, ist noch lange nicht gesagt, dass es das nicht gibt.«

Oder: »Ich glaube nicht an Gott, ich meine, man hat Gott erfunden. Aber man soll den Leuten ihren Glauben lassen.«

Ab diesem Alter kann man mit Kindern schon sehr differenziert und gründlich über den Glauben reden – auch über schwer Verständliches, über offene Fragen im Glauben. Kindern können wir in dieser Altersstufe vermitteln, dass es Dinge gibt, die wir nicht verstehen oder die wir nicht wissen. Wir können deutlich machen, dass das Leben immer wieder voller Spannungen, Konflikte und Widersprüche ist, dass das aber für uns kein Hindernis ist, dennoch Gott zu vertrauen.

3. Formen und Wege für die Weitergabe des Glaubens

Zusätzlich zu dem, was wir sowieso an unsere Kinder ungewollt und unmittelbar vermitteln, gibt es in der Bibel auch den klaren Auftrag an Eltern, die Kinder zu lehren, mit ihnen über den Glauben zu sprechen (z. B. Psalm 78,5), dafür evtl. auch feste Zeiten einzuplanen: Abends vor dem Schlafengehen, morgens vor dem Frühstück oder nach dem Mittagessen. In Familienandachten können wir miteinander einen Text aus der Bibel und eine Auslegung dazu lesen, darüber ins Gespräch kommen, ein Gebet sprechen.
Wichtig ist, dass solche Andachtszeiten keine zwanghaften Pflichtübungen werden, da sonst Kinder oft den emotionalen Eindruck gewinnen, dass Glauben etwas mit Druck und Gesetzlichkeit zu tun hat. Es soll dabei auch gelacht werden können, die Freude des Glaubens zum Ausdruck kommen. Es sollte auch kein schlechtes Gewissen aufkommen, wenn ein Familienmitglied einmal nicht daran teilnimmt.
Für kleinere Kinder ist es sicher schwieriger, den Inhalten von Familienandachten zu folgen als für ältere.
Trotzdem ist es gerade auch im Kleinkindalter wichtig, Glauben vermittelt zu bekommen. Dies geschieht oft weniger durch Worte als durch Erleben.

4. Inhalte des Glaubens

Jedes Kind ist anders in seinem Verständnis und seiner Auffassungsgabe, was biblische Inhalte anbelangt. Darum ist es schwierig, die für Kinder passenden Bibelstellen entsprechend altersgemäß festzulegen. Hier müssen Eltern – auch je nach familiärer Situation und vorherrschenden Themen – entscheiden, was geeignet ist und was nicht. Wichtig ist auch, nach kindgemäßen Bibelausgaben zu suchen und aus diesen vorzulesen.
Im Folgenden sind einige Themenkomplexe mit Bibelstellen vorgeschlagen:

→ *Gott ist der Schöpfer*

Auf Spaziergängen, bei Zoobesuchen, im eigenen Garten ergeben sich vielerlei Gelegenheiten, die Kinder auf die Wunder der Natur, auf die Zusammenhänge zwischen Sterben und Leben, das komplizierte Zusammenspiel in der Biologie, die Weite des Weltalls usw. hinzuweisen und dabei Gott als den Schöpfer groß zu machen.

Geeignete Bibeltexte: *Schöpfungsgeschichte (1. Mose 1-3), Noah (1. Mose 6-9), Abraham und Sara (1. Mose 12-23), Mannawunder (2. Mose 16), Jona, Jesu Speisung der 5000*

→ *Gott ist allmächtig*

Kleine Kinder haben kein Problem, an einen allmächtigen Gott zu glauben, weil sie sich in ihrer Fantasie alles vorstellen können. »Gott kann machen, dass ich etwas sehe, das gar nicht da ist – oder er kann machen, dass ich etwas nicht sehe, das doch da ist.«

Solch kindlicher Allmachtsglauben würde uns Erwachsenen auch manchmal ganz gut tun. Es gibt vieles auf der Welt, bis hinein in die Wunder des Alltags, Bewahrungen und Führungen, die mit wissenschaftlichen Zusammenhängen nicht erklärbar sind. Gottes Macht ist viel größer, als wir Menschen uns das vorstellen können. Kinder fragen beim Beten ja manches Mal, wie es möglich ist, dass Gott zuhören kann, wenn gleichzeitig auf der ganzen Welt zur gleichen Zeit viele Menschen zu ihm beten. Auch da können wir auf Gottes Allmacht hinweisen: Gott kann viel mehr als Menschen. Er kann überall zur gleichen Zeit sein und mehrere Gebete gleichzeitig hören.

Nichts, was mit uns geschieht, geht an Gott vorbei. Gott weiß warum, er lässt es zu und kann alles zum Guten wenden.

Geschichten und Erzählungen aus dem Alten Testament oder Wunder, die Jesus getan hat, gehören mit zu den Dingen, die wir Kindern erzählen sollten.

Geeignete Bibeltexte

Moses Errettung (2. Mose 2), Durchzug durchs Rote Meer (2. Mose 14), Wasser aus dem Fels, Manna und Wachteln (2. Mose 16), Durchzug durch den Jordan (Josua 3), Sieg über Jericho (Josua 6), Männer im Feuerofen, Geburt des Isaak und des Johannes

➔ *Gott ist wie Vater und Mutter*

Wir sind auf Beziehung mit Gott hin angelegt. Das ist sozusagen die Klammer um unser gesamtes Sein. Wenn wir diese wegwerfen, verlieren wir den Maßstab und Halt, verabsolutieren unser Leben – und verlieren die tragenden Werte des Lebens.
Wir können Kinder darauf hinweisen, dass Gott uns mit großer Liebe und Fürsorge umgibt. Er will unser Leben führen, will uns den rechten Weg weisen, so wie Eltern auch das Beste für ihre Kinder wollen. Wenn wir all die Liebe, die wir bisher in unserem Leben erfahren haben, zusammenfassen würden, würde das noch nicht ausreichen, um Gottes Liebe zu beschreiben. Gott ist wie ein liebevoller Vater und wie eine tröstende Mutter zugleich.

Geeignete Bibeltexte

Psalm 131, Jesaja 49,14-16, Jesaja 66,13

➔ *Gott ist der einzige Gott*

Wir sollen Gott anbeten – keine Dinge oder Menschen.
Gott hat sich selbst ein Bild in Jesus gegeben, hat sich selbst dargestellt und daran sollen wir uns halten – nicht an eigene Vorstellungen. Wenn Kinder mit eigenen Vorstellungen aus Filmen oder Comics, evtl. auch aus PC-Spielen oder Büchern eine seltsame Gottesvorstellung herleiten, sollten wir darauf achten, diese Bilder an dem zu korrigieren, wie Gott sich in der Bibel und in Jesus selbst vorgestellt hat. Dazu gehört auch, darauf zu achten, dass der Name Gottes nicht missbraucht wird – weder als Fluch noch als dumme Redewendung. Sobald Kinder mit anderen Kindern im Kindergarten oder in der Schule in Kontakt sind, wird dieses Thema meist sehr aktuell. Viele Menschen gebrauchen den Namen Gottes achtlos und zum Spaß. Es ist wichtig, dies dann mit den eigenen Kindern und auch mit Kindern, die zu Gast bei uns sind, zum Thema zu machen: Menschen sollen in Ehrfurcht über Gott reden.

Geeignete Bibeltexte

10 Gebote (2. Mose 20), das goldene Kalb (2. Mose 32)

➔ *Jesus der Freund*

Jesus bietet uns an, als unser Freund mit uns durchs Leben zu gehen. Seite an Seite dürfen wir mit ihm den Alltag gestalten und bewältigen. Für Kinder kann es eine ungeheuer tröstliche Vorstellung sein, dass Jesus bei ihnen ist, auch in einem frustrierenden Schulalltag, auch in Einsamkeit in der Klasse oder auch, wenn sie Ungerechtigkeit erleben.

Geeignete Bibeltexte

Jüngergeschichten in den Evangelien, Psalm 23, der gute Hirte (Joh 10), »Ich bin bei euch« (Mt 28,20)

→ *Jesus der Erlöser und Befreier*

Das Ziel des Kommens von Jesus in diese Welt war unsere Befreiung von Schuld und Verderben. Jesus kam, um für uns zu sterben. Mit seiner Auferstehung hat er dem Tod die letzte Macht genommen und uns Hoffnung über den Tod hinaus geschenkt.

Geeignete Bibeltexte

»Er ist gekommen ... dass er sein Leben gebe als Lösegeld« (vgl. Mk 10,45), Passions- und Ostertexte (Mt 26-28, Mk 14-16, Lk 22-24, Joh 18-21)

→ *Heiliger Geist – die Kraft Gottes*

Mit dem Sterben von Jesus war das Wirken Gottes auf dieser Erde nicht zu Ende. In der Pfingstgeschichte und im Wirken der Apostel und der Gemeinde wurde deutlich, wie Gott in unserer heutigen Zeit gegenwärtig ist und wie er in Kraft und Macht bis heute unter uns wirkt.

Der Heilige Geist ist die Gegenwart des auferstandenen Jesus und will unser Leben gestalten und verändern.

Geeignete Bibeltexte

Pfingstwunder und das Entstehen der ersten Gemeinden (Apg), Die Früchte des Geistes (Gal 5,16-23), Veränderung durch Gott (Röm 12,1-2, 2. Kor 5,17-21)

→ *Gemeinschaft der Christen*

Wir sind als Christen in dieser Welt nicht allein, sondern Gott schenkt uns Gemeinschaft: Menschen, die durch den Heiligen Geist, durch das Band der Liebe zu Jesus miteinander verbunden sind, die miteinander auf dem Weg sind und darum auch einander tragen und helfen sollen. Mit unseren Gaben sollen wir uns einsetzen und miteinander zum Lob Gottes leben.

Geeignete Bibeltexte

Die ersten Gemeinden (Apg), Leib Christi (1. Kor 12), Band der Liebe (Kol 3,14-17)

→ *Umgang miteinander – Werte*

Wenn Gott uns in Gemeinschaft mit ihm beruft und durch seinen Geist verändern will, dann wirkt sich das auch auf den Umgang miteinander, auf die Werte, die uns wichtig sind, aus. Die 10 Gebote, aber auch andere Texte der Bibel machen deutlich, wie dieser Wertekodex aussieht:

- Umgang in Würde und Achtung miteinander, sowohl die Eltern untereinander als auch die Eltern und Kinder miteinander.
- Der Schutz des Lebens als Voraussetzung für alles menschliche Miteinander in Gesellschaft, Staat, Familie.
- Rücksichtnahme, Schwache schützen, Liebe und Würde, Wertschätzung, Fürsorglichkeit, Freundlichkeit.
- Schutz der Ehe, Reinheit in der Sprache und im Denken, klare Haltung zur Sexualität.
- Konflikte ansprechen und bereinigen.
  - Bereinigtes ruhen lassen, nicht dauernd wieder ausgraben.
  - Unterscheiden zwischen Sache und Person.
- Um Vergebung bitten lernen, Versöhnungsbereitschaft leben.
  - Vertrauen und Treue.
  - Das Eigentum des Anderen soll geachtet werden – auch unter Kindern.
  - Ehrlichkeit.
  - Miteinander teilen, aus freien Stücken geben, einander Freude machen.
  - Warten können.
- Keine Unwahrheiten oder falschen Dinge über andere erzählen, auch keine Halbwahrheiten, Tratsch und Klatsch verbreiten.
  - Keine Beleidigungen und keine Schimpfwörter anwenden.
  - Einfühlsamkeit.
  - Verallgemeinerungen vermeiden.
  - Nichts begehren, was dem Nächsten gehört. Stattdessen dankbar sein.

- Die Privatsphäre achten und Eigentumsverhältnisse klären.
- Zufriedenheit: Mit dem Leben zufrieden werden, Ja dazu sagen.

Geeignete Bibeltexte
10 Gebote (2. Mose 20), Bergpredigt von Jesus (Mt 5-7)

→ Sinn und Ziel des Lebens

Der Sinn des Lebens ist, mit dem ganzen Sein eine Antwort auf Gottes Liebe zu geben. Zu entdecken, was Gottes Platzanweisung für unser Leben ist, gibt unserem Leben Sinn und Erfüllung.
Der Mensch wird nicht glücklich von Reichtum, Wohlstand, Karriere oder Erfolg. Er wird es auch nicht werden, wenn er fernen Zielen oder Glücksversprechen hinterherrennt, sondern wenn er von Gott sein Glück erwartet.
Der Mensch darf sich nicht nur über Arbeit und Leistung definieren, er braucht das Gespräch mit Gott – und darf auch in Gottes Gegenwart zur Ruhe kommen.

Geeignete Bibeltexte
Glück in Gott (Psalm 16,2; Psalm 73,28ff.), 10 Gebote (2. Mose 20), in der Liebe leben (1. Joh 4)

Irene Hahn

Wenn Sorgen uns belasten 13

*»Sorgt euch um nichts,
sondern in allen Dingen lasst eure Bitten
in Gebet und Flehen mit Dank
vor Gott kundwerden.«
Philipper 4,6*

Einführung

»Vielmehr trägt unter Männern (bzw. Menschen) *im Wettkampf jener den Siegespreis davon, der sich in der Ehe und beim Aufziehen von Kindern und in der Fürsorge für das Hauswesen unbeeinflusst von Freud und Leid bewährt hat und trotz aller Mühe, die die Sorge für die Familie mit sich bringt, von der Liebe zu Gott ungeschieden geblieben und siegreich aus allen Proben hervorgegangen ist ... Wer aber keine Familie hat, dem bleiben solche Proben zumeist erspart.«*

■ So hat sich einer der ältesten Kirchenlehrer, Klemens von Alexandrien bereits im 2. Jahrhundert über die Aufgabe, Erzieher zu sein, geäußert. Immer war die Erziehung von Kindern mit Sorgen verbunden. Nicht selten kam und kommt Leid dazu – in Form von Krankheit, Tod, Irrwegen. Auch in der Bibel erfahren wir von Elternsorgen: In der Josefsgeschichte (1. Mose 35-50) geht es um Geschwisterstreit und seine Folgen. Wir hören vom Kummer des Jairus um seine tote Tochter (Mk 5,22ff.), vom langen Atem des Vaters im Gleichnis vom verlorenen Sohn auf Abwegen (Lukas 15).
Was sind unsere »Proben« heute? Wie können wir sie »bestehen«? Zunächst ist wichtig, gleich zu Beginn das Unterscheidende und Verbindende von Sorge und Leid festzustellen.

Leid und Sorge sind nicht dasselbe!

- Sorgen *macht man sich*, Leid *trifft* einen.
- Sorgen sind Gedanken um *mögliche* Probleme. Leid wird *tatsächlich* erfahren.
- Sorgen drehen sich meist um die *Zukunft*. Leid ereignet sich in der *Gegenwart*.

Doch sie haben gemeinsam:

- Sie versetzen in Unruhe und machen Angst.
- Sie rufen Fragen und Zweifel hervor.
- Sie erfordern einen hilfreichen Umgang.

I. Wie Leid und Sorge zum Ausdruck kommen

1. Vier Beispiele

Beispiel 1: *Die Eheleute Johannes und Simone sitzen beim Frühstück. Die Tür geht auf. Sebastian, 5 Jahre, kommt herein. »Guten Morgen, Basti! Oh, ist die Hose schon wieder nass?« Johannes und Simone wechseln resignierte Blicke. Innerlich seufzend versorgt Simone den nassen Sebastian mit trockener Wäsche, während Johannes zur Arbeit fährt. Abends fragt sie ihren Mann: »Was sollen wir bloß machen? Hört das nie auf mit dieser Bettnässerei? So langsam wird's doch Zeit. Was machen wir bloß falsch? Ich mach mir Sorgen, dass was schief läuft.«*

Beispiel 2: *Christines 10-jährige Tochter Karin ist zu einer Kinderfreizeit gefahren. Zum ersten Mal. Beim Abschied am Sammelpunkt beim Bahnhof standen Karin Tränen in den Augen. Nun ist sie weg. Immer wieder muss Christine an Karin denken: »Wie geht es ihr? Ist sie unglücklich? Habe ich sie überfordert? Wird sie Magenschmerzen bekommen wie öfter in Stresssituationen? Ob ich morgen früh mal dort anrufe?«*

Beispiel 3: *Manfred liegt um 1.30 Uhr wach im Bett. Florian, sein 17-Jähriger, ist noch nicht zu Hause. Er ist jetzt oft weg, bei Parties mit Freunden, in der Disco, bei einem Rockkonzert. Manfred sieht das gar nicht gern: »Dieser lockere Lebensstil gefällt mir gar nicht. Immer diese langen Nächte. Und die Drogendealer sind unterwegs. Wenn er doch gute Freunde hätte, Anschluss an eine Jugendgruppe, das wäre beruhigend. Warum ist er so geworden?« Wenn Manfred das Gespräch mit ihm sucht, blockt Florian nur ab und macht ein finsteres Gesicht: »Was macht`s,* *meine Noten sind ordentlich. Die anderen gehen auch alle weg. Nächstes Jahr bin ich 18. Da kann ich sowieso machen, was ich will.« Manfreds Frau hat resigniert: »Mit 17 kannst du nicht mehr viel sagen.« Er bleibt trotzdem unruhig, macht sich Sorgen um Florians Zukunft.*

Beispiel 4: *Familie Markert ist seelisch und körperlich am Ende. Ihr drittes Kind, der 8-jährige David, hat einen seiner schweren Asthma-Anfälle hinter sich und liegt erschöpft im Bett. Für den Rest der Woche ist an Schule nicht zu denken. Er wird sich erholen müssen, Medikamente einnehmen und trotzdem unter seinen Schmerzen leiden. Der Besuch beim Patenonkel am Wochenende muss leider für alle ausfallen. Das wird Tränen geben, auch bei Davids Schwester Maren. »Wie soll das bloß weitergehen? Wo nehmen wir die Kraft her? Wird er noch schlimmer leiden müssen? Wie viele anstrengende Untersuchungen und Klinikaufenthalte werden noch folgen? Wie wird sich das auf Maren auswirken? Kommt sie nicht zu kurz? Warum heilt Gott unseren David nicht?«*

Vier Beispiele aus dem Alltag erziehender Väter und Mütter. In dieser und anderer Form begegnen sie ebenso Pädagogen, Sozialarbeitern und Lebensbegleitern von Kindern und Jugendlichen. In ihnen kommen Erfahrungen in unterschiedlichen Altersstufen zum Ausdruck. Die Art und Schwere der Sorgen und des Leides werden unterschiedlich erlebt. Sorgen wegen Bettnässens oder um das Zurechtkommen bei einer Kinderfreizeit mögen robusten Erziehernaturen geringfügig erscheinen, sensiblen machen sie schwer zu schaffen. Ein Leben mit einem chronisch kranken Kind können sich Nicht-Betroffene überhaupt nicht vorstellen. Die einen machen sich Sorgen vom ersten Lebenstag ihres Kindes an, die anderen fühlen sich erst bei Pubertierenden vor Hilflosigkeit und Rätsel gestellt. Manche scheinen keine Sorgen zu kennen oder verdrängen sie.

2. Symptome, die Leid und Sorge begleiten

Dass Umstände und Ereignisse als Sorge und Leid erlebt werden, wird hauptsächlich an den Gefühlen und körperlichen Reaktionen deutlich, die sie hervorrufen können:

- Man wird traurig, bekommt Angst und Panik.
- Man wird deprimiert und fühlt sich wie gelähmt.
- Man bekommt Symptome wie Magenschmerzen, Kopfschmerzen u.a.m.

- Man wird unaufmerksam für die Geschwisterkinder.
- Man wird aggressiv oder zornig.
- Man beschuldigt sich selbst.
- Man kann sich nicht mehr freuen.
- Man kann nicht mehr glauben und beten.

3. Die »Themenbereiche« von Sorgen

Die vier oben beschriebenen Beispiele gehören verschiedenen Bereichen von »Erziehungssorgen« an, die wir dem Entwicklungsalter nach etwa in folgende einteilen können:

a) Gesundheit und Krankheit

Besonders im Säuglingsalter drehen sich die Sorgen fast ausschließlich um den Gesundheitszustand des Kindes. Er ist in dieser Zeit allerdings auch besonders labil und das Baby ist in hohem Maß hilfsbedürftig. Man ist im Krankheitsfall rund um die Uhr besorgt. Schon ein 3-Tage-Fieber kann eine junge Familie schwer belasten.

b) Sicherheit und äußere Bedrohung

Mit der wachsenden Mobilität des Kleinkindes erhöhen sich die äußeren Gefahren, die noch immer ausschließlich im Verantwortungsbereich der Eltern liegen. Es gilt, auf Gefährdungen im Straßenverkehr, im Freizeitbereich, auf verschluckbare Gegenstände, zum Klettern einladende Möbel u.a.m. zu achten. Zunehmend wird man das Kind in die Obhut fremder Personen wie Großeltern, Tagesmutter, Babysitter/in, Freunde geben, was »Loslösungswehen« hervorrufen kann.

c) Soziale Entwicklung

Im Kindergartenalter bricht unvermittelt die soziale, außerfamiliäre Umwelt in den Erziehungsalltag ein und konfrontiert mit neuen Herausforderungen und spannungsreichen Aufgaben: Die Ankunft im Kindergarten ist oft mit Tränen verbunden. Der ermüdende Vormittag macht das Kind quengelig und strapaziert die Nerven. Unschöne Wörter und Sätze – oft aus der Fäkalsprache – erschrecken. Manches Kind wird aufsässiger, ruppiger oder auch ängstlicher. Neue Fragen und Unsicherheiten tun sich auf. Kritische Kommentare zum eigenen Kind durch andere Eltern oder die Erzieherin machen einem zu schaffen. Sind Geschwister da, leidet man – oft mehr als die Kinder – unter Feindseligkeiten und Streit.

d) Leistungs- und Gemeinschaftsfähigkeit

Mit dem Eintritt ins Schulalter vervielfachen sich die möglichen

Sorgen. Die Unbeschwertheit der frühen Kindheit muss der Aufgabe weichen, sich verbindlichen Aufgabenstellungen und dem Leistungsvergleich mit anderen in der Klassengruppe zu stellen. Das richtige Maß zwischen Zumuten und Beschützen, zwischen Loben und Ermahnen, zwischen Fordern und Gewähren zu finden, wird zunehmend schwierig. Besonders für Eltern leistungsschwacher Kinder kann jeder Schultag zu einer neuen seelischen Tortur und Anlass nicht endender Sorgen werden. Die Angst vor oder über die eigenen Erziehungsfehler verschlimmert die Lage zusätzlich.

Mobbing, Neid, Eifersucht, Erpressungsversuche durch Mitschüler, Lügen, Stehlen oder Belogen- und Bestohlenwerden u.v.a.m. versetzen die Familie unter Umständen in bedrückte Stimmung.

Eltern erleben den Wahrheitsgehalt des Sprichwortes: *»Kleine Kinder, kleine Sorgen – große Kinder, große Sorgen!«*

e) Charakter und geistliche Prägung

Die Pubertät als »größte Krise im Leben eines jeden Menschen« (Christine Swientek) beschert den Erziehenden eine Fülle an Konfliktherden, die den Sorgenpegel in anderer Weise als bisher ansteigen lassen können.

Häufig sind Leistungsabfall, Faulheit, unberechenbare Stimmungen und Chaos im Zimmer, gepaart mit Rückzug, unzugänglichem Wesen, Aufsässigkeit und Widerstand. Dem Drang nach (Entscheidungs-) Freiheit entspricht nicht immer die Übernahme der entsprechenden Verantwortung. Obwohl Eltern wissen, dass dies »altersgemäß« ist, ruft es dennoch in ihnen Ängste in Bezug auf die Zukunftsfähigkeit ihres Jugendlichen hervor. Der starke Einfluss der Gleichaltrigen (peer group) beunruhigt. Gefährdungen wie Drogen- und Alkoholkonsum, beliebige sexuelle Betätigung, politische Manipulation, Fernseh- und Computersucht u.a.m. sind Auslöser für zahlreiche Sorgen.

Für christliche Eltern hat der Wunsch nach Anschluss ihrer Söhne und Töchter an ein biblisch verantwortetes kirchliches oder gemeinschaftliches Umfeld hohe Bedeutung. Gleichwohl lässt sich geistliches Leben (Andacht, Bibellesen, Mitarbeit) nicht verordnen. Nur mit erzieherischen »soft skills« wie Einfühlungsvermögen, Geduld, Verhandlungsgeschick, ruhige Festigkeit, Vorbildcharakter, Ermutigung u. Ä. kann diese Durchgangsphase zum Erwachsenwerden für beide Seiten erfreulich durchgestanden werden.

II. Was Leid und Sorge uns erkennen lassen

Die oben erwähnten Sorgensymptome und -themen illustrieren, dass durch sie beständig eine Veränderung in unserem Leben, vor allem aber an unserer Person als Eltern und Erzieher stattfindet. Unsere selbstverständliche Sicherheit und Zuversicht in der Bewältigung des Alltags und des Zusammenlebens wird erschüttert. Sorgen sind wie »Störsender« in unserem Lebensprogramm.
Was kennzeichnet diese Veränderungen?

1. Wir erfahren unsere Grenzen

Der Mensch – gerade der erziehende Mensch – wünscht sich Sicherheit und Verlässlichkeit in seinem Tun. Im Allgemeinen haben wir unser Leben am liebsten »im Griff«. Wir möchten ausgestattet sein mit der beruhigenden Gewissheit: Ich weiß, wie es geht. Ich schaff' es! Und nun gerate ich immer öfter an meine Grenzen, »schaffe es eben nicht«. Ich kann auftauchende Probleme nicht lösen wie eine Mathematik-, Konstruktions- oder Denksportaufgabe*: Ich kann das kranke Kind nicht heilen. Ich kann nicht garantieren, dass der Erstklässler nicht vom Auto angefahren wird. Ich kann friedliche Spielstunden im gemeinsamen Kinderzimmer nicht auf Dauer herbeizaubern. Ich kann den rebellierenden Jugendlichen nicht zu einem vernünftigen Gespräch zwingen usw.*
Diese plötzliche Situation der Hilflosigkeit, des Nicht-Wissen-Wie, der unplanbaren Zukunft macht uns hilflos, lähmt, ruft Trauer und Angst hervor.

2. Unsere Erwartungen, Ziele und Glaubensüberzeugungen werden in Frage gestellt

Wann immer wir durch Leid und Sorge mit unseren Grenzen, der Ratlosigkeit und mit den damit verbundenen Gefühlen konfrontiert werden, wird auch unser Lebensfundament, unsere Vorstellungen über Werte und Ziele, unsere Erwartungen an ein Leben mit Kindern und auch unser (Un-)Glaube einer Prüfung unterzogen. Das geschieht nicht dramatisch, oft subtil und erst nach und nach.

Klaus, ein erfolgreicher Manager, gerät angesichts der Erkrankung seines Sohnes mit schwerem Scharlach fast außer sich. Krankheit existierte bisher nicht wirklich in seinem Weltbild. Grippe, Kopfweh oder Hexenschuss wurden schnell mit Medikamenten wegtherapiert.

Birgit überfällt regelmäßig eine tiefe Entmutigung. Ihre drei Kinder tanzen ihr auf der Nase herum. An einem Tag bettelt sie um Entgegenkommen und »besticht« sie mit süßen Belohnungen. Am nächsten Tag rastet sie aus und schlägt sie. Prompt macht sie sich Vorwürfe. Sie möchte so gerne »liebe« und gehorsame Kinder und muss erkennen, dass ihr die Autorität völlig fehlt.

Silke gerät an ihre nervlichen Grenzen, denn ihre Tochter macht kaum Fortschritte im Klavierunterricht. Viel lieber beschäftigt sie sich mit Töpfern und Malen. Silkes Hauptanliegen war bisher eine musikalisch erfolgreiche Förderung. Nun kommt ihr eigener unbewältigter, krankhafter Ehrgeiz an die Oberfläche.

Monika und Jörg kommen mit den bohrenden Fragen ihres kleinen Hannes nicht mehr klar. Er will wissen, warum es böse Menschen gibt, wo Gott wohnt und warum er nicht in den Kindesgottesdienst gehen darf wie sein Freund Paul.
Sie besuchen ein Elternseminar über Glaubensfragen. Die Kinderfragen bringen ein in ihrer Ehe bisher ausgeklammertes Thema ans Licht.

Hier äußert sich auch, wie wir immer wieder vom »Zeitgeist« ergriffen und beeinflusst sind.
Der »Zeitgeist«, das sind vor allem durch die Massenmedien mitgeteilte, in unser Unbewusstes infiltrierte »Denk- und Fühltrends«, die sich, ob wir wollen oder nicht, in unserem menschlichen Miteinander und im Erziehungsalltag auswirken. Diese Trends geben wieder, was für uns wichtig und die Hauptsache ist z. B.:
Hauptsache gesund! – Hauptsache jung! – Hauptsache sportlich! – Hauptsache Spaß! – Hauptsache erfolgreich! – Hauptsache durchsetzungsfähig! – Hauptsache reich! – Hauptsache selbstbestimmt! usw.
Diese »Hauptsachen« treten oft in Konkurrenz zu einem Leben mit Kindern und lösen daher schnell Konflikte und Überforderung aus. Diese können also signalisieren: Hier stimmt etwas nicht in der Zielsetzung. Hier muss ich mich neu orientieren. Erst Konflikte und Sorgen fordern zum Nachdenken und zur Korrektur auf. Ob Korrektur erfolgt, hängt von jedem Einzelnen ab. Doch die Chance ist da, andere Werte zu entdecken: z. B. Fürsorge, Mitleid, Rücksicht, gesunde Autorität, Vertrauen, echte Stärke, Vergebung, Wahrhaftigkeit, Verlässlichkeit, Durchhaltevermögen, tragfähiger Glaube.

III. Wie wir mit Sorgen und Leid umgehen können

Wir sollten bei aller Problematik des Sorgens nicht vergessen: Wer sich sorgt, dem sind seine Kinder nicht gleichgültig. Insofern können Sorgen Zeichen der Liebe sein, wenn auch oft falsch verstandener Liebe. Doch Liebe ist genau die Chance, aus den Sorgen herauszukommen, an ihnen nicht zu zerbrechen. Liebe sucht nach Auswegen, ist um des Kindes willen zur Veränderung bereit.
Drei Erfahrungen werden immer wieder gemacht:

a) Not lehrt fragen

Will man von sorgenden Gedanken nicht in Schach gehalten werden, wird man zu fragen beginnen, was die »Botschaft« der gegenwärtigen Lage sein könnte. Denken wir an unsere o. e. Beispiele:

- *Ist die Blasenschwäche von Sebastian organischer Art oder hat sie mit zu hoch gespannten Erwartungen unsererseits zu tun? Sind wir zu beschäftigt?*
- *Wovor habe ich eigentlich Angst? Was kann Karin schlimmstenfalls passieren? Fällt es mir schwer, sie selbstständig werden zu lassen? Vertraue ich darauf, dass Gott sie beschützen und stark machen kann?*
- *Wie werde ich meiner Verantwortung für Florian gerecht? Muss ich strenger sein oder verständnisvoller? Was heißt eigentlich richtige Erziehung? Sind wir schlechte Vorbilder?*
- *Muss David vielleicht sterben? Wo würde er dann sein? Warum überhaupt diese Krankheit? Woher kommt das Leid und das Böse? Was will Gott uns damit sagen?*

Viele Fragen bringen weiter. Allerdings sollte man nicht beim Fragen stehen bleiben. Wichtig ist es, Antworten zu finden.
Auf medizinische Fragen kann ein Arzt antworten, auf schulische die Lehrer, auf pädagogische die entsprechenden Ratgeber. Doch auf die Grundfragen nach dem Sinn des Lebens, auf die wir durch Sorge und Leid gestoßen werden, kann der Mensch, ohne zu spekulieren, nicht antworten. Hier sind wir darauf angewiesen, dass uns der anredet und antwortet, der uns ins Leben gerufen hat, Gott, der Schöpfer selbst. Für Christen ist klar, dass diese Anrede und Antwort endgültig erfolgt ist, festgehalten im verlässlichen, von Gottes Geist gewirkten, wahren Wort der Bibel.

In diesem Wort Gottes erfahren wir, dass es leid- und sorgloses Leben seit dem Sündenfall, der Selbsterhebung des Menschen gegen Gott, nicht mehr geben kann. Dies gilt allerdings nicht für immer. Christus hat die Grundsünde der Menschheit gesühnt und überwunden. Damit sind Leid, Sorge und Tod nicht beseitigt, aber in der Hoffnung auf Ewigkeit hin zu ertragen, anzunehmen. Wir haben die Chance, gereift daraus hervor zu gehen, wenn wir in einer engen, persönlichen, vertrauensvollen Verbindung zu Christus leben. In ihm haben wir ein Grundfundament für unser Leben. Daraus können wir Werte und Ziele für unsere Erziehung gewinnen. An ihm können und müssen wir unsere Praxis prüfen, korrigieren oder auch neu versichern.

b) Not lehrt beten

Wer auf Jesus Christus vertraut, der hat die hilfreichste und tröstlichste Möglichkeit, mitten in Leid und Sorge zur Ruhe zu kommen: im direkten und sofortigen Ausschütten des Herzens vor Gott selbst.

Dieses Ausschütten, das Gebet, bedeutet: Ich mache ernst mit dem Vertrauen auf den unsichtbaren, aber wirklichen Gott. Vgl. Hebräer 11,1: *»Es ist aber der Glaube eine feste Zuversicht auf das, was man hofft, und ein Nichtzweifeln an dem, was man nicht sieht.«*

Indem ich die bedrängenden Sorgengedanken in Worte fasse, trenne ich mich gewissermaßen von ihnen und weise ihnen einen Platz zu bei dem, der in seiner Weisheit und Allgegenwart besser weiß, wie mit ihnen zu verfahren ist. Die Bitte um Leitung und Hilfe und das Erforschen des Ratgebers Bibel ist der Verzicht auf die eigene »Menschenweisheit« und damit ein Akt der Demut – der schwierigste für das menschliche Herz. Sie schließt das Eingeständnis von Schuld und Versagen und die Hoffnung auf Vergebung ein.

Dieses »Reden des Herzens mit Gott« (M. Luther) kann mit selbst formulierten Worten geschehen, aber auch mit Bibelversen und Psalmliedern, mit Strophen aus Gesang- und Liederbüchern, die besonders in verzweifelten Momenten eigene fehlende Worte ersetzen.

c) Not lehrt handeln

Nur wer (be)ruhig(t) ist und einen klaren Kopf hat, kann erzieherisch hilfreiche Schritte tun.

Das vertrauensvolle Gebet schafft die Voraussetzung für besonnenes Handeln. Ja, es ist bereits eine Tat. Denn es stellt die Situation, die Kinder und uns selbst aus der chaotischen, uns oft irreführenden Wirklichkeit unserer Seele hinein in die Heil schaffende Wirklichkeit Gottes. Er selbst berät Herz, Sinne und Verstand. Denn:
»*Wenn aber jemandem unter euch an Weisheit mangelt, so bitte er Gott, der jedermann gern gibt und niemanden schilt; so wird sie ihm gegeben werden*« (Jak 1,5).

Je nach Umständen wird dieses »Handeln« anders aussehen. Wichtig ist, zu innerem Frieden und Gewissheit im Vorwärtsgehen zu finden. Oft braucht man da auch förderliche, im Erziehen »erprobte« Freunde und im Glauben erfahrene Menschen, die einem Mut machen. Man sollte sich nicht scheuen, hier Unterstützung zu suchen.

Wer das in Sorgen und Leiderfahrungen sich erschließende »Hintergrundgeschehen« etwas besser versteht, der wird mit ihnen anders umgehen lernen, er wird daran wachsen und »die Proben bestehen«, so wie Paulus es im Römerbrief (5,3-5) unnachahmlich ausgedrückt hat:

»*Wir rühmen uns auch der Bedrängnisse, weil wir wissen, dass Bedrängnis Geduld bringt, Geduld aber Bewährung, Bewährung aber Hoffnung, Hoffnung aber lässt nicht zuschanden werden; denn die Liebe Gottes ist ausgegossen in unsre Herzen durch den Heiligen Geist, der uns gegeben ist.*«

Friederike Klenk

Aggressionen, Schuldgefühle und die Sehnsucht nach Perfektion 14

Das unperfekte Leben

■ »Vater, wir danken für alles, was du gibst, ja dafür sagen wir Danke...« Das ist ein wunderschönes Lied, wenn alles gut geht, wenn alles so geht, wie wir es uns vorgestellt haben. Aber was ist, wenn Gott uns etwas anders gibt, als wir uns gewünscht haben? Was ist, wenn er uns ein krankes, schwieriges oder schwaches Kind gibt und unsere Wünsche nicht erfüllt werden? Können wir dann auch sagen: Vater, wir danken für alles, was du gibst?
Ich möchte Ihnen von meiner Mutter erzählen. Sie schrieb einmal folgende Zeilen: »Wir haben ein ausgesprochen schwieriges Kind in unserer Familie, ein Kind mit einem krankhaften Eigenwillen und voller Geltungsdrang. Wie oft haben wir schon verzweifelt dagestanden – völlig am Boden zerstört. Dann habe ich gedacht, ein blindes, zurückgebliebenes oder verkrüppeltes Kind ist in einer Familie leichter zu ertragen, als ein so schwieriges. Kürzlich meinte eine Frau aus der Gemeinde zu mir: ›Du kannst einem wirklich Leid tun.‹ Der Vater des Jungen war der Überzeugung: Das werden wir schon hinkriegen, das wäre doch gelacht. Die anderen Kinder funktionieren doch auch. Das liegt alles bloß daran, dass meine Frau zu nachsichtig ist. Er versuchte es mit eiserner Strenge und harten Schlägen. Aber das half nicht das Geringste. Da wandte er sich innerlich von seinem Kind ab mit dem Gefühl: Womit habe ich dieses Kind verdient?«

Haben Sie so etwas Ähnliches auch schon einmal gedacht?

Unsere zweitgeborene Tochter zeigte sich nach einer längeren Abwesenheit von mir ständig unglücklich und unzufrieden. Sie klagte und jammerte ununterbrochen, fühlte sich ständig benachteiligt und unzufrieden mit allem. Ihre häufigste Redewendung wurde: »Och, die andern habens gut.« Ich versuchte, dem abzuhelfen. Versuchte, ihr jeden möglichen Wunsch zu erfüllen, nahm mir besonders viel Zeit für sie, kaufte ihr öfter mal ein Extra-Eis, aber sie wurde nicht glücklicher, sondern immer anklagender. Und ich fühlte mich zunehmend hilfloser und ohnmächtiger. Es riss mich innerlich hin und her zwischen ständiger Selbstanklage: »Was habe ich bloß falsch gemacht?« – und einer scheußlichen Wut gegen »dieses Biest«. Mal tat sie mir Leid, mal hätte ich sie an die Wand klatschen können. Dadurch stauten sich aber immer mehr Schuldgefühle an und bald konnte ich gar nicht mehr angemessen reagieren.

Ein mürrisches, unlustiges, unruhiges, schreiendes, in die Hose machendes und schlagendes Kind scheint uns zu bescheinigen, dass wir entweder Rabenmütter oder Versagereltern sind.

Aber nicht nur das Verhalten unserer Kinder macht uns Schuldgefühle, sondern auch verletzende Sätze und Handlungen, die uns rausgerutscht sind. Worte und Taten, die uns peinlich sind und für die wir uns schämen und die wir uns nicht verzeihen können: Als ich zum ersten Mal Mutter geworden war, war die »Hoch-Zeit« der antiautoritären Erziehung und ich war begeisterte Anhängerin davon. Ich stellte mir das so vor: Meine Kinder sollten sich ungehindert entfalten können, keine Schläge, keine Eingrenzungen. Ich wollte es ganz anders machen als meine Eltern. Der Wunsch und Wille meiner Kinder sollte immer respektiert werden. Meine Kinder würden – so hoffte ich ehrlich – ganz von selbst wissen, was für sie gut ist.

Diese Erziehung scheiterte nicht nur daran, dass mein Mann nicht mitspielte, sondern endgültig an dem Tag, als mein zweijähriger Sohn eine eben verzierte Sahnetorte auf den Boden schmiss und ich in empörtem Zorn zuschlug – und das nicht zu knapp. Mein Sohn weinte fassungslos und ich saß verzweifelt und ohnmächtig vor den Trümmern meines guten Willens und wusste, dass ich genau das gemacht hatte, was ich zutiefst verabscheute. Ich hatte losgebrüllt, obwohl ich mir doch hundertmal vorgenommen hatte, es nicht zu tun und ich hatte mein Kind geschlagen.

Wir schämen uns, wenn wir die Nerven verloren haben und uns die Hand ausgerutscht ist, oder einem plötzlich wieder einfällt, dass man dieses Kind am Anfang gar nicht gleich so gewollt hat. Eine junge Mutter erzählte mir: »Ich schämte mich schon, weil ich das Kind einfach mal los werden wollte, selbst wenn es nur für eine kurze Zeit war. So etwas darf ich doch nicht als Mutter.«

Dr. Jan Uwe Rogge (Familien- und Kommunikationsberater) schreibt dazu (in: »Kinder brauchen Grenzen«): »Pädagogisches Handeln strengt an. Erziehung ist für alle Beteiligten häufig Stress. Eltern und auch Erzieher stoßen ständig an Grenzen. Sie fragen: Was soll ich nur machen! Sie erleben Ohnmacht und Beschränkung, denn manchmal kann man gar nichts richtig machen! Sie wollen das Kind immer verstehen und immer annehmen. Dabei stehen die allumfassende Fürsorge und die Rechte der Kinder an oberster Stelle. Erziehung wird zur Hochleistungs-Disziplin! Aber grenzenlose Liebe, grenzenlose Zuneigung und grenzenloses Aufgehen in der Erziehung haben zu tun mit der Aufgabe der eigenen Person. Dahinter versteckt sich nicht selten Gefallsucht und Selbstsucht. So lernen Kinder keine Kooperation. Sie lernen nur, wie man den eigenen Willen durchsetzt.«

Der Teufelskreis von Schuldgefühlen und Aggression

Eltern sind durch ununterbrochene Aufopferung überfordert und unsere Kinder erleben uns dann als gereizt, unausgeglichen, inkonsequent, ständig unter Strom stehend oder heulend, weil wir das alles gar nicht immer schaffen.

Und im Innern quälen uns Schuldgefühle. Dabei hören wir im Innern ein Urteil über uns, das sagt: »Ich bin schlecht, ich bin unfähig! Ich bin brutal und hart! – Ich bin böse und für die andern nicht auszuhalten!«

Schuldgefühle sind nicht harmlos

Wer Schuldgefühle hat, steht ständig unter dem Zwang, etwas wieder gutmachen zu müssen. Das wirkt sich im Alltag häufig so aus, dass wir nachgeben, wo eigentlich Festigkeit gefragt ist, und anschließend bekommen wir eine Wut auf dieses »raffinierte Kind« und dann auf uns selbst. Gleichzeitig verschließen wir unser Herz und legen uns einen Panzer zu, damit niemand die Finsternis mitbekommt, die sich in uns ausbreitet. Wir verstecken uns hinter Arbeit und anderen Wichtigkeiten und weichen so unsern Kindern und unseren Schuldgefühlen aus.

Aber täuschen wir uns nicht: Kinder spüren unsere Schuldgefühle und unsere Aggressionen. Sie haben ja einen siebten Sinn für geheime Botschaften. Sie ahnen, dass ihnen »irgendetwas« fehlt und entwickeln einen nebulösen Anspruch auf »mehr«, der sich in quengeliger Unzufriedenheit und fordernden Such-Bewegungen äußert.

Eltern mit Schuldgefühlen können ihren Kindern nicht mehr helfen, mit schwierigen Situationen und Herausforderungen fertig zu werden. Sie verstärken vielmehr das Empfinden des Zu-kurz-gekommen-Seins. Das wiederum ist die Quelle für ständig neues Klagen.

Was sind Schuldgefühle?

Bevor wir fragen, was uns hilft, will ich den Schuldgefühlen noch ein wenig auf die Spur kommen. Was sind Schuldgefühle? Paul Tournier (1898 – 1986), ein Schweizer Arzt und Psychotherapeut, beschreibt es so: »Schuldgefühle entstehen aus einer Mischung von verdrängten Minderwertigkeitsgefühlen in uns und von verdrängter Schuld. Hinter Schuldgefühlen verbergen sich häufig ein verletztes Gewissen und ein gekränktes Selbstbild.«

1. Zum gekränkten Selbstbild:

Jeder von uns hat ein Bild von sich, wie er gerne wäre – was für ein Mensch, aber auch was für Eltern wir gerne wären. Denken Sie einmal kurz nach, wie Sie als Vater oder Mutter gerne wären. Jeder bemüht sich, diesem Bild zu entsprechen. So verschieden das, was wir gerne sein wollen, im Detail sein mag, so ist doch eines gemeinsam: Wir wollen alle gut sein, gute Mütter und tüchtige Väter, nicht fehlerhaft, nicht schwach oder ungenügend. Wir wollen zuverlässig, liebevoll, großzügig, erfolgreich und vieles mehr sein. Und in der Werbung scheint es auch solche Mütter und Väter zu geben. Da sehen die Frauen immer gut aus, sind in blendender Laune und Meister Proper putzt die Wohnung. Wir haben nicht nur von innen, sondern auch von außen hohen Idealen standzuhalten, z. B. dem Ideal der »unverletzten Kindheit«. Da wird uns in allen Variationen gesagt und gezeigt: Je besser es einer hatte, umso besser gelingt sein Leben. Und wir glauben, wenn einer alles hatte, dann muss er der glücklichste Mensch der Welt sein. Und wenn die Entfaltungsfreiheit des Kindes wie das erste Gebot der Menschenrechte gehandhabt wird, wird jedes Verbot, das wir aussprechen, zur Anklage an uns.

Jan Uwe Rogge schreibt dazu: »Es wächst der Trend, es unseren Kindern Recht zu machen. Damit verstärkt sich die Angst, von den Kindern abgelehnt zu werden. Wir wollen nicht nur gut sein, unsere Kinder sollen es auch immer gut haben.«

Was aber geschieht dann, wenn wir dem Kind nun kein harmonisches Zuhause bieten können? Wenn Müdigkeit, Krankheiten, Stresszeiten, Partnerschaftskrisen, Umzüge oder der Tod von geliebten Menschen u. a. von unseren Kindern Anpassung, Entbehrungen und Einschränkungen fordern? Bekommt unser Selbstbild dann nicht einen Knacks? Haben wir dann nicht den Eindruck, »versagt« zu haben und »schlecht« zu sein, weil wir das nicht verhindern konnten?

2. Zum verletzten Gewissen:

Schwierige Kinder sind wie ein Spiegel für uns. Ein Spiegel, in dem wir allerdings nicht nur unsere guten Eigenschaften sehen, sondern auch unsere Schwächen, unsere mangelnde Reife, Hass, zu dem wir fähig sind, unsren Mangel an Geduld und und und ... Das wahrzunehmen, fällt uns wahnsinnig schwer. So wollen wir doch nicht sein, so können wir doch nicht sein. Und nicht selten machen wir es wie Adam, wir verstecken uns, verdrängen die beschämenden Tatsachen und schieben die Schuld weiter nach dem Motto: Ich wäre ja o.k., aber du bist es nicht ... deshalb musste ich so handeln. Wir schieben die Schuld auf den Partner, »der ja nie da ist« oder »immer gleich so hart durchgreift« –, auf das Kind, »das mich durch sein Verhalten dazu gebracht hat« – oder auf die Vorfahren, »von denen ich dieses Temperament oder jene Macke geerbt habe«; oder sogar auf Gott, »der mich ganz anders hätte machen müssen«.

Nietzsche hat diesen Kreislauf des Abschiebens und Verdrängens einmal treffend so beschrieben: »Das habe ich getan, sagt mein Gedächtnis. – Das kann ich nicht getan haben, sagt mein Stolz und bleibt unerbittlich. Endlich gibt das Gedächtnis nach.« Und so entsteht ein Teufelskreis: Ich reagiere (ungeduldig, ungerecht, unwillig ...) – ich schäme mich (wird verdrängt) – fühle mich schlecht und angeklagt (was denken die andern) und wehre ab: »Ich wars nicht« (Stolz und Scham). Ich schiebe ab – ich klage an, bestrafe, räche mich und verschließe mich (ungerechte Tat) – ich hasse mich selbst (wird verdrängt) – fühle mich schlecht und angeklagt und verteidige mich (werde hart), erkläre alles und so geht der Kreislauf von vorn los.

Drei Auswege aus dem Teufelskreis

Wie können wir diesen Teufelskreis unterbrechen?
Müssen wir Scheitern und Versagen verdrängen? Bleibt uns denn nichts anderes übrig, als uns hinter unsere sichtbaren Tüchtigkeiten zu verstecken, während wir in ständiger Furcht und Empfindlichkeit angespannt bleiben, was andere bei uns entdecken oder kritisieren könnten?

Erster Ausweg:
Wir brauchen Mut zur Unvollkommenheit!
Es gibt keine Chance, keine Fehler zu machen. – Irren ist menschlich! Auch Scheitern gehört zum Leben. Wir sind nicht immer gut und wir können gar nicht alles gut machen! Es braucht den Mut zuzugeben: Ich bin gescheitert, ich habe einen Fehler gemacht, ich habe versagt. Und es ist womöglich auch noch zu sehen. »Mut zur Unvollkommenheit«, so schreibt Jan Uwe Rogge, »meint, seine persönlichen Energien darauf zu verwenden, Unvollkommenheit zu akzeptieren und den Umgang mit Fehlern als Chance zu begreifen.«
Unsere natürliche Reaktion dagegen ist meistens »Flucht«. Ich selber habe als Kind viel gelogen und auch noch als erwachsene Frau. Oft habe ich mich gefragt, wieso hatte ich das eigentlich so nötig? Inzwischen ist mir klar, dass ich fast immer gelogen habe, um etwas zu vertuschen. Etwas, wofür ich mich geschämt habe, etwas das ich nicht getan haben wollte, z. B.: Schon wieder den Schlüssel vergessen, schon wieder ein Versprechen nicht gehalten, eine Delle ins

Auto gefahren oder etwas kaputtgemacht. Schon wieder mal nicht richtig geplant … Das zuzugeben, fiel mir schwerer als eine Lüge oder eine Ausrede zu erfinden. Mein Ruf, meine Ehre und was die anderen von mir denken, ihr Urteil oder was sie sagen könnten, ist das, was ich mehr gefürchtet habe, als alles andere. Und ich hatte den Eindruck: Wenn die anderen wüssten, wer ich wirklich bin, dann wäre ich unten durch. Aber die Furcht vor Menschen, die Furcht vor ihrem Urteil und ihrer Meinung über uns hat uns nur so lange im Griff, wie wir der Wahrheit davonlaufen. Wer sich der Wahrheit stellt, wagt den ersten Schritt in die innere Freiheit.

Allerdings braucht es dazu einen Raum der Liebe, denn nur im Raum der Liebe wagen wir es, uns zu öffnen und uns zu zeigen, wir wir wirklich sind. Und hier kommt uns Hilfe von Gott entgegen. Sie liegt in seinem umfassenden Ja zu uns und in seiner bedingungslosen Liebe zu jedem Menschen und in seiner unbegrenzten Vergebung, die jedem zuteil wird, der sein unvermeidbares Scheitern eingesteht, anstatt sich zu rechtfertigen, zu erklären oder abzuschieben. Gott braucht keine fehlerlosen Menschen. Er weiß schon, dass es sie nicht gibt! Er möchte unseren Blick weg von uns und unseren Unmöglichkeiten wenden, hin zu seinen Möglichkeiten. Dietrich Bonhoeffer, ein Theologe der Widerstandsbewegung im 3. Reich, beschreibt diese Tatsache in »Widerstand und Ergebung« so: »Ich glaube, dass auch unsere Fehler und Irrtümer nicht vergeblich sind, und dass es Gott nicht schwerer ist, mit ihnen fertig zu werden, als mit unseren vermeintlichen Guttaten.«

Unser Gott wartet sehnsüchtig darauf, uns zu vergeben! Er hat gar kein Interesse, uns irgendwelche Altlasten vorzurechnen. Er hat es sich alles kosten lassen, damit wir aus unseren Schuldgefühlen herausfinden und zum Lieben-Können befreit werden. Denn das ist das Ziel seiner Vergebung, dass der Kreislauf der Angst, der Abwehr und Aggressionen unterbrochen und der Kreislauf der Annahme, der Ehrlichkeit und Zuwendung wieder möglich wird.

Dabei ist es nötig, erst einmal aufrichtig nachzudenken und sich konkret aufzuschreiben, wie ich am andern wirklich schuldig geworden bin. Es ist wichtig, die großen und kleinen Dinge konkret werden zu lassen, ihnen einen Namen zu geben. Ich erinnere mich, dass mir damals zuerst einfiel, wie oft ich meine Tochter ziemlich herzlos, ungeduldig und kurz angebunden ins Bett gebracht habe, als Reaktion auf ihre ständigen Forderungen. Da gab es zwar ein kurzes Lied, ein kurzes Gebet, aber nach dem Motto: Es reicht jetzt! Mehr gibt's nicht!

Beim Aufschreiben merkte ich, wie hilflos ich mich gefühlt habe, aber auch wie unnachgiebig und hart ich ihr gegenüber war. Und ich wusste, dass sie das sehr wohl gespürt hat. Es ist wichtig, zugeben zu lernen: »Ja, so bin ich.« Erst in dem Augenblick des Zugebens zerbricht unser alter Panzer aus Stolz, Eitelkeit, Angst und Empfindlichkeit. Indem wir uns Gott als die zeigen, die wir sind, werden wir in seiner Gegenwart, was wir in seinen Augen sind. Mütter und Väter, die in ihrer Begrenztheit und Bedürftigkeit geliebt angenommen, gereinigt und gestärkt werden.

Wo das Bild selbst gebastelter Tüchtigkeit und Größe aufbrechen darf, da ist wieder neuer Platz für Freude und Freiheit, weil wir nichts mehr zu fürchten haben. Jesus erklärt einmal einem »Perfektionisten«, wie er den Zusammenhang von Vergebung und neuer Liebe sieht. In Lukas 7 sagt er: »Wem viel vergeben ist, der liebt auch viel.« Das heißt zum einen: Wer die Vergebung von Jesus jeden Tag braucht und in Anspruch nimmt, bei dem fließt viel mehr Liebe, als bei jemand, der das nur alle paar Jahre mal in Anspruch nimmt. Jesus zeigt allerdings auch, dass die Umkehrung des Satzes gilt, denn er fährt fort: »Wem aber wenig vergeben ist, der liebt auch wenig.« Früher habe ich immer gedacht, dass es eben Menschen gibt, die wenig sündigen, die eben weniger Fehler, Schwächen und Sünden eingestehen müssen. Diese Menschen habe ich immer bewundert. So wäre ich gerne gewesen. Aber das meint Jesus nicht. Er weiß, dass es nur zwei Arten von Menschen gibt: Solche, die sich ihrer Wahrheit stellen und solche, die glauben, dass sie keine Vergebung nötig haben. Das sind in meinen Augen »Standpunktmenschen«. Sie ersticken jedes Gespräch durch ihre Überlegenheit, sie wissen immer genau, was gut und böse ist und sie wissen immer alles besser. Jesus aber redet von sich als einem Weg. Er sagt: »Ich bin der Weg«, nicht: »Ich bin der Standpunkt«. Einen Weg kann man nur Schritt für Schritt gehen. Christen, die auf dem Weg sind, haben oft Unrecht und geben das auch zu. Sie machen Fehler und werden auch ihre Kinder um Verzeihung bitten, wo es nötig ist. Und es ist mehr als einmal nötig. Sie geben zu, dass sie nicht allmächtig, allwissend und fehlerlos sind. Wenn Sie Ihren Kindern eine Zurüstung fürs Leben mitgeben wollen, die nicht veraltet und nie ihren Wert verliert, dann zeigen Sie ihnen, wie man

Fehler zugibt und etwas wieder gutmacht, soweit das möglich ist. Wer sich seiner Schuld stellt, der wird Vergebung erfahren. Wer seine Schuld bekennt, der erfährt Befreiung von Menschenfurcht und Minderwertigkeitsgefühlen. Hier hat in unserer Gemeinschaft

die Praxis der Beichte und der Zuspruch der Vergebung eine Leben verändernde und erneuernde Wirkung für viele von uns bekommen.

2. Aufwachen aus Täuschungen über das Leben

Mitten in meiner Hilflosigkeit und Verzweiflung im Umgang mit unserer Tochter hat mich damals jemand gefragt: »Was hättest du deiner Tochter denn gerne erspart, geboten oder gegeben, konntest es aber nicht?« Sofort fiel mir ein, dass sie ein Brutkastenkind gewesen war und ich dieses Kind von Anfang an benachteiligt fand. Dann fiel mir noch ein, dass sie mir Leid tat, weil sie die Zweite war. Irgendwie, so fand ich, haben es die Ersten besser.

Anderen Müttern geht es umgekehrt. Ihnen tun ihre ersten Kinder Leid, weil sie vielleicht erst beim zweiten oder dritten Kind so richtig gerne Mutter geworden sind. Ich glaubte gar nicht, dass dieses Kind die Kraft haben würde, mit dem Leben fertig zu werden. Ich musste entdecken, dass nicht die Schwierigkeiten lebensuntüchtig machen, sondern meine Ängste. Dietrich Bonhoeffer half mir darin umzudenken. Er schreibt dazu: »Ich glaube, dass Gott aus allem, auch aus dem Bösesten, Gutes entstehen lassen kann und will. Dafür braucht er Menschen, die sich alle Dinge zum Besten dienen lassen. Ich glaube, dass Gott uns in jeder Notlage soviel Widerstandskraft geben will, wie wir brauchen. Aber er gibt sie nicht im Voraus, damit wir uns nicht auf uns selbst, sondern allein auf ihn verlassen.« (»Widerstand und Ergebung. Glaubenssätze über das Walten Gottes in der Geschichte«) Die Medienmaschine unserer Zeit hämmert uns ins Bewusstsein, es könnte einen Weg geben, das Leiden aus dem eigenen Leben zu verbannen. Aber die Botschaft des Kreuzes ist der geheimnisvolle Zusammenhang von Leiden und Liebe. Um das richtig zu begreifen, müssen wir ein bisschen höher klettern und einmal unsere gesamte schwierige Lage aus einer anderen Perspektive betrachten. Dieses Kind, dieses schwierige Kind, hat Gott uns mit einer ganz bestimmten Absicht in unsere Familie gestellt. Es klingt widersinnig, aber es ist ein ganz besonderer Gruß Gottes an uns. Es soll Eigenschaften in uns wecken, die in uns

Menschen am Aussterben begriffen sind: Geduld, Barmherzigkeit und Demut. Statt dass unsere Geduld ständig am Ende ist, soll sie durch ein schwieriges Kind oder eine schwierige Situation wachsen. Anstatt, dass wir unbarmherzig übereinander herfallen, soll unsere Barmherzigkeit größer werden. Anstelle eines überlegenen Besserwissens soll eine offene Lernbereitschaft in uns wachsen.

Gott will uns durch kein einziges unserer Kinder strafen, sondern er will uns durch sie verwandeln. Allerdings gibt es dabei ein Hindernis in uns, mit dem wir oft nicht rechnen. Der Sohn eines Winzers (Weinbauern) hat das einmal so erklärt: »Kein Weinstock bringt von sich aus gute Trauben. Aus sich selbst produziert er nur ununterbrochen Blätter und saure ungenießbare Träubchen. Nur der Weinstock, der beschnitten wird, bringt gute Früchte.« Die Nöte mit unseren Kindern können wir als einen Anruf Gottes verstehen, als eine Anfrage von ihm an mich: Darf ich in dein Leben immer nur so hineinwirken, wie du es haben willst oder darf ich auch deine Pläne durchkreuzen? Wirst du mir trotzdem vertrauen, dass ich dich einen guten Weg führe, weil ich dich liebe, auch wenn du nicht alles verstehst?

3. Das Kreuz umarmen

Was für eine Aufforderung! Schlägt sie nicht unserer Lösungs- und Glückssuche ins Gesicht? Und was bedeutet das konkret?

Gott wirbt um unser Herz. In Sprüche 23,26 heißt es: »Gib mir, mein Sohn (Kind), dein Herz und lass deinen Augen (doch) meine Wege wohlgefallen.« Gott sagt übrigens nicht: Pass auf, dass mir dein Weg auch tatsächlich gefällt. Nein, er wirbt um unser Vertrauen und um unsere Einwilligung in seine Wege mit uns, dass wir glauben, dass Leben auch wertvoll ist und gelingt mit Schmerzen und mit Einschränkungen. Wenn wir es wagen, uns auch im Schweren und Schwierigen ihm anzuvertrauen, werden wir eines Tages dafür danken.

Für mich begann die Befreiung von Schuldgefühlen nach einem ehrlichen Zugeben meines Versagens und dem Zuspruch der Vergebung Jesu und einer innerlichen Einwilligung, mir und meinem Kind Schwierigkeiten und Schmerzen nicht länger ersparen zu wollen.

Einige Zeit später war ich in der Lage, meine 5-jährige »unglückliche« und »schwierige« Tochter auf den Schoß zu nehmen und ihr und mir selbst einmal klar und deutlich zu sagen: »Mama und Papa lieben dich. Wir sind froh und dankbar, dass du überlebt hast. Du hast einfach alles, was du brauchst: Uns, einen Bruder und ein Zuhause. Du wirst das Leben, auch wenn es schwierig ist, schaffen und ich werde dir dabei helfen so gut ich kann. Ich habe dir in letzter Zeit oft nicht richtig zugehört. Das tut mir wirklich Leid. Von jetzt an werde ich dir richtig zuzuhören versuchen, wenn du mir etwas sagen willst. Nur eines werden wir ändern. Ich werde nicht mehr auf deinen Jammerton hören. Wenn du mir etwas sagen willst, dann sag es ohne diesen Ton.«

Und – oh Wunder – meine 5-jährige Tochter hatte mich ganz gut verstanden. Natürlich konnte sie sich den Ton nicht einfach abgewöhnen. Es brauchte ungefähr drei Wochen, in denen ich immer wieder sagen musste: »Stopp – nicht in diesem Ton!« Oder: »Ich höre nicht auf diesen Ton.« Dabei musste ich einige Wochen fest und konsequent bleiben.

Unser Kind blieb noch viele Jahre kompliziert, aber nicht unsere Beziehung. Ihr Jammerton hat unsere Beziehung nicht mehr zermürbt und ich habe durch sie Seiten an mir selbst annehmen gelernt, die ich vorher verachtet und abgelehnt habe. Indem ich unser Kind in seinen Schwierigkeiten annahm, konnte sie lernen sich selber auch anzunehmen. Jan Uwe Rogge zeigt in seinem Buch ganz deutlich auf, dass Mitfühlen nicht dasselbe sei, wie Mitleid haben. »Mitgefühl stärkt das Kind, denn wir zeigen ihm, dass wir es ernst nehmen und es in seinen Sorgen und Schmerzen annehmen ohne ihm alles abzunehmen. Mitleid dagegen schwächt seine Kräfte, macht es passiv und handlungsunfähig.« Irgendjemand anderes bliebt für sein Glück zuständig.

Wenn wir als Eltern das Schwierige nicht mehr nur ablehnen und bekämpfen, werden wir dabei auch frei für kreative und humorvolle Lösungen. Ein solcher Lösungsweg waren für uns die »Ausnahme-Tage«.

»Ausnahme-Tage«, so schreibt Jan Uwe Rogge, »haben eine symbolische Funktion, indem wir räumlich und zeitlich abgesprochene Möglichkeiten schaffen, in denen auch aggressive und primitive Wünsche sich austoben dürfen. Solche Tage zeigen unseren Kindern, dass wir Verständnis für ihre Bedürfnisse haben, ohne dass sie jederzeit im Vordergrund stehen oder erfüllt werden.«

Eine Möglichkeit war z. B. das monatliche »Schweinchenessen«.

Das war ein Essen, bei dem die Kinder alles mit den Händen essen durften, am liebsten Spagetti mit Tomatensoße. Das gab ihrem Bedürfnis nach, sich auch mal »wie die Sau zu benehmen«.
All das hilft uns und unseren Kindern, mit der Wirklichkeit, wie sie ist, in uns, und um uns umgehen zu lernen. Und dabei die Erfahrung zu machen, dass wir weder im Paradies leben, noch das Paradies schaffen müssen oder können. Aggression heißt ja im ursprünglichen Sinn »sich fortbewegen«. Die Entfaltung der Persönlichkeit ist ohne Aggression nicht denkbar. Wir trennen dabei allerdings zwischen willkürlichen zermürbenden und zerstörerischen Äußerungen und dem abgesteckten Raum dafür.

Gebet der Eltern für ihre Kinder 15

»Darum lasst uns hinzutreten
mit Zuversicht zu dem Thron der Gnade,
damit wir Barmherzigkeit empfangen und
Gnade finden zu der Zeit,
wenn wir Hilfe nötig haben.«
Hebräer 4,16

Gebet – Grundsätzliches

Was ist Gebet?

■ Gebet ist Kommunikation mit Gott. Kommunikation, das bedeutet auf jeder Seite ein Reden und Hören. Gebet ist somit ein Dialog zwischen Gott und Mensch.
Jeder Mensch hat die Möglichkeit, im Gebet in Kontakt mit Gott zu treten. Als Christ habe ich einen »heißen Draht« zu Gott, der mir zu jeder Zeit und an jedem Ort Verbindung zu ihm ermöglicht. In der Bibel gibt es viele Einladungen zum Gebet. So sind wir z.B. eingeladen, *»hinzutreten mit Zuversicht zu dem Thron der Gnade, damit wir Barmherzigkeit empfangen und Gnade finden zu der Zeit, wenn wir Hilfe nötig haben«* (Hebr 4,16). Hier wird schon deutlich, welche positive Auswirkungen das Gebet auf unser Leben haben kann, denn wir werden bei Gott Barmherzigkeit und Gnade finden.
Wir finden in der Bibel auch zahlreiche Verheißungen, die das Gebet betreffen. So verspricht uns Jesus, Gottes Sohn, dem gegeben ist »alle Gewalt im Himmel und auf Erden«: »Was ihr mich bitten werdet in meinem Namen, das werde ich tun.« Wir dürfen uns auf den allmächtigen Gott verlassen und seine Verheißungen im Glauben annehmen. Wenn wir das tun, werden wir Wunder erleben.

Warum haben unsere Kinder das Gebet so nötig?

In unserer Gesellschaft, die durch vielfältige Medien einschließlich Computer und Internet geprägt ist, haben wir als Eltern einen schweren Stand. Allzu viele Einflüsse strömen von der Kleinkinderzeit an auf unsere Kinder ein. Die Kinder kommen schon aus dem Kindergarten mit Ausdrücken, Ansichten und Haltungen nach Hause, dass sich uns die Haare sträuben. In der Grundschulzeit und in den weiterführenden Schulen geschieht dies noch verstärkt.

Wir können unsere Kinder nicht vor den äußeren, für uns unkontrollierbaren Einflüssen bewahren. Wir müssen sie loslassen in die Welt um uns herum. Aber wir können uns an die Kraftquellen Gottes erinnern und mit ihm in Kontakt treten, um unsere Kinder seiner Allmacht anzubefehlen.

»Sorgt euch um nichts, sondern in allen Dingen lasst eure Bitten in Gebet und Flehen mit Danksagung vor Gott kundwerden« (Phil 4,6).

Gott ist jederzeit bereit, ja er freut sich, mit seiner Kraft im Leben unserer Familien zu wirken. Im Gebet dürfen wir uns auf Gott verlassen, unseren allmächtigen Vater im Himmel.

Dank und Freude

»Lasst eure Bitten ... mit Danksagung vor Gott kundwerden« (Phil 4,6).

Der Dank ist ein wichtiger Bestandteil des Gebets für unsere Kinder. Zum einen ist es nur recht und billig, dem Schöpfer für diese wunderbaren Geschöpfe zu danken. Auch als Gott unsere Kinder schuf, *»sah er an, was er geschaffen hatte, und siehe, es war sehr gut«* (1. Mose 1,31).

Wenn ich mit Dank für meine Kinder vor Gott trete, hilft mir dies, mir darüber bewusst zu werden, wofür ich danken kann. Ich erlebe dann oft ganz erstaunt, wie die Dankesliste fast kein Ende nimmt. So viele schöne Eigenheiten, Fähigkeiten und Situationen gibt es, über die wir uns freuen und Gott dankbar sein können.

Danken sollten wir Gott auch für das Geschenk, überhaupt Kinder – und gerade diese Kinder – haben zu dürfen. Was für ein Vertrauen Gottes in uns zeigt sich darin. Gott traut uns zu, diese Kinder zu versorgen, sie zu begleiten, sie zu erziehen und ihnen einen guten Start ins Leben zu geben.

Der Apostel Paulus geht, was den Dank angeht, sogar noch einen

Schritt weiter. Er ermahnt uns: *»Seid dankbar in allen Dingen, denn das ist der Wille Gottes in Christus Jesus an euch«.*
»In allen Dingen« das heißt doch, dass wir auch für die Probleme und schweren Dinge in Zusammenhang mit unseren Kindern danken sollen. Das erscheint uns fast ein bisschen viel verlangt. Aber wenn wir Gott danken, für alles, auch für das Gute und Schwierige, zeigen wir damit unser Vertrauen in ihn. Wir überlassen ihm damit die Führung in unserer Familie und erlauben ihm so, an unseren Kindern kraftvoll zu wirken. Machen Sie sich eine Liste der positiven Segnungen im Zusammenhang mit ihrem Kind und danken Sie dafür. Dann machen Sie sich eine Liste der Probleme, Enttäuschungen und Kümmernisse, die dieses Kind betreffen und danken auch dafür. Das bedeutet nicht, dass wir Gott nicht auch, was die Probleme und Kümmernisse betrifft, um Veränderung bitten dürfen. Wir zeigen aber dadurch, dass wir Gott in allen Dingen vertrauen, im Guten und im Schlechten.

Fürbitte

Was sind Voraussetzungen für die Fürbitte?

»Wenn ich Unrechtes vorgehabt hätte in meinem Herzen, so hätte der Herr nicht gehört« (Ps 66,18).
Ein reines Herz gehört zu den Grundvoraussetzungen für wirksames Gebet. Bevor wir für andere, in diesem Fall für unsere Kinder beten, sollten wir unser eigenes Leben in Ordnung bringen, d. h. unsere Sünden bekennen. Wenn wir eine bestimmte Sünde in unserem Leben (z. B. unseren Stolz) hegen und pflegen, weil sie uns so ein gutes Gefühl gibt, und wenn wir bewusst im Ungehorsam gegen Gott leben, dann kann dies ein Hindernis für Gebetserhörungen sein.
Gott hat den tiefen Wunsch, uns all unsere Schuld, die wir ihm bekennen, zu vergeben. Auf diese Weise werden wir frei zum Gebet für unsere Familien.
Wie ist das mit den nicht bewussten Sünden? Gott wird sie uns zu gegebener Zeit bewusst machen, wenn wir in Kontakt mit ihm bleiben. Die unbewussten Sünden brauchen uns also nicht zu belasten.
»Wenn wir aber unsre Sünden bekennen, so ist er treu und gerecht, dass er uns die Sünden vergibt und reinigt uns von aller Ungerechtigkeit« (1. Joh 1,9).

Gott möchte die Dinge, die unsere Verbindung zu ihm stören, bereinigen. Er möchte nicht, dass etwas zwischen ihm und uns steht.

»Wenn ihr betet, dann sollt ihr euren Mitmenschen verzeihen, falls ihr etwas gegen sie habt, damit euer Vater im Himmel euch eure Verfehlungen auch vergibt« (Mk 11,25).
Mangelnde Vergebungsbereitschaft, gerade auch unseren Familienmitgliedern gegenüber, kann unser Gebet behindern.
Wie werde ich vergebungsbereit? Natürlich kann ich mich bemühen, dem anderen zu vergeben, aber das ist nicht immer leicht. Hier geht es nicht nur um eine Tat, ein Handeln, sondern es geht um eine Haltung, die ich dem anderen gegenüber einnehme. Diese innere Haltung lässt mich bereit sein, dem anderen zu vergeben, ihm seine Verfehlungen nicht anzurechnen und sie ihm gegenüber niemals ins Feld zu führen.
Diese Haltung können wir nicht selbst einnehmen, das übersteigt unsere menschlichen Kräfte. Wir können aber den Herrn um diese vergebende Haltung bitten. Wenn wir uns ihm dabei ganz anvertrauen, wird er uns erhören.
Unser Gebet kann lauten: »Herr, verändere mich. Schenke mir eine Grundhaltung, die dem anderen (ggf. Name der Person) vergeben will. Amen.«

Wie können wir beten?

»Diese alle waren stets beieinander einmütig im Gebet samt den Frauen und Maria, der Mutter Jesu, und seinen Brüdern« (Apg 1,14).
Hier wird uns von den Jüngern berichtet, wie sie sich direkt im Anschluss an die Himmelfahrt von Jesus in Jerusalem zusammen mit den Frauen und den Verwandten von Jesus zum Gebet treffen. Sie waren »einmütig« beieinander im Gebet. Einmütig, d. h. eines Sinnes, mit derselben Gesinnung, in demselben Geist und mit denselben Anliegen.
Es liegt eine besondere Verheißung auf diesem Gebet in Gemeinschaft, denn *»wo zwei oder drei versammelt sind in meinem Namen, da bin ich mitten unter ihnen«*, sagt Jesus (Mt 18,20). Einen Vers vorher lesen wir sogar: *»Wenn zwei unter euch* (gemeint sind die Jünger, Anm. d. Verf.) *eins werden auf Erden, worum sie bitten wollen, so soll es ihnen widerfahren von meinem Vater im Himmel.«*
Das einmütige Gebet von zwei oder mehr Menschen hat eine be-

sondere Kraft, z. B. das gemeinsame Gebet mit Ihrem Partner für Ihre Kinder.

Eine wunderbare Möglichkeit, zu mehreren für die Kinder zu beten, sind auch die *»Mütter in Kontakt«*-Gruppen, die es in ganz Deutschland gibt. Hier treffen sich Mütter wöchentlich in kleinen Gruppen, um für die verschiedenen Schulen und ihre Kinder zu beten. Vielleicht haben Sie eine Freundin, mit der sie sich regelmäßig treffen können, um zu beten oder zumindest Gebetsanliegen für ihre Kinder auszutauschen. Hilfreich sind auch so genannte »Gebetsketten«, in denen die jeweiligen Anliegen telefonisch weitergegeben werden und jeder sich verpflichtet, direkt dafür zu beten. Aber lassen Sie sich auch nicht davon abhalten, allein zu beten, wenn anderes gerade nicht möglich ist. Auch dieses Gebet hört Gott und es kommt Ihren Kindern zugute.

»Wenn ihr betet, sollt ihr nicht viel plappern wie die Heiden; denn sie meinen, sie werden erhört, wenn sie viele Worte machen. Darum sollt ihr ihnen nicht gleichen, denn euer Vater weiß, was ihr bedürft, bevor ihr ihn bittet« (Mt 6,7f.).

Es ist nicht nötig, sich im Gebet in langen und ausführlichen Beschreibungen zu ergehen. Es genügt, Gott in wenigen Sätzen das jeweilige Anliegen zu nennen. Das ist auch deshalb sinnvoll, weil wir dann weniger dazu neigen, Gott in seiner Gebetserhörung schon festlegen zu wollen. Denn je ausführlicher wir beten, desto eher machen wir Gott gewissermaßen schon Vorschläge, wie die Lösung unseres Problems aussehen könnte. Gott weiß aber schon, was wir brauchen. Kurze und einfache Gebete sind auch besonders wichtig für das Beten in Gemeinschaft. So hat jeder, der möchte, die Möglichkeit, zu Wort zu kommen.

Hilfreich für die Fürbitte, sei es allein oder zu mehreren, sind auch möglichst konkrete Gebetsanliegen. Konkrete Gebetserhörungen sind für uns sehr ermutigend, in unserem Gebet fortzufahren. Evelyn Christenson gibt den Tipp, sich für die Gebetsanliegen und die Gebetserhörungen ein Ring- oder Notizbuch anzulegen.

»Was ihr mich bitten werdet in meinem Namen, das will ich tun« (Joh 14,14).

»Wenn wir um etwas bitten, nach seinem Willen, so hört er uns« (1. Joh 5,14).

Hier wird im ersten Johannesbrief der Vers aus dem Johannesevangelium gewissermaßen ausgelegt. Wir sollen im Namen von Jesus bzw. nach seinem Willen beten, so werden unsere Gebete erhört.

Beim Beten nach dem Willen Gottes geht es um unsere innere Haltung beim Beten. Mein ganzes Leben, jeder Bereich meines Lebens, soll seinem Willen unterstellt sein. Daran muss ich immer wieder arbeiten, jeden Tag neu. Wenn sie Gott bitten: »Herr, ich möchte, dass dein Wille in mir und in meinem Leben geschieht«, dann sagen sie ihm damit: »Du bist der Herr in meinem Leben, bitte übernimm du die Leitung in allem.«

Als die Jünger wissen wollen, wie sie denn nun eigentlich beten sollen, lehrt Jesus sie das Vaterunser. Direkt am Anfang heißt es da: *»Dein Reich komme, dein Wille geschehe wie im Himmel so auf Erden«* (Mt 6,10). Dass wir nach seinem Willen beten sollen, wird von Jesus ganz an den Anfang des Gebets gesetzt, vor die anderen Bitten. Es ist fast eine Art Voraussetzung für mein Beten, es soll meine Grundhaltung Gott gegenüber sein.

So auch, wenn wir für unsere Kinder beten. Lassen sie uns auch hier beten: »Herr, lass deinen Willen im Leben meines Kindes (setzen Sie hier den Namen ein) geschehen. Lass es sich nach deinem Willen entwickeln. Ich gebe es ganz in deine Hand. Amen.«

Es mag uns im ersten Moment schwer fallen, so zu beten, unsere Kinder im Gebet ganz loszulassen und sie in die Hand des himmlischen Vaters zu legen. Dieses Ganz-an-Gott-Abgeben hat aber etwas ungeheuer Befreiendes. Die Last der Verantwortung, die uns als Eltern manchmal niederdrückt – gerade in schweren, problematischen Zeiten –, wird uns genommen. Wir können sie im Gebet an Gott weiter- oder eigentlich zurückgegeben. D. h. natürlich nicht, dass wir nicht mehr zuständig sind. Wir sorgen weiter nach bestem Wissen und Gewissen für unsere Kinder, aber wir wissen uns und unsere Kinder dabei von Gott getragen.

»Sorgt euch um nichts, sondern in allen Dingen lasset eure Bitten im Gebet und Flehen mit Danksagung vor Gott kundwerden« (Phil 4,6).

Wir dürfen ganz konkret bitten, unsere Anliegen und Probleme vor Gott kundwerden lassen. Es ist sogar ausgesprochen wichtig, dass wir Gott alle Bereiche nennen, die unsere Kinder betreffen. Wir dürfen unsere Kinder regelrecht von allen Seiten umbeten. Haben

Sie den Mut, Gott dabei alle die Dinge zu nennen, bei denen sie seine Führung und Kraft für ihr Kind brauchen.
Solche Bereiche können sein:

- Körperliche Bewahrung: Gesundheit, Sicherheit. Bringen Sie Gott auch ihre Ängste, wenn es um Krankheiten, Entwicklungsverzögerungen, Lernschwächen, körperliche Behinderung usw. geht.
- Seelische Bewahrung: Gefühle, Versuchungen, Gedanken, Bilder, mit denen die Kinder konfrontiert werden. Hier kann es auch wichtig sein, im Kampf gegen finstere Mächte das Kind jeden Tag ganz bewusst in den Sieg von Jesus Christus über den Teufel hineinzustellen (siehe auch Stichwort Segnen).
- Alltag: Kindergarten, Schule, Ausbildung, Beruf, Lern- und Konzentrationsschwierigkeiten usw.
- Soziale Kontakte: Freunde, Bekannte, Sexualität.
- Persönlichkeitsentwicklung: Selbstbild, Glaube, Wertmaßstäbe.
- Zukunft: Schule, Beruf, Ehe.

Gott hat unsere Kinder geschaffen und liebt sie sehr, er will nur das Beste für sie. Was kann den Kindern also Besseres passieren, als dass der Wille des allmächtigen Gottes in ihrem Leben geschieht?

Was ist, wenn Gott »Nein« sagt?

»Darum sollen auch die, die nach Gottes Willen leiden, ihm ihre Seelen anbefehlen als dem treuen Schöpfer und Gutes tun« (1. Petr 4,19).
»Nach Gottes Willen leiden« – dass es das geben kann, ist für uns schwer zu begreifen. Es geschehen immer wieder Dinge, die für uns unfassbar sind, bei denen wir uns fragen, wie Gott das zulassen kann. Da kommt beispielsweise im Bekanntenkreis die älteste Tochter einer Familie bei einem Unfall ums Leben. Wer die Eltern kennt, weiß, dass sie mit Sicherheit jeden Tag ihre Kinder Gott anbefohlen haben und ihn um seinen Schutz und seine Bewahrung gebeten haben. Wie gehen wir damit um? Wenn wir nach Gottes Willen beten wollen, müssen wir zu der Vorstellung gelangen, dass Gott keine Fehler macht. Gott ist unser allwissender Vater, der Ursache und Wirkung kennt und der von Anfang an schon das Ende sieht. Vieles von dem, was wir mit unseren Kindern erleben und durchmachen müssen, werden wir erst in der Ewigkeit begreifen.
»Wir wissen aber, dass denen, die Gott lieben, alle Dinge zum Besten dienen« (Röm 8,28). Das ist angesichts schwerer Erlebnisse nicht

leicht anzunehmen. Aber wenn es unser tägliches Gebet ist, dass Gottes Wille geschieht, wenn wir ihm unsere »Seelen anbefehlen« und die unserer Kinder, dann dürfen wir sicher sein, dass er keine Fehler macht.

Segnen

Was meinen wir mit »segnen«?

Der bekannteste Segen ist wohl der aaronitische Segen, der auch fest in der Liturgie des christlichen Gottesdienstes verankert ist:
»Der Herr segne dich und behüte dich; der Herr lasse sein Angesicht leuchten über dir und sei dir gnädig; der Herr hebe sein Angesicht über dich und gebe dir Frieden« (4. Mose 6,24-26).
In diesem Segen kommt sehr schön zum Ausdruck, was wir unter »Segen« verstehen. »Der Herr segne dich« meint letztlich: »Der Herr ist mit dir, er ist dir wohlgesonnen, er ist dir gnädig.« Als Gott Mose diesen Segen für die Israeliten aufträgt, sagt er dazu: *»Denn ihr sollt meinen Namen auf die Israeliten legen, dass ich sie segne«* (4. Mose 6,27). Der Name Gottes wird auf sie gelegt. Ein Name ist in der Bibel nicht nur eine Benennung, sondern damit ist die ganze Person in ihrem Wesen gemeint. Der Name Gottes, d. h. also der Herr mit all seiner Güte und Liebe, mit seiner Kraft und Stärke wird im Segen auf sie gelegt.
Im Segen werden wir der Gegenwart und Begleitung des allmächtigen Gottes vergewissert. Wie wichtig ist deshalb das Segnen auch für unsere Kinder.

Wie können wir segnen?

»Und sie brachten Kinder zu ihm, damit er sie anrühre. ... Und er herzte sie und legte die Hände auf sie und segnete sie« (Mk 10,13.16).
Für Jesus gehört das Handauflegen, die Berührung, zum Segnen dazu. Die Berührung ist bei Jesus ohnehin etwas ganz Wichtiges und Besonderes. Die Berührung durch ihn ließ Blinde sehen und Lahme gehen. Eine Frau, die zwölf Jahre lang unter Blutfluss gelitten hatte, wurde sofort gesund, als sie den Saum seines Gewandes berührt hatte. Außerdem heißt es von Jesus: *»Wo er in Dörfer, Städte und Höfe hineinging, da legten sie die Kranken auf den Markt und baten ihn, dass diese auch nur den Saum seines Gewandes berühren dürften;*

und alle, die ihn berührten, wurden gesund« (Mk 6,56). Bei Jesus Christus, Gottes Sohn, fließt mit der Berührung göttliche Kraft.

Aus der Psychologie wissen wir, wie wichtig für uns Menschen liebevolle Berührung ist. Kinder entwickeln sich besser, wenn sie mit liebevollem Körperkontakt aufwachsen. Diese beiden Aspekte der Berührung, der psychologische und die Kraft Gottes, machen das Handauflegen beim Segnen sinnvoll.

Wenn wir unsere Kinder segnen, so wollen wir sie der Gegenwart und Begleitung durch ihren himmlischen Vater vergewissern. Das ganz bewusste Segnen mit Handauflegen kann zu einem Ritual werden, mit dem wir unsere Kinder z. B. jeden Tag in den Schulalltag entlassen oder jeden Montag in die beginnende Woche. Auch bei besonderen Anlässen (Geburtstag, Prüfung, Operation usw.) kann so ein Segen eine wichtige Rolle spielen.

Was ist eigentlich der Unterschied zwischen dem Segnen und der Bitte um Gottes Begleitung und Schutz im Gebet für die Kinder? Zunächst einmal darf und soll es beides geben. Aber das Segnen ist schon deshalb etwas ganz anderes, weil es mit den Kindern zusammen geschieht. Die Kinder sollen den Segen hören und die Berührung dabei spüren. Der Segen unterscheidet sich aber auch noch in einem anderen Punkt vom Gebet: Den Segen dürfen wir unseren Kindern zusprechen, den Segen hat Gott sozusagen schon erfüllt. Wir dürfen unserem Kind Gottes Gegenwart und Begleitung zusagen. Es muss dabei auch – je nach Situation – nicht nur um die Begleitung Gottes gehen. Wir dürfen unserem Kind z. B. auch zusagen, dass Jesus am Kreuz den Sieg über alle finsteren Mächte errungen hat. Der konkrete Inhalt des Segens kann von dem abhängen, was unsere Kinder gerade erleben und durchmachen. Ebenso sollte die Formulierung auch möglichst altersgemäß sein, denn die Kinder sollen verstehen, was wir ihnen im Namen von Jesus zusprechen.

Hier einige Beispiele für mögliche Formulierungen:

- »... (Name Ihres Kindes), der Vater im Himmel sei bei dir an diesem Tag. Er begleite dich in den Kindergarten und segne deine Begegnungen mit den anderen Kindern. Amen.«
- »..., der allmächtige Vater gehe mit dir in deine Schulprüfung, er segne dich und schenke dir Ruhe und Frieden. Amen.«
- »Jesus Christus segne dich, ..., an diesem Tag. Du darfst gewiss sein, dass alle Mächte der Finsternis keine Macht über dich haben

dürfen. Jesus Christus ist der Sieger über Hölle, Tod und Teufel. Amen.«

Haben Sie ruhig den Mut, ihren Kindern dabei die Hand auf Kopf oder Schulter zu legen. Sie werden erleben, wie ihre Kinder diese Momente des Segnens sehr schätzen werden.

Was »leistet« der Segen nicht?

Das Segnen ist keine magische Angelegenheit. Es geht nicht um eine Zauberformel, die ich nur zu sprechen brauche und alles geschieht so, wie ich es mir vorstelle. Gott handelt an uns und unseren Kindern in seiner Allmacht und Weisheit. Ebenso entscheidet er, welches Leid er zulässt. Segnen ist kein Patentrezept für ein gesundes Leben in Wohlstand. Gott verspricht uns seine Begleitung, seine Gegenwart, sein Für-uns-da-sein. Dieser Segen bezieht sich auf gute und schlechte Zeiten in unserem Leben und im Leben unserer Kinder.

Dorothee Erlbruch

16 Pubertierende Kinder – Erziehung auf dem Prüfstand

■ »Ihr seid die größten Ötzis der westlichen Hemisphäre und außerdem absolut mega brutal!«, schleudert der empörte 14-Jährige seiner Mutter entgegen. Die hatte sich geweigert, ihn zur fünf Minuten Fußweg entfernten Bushaltestelle mit dem Auto zu fahren. Mit voller Wucht kracht die Haustür ins Schloss und weg ist er (vgl. Alan Guggenbühl: Pubertät – echt ätzend).

»Unser Sohn tut so, als sei es die größte Strafe bei uns leben zu müssen. Ab und zu lässt er sich herab, ein paar Worte mit mir und meinem Mann zu wechseln. Dass er sein eigenes Zimmer hat, ausreichend Taschengeld bekommt, mehr als genug zum Anziehen hat und täglich ein Essen serviert bekommt, reicht wohl nicht, oder? Ganz zu schweigen von den Hobbys, die wir finanzieren dürfen. Wenn ich ihn darum bitte, ausnahmsweise einmal die Straße zu kehren oder die Spülmaschine auszuräumen, tut er so, als habe er eine große Leistung für die Familie vollbracht und erwartet eine entsprechende Belohnung.«

»Können Sie mir sagen, was ich bei meiner Tochter falsch gemacht habe? Lisa und ich hatten ein wunderbar freundschaftliches Verhältnis. Bis sie zwölf wurde. Ab da war alles anders. Von einem Tag auf den anderen war sie wie umgewandelt. Sie war nur noch mit ihrer Clique zusammen; wir Eltern wurden als Ansprechpartner cool abserviert. Nur das Allernötigste wird uns noch mitgeteilt – und das auch nur auf wiederholtes Nachfragen hin. Lisa ist ganz schön zickig geworden. Und maßlos anspruchsvoll. So hatten wir uns das mit der Pubertät nicht vorgestellt. Bei unserer älteren Tochter war diese Zeit ganz anders. Eigentlich gab es gar keine Probleme. Bei ihr haben wir von Pubertät fast gar nichts gemerkt.«

So oder ähnlich geht es Eltern, deren Kinder gerade in einer der spannendsten Übergangsphasen ihres Lebens sind. Die Jahre zwi-

schen 13 und 16 – die Kernphase der Pubertät – sind für alle Beteiligten phasenweise ausgesprochen anstrengend. Für viele Eltern symbolisiert diese Zeit permanente Konfliktsituationen – eine Art Dauerkrise. Sie fürchten, dass diese Zeit nie zu Ende gehen könnte, dass ein Konflikt nach dem anderen ausgestanden werden muss.
Doch die Pubertät ist ein Übergangsstadium, das eine neue Epoche einläutet – nicht mehr und nicht weniger. Und: sie hat einen Anfang und ein Ende. Jedes Kind erlebt dabei seine eigene, individuelle Pubertät. Bei den einen stehen dramatische Konfrontationen im Vordergrund. Andere wählen eher den inneren Rückzug. Gemeinsam ist ihnen das Schwanken zwischen zwei Extremen: tiefer Verunsicherung und wilder Entschlossenheit.
Die Pubertät beginnt etwa mit 10 bzw. 11 und reicht ungefähr bis zum 17. Lebensjahr.
Diese Jahre beschreiben eine wichtige, entscheidende und prägende Veränderungsphase.
Der Jugendliche muss Abschied nehmen von der vertrauten Kindheit und sich auf den Weg zum Erwachsenen machen. In diesem Stadium ist er sehr verletzlich. Die französische Kinder- und Jugendpsychiaterin Francoise Dolto beschreibt es mit folgendem Bild: wenn der Hummer den Panzer wechselt, verliert er zunächst seinen alten Panzer und ist dann so lange, bis ihm ein neuer gewachsen ist, ganz und gar schutzlos. Während dieser Zeit schwebt er in großer Gefahr. So ungefähr geht es Jugendlichen.

Typisch Pubertät

Die *Veränderungen* betreffen den ganzen Menschen. Der *Körper* der Jungen und Mädchen wächst und wandelt sich stark. Die Geschlechtsmerkmale bilden sich heraus. Jugendliche müssen die schwierige Aufgabe bewältigen, sich in ihrem sich verändernden Körper immer wieder neu zu akzeptieren. Der Körper ist ganz wichtig. Er steht äußerlich für die sich entwickelnde neue Identität. In diesem Alter beobachten Jugendliche sich und ihren Körper sehr genau und vergleichen sich mit anderen.

Ihr *Selbstwertgefühl* ist brüchig und schwankend: manchmal übersteigert, dann wieder viel zu gering bis hin zu phasenweisen Minderwertigkeitskomplexen. In den meisten Fällen ist es viel leichter verletzbar als früher. Unsicherheit wird durch überzogen selbstsicheres Auftreten kompensiert. Hinter vordergründiger Coolness und irritierendem Verhalten verbergen sich Ängste und viele Fragen. Sie sind auf der Suche nach ihrer neuen Identität, nachdem sie die Kind-Identität abgelegt haben. Sie fragen sich z. B.: Wer bin

ich? Wie will ich sein? Wie finden mich die anderen?

Emotionales Wechselbad: Jugendliche sehen sich mit ihren wechselnden Stimmungen und *Gefühlen* konfrontiert, die innerhalb von Sekunden-Bruchteilen umkippen können und die sie manchmal selbst nicht erklären können. Eben noch superglücklich, genügt nur ein Blick oder kein Blick des Freundes, der Freundin und man ist am Boden zerstört, völlig fertig. Emotionale Ausbrüche oder Abstürze gehören dazu. Von anderen fühlen sie sich auch oft nicht verstanden. Entsprechend heftig und unangemessen können ihre Reaktionen ausfallen. Viele ziehen sich zeitweise in sich selbst zurück; Introspektion ist angesagt. Es gibt so viele wichtige Themen zu bedenken: Was soll ich bloß werden? Wie finde ich einen Freund, eine Freundin? Wie sieht die Zukunft für mich aus? ... Es ist übrigens ganz normal, dass die schulischen Leistungen Jugendlicher in dieser Zeit abfallen. Man hat so viel mit sich selbst zu tun, dass nicht mehr alle Energie für die Schule zur Verfügung steht.

Jugendliche sind am liebsten und fast nur noch mit anderen, meist *Gleichaltrigen*, zusammen. Die dort formulierten Meinungen, Prioritäten und Werte werden zum wichtigen Maßstab. Hier beliebt und anerkannt zu sein, eine Position zu haben, ist bedeutsam.

Ablösung: Dieser Prozess ist für alle Beteiligten schmerzhaft. Heftige Ablösungsversuche sind typisch, normal und wichtig für die Entwicklung eigener Standpunkte und Meinungen, einer eigenen Identität. Zuallererst bekommen dies in der Regel die Eltern zu spüren. Um »Ich« zu werden, muss ich mich immer zunächst auch abgrenzen.

Das ist für viele Eltern nur ganz schwer auszuhalten. Es ist aber ausgesprochen wichtig. Aus der Sicht ihrer Kinder sind Eltern, die einen begründeten Standpunkt oder klare Werte vertreten, zunächst einmal »Extremisten«. Insgeheim sind sie aber stolz darauf, dass ihre Eltern nicht so schnell »umkippen«. Jugendliche brauchen keine Eltern, die perfekt, fehlerlos oder unangreifbar sind (wie ein »Denkmal«), sondern Eltern, die klar und authentisch sind und wissen, was sie wollen. Wenn Erwachsene den Wünschen und Vorstellungen von Jugendlichen zu schnell nachkommen, sind sie einer wichtigen Aufgabe ausgewichen. Kampf und Auseinandersetzung auszuhalten, sind unabdingbar für die Entwicklung einer eigenen Meinung und eines eigenen Standpunktes beim Heranwachsenden. Können Sie Auseinandersetzungen annehmen und Provokationen aushalten, ohne frustriert zu werden? Riskieren Sie Konflikte oder weichen Sie ihnen aus? Von kumpelhaften Eltern, die für alles Verständnis haben, kann man sich nämlich nur schwer lösen. Und festzustellen, dass nicht alles verhandelbar ist, gibt Sicherheit. Manchmal wollen Kinder durch ihr zum Teil provokatives Verhalten die Beziehung testen, auf die Probe stellen. Sie wollen wissen, wie stark das Familienband ist, welchen Halt ihnen die Erwachsenen geben können.

Geistige Ebene: Der Teenager ist innerlich hellwach und hat viele Interessen. Er ist hochkritisch, radikal in seinen Ansichten und verfügt über eine genaue Beobachtungsgabe. Wir sollten nicht unterschätzen, wie genau Jugendliche ihre Eltern und andere Erwachsene beobachten. Sie können unglaublich stolz auf sie sein, sich aber zuweilen entsetzlich für sie schämen. (»Mama, du bist echt peinlich ...«) Sie sind die ersten, die kritisch hinterfragen, wenn sie sehen, dass Reden und Leben von Erwachsenen nicht übereinstimmen. Sie suchen Glaubwürdigkeit, Orientierung und Halt durch tragfähige Werte und einen überzeugenden Lebensstil.

Geistliche Ebene: In dieser Altersspanne geschieht Entscheidendes; in diesen Jahren werden Weichen gestellt. Viele sind sehr aufgeschlossen für geistliche Themen und Inhalte. Die meisten Bekehrungen fallen statistisch gesehen in die Jahre der Pubertät!
Aber auch der Glaube von Jugendlichen ist starken Veränderungsprozessen unterworfen. Er entwickelt sich ebenfalls und er sollte sich entwickeln dürfen. Von manchen wird der Kinderglaube zunächst einmal über Bord geworfen. Vieles, was bisher ohne weiteres geglaubt werden konnte, wird nun in Frage gestellt. Jugendliche sind auch in diesem Bereich radikal (das bedeutet, dass sie an die Wurzel gelangen wollen) und kritisch im besten Sinn. Kritisch sein bedeutet zu lernen, unterscheiden zu können. Auch hier beobachten sie genau. Ihrem Blick entgeht wenig. Oft sind sie die unbe-

quemsten Kritiker, wenn es um ihre Eltern und deren Umsetzung des Glaubens geht. Widersprüchliches und Doppelbödiges wird schnell entlarvt. Sie spüren, ob die Beziehung zu Jesus Christus bei den Erwachsenen an der Oberfläche plätschert oder ob sie Tiefgang hat und im Leben umgesetzt wird. Sie merken, ob Erwachsene sich der verändernden Liebe und Kraft von Christus aussetzen oder ob sie dies und ihr inneres Reifen im Grunde ablehnen. Dabei geht es Jugendlichen weniger darum, Eltern zu haben, die alles richtig machen. Sie wollen vielmehr spüren, dass deren Glaube echt und lebendig ist. Unterschätzen Sie auch auf dieser Ebene nicht, was Ihre Kinder alles wahrnehmen.
Jugendliche suchen Antworten, mit denen sie in ihrer Lebenswelt etwas anfangen können. Sie suchen die Wahrheit. Eine Wahrheit, die trägt.
Im Zuge des sich Abgrenzens von den Eltern setzen sie sich oft auch von deren Stil, Glauben zu praktizieren, ab. Das ist ebenfalls ein wichtiger Prozess, denn erstens kann man Glauben nicht »erben« und zweitens ist es auch hier unabdingbar, eigene Entscheidungen zu treffen und eine eigene Identität zu entwickeln.
Wenn es um Antworten in Glaubensfragen geht, wenden sich Jugendliche meist an Vertreter der Generation, die zwischen ihnen und der der Eltern liegt. Das erleben viele Eltern als schmerzhaft, denn sie möchten ihnen gerne etwas von dem vermitteln, was in ihrem Leben so wichtig geworden ist. Das ist verständlich. Doch auch hier ist betendes Loslassen angesagt, und zwar in dem Wissen, dass Gott das eigene Kind noch mehr am Herzen liegt als einem selbst. Christliche Jugendarbeit ist wichtig, ja unverzichtbar. Denn sie bietet Räume und Ansprechpartner für die nächste Generation in einem Rahmen, der ihr entspricht.

Manche Eltern suchen die Ursache für das »normale« Verhalten ihrer Kinder in der Pubertät bei sich. Sie haben das Gefühl, dass ihr Sohn, ihre Tochter ihnen entgleitet oder dass sie eine Menge falsch gemacht haben und nun die Rechnung dafür erhalten. Sie fühlen sich schuldig, auch Gott gegenüber, wenn sich ihr Kind anders entwickelt, als sie es sich vorgestellt haben. Einige ziehen dann Vergleiche. In anderen Familien gibt es keine solchen Auseinandersetzungen wie bei uns – vermuten sie. Da ist alles harmonisch. Woher wollen sie das so genau wissen? Nach außen herrscht ja meist Loyalität. Und wenn ja? Überzogen harmonische Beziehungen sind eher ein Signal für fehlende Ablösungsprozesse. Das ist bedenklich. Wenn es gut läuft, steht am Ende eine neue partnerschaftliche Beziehung zwischen Eltern und ihren erwachsen werdenden Kindern.

Konkrete Tipps

Was können Sie noch dafür tun?
Zuerst einmal hinsehen und überlegen, wie gut die Beziehung zwischen Ihnen und Ihrem Sohn, Ihrer Tochter wirklich ist. Fragen Sie ruhig mal nach, wie Ihre Kinder das Verhältnis bewerten.
Dann ist es wichtig zu vermitteln: Wir haben dich gewollt, wir haben dich lieb, du bist wichtig für uns. Wir nehmen dich an, so wie du bist. Wir freuen uns an deiner Entwicklung. Wir entscheiden uns, das Gute zu sehen. Es ist im besten Sinne biblisch, die Entwicklung einer eigenständigen Persönlichkeit zu bejahen und zu fördern. Gott hat Originale geschaffen, er sieht ihr Potenzial und er freut sich an ihrem Wachstum, ihrer Weiterentwicklung.
Weiter ist die Haltung wichtig: Wir interessieren uns für dich. Du kannst uns alles erzählen; mit allen Fragen zu uns kommen. Lernen Sie abzuwarten, bis Ihr Kind kommt. Nehmen Sie sich Zeit, seine Meinung zu erfahren und darüber nachzudenken. Achten Sie auf versteckte Fragen und Gesprächsangebote. Werden Sie hellhörig, wenn Jugendliche Geschichten von anderen erzählen. Sie könnten sich selbst meinen. (Kinder übersetzen Liebe auch mit Zeit.) Begegnen Sie Ihrem Kind mit folgender Haltung: Wir setzen uns dir aus. Wir lassen uns selbst korrigieren und kritisch hinterfragen, denn wir können auch etwas von dir lernen. Wir stehen zu unseren Lücken – auch in unseren Antworten.
Wichtiger als perfekt zu sein ist es, ehrlich zu sein. Im Gespräch zu bleiben ist wichtiger, als immer Antworten zu haben. Vermeintlich perfekte Erwachsene entmutigen Jugendliche. Wir entschließen uns, eigene Fehler zuzugeben und uns zu entschuldigen. Wir üben Vergebung, wenn es angesagt ist. Vorleben spricht eine deutlichere Sprache als alle Worte.
Wir sind loyal. Das heißt unter anderem, dass wir dich nicht blamieren, nicht bloßstellen. Wir wollen nicht ständig deine Schwächen sehen, sondern deine Möglichkeiten.
Wir setzen uns für dich ein und unterstützen dich! Dies ist eine Haltung der Offenheit; eine Haltung, die eine Atmosphäre beschreibt.

»Wir achten deine Grenzen.« Eine weitere wichtige Botschaft. Wir respektieren die Hoheitszone deines Zimmers, wir klopfen an, räumen dort nicht auf usw. Wir kontrollieren dich nicht ständig.
Wir wollen unterscheiden: Was ist wirklich wichtig und was ist zweitrangig? Da wir nicht in jeder Schlacht siegen werden, sollten wir genau überlegen, an welcher Front sich Kämpfe überhaupt lohnen. Was ist wirklich wichtig? Wo sind Prioritäten? Die Familienberater Claudia und David Arp betonen: Zweitrangige Fragen können zu erstklassigen Kommunikationskillern werden! Fragen Sie im Konflikt genau, was das Kind will und geben Sie ihm Gelegenheit, seine Meinung auszudrücken. Dann vermitteln Sie klar und deutlich, was Sie wollen. Diskutieren Sie Alternativen und kommen Sie zu einem fairen Kompromiss, aber lassen Sie sich nicht über den Tisch ziehen.
Entscheiden Sie sich loszulassen. Das bedeutet, Jugendlichen mehr und mehr Entscheidungsspielräume zuzugestehen. Loslassen kann der Erwachsene, der sich nicht zuerst und vor allem über die Kinder definiert; die Kinder als Verlängerung seiner selbst sieht, sondern wer gelernt hat, ein eigenes Leben zu leben bzw. wer eine dynamische Partnerschaft hat.

Biblische Familien-geschichten

Thomas Schirrmacher

Generationen und unterschiedliche Erziehungsmaßstäbe 17

1. Erziehung zur Selbstständigkeit

■ Das schönste Beispiel dafür, dass Erziehung und Ausbildung auf Selbstständigkeit und Eigenständigkeit ausgerichtet sind, ist die Ausbildung der zwölf Apostel. Ihr liegt ein pädagogisches Programm von Jesus zugrunde, wonach Jesus seine Jünger innerhalb der drei Jahre belehrte und wie er sich im Einzel- und Gruppengespräch verhielt. Jedenfalls waren in der Ausbildung der Jesusjünger Lehre und Leben, Alltag und Vortrag, Belehrung und Einzelseelsorge, Mitarbeit in der Öffentlichkeit und Gespräch ohne Öffentlichkeit so miteinander verzahnt, dass sich eine ganzheitliche Erziehung und Ausbildung ergab.

Wichtig ist, dass sich Jesus auf eine kleine Zahl seiner Jünger beschränkte *»dass sie bei ihm sein sollten ...«* (Mk 3,13-16), so wie ein Vater sich auch nur um eine kleine Zahl von Kindern kümmern kann. Die zwölf Apostel sollten also das Leben mit Jesus teilen. Sein Leben kann aber niemand mit vielen Menschen gleichzeitig teilen. Niemand kann seiner Rolle als Erzieher gerecht werden, wenn er 40 Kinder hat. Hat jemand 40 Kinder zu betreuen, handelt es sich wahrscheinlich um ein Kinderheim. Ohne die aufopferungsvolle Arbeit von Kinderheimleitern und -mitarbeitern in Frage stellen zu wollen, können sie doch nie die gleiche intensive Erziehung ersetzen, wie sie Vater und Mutter ihrer kleinen Zahl von Kindern angedeihen lassen können. Aber das war nicht alles: Die intensive Gemeinschaft mit und Abhängigkeit von Jesus hatte das Ziel der Aussendung selbstständiger und reifer Mitarbeiter. Die Jünger sollten nicht für immer in der engen Gemeinschaft mit Jesus leben, sondern am Ende den Auftrag von Jesus allein und selbstständig weiterführen. In Johannes 20,21 teilt er es den Aposteln selbst mit: »*Wie mich der Vater gesandt hat, so sende ich euch*« (vgl. ähnlich Joh 17,18). Jesus hatte von Beginn im Auge, dass das Ziel der engen Bindung an ihn im kommenden Missionsbefehl lag: »*Machet zu Jüngern alle Völker ... und lehret sie halten alles, was ich euch befohlen habe ...*« (Mt 28,18-20). Die Jünger sollten genau das in aller Welt tun, was Jesus mit ihnen getan hatte, aber nicht unter seiner ständigen persönlichen Aufsicht und Anwesenheit, sondern überzeugt, selbstständig und unverwechselbar.

Ebenso soll auch die Kindererziehung von der äußerst engen Lebensgemeinschaft des Kleinkindes, über das allmähliche Selbstständigwerden des Kindes und Jugendlichen in einer sich ständig verändernden Lebensgemeinschaft zur Selbstständigkeit führen, die auch die Lebensgemeinschaft verändert. Die erwachsenen Kinder schulden dann den Eltern keinen Gehorsam mehr und können leben, wie sie wollen. Was bleibt, sind die Werte, die ihnen vermittelt wurden.

2. Flexibler Lebensstil oder bleibende Werte?

Unterschiedliche Kulturen entstehen, indem Menschen Kinder haben, die sich langsam aber sicher von der Kultur ihrer Vorfahren entfernen. Und da sie zur Selbstständigkeit erzogen wurden, haben sie nicht nur das Recht, sondern auch die Notwendigkeit und die Pflicht, ihre Umwelt so zu gestalten, wie sie es für gut befinden. Diese ständige Veränderung von Lebensstil und Kultur von Generation zu Generation ist nicht Folge des Sündenfalls, sondern gottgewollt.

Sicher kann dieser Veränderungsprozess durch die Sünde von beiden Seiten erheblich belastet werden, ja zum Krieg der Generationen ausarten. Dennoch ist festzuhalten, dass auch ohne Sündenfall die von Gott geschaffene Vielfalt der Menschen dafür sorgt, dass keiner wirklich genauso lebt wie der andere und Kinder nie mit ihren Eltern identisch sind.

Entscheidend ist also nicht, dass die Kinder den Lebensstil der Eltern übernehmen, sondern nur die grundlegenden Werte, die der Schöpfer der Schöpfung gegeben hat.

Deswegen spielt in der Bibel das Gesetz eine so große Rolle bei der Erziehung der Kinder. Das Gesetz gibt lediglich grundlegende Werte für das Leben vor, regelt aber nicht die alltäglichen kleinen Entscheidungen. Denn *»die Hauptsumme aller Unterweisung ist«* nicht ein Formalismus, sondern *»Liebe aus reinem Herzen und aus gutem Gewissen und aus ungefärbtem Glauben«* (1. Tim 1,5).

Das bedeutet auch, dass es gemeinsame Erziehungsmaßstäbe verschiedener Generationen nur in Bezug auf die grundlegenden Werte des Gesetzes Gottes geben kann, nicht aber in Bezug auf den alltäglichen Lebensstil. Das *Erziehungsziel* und die *Werte* sollten Christen, die z. B. im Jahr 1920, 1945 und 1970 geboren wurden und Kinder erzogen haben und erziehen, einen. Die alltäglichen Erziehungsmaßstäbe können es nicht. Dürfen Kinder unbeaufsichtigt Skateboard fahren? Was sollen die Eltern bzw. Großeltern oder Urgroßeltern dazu sagen? Dürfen Kinder sagen, dass sie etwas nicht essen mögen? Die Frage lässt sich doch für die Nachkriegszeit nicht so beantworten wie heute. Aber die Dankbarkeit Gott gegenüber ist für jede Generation das entscheidende Kriterium, nur können wir diesen Wert nicht einfach an äußerlichen Dingen festmachen.

3. Die gottgewollte Vielfalt der Kulturen entsteht von Generation zu Generation

Die Vielfalt und Unterschiedlichkeit der Völker und Kulturen ist nicht negativ als Folge der Sünde zu verstehen und ist keine Folge des Gerichtes Gottes durch die Sprachverwirrung beim Turmbau zu Babel (1. Mose 11,1-9). Durch die Sprachverwirrung wollte Gott doch gerade das erreichen, was er den Menschen zuvor als Befehl gegeben hatte, nämlich die Ausbreitung der Menschheit auf der ganzen Erde (*»füllet die Erde«;* 1. Mose 1,28; 9,1) und damit die Aufspaltung der Menschheit in eine Vielfalt von Familien, Völkern, aber auch von Berufen, Fähigkeiten und Kulturen. Mit dem Turmbau zu Babel sollte gerade eine Welteinheitskultur geschaffen werden, die immer das Ziel des Satans war, wie das Buch der Offenbarung und die Person des Antichristen im Alten und Neuen Testament zeigen (vgl. Offb 13,1-10). Gott dagegen wollte keine

Welteinheitsstadt, keine Welteinheitsregierung, keine Welteinheitskultur, auch keine fromme! Gott, der Schöpfer, und sein Wort garantieren die Einheit der Welt, aber keine sichtbare Einheitsstruktur und Einheitskultur auf Erden.

Von den Söhnen Noahs ausgehend »wurde die ganze Erde bevölkert« (vgl. 1. Mose 9,19) und »verzweigten« sich so die »Nationen« (vgl. 1. Mose 10,5), weshalb die Entstehung der einzelnen Völker durch Stammbäume erklärt werden kann (1. Mose 10,1-32), an deren Ende es heißt: *»Von denen her haben sich ausgebreitet die Völker auf Erden nach der Sintflut«* (1. Mose 10,32). Gott ist deswegen der Schöpfer aller Völker, denn »er hat aus Einem [Menschen] alle Völker der Menschen geschaffen, damit sie auf der ganzen Erde wohnen, indem er ihnen festgesetzte Zeiten und die Grenzen ihres Wohngebietes bestimmt hat ...« (vgl. Apg 17,26; ähnlich 5. Mose 32,8; Ps 74,17).

4. Einheit und Vielfalt: Die Bedeutung des Gesetzes

Wir wollen die Zusammengehörigkeit von Grenze und Freiheit noch etwas grundsätzlicher betrachten. So wie der dreieinige Gott selbst Einheit und Vielfalt in einem ist, so soll auch die Gemeinde von Jesus einerseits durch Einheit in Lehre und Glauben, andererseits durch die Vielfalt an Persönlichkeiten, Gaben und Diensten gekennzeichnet sein.

In der Bibel sind Einheit und Vielfalt gleichermaßen ewig und letztgültig, weil Gott selbst drei-einig ist. Das biblische Konzept der Einheit in der Vielfalt hat weitreichende Bedeutung. Es führt dazu, dass es mit dem Gesetz Gottes Grenzen und Einheit gibt, aber innerhalb dieser Grenzen eine grenzenlose Freiheit und Vielfalt.

Schon bei der Schöpfung schuf Gott die Welt in Einheit und Vielfalt, in Grenzen und in Freiheit. Für Adam und Eva galt die Freiheit, von jedem Baum des Gartens essen zu dürfen und zugleich die Grenze, von einem bestimmten Baum nicht essen zu dürfen. Nur die Schlange verdrehte Gottes Weisung dahingehend, dass die Menschen von gar keinem Baum essen dürften (1. Mose 3,1-2.16-

17). Der Mensch jedoch nimmt sich die Freiheit dort (z. B. sexuelle Freizügigkeit), wo Gott Einheit fordert und Grenzen gegeben hat (z. B. Sexualität gehört nur in die Ehe), während er sich zugleich dort Grenzen setzt (z. B.: Sexualität gilt auch in der Ehe als ungeistlich, vgl. 1. Kor 7,1-7), wo Gott Vielfalt ermöglicht, ja fordert.

Schon am Anfang der Bibel, im Schöpfungs- und Sündenfallbericht, wird dies deutlich. Nachdem Gott den Menschen erschaffen hat, gibt er ihm nicht ungezählte Vorschriften und Verbote, sondern es fällt zunächst einmal positiv auf, was die Aufgaben des Menschen sind. Gott sagt dem Menschen, dass er frei wählen kann, was er essen möchte; dass er sich frei bewegen kann; dass er die Tiere frei benennen darf und dass er sich frei und nur von Gott abhängig die Erde untertan machen soll. Demgegenüber fällt das Verbot, das wir im Schöpfungsbericht finden, verhältnismäßig gering aus. Es geht um einen einzelnen Baum, von dem nicht gegessen werden soll, dem ungezählte Bäume zur freien Verfügung gegenüberstehen. Sicher, Gott ist der Schöpfer. Er weiß, was das Beste für das Geschöpf ist und hat deswegen auch die Berechtigung, Grenzen zu setzen. Doch diese Verbote nehmen sich doch sehr bescheiden aus gegenüber der ungeheuren Freiheit, die Gott zugleich gegeben hat und die er als Schöpfer dem Geschöpf überhaupt ermöglicht hat, indem er den Menschen laut Schöpfungsbericht nach seinem Bild gestaltete. Hätten wir keinen Verstand, kein Gewissen, keine Verantwortung und keine Sprache – wir wären überhaupt nicht in der Lage, frei und selbstständig zu leben. Gott setzt eindeutige Grenzen. Grenzen, die er als Schöpfer gewahrt wissen will. Doch Gott lässt zugleich dem Menschen eine große Freiheit und Entfaltungsmöglichkeit. Der Mensch ist ein verantwortliches Wesen, sowohl dort, wo Gott gesagt hat, was sein Wille ist, als auch dort, wo Gott ihm Freiräume gelassen hat. Grenzen und Freiheit gehören bei Gott untrennbar zusammen.

Wer immer nur von der Freiheit redet, die Gott gibt, aber nie von den Grenzen, die Gott festgelegt hat, der wird alles und nichts im Namen Gottes tun können. Wer dagegen immer nur von der Grenze spricht und nie von der Freiheit, der vergisst, worum es eigentlich geht. Schon in der Natur hat Gott dieses Prinzip angelegt. Es heißt im Schöpfungsbericht, dass Gott die Pflanzen und die Tiere »ein jedes nach seiner Art« (1. Mose 1,11-12.21.24-25; 6,20;

7,14) geschaffen hat. Es gibt auf der einen Seite feste Grenzen für jede Art. Auf der anderen Seite wissen wir, dass es in der Schöpfung eine im wahrsten Sinne des Wortes fantastische Vielfalt gibt.
Diese Vielfalt in der Einheit hat auch für die Kindererziehung große Bedeutung.

5. Gott zerstört die Persönlichkeit nicht

Zerstört Gott unsere Persönlichkeit? Schaltet er alle gleich? Irgendetwas kann da ja nicht stimmen! Es ist doch gerade Gott, der uns als unverwechselbare Persönlichkeiten geschaffen hat und der die ungeheure Vielfalt liebt. Je mehr uns Gott von unserer Sünde und aus Abhängigkeiten befreit, umso deutlicher kommt unsere unverwechselbare Persönlichkeit zum Ausdruck.
Gott arbeitet nicht mit Zwang. Zwang und Besessenheit sind die Kennzeichen des Teufels. Der Teufel fragt uns nicht, unterstützt uns nicht, hilft uns nicht, sondern verführt und zwingt uns und bringt uns zur Sünde, ehe wir zum Nachdenken gelangt sind. Gott dagegen schenkt uns alles, möchte aber dennoch die echte Persönlichkeit, die selbstbeherrscht, nüchtern und ruhig sich für den Weg Gottes entscheidet und ihn dann in Gottes Kraft geht.
Nur der Teufel regiert Menschen, indem er sie ihrer Persönlichkeit beraubt, wie die in den Evangelien erwähnten Besessenen im Extremfall zeigen, die bisweilen wie Tiere lebten und durch die Vertreibung der Dämonen wieder eigenständig handelnde Personen wurden. Dies wird in der Heilung des besessenen Geraseners (Mt 8,28-34; Mk 5,1-20; Lk 8,26-39) am deutlichsten. Hier war ein Mensch durch die Dämonen völlig seiner Persönlichkeit beraubt. Er kleidete sich nicht, lebte in Höhlen, sprach mit niemandem und griff jeden an (Mk 5,3-5; Lk 8,27.29). Das Befreiungswort von Jesus bewirkte, dass seine Persönlichkeit wieder zum Vorschein kam, so dass er wieder normal aß, sich anzog und ganz vernünftig mit anderen redete, wie die Außenstehenden erschrocken feststellten (Mt 5,15).

Friedhilde Stricker

Eli und Samuel – Männer im hauptamtlichen Dienst für Gott und ihre Kinder 18

■ Dieses Thema ist ein heißes Eisen. Wer es zu lange in der Hand hält, es dreht und wendet, riskiert verbrannte Finger. Heikel ist es dazu noch. Wer bei (un-)passendem Anlass das alte Sprichwort zitiert: »Pfarrers Kinder, Müllers Vieh – geraten selten oder nie!« tritt nicht nur in ein Fettnäpfchen. Hauptamtliche und die Erziehung ihrer Kinder – das kann auch ein sehr schmerzliches, belastendes Thema sein, ein lebenslanges Leiden am Scheitern von Hoffnungen und Erwartungen.

Die Bibel betreibt auch in dieser Frage keine Schönfärberei – im Gegenteil. Wer sich auf die Suche nach Beispielen begibt, findet häufiger tragische Geschichten als erfreuliche!

Eine aus vielen Blickwinkeln provozierende Geschichte finden wir in den ersten 8 Kapiteln des 1. Samuelbuches im Alten Testament. Es ist eine Geschichte der Kontraste, aber auch überraschender Parallelen.

In vieler Hinsicht ähnelte die damalige Zeit, eine Zeit des Umbruchs, der Unsicherheiten und der Konflikte im politischen und familiären Bereich, unserer heutigen. Charakteristisch dazu scheint mir der letzte Satz des Buches der Richter zu sein (Ri 21,25): *»In jener Zeit gab es keinen König in Israel und jeder tat, was er für richtig hielt.«* Damit ließ es sich am besten leben, denn die eigenen Ansichten waren noch am vertrautesten.

Nach der Situation zu Anfang des 1. Samuelbuches zu urteilen, scheint dieser Satz auch für einige Zeit das Leitmotiv der verant-

wortlichen geistlichen Führer Israels gewesen zu sein. Eli war zu jener Zeit Priester, zuständig für das wichtigste Heiligtum der Stämme Israels. Dorthin kamen die Israeliten, um an den Gott zu denken, der sie aus Ägypten in das Land Kanaan gebracht hatte. In Silo stand das Zelt, in dem die Bundeslade mit den Tafeln der 10 Gebote aufbewahrt wurde. Die Bundeslade war also für die Stämme Israels der Ort, wo die Gegenwart Gottes und sein Wille unmissverständlich deutlich und spürbar waren. Hier konnte sich jeder an die Wege Gottes mit seinem Volk erinnern.
Eli war damals schon ein alter Mann, der seine Söhne in den Dienst am Heiligtum eingeführt hatte. Die Priesterschaft hatte während dieser Zeit eine Schlüsselstellung im religiösen Bereich inne. Sie war von Gott als Vermittler zwischen dem Volk und dem Heiligen Israels eingesetzt worden. Es gab genaue Vorschriften über ihren Auftrag: wie sie sich kleiden sollten, wie sie ihren Dienst ausüben und worin ihre Vergütung bestehen sollte. Allerdings wurden diese Vorschriften schon lange nicht mehr beachtet. Wallfahrer berichteten von chaotischen Zuständen in Silo, denn die Söhne Elis, Hofni und Pinhas sicherten sich von den Opfergaben die besten Teile – bei Bedarf auch mit Gewalt.

Familienklima in Rama

Angesichts der Missstände in Silo ist es umso verwunderlicher, dass Elkana mit seiner Familie jährlich nach Silo hinaufzog, um dem allmächtigen Gott ein Opfer darzubringen und ihn anzubeten, wie es in 1. Samuel 1,3 so selbstverständlich heißt. Elkana war ein Patriarch im besten Sinne des Wortes. Er sorgte für regelmäßige geistliche Impulse in seiner Familie, die mit zwei Frauen und einigen Kindern schon eine größere Reisegruppe darstellte. Er ließ sich offensichtlich nicht von Eli und seinen missratenen Söhnen beirren, sondern lebte davon unbeeindruckt seinen Glauben. Darin ähnelte er Josua, dem Nachfolger Moses, der sich auf dem Landtag bei Sichem mit seiner Familie für den vollen Einsatz für den Herrn entschied: *»... entscheidet euch heute, wem ihr gehören wollt ... Ich aber und meine Familie, wir wollen dem Herrn dienen«* (Josua 24,15). Es war nicht selbstverständlich, dass die ganze Familie zum Festessen beieinander saß und das Essen gleichzeitig einnahm. Bei vielen Familien hatten Frauen und Kinder im Hintergrund zu warten, bis die männlichen Familienmitglieder gegessen hatten. Da war Elkana anders: Er versuchte wirklich, jedem Familienmitglied Wertschätzung entgegenzubringen.

So aufmerksam er gegenüber Hanna, seiner ersten Frau, war und ihr seine Liebe zu zeigen versuchte, so wenig hatte er Einblick in die Dynamik seiner Familie und die unter der Oberfläche schwelenden Konflikte. Er war ein Mann, der viel tat, um die Harmonie zu wahren. Peninna, seine zweite Frau, die mühelos schwanger wurde, benutzte die Wallfahrten, um ihre Konkurrentin zu kränken. Das wird Peninna nicht unter den Augen Elkanas versucht haben. Die Zweitfrau schaffte es aber mit Leichtigkeit, Hanna so fertig zu machen, dass diese vor Ärger und Traurigkeit nur noch weinte und nichts mehr essen wollte.

In aller Harmlosigkeit fragte Elkana dann nach, was sie, Hanna, denn so belaste und traurig mache? Ob es ihre Kinderlosigkeit war? Er nahm ihre Traurigkeit wahr, konnte aber nichts bieten als leeren Trost: *»Bist du so traurig, weil du keine Kinder hast? Bin ich dir denn nicht viel mehr wert als zehn Söhne?«* Ein gut gemeinter Trost, der bei Hanna aber nicht ankam. Elkana konnte nicht erkennen, dass ein Ehemann keinen Sohn ersetzen konnte, selbst wenn er der sensibelste und gutmütigste aller Ehemänner gewesen wäre. Ganz nebenbei überschätzte er seine eigene Bedeutung für Hanna. Er erkannte nicht, dass nicht einmal er die große Sehnsucht Hannas nach Erfüllung, nach Leben und Würde stillen konnte.

Erstaunlich ist auch, dass sich Hanna, obwohl die Sticheleien von Peninna jährlich wiederkehrten, nicht davon abbringen ließ, doch immer wieder mit auf Wallfahrt zu gehen. Was erhoffte sie sich von dem Gott, der ihr immer noch kein Kind geschenkt hatte? Auch dieses Mal saß sie wieder in einem Tal der Tränen. Etwas war jedoch anders: Sie stand auf und trat vor den Herrn in seinem Heiligtum (1. Sam 1,9). Hier stand eine Frau, traurig und verzweifelt, aber sie stand vor dem Herrn, aufrecht und souverän und schüttete ihr Herz vor ihm aus. Sie nahm damit einen bekannten Psalm Davids, Psalm 62, vorweg: *»Ihr Menschen, vertraut ihm jederzeit, und schüttet euer Herz bei ihm aus! Gott ist unsere Zuflucht«* (Ps 62,9).

Worum sie bittet, war sie ganz Frau ihrer Zeit: Erst ein Sohn machte das Leben einer Frau lebenswert, verlieh einer Frau Wert und

Status. Darin blieb sie ganz im Rahmen. Aber wenn wir weiterlesen (1. Sam 1,11): »... ***Wenn*** *du Erbarmen mit mir hast und mich nicht vergisst, sondern mir einen Sohn schenkst,* ***(dann)*** *will ich ihn dir zurückgeben. Sein ganzes Leben soll dann dir, Herr, gehören* ...« Mit diesem Satz sprengte sie den Rahmen! Eine Frau macht einen Handel mit Gott: *Wenn* du mir ... *dann* gebe ich dir *zurück* ... Das war kein egoistisches Gebet einer kinderlosen Frau, die sich nach Anerkennung sehnte und endlich zur Ruhe kommen wollte; der ein Sohn die Leere ihres Lebens füllen sollte. Nein, es war das Gebet einer Frau, die den Schöpfer in einen Testfall verwickelte: *Ich will wissen, ob du, Gott, mich siehst, ob du mich hörst und mich nicht vergisst. Wenn ich das erlebe, dann brauche ich mich nicht an einen Sohn zu klammern, weil ich dich auf meiner Seite habe, den heiligen, wahren Gott, den Felsen, auf dem mein Leben ruht.*

Hanna war eine starke Frau. Mit dieser Erzählung werden wir stille Zeugen einer »Erfindung«. Hanna hat nämlich das stille, das innere, das »Herzensgebet« erfunden. Es ist das erste Mal, dass wir im Alten Testament davon hören, dass ein Mensch still betet – und dazu noch eine Frau. Sie traute Gott, dem Schöpfer, offensichtlich zu, dass er die leise Stimme ihres Herzens und ihrer Gedanken hörte. Das ist ein souveräner Akt des Glaubens.

Souverän war Hanna auch, als sie auf die unverschämte Zurechtweisung Elis reagierte. Eli saß wie immer, vor allem seit er alt und schwer geworden war, auf einem Stuhl am Türpfosten an der Stiftshütte. Der Türpfosten war ein idealer Platz, um den Überblick zu behalten und die Frömmigkeit anderer zu beobachten. Bei Hanna versagte Eli allerdings vollständig. In seiner Vorstellung hatte eine allein und leise betende Frau offenbar keinen Platz. Er unterstellte ihr Trunkenheit und fuhr sie lieblos an. Keine Anteilnahme war da zu spüren, nur ein ruppiger Vorwurf, sie möge ihren Rausch ausschlafen (1. Sam 1,14). Er war schnell dabei, Urteile zu sprechen, ohne zu wissen, was eigentlich vorging. Ganz von oben herab behandelte er sie.

Doch da war er bei Hanna an die Falsche geraten. Sie widersprach Eli, traute sich, ihm und seinem vorschnellen Urteil entgegenzutreten. So aufrecht, wie sie dem Gott Israels gegenübertrat, so geradlinig und entschieden schützte sie ihr Glaubensleben. Nichts vom eigentlichen Inhalt ihres Gebets drang nach außen. Sie ließ sich nicht einschüchtern oder akzeptierte ihn gar als priesterlichen

Vermittler ihres Gebets. Sie war dem Heiligen Israels begegnet und das konnte ihr niemand nehmen, schon gar nicht Eli. Die Rabbiner waren so beeindruckt von Hannas Gebet, dass sie folgende Zeilen als Erläuterung einfügten: »Hanna sagte zu ihm (Eli): In dieser Sache bist du keine Autoritätsperson, und der Geist der Heiligkeit ist nicht auf dir, weil du mich in dieser Sache zu Unrecht verdächtigt hast ... Du bist keine Autoritätsperson, noch ist die göttliche Gegenwart oder der Geist der Heiligkeit mit dir, weil du mich anstatt für unschuldig, für schuldig gehalten hast. Bist du dir nicht darüber im Klaren, dass ich eine Frau in großer Angst bin?« (Babylonischer Talmud, Traktat B^{e} rachot 31b).

Eli sprach ihr, ohne zu wissen, was sie nun gebetet hatte, den Segen und die Erhörung ihrer Bitten zu. War dies nur eine fromme Floskel oder spürte er irgendwie, dass Hanna eine besondere Frau war? Entlastet und fröhlich ging sie nach Hause. Ihr Gebet hatte sie verändert. Ohne zu wissen, wann ihr Gebet erhört werden würde, konnte sie in großer Gelassenheit ihr Leben führen. Das Gespräch mit Gott hatte ihr Leben von Grund auf verändert. Wie sie dieses Erleben in Worte fasste, hören wir wenig später in ihrem Dankpsalm, den sie dieses Mal für alle hörbar sang.

Prächtige Eltern hatte Samuel, der vom Herrn erbetene Sohn. Einen Vater, der sich nicht von Missständen abhalten ließ, seinen Glauben zu leben und seine Familie zu einem geistlichen Leben anzuhalten. Eine Mutter, die aufrecht vor den Gott Israels trat und einen Handel mit ihm abschloss. Allerdings einen Handel, der letztlich Gott, den Geber aller Gaben, ehrte, indem das »Geschenk« gleich wieder zurückgegeben wurde, zu einem »lebendigen Opfer« nämlich, das sein Leben lang Gott diente. Hanna wollte *alles* und war bereit, *alles* wieder in den Dienst Gottes zu stellen. Sie behielt nichts für sich, obwohl Samuel der Herzenswunsch ihres Lebens war und es menschlich nur zu verständlich gewesen wäre, wenn sie ihn für sich behalten hätte. Elkana und Hanna waren Menschen, die beten konnten, regelmäßig Gemeinschaft mit Gott pflegten und die gerne Opfer brachten.

Turbulenzen in Silo

Dieses besondere Kind kam nun nach seiner Entwöhnung, ungefähr im Alter von 3 – 4 Jahren, an die Stiftshütte in Silo unter die Obhut Elis. Ein totales Kontrastprogramm wartete dort auf ihn. Respekt vor Hanna und Elkana, ihren Jungen in frühester Jugend in eine Welt mit solchen geistlichen Führern zu entlassen. Elkana und Hanna konnte es nicht entgangen sein, wie verrottet es dort zugegangen sein musste. Aber beide standen voll zu ihrem Gelübde, Samuel zum lebenslangen Dienst zur Verfügung zu stellen. Bei ihnen zog sich die Geradlinigkeit durch, das Stehen zum einmal gegebenen Wort, das Wissen, vor dem Angesicht des lebendigen Gottes zu stehen: *»'So will auch ich nun mein Versprechen halten: Ich gebe Samuel dem Herrn zurück. Sein ganzes Leben lang soll er Gott gehören.' Danach warfen sie sich nieder und beteten den Herrn an«* (1. Sam 1,28).

In welcher Welt musste sich Samuel nun zurechtfinden? Eli war ein alter, schwerer Mann, der kaum noch sehen konnte. Seine Söhne waren, wie es in 1. Samuel 2,12ff. heißt, gewissenlose, bösartige Männer. Sie hatten keinen Respekt vor dem Herrn. Sie schickten Diener, um sich an den Opfern zu bereichern, entgegen allen Vorschriften Moses. Es war ein organisierter Diebstahl, der jahrelang vor sich ging. Sie akzeptierten keine Grenzen und Regeln. Sie verachteten den Opferkult und damit auch den Gott Israels, der ihn eingesetzt hatte.

Kapitel 2,14 zeigt, dass dieser Diebstahl System hatte. Es waren keine Ausrutscher, etwa aus jugendlichem Übermut. Die beiden waren von unersättlicher Gier getrieben, die vor keinem Fleisch, weder Opferfleisch noch Frauen, Halt machte.

Obwohl Eli gewöhnlich auf einem Stuhl am Eingangstor des Tempels saß, »entging« ihm, was seine Söhne taten. Man trug ihm zwar zu, was seine Söhne trieben, aber seine Rüge an die missratenen Söhne war mehr als schwammig (1. Sam 2,22ff.): Lasst das doch, meine Söhne, das ist kein gutes Gerücht ... Er warf mit frommen Floskeln um sich, die jeder Substanz entbehrten. Vergleichen wir diese schlappe Zurechtweisung mit der scharfen Abfuhr, die er der betenden und weinenden Hanna erteilt hatte, nur weil er sich nicht vorstellen konnte, dass eine Frau still betete, fällt die Unverhältnismäßigkeit auf. Seine Wahrnehmung war beschränkt und gleichzeitig verzerrt. Da, wo er scharfe Linien hätte ziehen müssen, ließ er die Zügel schleifen. Wo er sein Priesteramt hätte wahrnehmen sollen, versagte er jämmerlich. Er schaffte es nicht, Machtworte zu sprechen, weil er keine Vollmacht hatte. Die Autorität seines Amtes war eine leere Hülle – trotz seines Leibesumfangs.

Wenn Gott zu Eli reden wollte, musste er den Umweg über einen namenlosen Propheten machen, der ihm das drohende Gericht für sich und seine Familie ankündigen musste (1. Sam 2,27ff.). Es waren nicht nur die Söhne, die sich jetzt über die Gebote Gottes hinwegsetzten, auch Eli wurde mit angesprochen. Gott warf ihm vor, seine Söhne mehr zu ehren als ihn, Gott. Offensichtlich hatte Eli Hofni und Pinhas als »Majestäten« behandelt, denen man nicht zumuten konnte, sich an Regeln zu halten. Zu all dem kam noch, dass Eli ebenfalls von den fetten Fleischstücken profitierte. Er mästete sich mit seiner ganzen Familie (1. Sam 2,29). Wir wissen nicht, ob Elis Dienstzeit von Anfang an diese Züge trug, aber nach 40 Jahren Amtsführung (1. Sam 4,18) – er war nicht nur Priester, sondern auch Richter gewesen – fragen wir uns, wer in Israel überhaupt etwas von seiner geistlichen und politischen Führung gemerkt haben konnte. Eli und seine Söhne hatten keinen Respekt vor der Heiligkeit Gottes, sondern sahen ihr Amt als »Selbstbedienungsladen« zum persönlichen Lustgewinn. Das Gerichtswort des Propheten verhallte ungehört und hatte keinerlei Auswirkungen. Es wird zumindest von keiner Reaktion Elis berichtet.

Wenig später brach dann der Sturm über Silo, über Eli und seine Söhne herein.

Gott nahm dieses Mal Kontakt mit dem jungen Samuel auf, der Eli ein letztes Mal die Gerichtsbotschaft überbringen sollte (1. Sam 3,12-13). Als Eli zum zweiten Mal den Untergang seines Hauses angekündigt bekam, sagte er nur: *»Es ist der Wille des Herrn, er soll tun, was er für richtig hält«* (1. Sam 3,18). Elis Gottesbild klang nur auf den ersten Blick fromm ergeben. Genau genommen vertrat er hier das Gottesbild eines distanzierten, willkürlichen Despoten, dem Menschen letztendlich gleichgültig sind und deren Verhalten ihn überhaupt nicht interessiert. Es ist kein persönlicher Gott, der seine Diener zur Rechenschaft ziehen könnte.

Beim Krieg der Philister gegen Israel fielen Zehntausende von Kämpfern. Hofni und Pinhas, die Begleiter der Lade, kamen ebenfalls um und die Bundeslade wurde von den Philistern erbeutet. Als

Eli diese katastrophale Nachricht erhielt – das Kernstück des Glaubens Israels, die Lade des Bundes als Kriegsbeute und die Söhne gefallen – fiel er tot vom Stuhl. Er schien erschrocken und überrascht zu sein, dass das Gericht Gottes jetzt doch in dieser Härte über seine Familie hereinbrach.

Hier erwieß sich Hannas Dankpsalm als eine prophetische Rede. Nicht umsonst wird Hanna als eine der 7 Prophetinnen des Alten Testaments angesehen: Sara, Mirjam, Debora, Hanna, Abigail, Hulda und Ester (Babylonischer Talmud, Traktat M^{e}gilla 14a-15b).

Der einzige Lichtblick in dieser kaputten Familie war die namenlose Schwiegertochter Elis, die Frau des Pinhas. Als sie die Nachricht vom Tod ihres Mannes, ihres Schwagers und ihres Schwiegervaters erhielt, setzten vorzeitige Wehen ein. Sie brach zusammen, als sie vom Raub der Bundeslade hörte und befahl den umstehenden Frauen, ihren Sohn Ikabod zu nennen »*... denn mit der Bundeslade Gottes sind auch Glanz und Herrlichkeit aus Israel verschwunden*« (1. Sam 4,21f.). Was musste diese Frau unter den Zuständen am Heiligtum in Silo gelitten haben, an der Unfähigkeit ihres Schwiegervaters und an ihrem unersättlichen Mann, für den Frauen in seinem Umfeld nur Freiwild waren? Diese Frau hatte ein Gespür für die Heiligkeit Gottes und die Bedeutung der Bundeslade, der den Männern in ihrer Familie vollständig abging.

Wie konnte der junge Samuel in solchen Turbulenzen einen festen Standpunkt bewahren?

Samuel zwischen zwei Welten

Größere Kontraste zwischen seiner eigenen Familie und den Zuständen in Silo lassen sich wohl kaum vorstellen. Auffallend ist in diesen Kapiteln, dass ganz gezielt bestimmte Schlüsselverse auftauchen, das Geheimnis im Leben Samuels:

- »*Sein ganzes Leben lang soll er Gott gehören*« (1. Sam 1,28).
- »*Der Junge aber blieb beim Priester Eli und wurde unter seiner Aufsicht ein Diener Gottes*« (1. Sam 2,11).
- »*Der junge Samuel diente am Heiligtum des Herrn und trug bereits das leinene Priestergewand*« (1. Sam 2,18).
- »*Samuel aber wuchs auf als Diener des Herrn*« (1. Sam 2,21).
- »*Je älter Samuel wurde, desto mehr Ansehen fand er beim Herrn und bei den Menschen*« (1. Sam 2,26).

Hier lebte ein junger Mensch ganz in der Gegenwart Gottes. Hanna war in ihrer Traurigkeit vor den Herrn getreten, ihr Sohn trat nun in ihre Fußstapfen, nahm das geistliche Erbe seiner Mutter auf und wuchs in der Gegenwart Gottes auf. Samuel schlief sogar im Heiligtum, in der Nähe der Bundeslade (1. Sam 3,3). Tag und Nacht stand er unter dem besonderen Schutz des Heiligen Israels. Er lebte unter Gottes Augen. Samuel wuchs in die Aufgaben seines Amtes hinein, aber seine erste persönliche Begegnung mit dem Heiligen Israels ereignete sich, als er nachts den Auftrag bekam, Eli zum zweiten und letzten Mal das Gericht über seine Familie anzusagen. Für einen jungen Menschen ein harter Einstieg in den Propheten»beruf«. Es waren keine tröstenden, aufbauenden Worte, die er da zu überbringen hatte.
Was hatte Samuel so stark gemacht, so gelassen und so souverän? Seine Mutter hatte ihn von Gott erbeten und ihn freiwillig als lebendiges, lebenslanges Opfer wieder an den Herrn zurückgegeben. In den Kleinkindjahren, die er zu Hause verbrachte, wird Hanna ihre ganze Liebe und ihren Glauben an den Heiligen Israels weitergegeben haben. Wenn ich die ersten Kapitel des 1. Samuelbuches lese, höre ich Hanna reden. Samuel wird die Geschichte seiner Geburt auswendig gekannt haben. Hanna wird ihm sicher auch die Bedeutung des persönlichen Gebetes in ihrem Leben, das stille Gebet vor dem Herrn und den Dankpsalm vor der Gemeinde vermittelt haben. Ihr war die Gegenwart und Heiligkeit Gottes von zentraler Bedeutung. 1. Samuel 2,2: *»Niemand ist so heilig wie du, denn du bist der einzige und wahre Gott. Du bist ein Fels, keiner ist so stark und unerschütterlich wie du.«* Nachdem Hanna ihren Sohn in die Obhut Elis übergeben hatte, kam sie wie vorher einmal jährlich nach Silo, um Samuel zu besuchen. Sie hatte ihren Sohn wirklich losgelassen, weil sie ihn in den besten Händen wusste – in den Händen des lebendigen Gottes.
Elkana, der Vater, nahm die Verantwortung für seine Großfamilie wahr. Er ließ sich nicht von den Missständen am Heiligtum, die durch die unwürdige Priesterschaft verursacht wurden, abhalten, sondern betete den Herrn an, gemeinsam mit seiner Familie und brachte großzügige Opfer (1. Sam 1,3; 1. Sam 1,19, 1. Sam 1,28; 1. Sam 2,19). Er respektierte das eigenständige geistliche Leben und Urteilsvermögen seiner Frau: *»Tu, was du für richtig hältst«, erwiderte Elkana. »Bleib ruhig zu Hause, bis der Junge etwas größer ist.*

Hoffen wir, dass der Herr dann auch einlöst, was er dir für unseren Sohn versprochen hat.« Wir spüren hier eine ganz neue geistliche Gemeinsamkeit zwischen den beiden. Peninna hatte für beide ihre Bedeutung verloren. Wir hören nichts mehr von ihr und ihren Kindern. Später wird Samuel seinen Hauptwohnsitz in Rama, der Stadt seines Vaters haben (1. Sam 7,17). Er hat vermutlich das Erbe seines Vaters angetreten.

Samuel übernahm das geistliche Vermächtnis seiner Eltern und füllte es mit seinem eigenen Leben aus. Im Allerheiligsten, in der Nähe der Lade des Bundes, hatte er seine Heimat gefunden, Geborgenheit und Schutz. Diese Heimat in der Gegenwart Gottes hatte ihn in eine große innere Distanz zu seiner Umgebung versetzt. Er beobachtete sicher immer wieder, wie die Diener von Hofni und Pinhas die dreizinkige Gabel in den Kessel stachen und die Frauen, die am Heiligtum Dienst taten, sexuell belästigten. Und dennoch verspürte er keine Schadenfreude, als er die Gerichtsbotschaft an seinen Mentor, den alten Eli, überbringen musste.

Trotz allem schien Eli eine ganz besondere Beziehung zu Samuel gehabt zu haben. Er entließ nämlich seine Eltern mit dem Segenswort: *»Möge der Herr dir und deiner Frau noch weitere Kinder schenken als Ersatz für diesen (besonderen) Jungen, den ihr ihm zurückgegeben habt«* (1. Sam 2,20). Eli musste gespürt haben, dass auf dem jungen Samuel neue Hoffnung für Israel ruhte. Er hatte realisiert, als der Herr den Samuel dreimal rief, dass seine Zeit endgültig vorbei war. Trotzdem überhob sich der Junge nicht über den alten Mann oder verachtete ihn gar, sondern hatte Angst, Eli mit dieser Gerichtsbotschaft zu belasten (1. Sam 3,15).

Die Frömmigkeit dieses jungen Menschen hat etwas Entwaffnendes an sich: Samuel hatte eine große Energie, war nachts sofort wach und ansprechbar, ausdauernd und offen für Erfahrungen mit dem Gott Israels, weil er ständig in seiner Gegenwart lebte. Während seiner Lehrzeit als Priester (1. Sam 2,18) entwickelte sich schrittweise ein prophetischer Dienst (siehe Berufungsgeschichte 1. Sam 3). Sein Auftrag war es, neues geistliches Leben anzuregen, indem er offen und schonungslos Fehlverhalten beim Namen nannte und die Heiligkeit Gottes wieder in den Mittelpunkt rückte. Dieser Auftrag wird ihm später beim ersten König Israels, Saul, auch persönlich große Schmerzen bereiten (vgl. 1. Sam 15,35: *»Sa-*

muel traf Saul den Rest seines Lebens nicht mehr. Doch er war traurig, dass der Herr es bereute, Saul zum König über Israel gemacht zu haben«).

In seiner ergreifenden Abschiedsrede nach der Einsetzung Sauls als König fasste Samuel seinen Auftrag so zusammen: *»Der Herr aber hält sein Versprechen: Er lässt euch nicht im Stich, denn er hat gerade euch zu seinem Volk erwählt. Auch ich werde weiterhin für euch beten. Denn wenn ich damit aufhörte, würde ich Schuld auf mich laden. Auch in Zukunft will ich euch lehren, was gut und richtig ist. Ehrt den Herrn und dient ihm treu von ganzem Herzen! Vergesst nie, wie viel er schon für euch getan hat! Wenn ihr euch aber wieder von ihm abwendet, werdet ihr und euer König umkommen«* (1. Sam 12,22-25).

Hier ist in einzigartiger Weise der priesterliche mit dem prophetischen Auftrag verknüpft. Das Richteramt als politische Führung, das er selbst 40 Jahre lang innehatte, hatte er zuvor dem jungen König Saul übertragen.

Kontraste und Parallelen

Samuel stand nicht nur zwischen zwei Welten, sondern auch zwischen zwei Epochen. Während seines Lebens war das erbliche Priestertum in eine grundsätzliche Krise geraten. In seiner Person verband sich zum letzten Mal im Alten Testament das Amt des Richters als politischem Führer, das des Priesters als Vermittler zwischen Gott und Volk und das des Propheten als des Botschafters des Herrn mit zuweilen unangenehmen Botschaften.

Im Alter traf ihn selbst eine unangenehme Botschaft. Die Ältesten Israels suchten ihn auf und baten ihn, einen König über sie einzusetzen. Seine Söhne waren nicht seinem Vorbild gefolgt und wären nur darauf aus, sich zu bereichern. Sie ließen sich bestechen und beugten das Recht (1. Sam 8,1-5). An dieser Stelle erfahren wir zum ersten Mal vom großen Gottesmann Samuel, dass er in einem Bereich seines Lebens gescheitert war. Dieses Scheitern war zweifacher Natur. Er hatte darin versagt, seinen Söhnen seine Dienstauffassung überzeugend weiterzugeben. Sie versagten gerade auf dem Gebiet, wo er als Vater langjährige Praxis besaß: – in der Rechtsprechung – und wo er uneingeschränkten Respekt genoss (1. Sam 12,1-5). Das ganze Volk bescheinigte ihm während seiner Verab-

schiedung als Richter, dass seine Amtsführung untadelig war. Am guten Vorbild fehlte es also nicht. Woran also dann?
Samuels Söhne Joel und Abija bieten das dritte Beispiel nach Gideon (Richter 8-9) und Eli, an dem sich zeigt, dass eine Erbfolge im Amt des Richters nicht gelang. Die zweite Generation hatte jeweils große Schwierigkeiten damit, mit der ererbten Machtstellung umzugehen. Sie missbrauchten sie für private Zwecke. Was hatte Samuel wohl dazu bewogen, seine beiden Söhne in das Richteramt einzusetzen, wo er doch sicher die Beispiele aus der jüngeren Geschichte Israels kannte, vor allem das Ende der Familie Elis? Dachte er, dass so etwas in seiner Familie nicht passieren könnte? Ging er davon aus, dass seine Berufung und außergewöhnlich große Anerkennung in ganz Israel sozusagen in Familienbesitz wäre, im Sinne einer »Qualitätssicherung« – besser, das Amt bleibt in der Familie? Wir erfahren nicht, was Samuels eigentliche Motive waren. Schmerzlich musste es aber auf jeden Fall für ihn gewesen sein, dass seine eigenen Söhne der Anlass dazu waren, dass das Richteramt vom Volk nicht mehr akzeptiert wurde und die Ältesten stattdessen die Einführung der Monarchie forderten. Sicher hatte die Korruption das Wissen um Recht und Ordnung im Land systematisch unterhöhlt und die Epoche der Richter untragbar gemacht.

Leben und Dienst von Eli und Samuel und ihren Söhnen

Eli war ein haltloser Mann ohne Autorität und Vollmacht, weil er die Heiligkeit Gottes nicht ernst nahm und sie deshalb auch seinen Söhnen nicht vermitteln konnte. Er war zwar ein anwesender Vater, aber er ließ es zu, dass sich unter seinen Augen jahrelang die gravierendsten Verfehlungen ereigneten. Er war weder fähig noch bereit, Verantwortung zu übernehmen, sondern ließ alles laufen und nahm sein Amt und seinen Auftrag nicht (mehr) ernst. Er profitierte sogar vom Fehlverhalten seiner Söhne. Erst durch den jungen Samuel bekam er wieder mit, dass und wie Gott zu seinem Volk reden kann und will. Seine Söhne hatte er schon längst aufgegeben. Von ihm hören wir, dass er fast blind, alt, schwerfällig und fett war. Alle vier Kennzeichen sind sicher nicht nur wörtlich, sondern auch im übertragenen Sinne zu verstehen. Er war betriebsblind und zu langsam und gepolstert, um noch auf irgendetwas schnell reagieren zu können. Er saß herum und wartete. Seine Söhne haben ihn gar nicht mehr ernst genommen. Nebenbei bemerkt: Wir hören überhaupt nichts von Elis Frau.

Samuel hatte völlig andere persönliche und geistliche Voraussetzungen für dieses Amt.

Seine Eltern Hanna und Elkana hatten ihn in früher Kindheit geprägt und später durch regelmäßige Besuche und Gebete begleitet. Samuel hat eine außergewöhnliche Berufungsgeschichte und genoss landesweite Anerkennung und Respekt als Priester, Richter und Prophet. Und doch werde ich in diesen Kapiteln den Eindruck nicht los, dass Samuel seine Berufung sehr exponiert und einsam lebte. Auch von seiner Frau erfahren wir nichts. Sie bleibt unsichtbar. Seine Söhne kommen nur am Rand seines Lebens vor. Erstmals werden sie in 1. Samuel 8 erwähnt, als er den beiden das Richteramt übergab. Da wir davon ausgehen können, dass die Lebensgeschichte von Samuel auf seinen eigenen Aufzeichnungen beruht – das sieht man nicht zuletzt daran, dass aus seiner Perspektive berichtet wird –, sind die Söhne für ihn tatsächlich wenig bedeutsam. Liegt darin die Ursache dafür, dass sie sein Vorbild nicht als verbindlich ansahen? Samuel war ein »klassischer Hauptamtlicher«, der häufig unterwegs war. Von ihm heißt es in 1. Samuel 7, 15ff.:

»Samuel war sein ganzes Leben lang Israels Führer und Richter. Jedes Jahr besuchte er der Reihe nach die Orte Bethel, Gilgal und Mizpa und schlichtete dort die Streitfälle der Israeliten. Dann kehrte er wieder nach Rama zurück, wo er wohnte und als Richter tätig war. Dort hatte er auch einen Altar gebaut, um dem Herrn Opfer darzubringen.«

Heute würde man ihn etwas salopp als »abwesenden Vater« bezeichnen. Er lebte ganz seiner Berufung, versah sein Amt vorbildlich, war von allen akzeptiert, ließ sich nie etwas zuschulden kommen – doch gerade auf seinem »Spezialgebiet« versagten die eigenen Söhne.

Samuel wird uns als ein Mensch geschildert, der in großer Souveränität und Gelassenheit, aber auch in großer persönlicher Distanz seinen Weg ging. Dieser Charakterzug tritt auch deutlich in seinem Verhältnis zum jungen König Saul hervor. Er brauchte sehr lange, bis er ihn endlich als Mensch und König akzeptiert hatte. Erst nach

der Verwerfung Sauls heißt es von Samuel (1. Sam 15,35), dass Samuel um Saul trauerte.
Kontraste und Parallelen gab es viele in dieser Doppelgeschichte: Zwei Väter – vier Söhne.
Es ist eine Geschichte der hochfliegenden Hoffnungen und tiefen Enttäuschungen.

Gefragt sind wir, Männer und Frauen, die sich im Dienst für Gott einbringen, gleichgültig ob »hauptamtlich« oder »ehrenamtlich«:

- Wie steht es mit unserer eigenen Gottesbeziehung? Hanna, die Mutter Samuels, lehrt uns den engen Zusammenhang zwischen dem persönlichen, stillen Gebet, wo wir unser Herz vor dem Herrn ausschütten können, wo wir alle Sehnsüchte und Leiden unseres Lebens vor Gott bringen können und dem öffentlichen Reden von Gott. Beides gehört untrennbar zusammen. Ein öffentliches Gebet ohne den Rückhalt im Herzensgebet ist hohl und leer. Darin ist uns Hanna ein bleibendes Vorbild. Hanna war eine starke Frau – sie hat mit Gott einen Handel gemacht und er ist darauf eingegangen. Sie hat ihren Sohn an Gott zurückgegeben und ihn losgelassen. Erst so war er wirklich fähig, Gott zu dienen. Ohne diese Rückgabe wäre Samuel nur ein Lückenbüßer ihres Lebens geblieben. Diese große innere Freiheit hat Samuel als persönliches und geistliches Erbe mitbekommen.
- Wie integrieren wir unsere Familien in unsere persönliche Berufung? »Bekleiden wir nur ein Amt« ohne persönlichen Einsatz und Gestaltungswillen? Ist die Familie lästig? Konkurrieren egoistische Familieninteressen mit dem Dienst – wie es bei Eli der Fall war? Oder steht die Familie als unbeteiligte Zuschauergruppe am Rande – wie es bei Samuel gewesen sein könnte? Oder betrachten wir gar unsere persönliche Berufung als zu unserem Erbgut gehörig und verteilen Ämter als Pfründe an unsere Kinder?

Beiden, Samuel und Eli gelang es nicht, ihre Berufung in die nächste Generation »hinüberzuretten«. Gott hat keine Enkelkinder! Es gibt keine abgeleiteten, vererbbaren Berufungen – das zeigt diese Geschichte sehr ernst.

Es gibt aber ein Vermächtnis, das wir unseren Kindern weitergeben können, so wie Hanna: Die Freude des Glaubens, die ansteckend ist und zum eigenen Glauben einlädt.

Der Herr erfüllt mein Herz mit großer Freude,
er richtet mich auf und gibt mir neue Kraft!
...
Niemand ist so heilig wie du,
denn du bist der einzige und wahre Gott.
Du bist ein Fels,
keiner ist so stark und unerschütterlich wie du!
Lasst eure stolzen Reden und frechen Worte!
Wisst ihr denn nicht, dass der Herr alles hört, was ihr sagt,
und ihm nichts entgeht, was ihr tut?
...
Er beschützt jeden, der ihm vertraut,
doch wer von ihm nichts wissen will,
der wird in Finsternis enden.
Denn aus eigener Kraft erringt keiner den Sieg.

1. Samuel 2,1-9 (in Auszügen)

Eva Schmid

Abraham und seine Kinder 19

Die Familiengeschichte Abrahams können Sie im Alten Testament nachlesen, 1. Mose 11,10 bis 1. Mose 25,18.

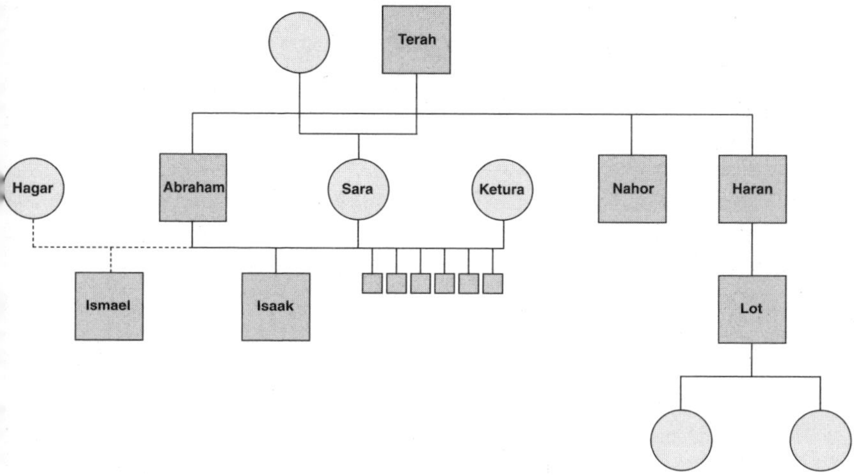

Aus dem Abschied entsteht ein neuer Anfang

■ Abrahams Geschichte als Vater beginnt nach dem Tod seines eigenen Vaters Terach. Bis dahin hat er buchstäblich im Haus seines Vaters gelebt. Er ist noch nicht ganz erwachsen geworden. Ohne viel Nachzudenken hat er fortgeführt, was vorgegeben war.

Der Tod der eigenen Eltern eröffnet häufig eine neue Lebensetappe. Viele Menschen haben den Eindruck: Jetzt bin ich ganz auf mich gestellt. Was will **ich** eigentlich mit meinem Leben anfangen? Der Wunsch nach eigenen Kindern kann intensiver als je zuvor empfunden werden. Sind sie doch so etwas wie eine Fortsetzung des eigenen Lebens, ein Stück von mir, das auf dieser Welt bleibt, auch wenn ich eines Tages nicht mehr da bin.

Eine klare Zielrichtung umsetzen

Haran bedeutet: Kreuzung. Abraham stand an einer Wegkreuzung seines Lebens. Er sehnte sich nach einer neuen Richtung.
Nach dem Tod seines Vaters zog er Bilanz. Die neue Zukunftsperspektive nahm er als Zielvorgabe von Gott her wahr: »Lass dich nicht so sehr durch den Materialismus in deinem Umfeld bestimmen. Auf die Dauer bringt es nichts, dem Erfolg nachzujagen, Vermögen aufzubauen, einen Betrieb zu führen.« Die babylonische Kultur der damaligen Zeit war ähnlich wie unsere Gesellschaft von Materialismus geprägt. Abraham wandte sich davon ab, um ein bedeutungsvolleres Leben zu gewinnen.
Abraham ist ein inspirierendes Vorbild für jeden, der sich auf Veränderungen einlässt. Trotzdem kämpfen Vertrauen und Zukunftsangst in ihm immer wieder gegeneinander.

Eine stabile Partnerschaft

Sara und Abraham lebten in einer stabilen Beziehung. Zwar lebten sie in einer Kultur, in der ein Mann offiziell mehrere Frauen nebeneinander haben konnte. Ihre Beziehung lässt jedoch darauf schließen, dass sie einen Großteil ihres Lebens monogam miteinander gelebt haben.
Die beiden sind sich einig über das gemeinsame Ziel. Sie tragen die Veränderungen gemeinsam. Miteinander gehen sie in die neue Lebensphase hinein.
Klare und gemeinsame Ziele halten die Partnerschaft zusammen. Das ist der Grund, warum Paare, die nicht nur durch die Familie, sondern darüber hinaus durch eine gemeinsame Lebensaufgabe miteinander verbunden sind, meist in sehr stabilen Beziehungen leben.
Schwierigkeiten können ein Paar auseinander bringen oder es noch enger zusammenschweißen. Abraham und Sara haben versucht, ihre Unfruchtbarkeit – zur damaligen Zeit nicht nur ein emotionales, sondern auch existenzbedrohendes Problem – gemeinsam zu bewältigen. Die legale Möglichkeit, ein Kind mit einer anderen Frau zu zeugen, kam für beide lange Zeit nicht in Frage. Ihre Liebesbeziehung hatte Vorrang.

Nach Saras Tod trauert Abraham intensiv um seine Frau. Das Familiengrab, das er für sie anlegt, hilft ihm, damit fertig zu werden. Neben ihr wollte auch er begraben werden.
Selbst Ketura, die er nach Saras Tod zur Frau nimmt, betrachtet Abraham als Nebenfrau (1. Mose 25,6). Das unterstreicht die einzigartige Bedeutung, die Sara in seinem Leben hatte.

Zum Nachdenken

- Welche neue Lebensphase hat bei mir nach dem Tod eines Elternteils begonnen?
- Was ist mein persönliches »verheißenes Land« – der Zustand, den ich erreichen möchte? Malen Sie sich möglichst konkret aus, wie die Familie, der Lebensstil aussieht, auf den Sie sich ausrichten wollen.
- Welche Faktoren halten Ihre Partnerschaft zusammen?

Vater Abraham

Unerfüllter Kinderwunsch

Etwa fünfundzwanzig Jahre dauerte es von dem Versprechen Gottes »Ich will dir viele Nachkommen schenken« bis er zum ersten Mal Vater wurde (vgl. 1. Mose 12,4). Das ist eine lange Zeit, wenn man darauf wartet, dass ein Ziel erreicht wird. Zeitweise zweifelte Abraham daran, dass Gottes Verheißung jemals Wirklichkeit werden würde. In diesen Stimmungen musste er sich das Vertrauen, dass Gott mit ihm unterwegs war, immer wieder neu erringen. In seiner tiefsten Depression scheute er sich nicht davor, Gott um eine sichtbare Bestätigung zu bitten, dass er sich nicht getäuscht hatte.
Nach zehn Jahren des Wartens schlug Sara eine neue Strategie vor: Sie bemühte sich mit allen Mitteln, den versprochenen Sohn zu bekommen. Vielleicht konnte sie es nicht mehr ertragen, Abrahams Mut immer mehr schwinden zu sehen. Das hat sie dazu bewogen, sich über ihre tiefe Liebesbeziehung hinwegzusetzen, in der bisher kein Raum für eine Zweitfrau war. Abraham ging auf den Vorschlag ein.

Wunder gibt es immer wieder

Schauen Sie sich doch in einem Altersheim unter den neunzigjährigen Frauen um: Weit jenseits der Menopause, sind sie damit beschäftigt, den eigenen Körper unter Kontrolle zu behalten. Können Sie sich vorstellen, dass eine von diesen Frauen schwanger werden würde? Wer könnte da Saras Lachen nicht verstehen (1. Mose 18,11)! Wieso wählt Gott ein uraltes Paar, in dem die Frau noch dazu ein

Leben lang unfruchtbar war, um daraus ein Volk entstehen zu lassen, das ihm als Modell dienen soll? Das kann doch nur bedeuten: Gott will damit seine absolute Souveränität über alle Naturgesetze unterstreichen!

Vielfältige Vaterrollen

Wie viele andere Männer ist Abraham ein Vater in unterschiedlichen Rollen: Adoptiv- oder Pflegevater, Vater eines außerehelichen Sohnes. Er hat einen Sohn aus einer Liebesehe und Erfahrung als Vater in einer Zweitfamilie. Als Witwer hat er wieder geheiratet und aus dieser Ehe weitere Kinder. Es ist natürlich eine ganz besondere Herausforderung, wenn ein Mann so viele verschiedene Rollen zu bewältigen hat.

Eltern, die sich anschauen wollen, wie Abraham damit zurecht gekommen ist, werden interessante Anregungen erhalten. Sie finden aber auch Hinweise auf mögliche Gefahren für die Beziehung zu ihren Kindern.

Jede Vater-Kind-Beziehung ist einzigartig. Aus der Erfahrung Abrahams lassen sich einige allgemeingültige Prinzipien erkennen, die nicht nur für Väter, sondern für alle Familienmitglieder Impulse geben.

Lot – der Adoptivsohn

Adoption – ja oder nein?

Lots Vater Haran war relativ jung gestorben. Als ältester Bruder Harans vertritt Abraham beinahe selbstverständlich die Vaterstelle an seinem Neffen. Lot wird in diese Familie aufgenommen. So wie die Beziehung der beiden beschrieben wird, kann man annehmen, dass Abraham seinen Neffen als Sohn und zukünftigen Erben betrachtete. Lot selbst wird sich schon als Alleinerbe seines kinderlosen Onkels gesehen haben.

In der guten Absicht, dem Kind eine »wirkliche« Familie zu bieten, adoptieren gelegentlich Eltern ein Kind, dessen leiblicher Vater oder sogar beide Eltern noch leben. Dadurch entsteht viel Verwirrung, die sich bei dem betroffenen Kind oft durch Widerstand gegen die Eltern äußern kann. Wird der leibliche Vater dann auch noch durch abfällige Bemerkungen abgewertet, wird die Rebellion nur noch größer.

Der Jugendliche ahnt instinktiv, dass der leibliche Vater durch nichts und niemanden ersetzt werden kann. Es ist sehr wichtig, sich darum zu bemühen, dass das Kind zu den leiblichen Elternteilen eine Beziehung aufbaut. Wo das nicht möglich ist, hilft man dem Kind am meisten, wenn man die Eltern so gut wie möglich einbezieht, in dem man sie erwähnt, Erinnerungen an sie bewahrt und darüber spricht.

Adoption als Rechtsform ist dann angebracht, wenn das Kind tatsächlich keine leiblichen Eltern mehr hat. In jedem anderen Fall ist es besser, eine Form zu wählen, die die wahre Beziehung zum Ausdruck bringt: Pflegefamilie, Ersatzfamilie ...

Die Zeit des Loslassens

Abraham wird uns als ein Familienvater vorgestellt, der den Mut hat, die Spannungen anzusprechen, die zwischen ihm und seinem Neffen entstanden waren. Er hat sich nicht davor gedrückt.

Hier ging es nicht nur um Loslösung, sondern auch darum, dass Lot einen Weg einschlägt, den der Adoptivvater nicht verstehen konnte. Lot suchte sein Glück wieder in einer Welt, aus der Abraham sich verabschiedet hatte.

Es kann sehr schwer sein, ein Kind seine eigenen Erfahrungen machen zu lassen.

Die Zeit des Loslassens ist eine Erfahrung, die alle Eltern betrifft. Nicht nur Adoptiv- oder Pflegeeltern kennen die Angst vor dieser tief greifenden Veränderung. Selbst Abraham empfand sie jetzt wieder, obwohl er sich doch bereits so mutig auf neue Etappen eingelassen hatte.

Offenbar muss das Ja zu einer neuen Phase immer wieder neu errungen werden.

Abraham akzeptierte die unvermeidliche Trennung mit viel Weisheit und gab Lot seinen Segen. Er zeigte sich sehr großzügig. Die Frage: »Was wird er wohl mit dem Vermögen machen, das ich mühsam erarbeitet habe?«, schien für ihn nicht zu existieren. Er hat keine Bedingungen daran geknüpft, die Lot einschränkten. Damit

erlaubt er seinem Neffen, sein eigenes Leben ganz allein in die Hand zu nehmen.
Ich erinnere mich an eine Mutter, die davon berichtet hat, was sich in ihr abgespielt hat, nachdem der jüngste Sohn ausgezogen war. »Tränenüberströmt saß ich auf seinem Bett. Nie wieder würde hier die Unordnung herrschen, über die wir uns so oft gestritten hatten. Mein Leben schien zu Ende zu sein. Ich ließ meiner Verzweiflung freien Lauf. Nach einer Weile verließ ich das Zimmer. Am Telefon verabredete ich mich mit einer Freundin, das hatte ich um diese Tageszeit noch nie getan. Bis vor kurzem war ich da mit Kochen beschäftigt ... Da fiel mir ein: Vielleicht könnten mein Mann und ich diesen besonderen Tag sogar miteinander feiern, mit einem festlichen Essen zu Hause – das hatten wir nie mehr getan, seit wir Kinder hatten!«
Hier ist etwas Wesentliches geschehen: Die Mutter hat getrauert und ist zu einem neuen Start durchgedrungen.

Auf der Suche nach Lösungen

Abraham mutete Gott nicht zu, er solle seine Probleme lösen, sondern überlegte sich selbst Lösungsvarianten. Gleichzeitig aber hielt er an dem Vertrauen fest, dass Gott mit ihm ist und ihn führt.
Junge Erwachsene können manchmal einen ganz schönen Anspruch an den Tag legen. Sehr oft ist das Ausdruck ihrer eigenen Unsicherheit. Es fällt ihnen schwer den Eltern mitzuteilen, dass sie vor einem entscheidenden Schritt in die eigene Lebensgestaltung stehen.
Lot schien seinen Teil fast zu fordern. Wie leicht könnten Eltern sich dadurch zu der Reaktion hinreißen lassen: »Wenn du so kommst, kannst du gar nichts von mir haben.« Abraham rächte sich nicht, er fühlte sich nicht als Opfer, dem Unrecht geschieht, sondern bemühte sich um eine gute Lösung. Klug stellte er Lot vor die Frage: »Welche Vorstellungen hast du? Was ist deiner Meinung nach die beste Lösung?«

Wenn die Kinder das Nest verlassen, gibt es in der Familie viele Fragen zu klären: Wer wird welchen Teil des Besitzes übernehmen oder eines Tages erben? Welche Erwartungen haben beide Generationen? Wie oft und bei welchen Gelegenheiten wird man sich in Zukunft treffen? In welcher Weise bieten Eltern weiterhin ihre Unterstützung an – praktisch, in finanzieller Hinsicht oder auf andere Weise? Die Antworten auf diese Fragen werden in jeder Familie, ja vielleicht sogar mit jedem Kind anders ausfallen.

Das Kind unterstützen

Lots Welt ist eine völlig andere als Abrahams. Trotzdem bleibt eine innere Verbundenheit zwischen Vater und Adoptivsohn erhalten.
Zunächst gerät Lot ganz ohne sein Verschulden in eine unangenehme Situation. Abraham hätte sich abgrenzen können: »Was geht das mich noch an?« Aber nein, der Vater ist zur Stelle, um zu helfen (1. Mose 14).
Später ist die Sache ein wenig anders gelagert. Lot hatte sich dafür entschieden, in Sodom zu wohnen. Als er dort in Schwierigkeiten geriet, hätte Abraham leicht sagen können: »Nun, das musst du jetzt schon allein ausbaden. Schließlich hast du es nicht anders gewollt.« Eine Steigerung wäre vielleicht noch die Bemerkung, dass Eltern sagen »Ich habe es dir ja gesagt – das nimmt kein gutes Ende, wenn du meinen Rat nicht befolgst!« Nichts davon wird hier berichtet, ganz im Gegenteil. Der Vater setzt sich mit aller Kraft für das Wohl seines Sohnes ein (1. Mose 18).

Vom Bruch in der Beziehung

Offensichtlich gab es in der Beziehung zwischen Abraham und Lot einen Bruch. Im Gegensatz zu früher betrachtete Abraham seinen Adoptivsohn Lot eines Tages nicht mehr als seinen Sohn und Erben (1. Mose 15,3).
Wir wissen nicht, welche Möglichkeiten der Annäherung es in dieser Familie gegeben hätte. Ich bin überzeugt davon, dass man nichts unversucht lassen sollte. Eine Karte aus dem Urlaub, ein Gruß zum Geburtstag vermitteln die Botschaft: Ich bin an dir interessiert. Auch wenn der andere nicht darauf reagiert.
Von dieser Zeit an empfanden Sara und Abraham ihre Kinderlosigkeit als quälendes Problem.

Was wird aus dem Kind?

Lot versagte als Vater. Er gab seinen Töchtern nicht den Schutz, den ein Vater ihnen geben sollte. In der weiteren Folge haben seine Kinder den Respekt vor ihrem Vater verloren. Lot endete innerlich und äußerlich in einer dunklen Höhle.
Lot und seine Frau richteten den Blick wie gebannt auf die Schwie-

rigkeiten um sich herum. Sie blieben in ihrem Bannkreis gefangen. Lots Frau erstarrte nicht nur körperlich. Das, was mit ihr geschah, ist auch ein Symbol für den inneren Prozess der Erstarrung. Das ist das Gegenteil einer lebendigen Entwicklung, die wir bei Abraham be-

obachten können.

Wer ist nun Schuld an dieser Entwicklung? Hatte Abraham sich nicht genügend Mühe gegeben? Haben Adoptivkinder weniger Chancen im Leben? Beides sind völlig unzulässige Schlüsse.

Gott hatte an Lot Interesse, begleitete ihn genauso wie Abraham. Lot hat immer wieder Chancen bekommen. Teilweise konnte er sie nützen (1. Mose 19). Positive Auswirkungen in seinem Leben werden darauf zurückgeführt, dass Abraham in ihn investiert hat (1. Mose 19,29).

Zum Nachdenken

- Welche Elternrollen treffen auf mich zu?
- Wie machen wir in unserer Familie die Unterscheidung deutlich zwischen Adoptiveltern und leiblichen Eltern? Welche Bezeichnungen verwenden wir?
- Was braucht mein Adoptivkind von mir als »Zweitvater« oder »Zweitmutter«?
- Welche Unterstützung braucht mein Kind, obwohl es schon erwachsen ist?
- Was könnte ich tun, um eine abgebrochene Beziehung wieder aufzunehmen?

Ismael – der außereheliche Sohn

Wut und Schweigen

Was bedeutet ein außereheliches Kind für die Partnerschaft?

Für ihren Traum vom eigenen Kind schien Abraham und Sara jedes Mittel recht zu sein. Sie bedachten die hohen emotionalen Kosten nicht.

Dadurch wurde eine Krise ausgelöst, die sich über das gesamte Umfeld ausbreitete. Sara fühlte sich als kinderlose Frau wertlos, überflüssig und gedemütigt. Ismael war eine tägliche Erinnerung daran! Obwohl sie selbst diesen Vorschlag gemacht hatte, wurde sie von Eifersucht und Wut erfüllt (1. Mose 16).

Abraham war zu sehr mit sich selbst beschäftigt, er bemerkte Saras Gefühle nicht. Oder er fühlte sich nicht in der Lage, darauf zu reagieren. Er wählte einen Weg damit umzugehen, den seither viele in ähnlichen Situationen ausprobiert haben: Er verlor kein Wort darüber. Oft steckt eine große Hilflosigkeit dahinter, wenn ein belastendes Thema in der Partnerschaft totgeschwiegen wird. Es erscheint zu schmerzlich, um darüber reden zu können. Dabei wäre das sehr befreiend und erst dann ist eine Lösung möglich.

Die allein erziehende Mutter

Hagar erinnert mich an so manche Mutter, die ihr Kind allein aufzieht. Möglicherweise ist dessen Vater nun mit einer anderen Frau zusammen. Sie fühlt sich nicht nur gedemütigt, oft erfährt sie auch konkrete Benachteiligungen. Die Doppelbelastung von Familie und Beruf fordert ihre ganze Energie, daneben kämpft sie gegen Einsamkeit und ihren Wunsch nach einer »richtigen« Familie. Vom Vater ihres Kindes erkämpft sie, was dem Kind zusteht.

Wie befreiend, dass Hagar die besondere Zuwendung Gottes erlebt (1. Mose 16 + 21). Sie ist kein Mensch zweiter Klasse, sondern eine Frau, die Gottes Fürsorge wert ist.

Die Mehrelternfamilie

Wie aus der Skizze am Anfang dieses Artikels deutlich wird, waren Abrahams Familienverhältnisse ähnlich kompliziert wie die einer modernen Patchworkfamilie.

Je mehr Menschen zu einem Familiensystem gehören, desto wichtiger ist es, dass jeder seinen guten Platz darin einnimmt. Dabei gibt es bestimmte Ordnungen zu beachten. Ehepartner und ehemalige Partner stehen nicht auf einer Ebene. Der Ehepartner hat Priorität.

Dieses Prinzip wurde auch Hagar ans Herz gelegt (1. Mose 16,9).

Ich erinnere mich an einen Klienten, der von zwei Frauen geschieden und nun ein drittes Mal verheiratet war. Es gab aus jeder der drei Ehen ein Kind. Es fiel ihm schwer zu erkennen, dass er zwar von seinen zwei ehemaligen Frauen geschieden war, jedoch nicht von seinen Kindern. Die Elternschaft zu jedem dieser Kinder hat andere Aspekte: Mit dem einen lebt er zusammen, mit den beiden anderen nicht. Er hat erkannt, dass es auch andere Möglichkeiten gibt, gleichzeitig Vater von Kindern aus verschiedenen Familien zu sein. Dieser Vater richtete in seinem Haus ein Zimmer für die beiden anderen Kinder ein, in dem sie jederzeit sein konnten.

Scheidung oder Trennung des Paares hebt die Eltern-Kind-Beziehung nicht auf. Das voneinander zu trennen, ist oft gar nicht so einfach. Die Schwierigkeit besteht darin, den emotionalen Zugang zum Kind zu erhalten, während sich die Beziehung zur Mutter des Kindes lockert. Zunächst scheint es so viel einfacher zu sein, beide miteinander über Bord zu werfen.

Folgende Aspekte tragen zum Gelingen der Mehrelternfamilie bei:

- realistische Erwartungen;
- biologische Elternteile nicht ausklammern;
- anerkennen, dass der Vater geteilte Loyalitäten hat;
- Beziehung zum Stiefkind aufbauen, ist kein Verrat am eigenen Kind.

Geglückte Geschwisterbeziehung

In einer Patchworkfamilie sind die Geschwisterbeziehungen oft sehr kompliziert. Je besser die Eltern es schaffen, den Kontakt des Kindes zu beiden biologischen Elternteilen herzustellen, desto besser wird der Kontakt zwischen den Geschwistern gelingen. Es ist aber zu erwarten, dass dabei alle möglichen Höhen und Tiefen durchlebt werden.

Isaaks und Ismaels Wege trennten sich. Als beide Familien Abrahams zusammenlebten, war die Spannung zu groß geworden. Abraham war jedoch bewusst, dass er für beide Söhne der Vater war (1. Mose 21,11).

Ismael kehrte später wieder zurück, um mit Isaak zusammen ihren gemeinsamen Vater zu begraben.

Isaak – der Sohn der Liebesehe

Fünfundzwanzig Jahre nachdem Abrahams Familie Haran verlassen hatte und dreizehn Jahre nach Ismaels Geburt offenbarte Gott die Details seines Planes, wie Abrahams Familie entstehen sollte (1. Mose 18).

Abrahams schwierigste Prüfung

Wie konnte Abraham sich auf ein solches Unternehmen einlassen, wie Gott es von ihm verlangte? Kaum eine Geschichte in der Bibel lässt bei Eltern soviel Unverständnis aufkommen wie die Opferung Isaaks (1. Mose 22).

So viel war in der Zwischenzeit geschehen, der lang verheißene Sohn wurde endlich geboren und entwickelte sich zur großen Freude seiner alten Eltern. Und jetzt sollte alles zu Ende sein, Abraham sollte seinen eigenen Lebenstraum zerstören? Er steht vor der Frage: Worauf setzt du dein Vertrauen? Wer wird letztlich dafür sorgen, dass dein Leben sein gutes Ziel erreicht?

Abraham erlebt auf dem Berg die Gefährdung dieses Kindes. Er muss letztendlich Gott zutrauen, dass er es gut mit ihm und seinem Sohn meint. Nur wenn Gott seine Hand über ihm hält, ist er geborgen. Alles andere macht ihm Angst. Vielleicht kann er als alter Vater seinen Sohn nicht vor allen Gefahren bewahren? Wer wird nach seinem eigenen Tod für den Sohn sorgen, wie geht es mit ihm weiter? Der Fortbestand seiner Familie konnte ja nicht von seinem langen Leben abhängig sein, er war ja schon alt.

Gott lässt die Spannung bis zum Äußersten steigen. Aber Abraham hält an der Zusage fest, dass seine Nachkommen so zahlreich sein werden wie die Sterne am Himmel. Er dringt durch von der Angst zum Vertrauen, dass Gott für alles Nötige sorgen wird. Er wird seine Gebete in ganz unerwarteter und befreiender Weise beantworten.

Immer wieder höre ich von Vätern und Müttern, die versucht sind, ein Kind für eigene Träume zu opfern – ganz anders als damals Abraham. Wie ist das, wenn das Kind im mühevoll aufgebauten Familienbetrieb nicht seine Erfüllung findet? Vielleicht wäre eine Neugestaltung aufgrund seiner besonderen Fähigkeiten für alle befruchtend …

Denn in Wahrheit haben Eltern den Auftrag, andere Opfer für das Kind zu bringen.

Es könnte sein, dass Eltern bereit sind, ihr christliches Erscheinungsbild zu opfern – so schwer es ihnen vielleicht fällt, mit einem Kind, das aus der Reihe tanzt … Manchmal testen Kinder damit, ob

die Eltern zu ihnen halten werden. Oder opfern Eltern die liebevolle Beziehung den Erwartungen christlicher Mitmenschen?
Tiefe Verletzungen geschehen, wenn Eltern aus ihrer Selbstbezogenheit heraus handeln. An dieser Stelle wird zum ersten Mal in der

Bibel das Wort Liebe eingeführt: kein Zufall. Liebesbeziehungen tragen immer auch die Gefahr mit sich, dass Verletzungen geschehen können.
Doch Abraham dringt durch von der Angst zum Vertrauen, dass Gott für alles Nötige sorgen wird und er erfährt, dass Gott mehr gibt, als wir erwarten, dass er unsere Gebete und unsere Hingabe an ihn oft in ganz unerwarteter und befreiender Weise beantwortet.

Walter Schmid

20 Geschwisterkonstellation am Beispiel von Josef

■ Mein Vater erzählte mir ein Familienrätsel meines Urgroßvaters: »Wir sind zu Hause 11 Buben und jeder von uns hat eine Schwester. Wie viele Kinder sind wir insgesamt?« Die richtige Antwort ist natürlich 12. Aber er bekam auch öfters 22 zur Antwort. Ich möchte Ihnen jetzt eine Familie vorstellen, die bestand sogar aus 12 Männern und jeder von ihnen hatte eine Schwester. Nachstehend sehen Sie den Stammbaum dieser Großfamilie.

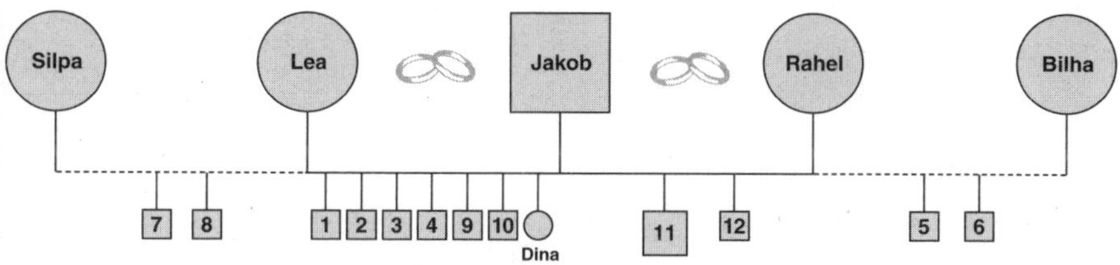

1 **Ruben**
2 **Simeon**
3 **Levi**
4 **Juda**
5 **Dan**
6 **Naftali**
7 **Gad**
8 **Asser**
9 **Issaschar**
10 **Sebulon**
11 **Josef**
12 **Benjamin**

Zahlen unter dem Namen = Reihenfolge der Geburt

Vorbemerkung

Die Geschichte der Familie Jakobs finden wir in der Bibel – Altes Testament – 1. Buch Mose, Kapitel 29 bis 50.

13 Originale stellen sich vor

Egal, wie groß die Kinderzahl ist, es lassen sich gewisse Parallelen zwischen unterschiedlichen Familien feststellen. Es ist sehr hilfreich, sich dieser Muster bewusst zu sein.
Jakob hatte 13 originelle Kinder, auch für sie gelten die nachstehenden Erkenntnisse. Eine ausführlichere Beschreibung der einzelnen Personen findet sich in Kapitel 49 des 1. Buches Mose.

Der Blick auf die Geburtenfolge (Geschwisterposition)

Es ist nicht unwesentlich, in welcher Zeit man geboren wird. Dies hat Einfluss auf unsere Entwicklung. Die Kriegsgeneration wurde anders geprägt als meine Kinder, die zwischen 1984 und 1987 geboren wurden. Genauso prägend ist es, ob ein Kind nach einem außergewöhnlichen Familienereignis (Unfall, Tod eines nahen Familienangehörigen) geboren wurde. Benjamin, der Jüngste der Familie Jakob, war so ein Kind. Seine Mutter Rahel starb bei seiner Geburt. Das Kind sollte anfangs sogar den Namen Ben-Oni (Sohn meines Unglücks) erhalten. Welch eine Bürde für ein Kind – lebenslang als Todesursache der Mutter gekennzeichnet zu sein! Der Vater hat daher eine sehr weise Entscheidung getroffen – gegen den Willen der Mutter – und das Kind Ben-Jamin (Sohn des Glücks) genannt. Jakob hat seinem Sohn dadurch mit Sicherheit viele Gewissensbisse erspart.

Zum Nachdenken

- Wie kamen Sie zu Ihrem Namen?
- Sind damit auch irgendwelche Ereignisse, Wünsche ... verbunden?
- Sind Sie mit Ihrem Namen glücklich oder würden Sie gerne anders heißen?
- Wer/was hindert Sie daran, den Namen zu ändern, wenn Sie dies besser finden würden?

Übrigens: Bei wichtigen Ereignissen/Lebensänderungen wurden Namen geändert. Auch Jakob erhielt einen neuen Namen – Israel. Nachzulesen in 1. Mose 32,29.

Genauso macht es einen Unterschied, ob ein Kind als erstes oder als letztes zur Welt kommt. Dies kann z. B. Auswirkungen auf die

Berufs- oder Partnerwahl haben. Ich schreibe hier ganz bewusst »kann«, denn es geht nicht um eine Festlegung, sondern um eine mögliche Ausprägung. Jeder von uns ist ein Original Gottes und daher unverwechselbar und einzigartig. Andererseits stammen wir alle vom gleichen Schöpfer – daher sind Ähnlichkeiten nur ein Hinweis auf den gemeinsamen »Bauplan-Mensch« und daher zu beachten.

Der/die Erstgeborene

Das erste Kind ist etwas Besonderes. Dies liegt schon allein in der Natur des Wortes. Es trifft – in unserer Kultur – auf männliche Nachkommen noch mehr zu als auf weibliche. Diese Erwartungshaltung spürt und verinnerlicht das Kind, auch wenn die Hoffnungen nicht verbal besonders ausgedrückt wurden. Das Kind wird – um die Eltern glücklich zu sehen – alles versuchen, diesen Wünschen zu entsprechen.
Das Kind kann das geplante oder nichtgeplante Ergebnis einer zufälligen sexuellen Begegnung, einer ersten Liebe, einer fixen Ehebeziehung ... sein. Jede dieser Voraussetzungen werden das Kind zusätzlich prägen. Dies gilt natürlich auch für alle weiteren Kinder. Für einige Zeit hat der/die Stammhalterin die Eltern ganz für sich allein und umgekehrt. Diese Zweisamkeit und Exklusivität bindet. Spätestens, wenn das Brüderchen oder Schwesterchen sich einstellt, wird der/die Erstgeborene alles versuchen, um die Liebe der Eltern nicht zu verlieren. Eifersucht ist in diesem Zusammenhang wahrscheinlich, aber nicht zwingend.

Zum Nachdenken

- Welche Erwartungen hatten/haben wir an unser erstgeborenes Kind?

Der/die Erstgeborene ist das Besondere und gleichzeitig das erste »Übungsfeld« der Eltern. Es bekommt für einige Zeit all unsere Liebe – aber auch all unsere Hilflosigkeit zu spüren. Aus eigener Erfahrung weiß ich, dass ich von meiner erstgeborenen Tochter viel mehr »erwartet« habe, als von meinen weiteren Kindern. Ich wollte für sie perfekt sein (ohne es je zu können) und sie sollte es für mich sein (auch sie schaffte diesen Anspruch natürlich nicht). Aus dieser Erfahrung heraus möchte ich Sie bitten: Seien Sie »gnädig«

mit Ihrem ersten Kind und mit sich selbst. Weder Eltern noch Kinder müssen perfekt sein. Schon gar nicht christliche Eltern und Kinder, denn wir haben einen gnädigen Gott!

Wenn das zweite und die weiteren Kinder zur Familie dazukommen, dann ist es meist der/die Erste, die jetzt »vernünftig, hilfsbereit, erwachsen« zu sein hat. Hier kommt es leicht zu einer Überforderung. Oft wird diesen Kindern ihre Kindheit geraubt oder verkürzt, was sich im späteren Leben negativ auswirken kann. (z. B. Angstzustände, fehlende »Leichtigkeit«).

Zum Nachdenken

- Wie könnten wir als Eltern unsere(n) Erstgeborene(n) entlasten?
- Hat der/die Erstgeborene zu viele Aufgaben? Ersatzmutter? Ersatzvater?
- Darf auch der/die Erstgeborene einfach Kind sein?

Da Erstgeborene erstmals alles erkämpfen müssen – Schlafenszeiten, Taschengeld ... werden sie oft Kämpfer, die sich auch im Beruf nicht gerne mit dem zweiten Platz zufrieden geben. In der Ehe wollen sie meist auch nicht die zweiten sein. Wo zwei Erstgeborene als Ehepartner zusammentreffen, sind Kämpfe um den ersten Platz nicht selten.

Ruben – der älteste Sohn Jakobs – erwies sich an mehreren Stellen als Erstgeborener. Er führte seine Brüder an, wenn er das Vieh der Familie hütete. Er war es, der versuchte, seine Brüder vom Plan abzubringen, Josef zu töten, und er führte die Reise nach Ägypten an. Ob sein Verhältnis zu Bilha, der Frau seines Vaters, ein Ausdruck seiner Überforderung war? Sünde hat meist viele Wurzeln. Manche dieser Wurzeln können wir Eltern durch Vorsorge und Wachsamkeit klein halten oder verhindern.

Das mittlere Kind

Ein gutes Sandwich wird durch seinen Inhalt bestimmt, aber vom Deckel und Boden festgehalten. Nicht umsonst werden die mittleren Kinder »Sandwich-Kinder« genannt. Sie spüren den Druck von Deckel (Erstgeborenen) und Boden (Jüngsten) und versuchen

diese Doppelbelastung irgendwie zu bewältigen. Manchmal probieren sie die Aufmerksamkeit der Eltern durch spezielle Aktionen zu bekommen – von extremer Zurückgezogenheit bis hin zu Aufsässigkeit ist hier alles möglich.
Andererseits ist es auch ein Vorteil, nicht so im Rampenlicht zu stehen und ungehindert eigene Wege gehen zu können. Trotzdem müssen sie ihr eigenes Profil erst finden und sich nicht nur als »eben anders« als die Älteste oder Jüngste verstehen.
Wichtig ist auch zu berücksichtigen, welchen ersten Kinderwunsch die Eltern hatten. Wenn der zuerst erwartete Robert eine Roberta wurde, hat es ein Junge als zweiter etwas leichter. Sie können die umgekehrte Variation selbst durchspielen – oder noch besser ihre Familie auf diese Sache hin hinterfragen. Schwieriger für den Zweiten ist es, wenn auf Robert wieder ein Junge oder wenn auf Roberta ein Mädchen folgt. Die Abgrenzung zum Erstgeborenen wird dadurch komplizierter.
Mittlere Kinder entwickeln oft erstaunliche Fähigkeiten als Vermittler.

Zum Nachdenken

- Wie kann ich besonders meinem mittleren Kind helfen, seinen besonderen Platz in unserer Familie zu finden?
- Ist die Vermittlungstätigkeit meines Mittleren zu intensiv?

In der Familie Jakobs waren Simeon und Levi zwei mögliche Repräsentanten dieser Personengruppe. Sie versuchten, die Aufmerksamkeit durch eine besondere Tat auf sich zu lenken. Die Rache an den Leuten von Sichem (1. Mose 34) sollte dem Vater vielleicht zeigen, dass auf sie Verlass war und niemand ungestraft ihre Schwester entehren durfte. Doch ihr ungebetener »Einsatz« wurde vom Vater nicht belohnt.
Vermittlereigenschaften sehen wir auch bei Juda, der den Verkauf von Josef vorschlug, anstatt diesen in der Grube verhungern zu lassen oder doch noch zu töten. Auch bei der zweiten Reise nach Ägypten war er es, der einen Vermittlungsvorschlag vorbrachte. Er bürgte seinem Vater für die sichere Heimkehr von Benjamin. So wurde ein nächster Schritt für die Rettung des ganzen Volkes in der Hungersnot ermöglicht – eine wichtige Etappe auf dem Weg zur Aussöhnung der ganzen Familie.

Das jüngste Kind

Benjamin ist ein gutes Beispiel für ein jüngstes Kind. Nicht umsonst ist sein Name sogar in unseren Sprachschatz eingegangen. Der Jüngste wird oft als »Benjamin« bezeichnet, egal welchen Namen er wirklich trägt.
Das jüngste Kind erlebt meist, dass immer jemand da ist. Die Regeln, die für die älteren Geschwister aufgestellt wurden, gelten für die jüngsten meist nicht mehr so streng. Es gibt jede Menge Ausnahmen. Sollte mal etwas passieren, – im Zweifelsfall – ist »Benjamin« nicht schuld, sondern die älteren Geschwister. So habe ich es als Benjamin meiner Familie jedenfalls in guter Erinnerung.
Im Gefühl dieser Sonderstellung gehen diese Kinder oft sehr optimistisch in die Welt und sind sehr überrascht, dass es dort nicht nur liebe Eltern und Geschwister gibt. Es fällt ihnen oft nicht so leicht, allein Dinge anzupacken. Daher wählen sie gerne einen Partner, der als Ältester/Älteste aufgewachsen ist und lassen sich wieder verwöhnen.

Zum Nachdenken

- Wo und wie bevorzuge ich mein jüngstes Kind?
- Wie geht es den anderen Kindern dabei?
- Habe/n ich/wir dies mit allen Beteiligten schon einmal angesprochen?

Geschwisterfolge bei mehreren Kindern

Ist zwischen den einzelnen Kindern ein größerer Abstand, dann können sich Positionen wiederholen. Zusätzlich ist noch die geschlechtliche Reihenfolge von Bedeutung. Eine Tochter – auch eine mittlere – unter mehreren Brüdern entwickelt wahrscheinlich mehr die Merkmale einer Jüngsten (wenn sie verwöhnt wird) oder einer Ältesten (wenn sie für die Brüder die einzige große Schwester spielen muss).
Ein Sohn, der als zweiter, dritter oder vierter geboren wird, aber das erste männliche Kind ist, wird sich eher als verantwortlicher Erstgeborener oder als verwöhnter Benjamin entwickeln. Je nachdem, welche Rolle man ihm in der Familie gibt bzw. er bereit ist auszufüllen.

Der Blick auf die Rollen

Jeder Mensch sehnt sich danach, als eigenständige und unverwechselbare Person erkannt und geschätzt zu werden. Um trotzdem An-

erkennung zu erhalten, besteht die Gefahr, dass wir in Rollen verfallen – bzw. lassen wir uns in diese hineindrängen.
Nachstehend einige der üblichen Rollen, die man in Familien und Gruppen findet:

Der Star

Äußerlich ist er erfolgreich, liebt und braucht Anerkennung, löst Probleme, oft selbstständig.
Innerlich kennt und spürt er seine eigenen Schwächen, ist einsam.
Ein Musterbeispiel dafür war Josef – er wird von seinem Vater sogar als Star eingekleidet (bunter Rock). Seine Sonderstellung war allen deutlich – die Brüder waren bei der Arbeit, er sitzt gemütlich zu Hause.

Das schwarze Schaf

Äußerlich brechen diese Kinder oft und gerne alle Regeln. Ein Hang zu Drogen ist erkennbar.
Innerlich haben diese Kinder Angst vor Zurückweisung, fühlen sich allein, sind leicht verletzlich.
Levi und Simeon waren mögliche Vertreter (vgl. ihre Tat an den Leuten von Sichem). Aber auch Benjamin wurde später von seinem Vater als »reißender Wolf« bezeichnet. Ein zu sehr verwöhntes Kind (keine klaren Grenzen gelernt) kann leicht zum Problemkind – ja sogar zum reißenden Wolf – werden.
Manchmal leben diese Menschen aber auch die versteckten Probleme einer Familie übermäßig aus und weisen durch ihre Taten auf diese Schwierigkeiten hin.
Ein rebellischer Teenager ist oft nicht das eigentliche Problem in einer Familie – sondern er weist durch sein Verhalten nur auf eine Familienproblematik hin. Daher ist es wichtig die Familie immer als Ganzes – als System – zu sehen und nicht nur die Einzelperson für sich.

Der Retter

Äußerlich ist er seriös, opfert sich übermäßig für andere, neigt zum »Märtyrer«, ist überverantwortlich.
Innerlich fühlt er sich leicht schuldig (auch für Fehler anderer), ist ängstlich, leicht zu verletzen.
Juda könnte ein solcher Rettertyp gewesen sein. (Vergleiche die Ausführungen beim mittleren Kind.)

Es ist jedenfalls bemerkenswert, dass Gott gerade aus dem Stamm Juda den wirklichen Retter hervorgehen ließ (vgl. 1. Mose 49,10).

Der Clown

Äußerlich ist er immer fröhlich und gut drauf, offen, versucht immer die Aufmerksamkeit zu bekommen (durch alle möglichen und unmöglichen Aktionen).
Innerlich ist er einsam, unsicher, manchmal verwirrt und ängstlich.

Das verlorene Kind

Äußerlich ist es zurückgezogen und distanziert. Essstörungen sind nicht selten; es ist sehr unabhängig, sehr schwer zu erreichen.
Innerlich fühlt es sich ungeliebt, verletzt, ärgerlich und ungenügend.

Eltern sollten die Einzigartigkeit ihres Kindes annehmen, unterstützen und fördern. So helfen sie dem Kind, nicht eine Rolle spielen zu müssen, sondern sein eigenes – von Gott geschenktes – Ich leben zu lernen.

Ein gutes Verhältnis zwischen Eltern und Kindern

Der Wunsch nach einem guten Miteinander zwischen Eltern und Kindern und den Geschwistern untereinander steckt in uns allen. Dies gilt nicht nur für die Zeit, wenn die Kinder noch klein sind, sondern es bleibt ein lebenslanges Bedürfnis. Wir wünschen uns alle ein Stück Paradies in unserer Familie.
Ich möchte wieder einen Blick auf die Familie Jakobs werfen und anhand der Höhen und Tiefen dieser Familie einige wesentliche Punkte für ein harmonisches Miteinander aufzeigen (1. Mose 37ff.).

Eine Familie stellt sich vor

Wir haben eine sehr wohlhabende Familie vor uns. Reich in vielfältiger Weise – dreizehn Kinder, jede Menge Vieh und Land. Wir steigen in die Zeit ein, als Josef siebzehn Jahre alt war. Seine Mutter Rahel starb bei der Geburt seines Bruders Benjamin.
Josef war der Erstgeborene der Lieblingsfrau seines Vaters. Er war also in doppelter Weise etwas Besonderes. Und dies nicht nur un-

ausgesprochen, sondern für alle sichtbar. Sein Vater machte ihm ein extra prunkvolles Gewand. Josefs Sonderstellung sollte für alle sichtbar sein – nicht nur im Aussehen. Während seine Brüder draußen auf dem Feld die Arbeit verrichteten, lebte er mit seinem jüngeren Bruder zu Hause beim Vater. Nur ab und zu machte er Botendienste, um für seinen Vater zu kontrollieren, ob alles gut läuft. Man kann ruhig von Bespitzelung im Auftrag des Vaters sprechen. Es gab also einen großen Unterschied zwischen den Geschwistern, der für jeden augenscheinlich war, der es sehen wollte.

Zum Nachdenken
- Mache ich einen Unterschied zwischen meinen Kindern?
- Wodurch wird dies deutlich – sichtbar?

Einige Familienmitglieder werden nicht satt

Natürlich versorgte Jakob seine Kinder gut. Jeder hatte zu essen – doch seine Liebe verteilte er sehr ungerecht. Ich stelle mir vor, wie die restlichen Kinder die Liebe ihres Vaters erringen wollten. Sie betreuten seine Herde bestens, haben ihm öfter ein Wild mit nach Hause gebracht, um den Speisezettel abwechslungsreicher zu machen.

Aber Jakobs Augen waren nur auf den Star der Familie und auf Benjamin gerichtet.

Wenn Kinder nicht »satt« werden, fangen sie an zu schreien (ihrem Zorn freien Lauf zu lassen) oder versuchen in anderer Weise ihrem »Hunger« Ausdruck zu verleihen. Die Kinder von Jakob waren leider »sprachlos«. Sie fanden keine rechten Worte, um den Schmerz, die Entbehrung auszudrücken. Vielleicht waren sie hier ihrem Vater ähnlich, der den Schmerz über den Verlust seiner Lieblingsfrau auch nicht verbal ausdrücken konnte, sondern nur nonverbal – in der Bevorzugung ihrer Kinder.

Zum Nachdenken
- Werden alle Kinder in unserer Familie »satt«?
- Welche Auswirkungen hat dies in unserer Familie?
- Habe ich als Kind die Liebe bekommen, die ich gebraucht hätte?

Hungrige Kinder beginnen zu hassen

Ich schreibe von Kindern, aber vom Alter her müsste ich von erwachsenen Männern und einer Frau schreiben. Josef war siebzehn Jahre – um einige Jahre jünger als seine anderen Brüder und seine Schwester. Egal wie alt wir sind – wir bleiben Kinder unserer Eltern. Und vorenthaltene Liebe hat Auswirkungen – in diesem Fall sehr dramati-

sche. Aus der Sprachlosigkeit wurde Hass und nach einiger Zeit planten die Brüder Josefs Tod.

Dieser aufkommende Hass hatte weitere Konsequenzen. Hass macht blind bzw. schafft blinde Flecken. Die Geschwister sahen nicht mehr den Bruder, sondern nur noch den Angeber und das Vatersöhnchen. Der Vater sah nur noch seine beiden Lieblingssöhne. Vater und Geschwister wurden sogar blind für Gott. Die Träume Josefs – die Botschaften Gottes waren – wurden als »Träumerei« abgetan. Hass macht immer blind für Gott und sein Reden.

Die erstbeste Gelegenheit wurde schließlich von den Geschwistern wahrgenommen, um den ungeliebten Bruder loszuwerden. Ruben und Juda versuchten zwar das Schlimmste (Josefs Tod) zu verhindern, doch die Sklaverei war nur ein Sterben auf Raten.

Der Hass führte zu einer weiteren Verfehlung – der Lüge. Dem Vater wurde vorgeschwindelt, dass Josef durch ein wildes Tier getötet worden war. Der erhoffte Umschwung – wenn Josef nicht mehr da ist, dann gehört die Liebe des Vater uns – erfüllte sich nicht. Jakob konzentrierte seine ganze Lebenskraft in die Trauer um Josef und auf Benjamin. Die restlichen Kinder gingen weiterhin leer aus.

Hass löst keine Probleme, sondern verschlimmert diese.

Zum Nachdenken

- Wie beschreibe ich das Verhältnis zu meinen Kindern, Geschwistern, Eltern?
- Wie lebe ich Wut aus – offen oder durch Rückzug?

Reich, aber unversöhnt

So könnte man die Situation von Josef beschreiben. Aus dem hochnäsigen Star von einst wurde ein verantwortungsvoller Staatsmann. Nachzulesen in Kapitel 39 – 41 des 1. Mosebuches. Gott hatte Josef immer begleitet – ihn durch viele Lebensetappen geführt, die seinen Charakter veränderten. Und Josef ließ diese Veränderung zu.

Jetzt hatte er eine hübsche Frau, ein dickes Bankkonto, war der zweite Mann des Staates Ägypten und Vater zweier netter Kinder. Trotzdem war er nicht glücklich. Gerade in den Namen seiner zwei

Söhne wurde dies deutlich (1. Mose 41,51+52). Manasse (Gott hat mich vergessen lassen all mein Unglück) war der Versuch, seine Ursprungsfamilie zu vergessen. Was ihm jedoch nicht gelang. Und Ephraim (Gott hat mich wachsen lassen im Land meines Elends) machte deutlich, dass der derzeitige Wohlstand ihn nicht wirklich glücklich machte. Er sehnte sich nach der Versöhnung mit seiner Herkunftsfamilie.

Zum Nachdenken
- Wie geht es mir mit meiner Herkunftsfamilie?
- Welche Veränderung wünsche ich mir?

Versöhnung ist möglich

Es war nicht nur Josef, der ein versöhntes Miteinander brauchte. Auch sein Vater und seine Geschwister lebten nicht unbelastet. So wie jeder die Folgen der Familientragödie trug, hatte jeder die Möglichkeit, sie zu verändern.

➔ Jakob hätte seinen Söhnen endlich die Wertschätzung zeigen können, die sie sich so sehnlich wünschten. Dies hätte sie vielleicht bewogen, die Lüge über Josefs Verschwinden aufzugeben und ...

➔ Die Geschwister hätten von sich aus die Wahrheit über das Verschwinden von Josef dem Vater berichten können und ...

➔ Josef, als Herr über die damalige Welt, hätte einen Boten nach Kanaan schicken können und ...

Doch wie so oft, sind es erst die Notzeiten, die uns Menschen in Bewegung setzen. In diesem Fall war es eine Hungersnot.
Aber wir brauchen nicht auf solche schlimmen Zeiten zu warten. Versöhnung ist immer möglich. *»Heute, wenn ihr seine Stimme hören werdet, so verstockt eure Herzen nicht!«* Diesen Satz hat Gott seinem Volk immer wieder zugerufen (z. B. Hebräer 3,7). Er möchte, dass wir unbereinigte Dinge endlich bereinigen. Ihm gegenüber – aber auch unserer Familie gegenüber.

Der erste Schritt ist der Wichtigste

Versöhnung braucht einen ersten Schritt – einen Anruf, eine Karte, ein Hallo ... auch wenn man noch nicht alle weiteren Schritte kennt, wenn noch manch unbekanntes Land vor uns liegt. Auch die

Geschwister von Josef wussten nicht, was sie in Ägypten erwarten würde, aber sie machten sich auf den Weg. Und schlussendlich wurden sie endlich »satt«: sie bekamen ihren Bruder zurück und ein neues Verhältnis zu ihrem Vater.

Zum Nachdenken

- Was könnte mein erster Schritt sein?
- Was hindert mich daran, diesen Schritt zu gehen?
- Wie könnte ich das/die Hindernis(se) vor dem ersten Schritt wegräumen?

Jeder darf seinen Beitrag zur Versöhnung leisten

Zuerst hatte ich »Jeder muss seinen Beitrag leisten« als Überschrift gewählt. Es stimmt wohl beides. Wer Versöhnung möchte, muss *seinen* Beitrag leisten. Aber gleichzeitig ist es ein Vorrecht neu anfangen zu können.

➔ Josef hatte schon einiges vorgeleistet. Seine Starallüren hatte er abgelegt. Er ließ sich auf seine Brüder ein, obwohl er ganz einfach auch Rache hätte nehmen können. Niemand hätte etwas davon bemerkt. Spione – und als solche konnte man seine Brüder beim ersten Besuch in Ägypten bezeichnen – lässt man einfach hinrichten.

➔ Die Geschwister mussten sich auf den Weg machen. Sie bekannten dem unbekannten Herrscher, dass sie einmal einen zwölften Bruder hatten. Sie gestanden ihre Schuld unbewusst ein (1. Mose 42,21-23) und später bewusst, als Josef sich zu erkennen gegeben hatte (1. Mose 45,15).

➔ Der Vater musste seinen letzten Lieblingssohn geben, um beide wieder zu erhalten. Erst als Jakob seinen Benjamin nach Ägypten reisen ließ, ging er einen wichtigen Schritt auf dem Weg der Versöhnung. Loslassen und den restlichen Kindern vertrauen – etwas zutrauen.

Zum Nachdenken

- Was ist mein Beitrag zu Versöhnung in meiner Familie?

Versöhnung ist ...

... gar nicht so einfach

Josef brauchte einige Zeit, bis er diese neue Situation handhaben konnte. Er brauchte Bedenkzeit. Schließlich waren über zweiundzwanzig Jahre vergangen, als er seine Geschwister das letzte Mal gesehen hatte. Diese Erinnerung war sofort da, als sie vor ihm auftauchten. Auch die fast dreizehn Jahre, die er in Gefangenschaft gelebt hatte, waren noch nicht vergessen, trotz des Aufstieges, den er erlebte.
Versöhnung braucht Zeit – manchmal dauert es zweiundzwanzig Jahre bis zum ersten Schritt. Oft geht – beziehungsweise – könnte es viel schneller gehen. Aber jeder hat sein Tempo.
Es ist nicht einfach – aber mit Gottes Hilfe möglich!

... ist Familien- und Privatsache

Als Josef sich zu erkennen gab, schickte er vorher alle Diener hinaus. Was es jetzt zu bereden gab, ging nur die Geschwister und ihn an. Zuschauer waren in diesem Moment unerwünscht. Es ging schließlich um Familienangelegenheiten und die brauchen die nötige Privatsphäre.

... ist ein Gesellschaftsereignis

Versöhnung bleibt nie ohne Auswirkungen: Da steht das Auto einer Tochter plötzlich wieder vor dem Elternhaus. Die Nachbarn registrieren dies natürlich sofort.
Auch die Umgebung am Hof des Pharao bleibt nicht auf Dauer in Unkenntnis. Es sprach sich schnell bis zum Pharao durch. Zu guter Letzt tauchte die ganze Familie in Ägypten auf – spätestens dann wusste jedermann, was sich da getan hatte.

... ist ein Spiel mit offenen Karten

Ein kleiner Satz: »Danach redeten seine Brüder mit ihm« (1. Mose 45,15) – doch einer mit großer Tragweite. Alles, was nötig war, wurde besprochen und abgeklärt. Nichts wurde zurückgehalten, wenn es für einen der Beteiligten wichtig war. Alles wurde sozusagen offen »auf den Tisch gelegt« – nichts heimlich darunter gekehrt. Es wurde alles ausgepackt und bei Gott endgültig weggepackt. So war und ist ein Neustart möglich.

... ist ein ganzheitlicher Prozess

Es wurde geredet, umarmt, gelacht und geweint. Es handelte sich also nicht um ein emotionsloses, intellektuelles Ritual. So wie die Ablehnung damals ganzheitlich war – nicht nur in Worten, sondern mit dem ganzen Sein, so war auch die Versöhnung und die erneute Annahme ganzheitlich. Man nahm sich wieder an – mit allen persönlichen Stärken und Schwächen. Auch mit dem Wissen, wieder Fehler zu begehen – oder der Angst, die von Zeit zu Zeit auftauchen würde (1. Mose 50,15).

... ist ein Geschenk Gottes

Gott löste durch die Hungersnot nicht nur diesen Versöhnungsprozess ein. Er begleitete jeden Einzelnen auch in der Zeit der Entfremdung und bereitete die Familienzusammenführung vor. Trotzdem war es ein Geschenk, das es zu ergreifen galt. Jakobs Familie hat über zweiundzwanzig Jahre gebraucht es anzunehmen – sie hätte es auch ablehnen können.

... ist ein Geschenk für mich – für uns

Auch heute liegt das Geschenk der Versöhnung in der Person und Tat von Jesus Christus für jeden bereit. Ob wir es für uns persönlich – als Familie – ergreifen, liegt bei jedem Einzelnen.
Das Vorbild von Josef und seiner Familie sollte uns motivieren, Gottes Geschenk zu ergreifen.

... ist eine lebenslange Herausforderung

Gott ist mit uns noch lange nicht fertig, auch wenn wir sein Versöhnungswerk für unser Leben annehmen. Er möchte, dass wir anfangen und dranbleiben, uns in unseren vielfältigen Lebensaufgaben und Beziehungen zu verändern. Damit der Geist der Versöhnung mehr und mehr Raum gewinnt in unserem eigenen Leben und dadurch auch im Leben anderer.

Wilhelm Faix

Jesus und seine Familie

21

■ Das Neue Testament berichtet uns sehr wenig über die Familie, in der Jesus aufwuchs. Wir haben nur spärliche Hinweise, die es uns unmöglich machen, ein geschlossenes Familienbild zu zeichnen, wie wir es sonst bei Biografien gewohnt sind. Die Schreiber des Neuen Testamentes hatten eine andere Zielsetzung. Ihnen ging es um die Person und das Werk von Jesus. Als Sohn Gottes wurde er vom Vater gesandt, den Menschen die gute Nachricht zu bringen und für die Menschen zu leiden und zu sterben. In diesem Zusammenhang gibt es auch einige Hinweise auf die Familie von Jesus.
Wir wollen anhand dieser wenigen Aussagen versuchen, ein Bild von der Familie von Jesus zu zeichnen. Wir werden daraus keine umfassenden Schlussfolgerungen für uns ziehen können, aber doch entscheidende Hilfen erhalten.

Seine Eltern

Maria, die Mutter von Jesus, ist eine besondere Frau. Das zeigt sich einmal darin, wie sie die Botschaft des Engels, dass sie vom Heiligen Geist schwanger werden wird, angenommen hat und zum andern, wie sie mit dieser Tatsache umging. Während der Schwangerschaft dichtet sie einen Lobgesang. In diesem Lobgesang kommt kein Satz über eventuelle Schwierigkeiten, die sie als Unverheiratete bekommen könnte. Mit packenden Worten lobt sie Gott, dass er sich der Menschen auf dieser Erde erbarmt hat.

Vom Vater Josef wird uns noch weniger berichtet als von der Mutter Maria. Er stammt aus dem Geschlecht Davids (Mt 1,20; Lk 1,27; 2,4; 3,31) und wurde in Bethlehem geboren (Lk 2,4). Bethlehem war zur damaligen Zeit bekannt als die Stadt der Bauhandwerker und Steinmetzen. So ergriff Josef den Beruf des Zimmermanns (in Mt 13,55 heißt es wörtlich: »Bauhandwerker«). Später zog Josef nach Nazareth, um dort sein Handwerk auszuüben. In Nazareth verlobte er sich mit Maria. Als er erfuhr, dass Maria schwanger war, stand er vor einer schwierigen Entscheidung. Zwei Möglichkeiten standen ihm offen: Maria anzuzeigen und ihr den Scheidungsbrief zu geben oder sie zu verklagen und ihre Bestrafung zu fordern. Hätte Josef Maria den Scheidungsbrief gegeben, dann wäre Maria ein Leben lang gebrandmarkt gewesen. Hätte er sie verklagt, dann hätte ihr die Todesstrafe durch Steinigen gedroht. Josef entschied sich für einen anderen Weg. Er beschloss, sich von Maria in aller Stille zu trennen. Damit nahm er selbst die Schuld auf sich. Jesus wäre dann als uneheliches Kind einer verlassenen Braut geboren worden. Dieses Vorgehen zeigt etwas vom Charakter Josefs; er möchte Maria nicht schaden, nimmt nicht die damaligen üblichen Rechtsmittel in Anspruch und trotzdem wird Josef als »gerecht« bezeichnet (Mt 1,19). Doch es kam anders. Im Traum erschien Josef der Engel des Herrn und klärte ihn über Maria auf. Mit den Worten: *Nimm Maria, deine Verlobte, als Ehefrau zu dir* (Mt 1,20), wird Josef von Gott als Vater von Jesus eingesetzt. Ohne Widerspruch akzeptiert Josef das Geschehen. Er bleibt bei Maria und nimmt Jesus als seinen eigenen Sohn an (Mt 1,18-25). Josef war ein Mann, der sich von Gott willig leiten ließ, obwohl die Anweisungen, die er erhielt, nicht einfach und leicht nachzuvollziehen waren. Von seinem Wesen war Josef eher zurückhaltend und schweigsam, aber durchaus ein entscheidungsfreudiger und handlungsfähiger Mann. Über das Leben von Josef können wir das Motto setzen: In der Stille liegt die Kraft.

Die Geburt von Jesus ist umgeben von einem dramatischen Geschehen. Jesus wurde in einem Stall geboren und in einen Futtertrog gelegt, weil in Bethlehem kein Zimmer zu bekommen war. König Herodes bekam Panik, nachdem ihm die Weisen aus dem Osten berichtet hatten, und ließ alle Kinder bis zum 2. Lebensjahr ermorden. Wieder griff Gott ein und gab Josef in einem Traum die Anweisung, nach Ägypten zu fliehen. Als Herodes gestorben und die Gefahr vorbei war, erhielt Josef von Gott die Anweisung, zurück in seine Heimat zu ziehen.

Jesus wuchs in Nazareth auf und erlernte von seinem Vater das Zimmermannshandwerk (Mk 6,3). »Jesus baute also mit seinem Vater Häuser aus Lehm, Holz und Stein. Er machte Höhlen bewohnbar und versah sie mit Vorbauten, er schlug Treppen in den Felsen und Vertiefungen in den Stein« (H. Bräumer, Großes Lexikon zur Bibel). Die Zimmerleute galten zur Zeit von Jesus als besonders schriftgelehrter Handwerksstand, darum können wir davon ausgehen, dass Jesus nicht nur Lesen und Schreiben lernte, sondern auch von seinem Vater in der Gesetzestradition unterrichtet wurde. Darüber hinaus können wir annehmen, dass Jesus mit seinem Vater in ganz Galiläa zu Arbeiten unterwegs war und auf diese Weise Menschenkenntnis erwarb.

Jesus hatte offensichtlich ein gutes und herzliches Verhältnis zu seinem Vater, denn wir hören nie ein negatives Wort über das irdische Vatersein. Wenn Jesus von seinem Vater im Himmel spricht, dann ist es als würde er von seinem leiblichen Vater sprechen. Wenn er zum Beispiel sagt: *»Der Sohn kann nichts von sich aus tun; sondern nur, was er den Vater tun sieht; denn was dieser tut, das tut gleicherweise auch der Sohn. Denn der Vater hat den Sohn lieb und zeigt ihm alles, was er tut«* (Joh 5,19-20), dann spiegelt das auch etwas von seinem Verhältnis zu seinem irdischen Vater wider.

Wir wissen nicht, wie lange Josef gelebt hat und wie lange Jesus mit ihm gemeinsam das Bauhandwerk ausüben konnte. Jedenfalls war Josef bereits gestorben, als Jesus etwa mit 30 Jahren als Rabbi auftrat, Jünger um sich sammelte und seiner göttlichen Berufung nachkam. Mit seinem öffentlichen Auftritt verließ Jesus Nazareth und zog nach Kapernaum (Mt 4,13). Als er später wieder einmal nach Nazareth kam und in der Synagoge sprach, erntete er nicht nur Zustimmung, sondern auch krasse Ablehnung. Zynisch fragen einige Zuhörer: *»Ist das nicht Josefs Sohn?«* (Lk 4,22). In dieser Frage steckt der Vorwurf: Was will dieser Handwerker uns die Heiligen Schriften auslegen, dafür ist er nicht ausgebildet. Er wird sogar mit dem Tod bedroht.

Josef und Maria gehörten zu den Menschen, die ihren Glauben lebten und darum auch ihr Familienleben konsequent nach dem Gesetz gestalteten (Lk 2,21.39.41). So prägten gute Gewohnheiten die Kindheit von Jesus. Diese Gewohnheiten hat Jesus beibehalten. Wir lesen, dass er sich morgens in der Frühe Zeit zum Gebet nahm

(Mk 1,35; Lk 11,1), am Sabbat die Synagoge besuchte (Lk 4,16; 13,10) und zu den jährlichen Festen nach Jerusalem ging (Joh 7,14; 12,12 u. a.).

232 Auch im Loslassen der Kinder sind uns die Eltern von Jesus ein Vorbild. Als Jesus 12 Jahre alt und nach dem Gesetz mündig war, nahmen ihn die Eltern mit auf ihrer Pilgerfahrt zum Passahfest nach Jerusalem. Dabei gestehen sie Jesus eine erstaunliche Freiheit zu. Jesus darf eigenständig am Passahfest teilnehmen. Die Eltern reisen nach dem Fest sogar ohne ihn wieder von Jerusalem ab, weil sie davon ausgehen, dass Jesus sich in eigener Verantwortung auf den Rückweg gemacht hat. Erst als sie merken, dass Jesus nicht unter den Pilgern ist und alles Suchen vergeblich verläuft, machen sie sich auf den Rückweg nach Jerusalem, um ihn dort zu suchen. Sie suchen ihn überall, nur nicht im Tempel. Nach drei Tagen fanden sie Jesus endlich im Tempel mitten unter den Gesetzeslehrern. Die Eltern waren außer sich. Empört und vorwurfsvoll sagt Maria zu Jesus: *Kind, warum machst du uns solchen Kummer? Dein Vater und ich haben dich überall gesucht und große Angst um dich ausgestanden.*
Mit zwölf Jahren war Jesus zwar mündig nach dem Gesetz, aber noch nicht erwachsen, so dass er sich selbst versorgen konnte. Noch lebte er bei seinen Eltern, die darum auch für sein Wohlergehen zuständig waren. So kommt es auch bei den Eltern von Jesus zur typischen Spannung zwischen Loslassen und in Verantwortung begleiten.

Seine Geschwister

Jesus wuchs mit mehreren Geschwistern auf, Brüdern und Schwestern, die nach ihm geboren wurden. Wie viele Schwestern er hatte, wissen wir nicht, während uns die Brüder namentlich genannt werden. Es sind Jakobus, Josef, Judas und Simon (Mk 6,3; Mt 13,55).
Über seine Kindheit und das Familienleben oder wie er sich mit seinen Geschwistern verstand, wird uns nichts berichtet. Wir können aber davon ausgehen, dass es sich um eine ganz »normale« Familie gehandelt hat, in der es zuging wie in jeder anderen Familie auch. Mit einem einzigen, wenn auch vielsagenden Satz, fasst der Evangelist Matthäus zusammen, was über die Kindheit von Jesus in

Nazareth zu sagen ist: »*Und Jesus nahm zu an Weisheit, Alter und Gnade bei Gott und den Menschen*« (Lk 2,52).

Jesus unterschied sich von seinen Geschwistern dadurch, dass er in ungewöhnlicher Weise für den Willen Gottes offen war, sich für die Heiligen Schriften interessierte und offensichtlich schon sehr früh seine göttliche Berufung erkannte. Als Jesus mit seinen Eltern als 12-Jähriger mit nach Jerusalem zum Passahfest durfte, nutzte er die Gelegenheit, um in den Tempel zu gehen und sich zu den Füßen der damaligen Gelehrten zu setzen, ihnen zuzuhören und Fragen zu stellen. In der Art und Weise, wie Jesus Fragen stellte und Fragen beantwortete, wurde deutlich, dass er bereits ein umfangreiches geistliches Verständnis hatte. Jedenfalls fiel er auf und die Leute wunderten sich über diesen Jungen. Eine bemerkenswerte Haltung eines 12-Jährigen. Als seine Eltern ihn nach drei Tagen fanden und seine Mutter ihm Vorwürfe macht, da reagiert Jesus nicht wie ein Kind, sondern in geistlicher Überlegenheit mit den Worten: *Warum habt ihr mich gesucht? Habt ihr nicht gewusst, dass ich im Haus meines Vaters sein muss?*
Obwohl Jesus früh um seine göttliche Berufung wusste, ordnete er sich willig seinen Eltern unter. Es heißt ausdrücklich von ihm, dass er seinen Eltern gehorsam war und dass er seine Kindheit und Jugendzeit so verbrachte, dass Gott und alle, die ihn kannten, ihre Freude an ihm hatten (Lk 2,40-52).

Wir hören dann nichts weiter von der Familie von Jesus, erst wieder als Jesus als Wanderprediger mit seinen Jüngern unterwegs war. Aber aus den wenigen Hinweisen geht doch hervor, dass Jesus auch als erwachsener Mann die Verbindung zu seiner Familie aufrechterhalten hat. Ja, es scheint sogar, dass er mit ihnen zusammen in Kapernaum gewohnt hat, denn als Jesus mit seiner Mutter und mit seinen Geschwistern zur Hochzeit in Kana eingeladen war, gingen sie gemeinsam zurück nach Kapernaum (Joh 2,12).

Seine Brüder standen dem Wirken von Jesus ablehnend gegenüber. Sie sind sich offensichtlich nicht im Klaren darüber, wer ihr Bruder wirklich ist. Sie halten ihn für einen Verrückten. Weil sie überzeugt sind, dass Jesus den Verstand verloren hat, machen sie sich sogar auf den Weg, um ihn gewaltsam wieder in die Familie zurück zu holen

(Mk 3,21). Die Brüder versuchen, für ihren verwirrten Bruder Verantwortung zu übernehmen, ihn nach Hause zu holen, um so besser auf ihn aufpassen zu können. Aber das Vorhaben misslingt.
Ein anderes Mal versuchen sie es auf einem anderen Weg. Als das Laubhüttenfest vor der Tür steht, drängen sie Jesus zum Fest zu gehen. Sie begründen ihr Drängen damit, dass Jesus sich doch endlich öffentlich durch Zeichen und Wunder als Messias erweisen soll. Im Stillen hoffen sie wahrscheinlich darauf, dass Jesus sich blamiert und dadurch der ganze Spuk ein Ende findet. Aber Jesus geht auf dieses Ansinnen nicht ein, auch wenn er später doch noch zum Laubhüttenfest geht und öffentlich auftritt, aber nicht mit Wundern, sondern er stellt sich der Auseinandersetzung um seine Person und überrascht die Festversammlung am Höhepunkt des Festes mit dem Ruf: »*Wen da dürstet, der komme zu mir und trinke! Wer an mich glaubt, wie die Schrift sagt, von dessen Leib werden Ströme lebendigen Wassers fließen*« (Joh 7,37-38). Damit macht Jesus deutlich, dass er keine politischen Ansprüche hat, sondern den Menschen überfließendes Leben von Gott bringt. Wie seine Brüder darauf reagiert haben, wird nicht berichtet.
Aber die Verbindung mit der Familie ist geblieben. Mutter Maria und seine Brüder haben Jesus immer wieder an seinen verschiedenen Wirkungsstätten aufgesucht. Als sie wieder einmal kamen, um ihn zu besuchen, war Jesus gerade von vielen Menschen umlagert, so dass sie nicht zu ihm kommen konnten. Sie ließen ihn rufen, aber Jesus lehnt es ab, zu seiner Familie hinauszugehen. Dadurch macht Jesus deutlich, dass er ein anderes Familienverständnis hat. Nicht nur seine leibliche Familie, sondern alle, die Gottes Willen tun, bezeichnet er als seine Brüder, Schwestern und Mutter (Mk 3,31-35). Vor allem betrachtete Jesus seine Jünger als seine neue Familie, mit der er lebt (Mt 28,10; Joh 20,17).
Von einem seiner Brüder, Jakobus, wissen wir, dass er später zum Glauben an Jesus kam und eine führende Stellung in der Jerusalemer Gemeinde innehatte.

Jesus und seine Mutter

Die Beziehung von Jesus zu seiner Mutter war keine gewöhnliche. Maria war eine tiefsinnig-meditativ veranlagte Frau, die aber nicht zurückgezogen lebte, sondern ihre Gedanken und Gefühle zum Ausdruck bringen konnte. Ihre Beziehung zu Jesus stand darum unter einer seltsamen Spannung zwischen mütterlicher Fürsorge und dem Erahnen, dass der Sohn unter einer außergewöhnlichen Berufung stand.

Wie kam Maria mit dieser Spannung zurecht?

Maria hat vieles von dem nicht verstanden, was mit ihr und um sie herum geschah. Sie hat aber deswegen nicht dagegen rebelliert, sondern hat sich im Stillen damit beschäftigt.

Als der Engel ihr die Schwangerschaft ankündigte, antwortete sie: *»Ich gehöre dem Herrn, ich stehe ihm ganz zur Verfügung. Es soll an mir geschehen, was du gesagt hast«* (Lk 1,38).

Die wundersamen Begleiterscheinungen bei der Geburt mit der Anbetung der Hirten enden mit dem Hinweis: *»Maria aber behielt alle diese Worte und bewegte sie in ihrem Herzen«* (Lk 2,19). Auch die ganze Aufregung um das Verschwinden des 12-jährigen Jesus in Jerusalem und das, was Jesus im Tempel zu seinen Eltern sagte, endet mit der Feststellung: *»Seine Mutter behielt alle diese Worte in ihrem Herzen«* (Lk 2,51). Auf der Hochzeit zu Kana, als Jesus seine Mutter ziemlich schroff zurechtwies, blieb sie gelassen und gab den Dienern die Anweisung: *»Was er euch sagt, das tut«* (Joh 2,5). Alle diese Reaktionen machen deutlich, dass Maria begriffen hatte, dass in ihrem Sohn Gott am Werk ist und sie ihn darin unterstützen wollte.

Aber da ist auch die andere Maria, die fürsorgliche Mutter, die die Dinge nicht dem Zufall überlässt, sondern aktiv eingreift und mitgestalten möchte.

Bei der Ankündigung des Engels, dass sie schwanger werden soll, wagte Maria zu widersprechen und fragte zurück: *Wie soll das zugehen? Ich bin doch mit keinem Mann zusammen!* Sie schluckte nicht einfach alles, was ihr gesagt wurde. Sie suchte nach Klärung und artikulierte das auch.

Maria gestaltete aktiv das geistliche Familienleben mit. Sie brachte mit Josef zusammen Jesus zur Segnung in den Tempel. Auffallend ist dabei, dass Maria vom Priester Simeon nach der Segnung ein besonderes Wort der Verheißung zugesprochen bekommt (Lk 2,33ff.).

Sehr aufschlussreich ist das Geschehen um den 12-jährigen Jesus. Maria war offensichtlich die Wortführerin in dieser Ehe. Als sie nach dreitägiger Suche Jesus endlich im Tempel gefunden hatten, platzte es aus ihr heraus: *Kind, wie konntest du uns das antun?* Maria war spontan und sagte die Dinge so, wie es ihr ums Herz war, und das im Tempel, mitten in einem Lehrgespräch.

Ein ähnliches Verhalten beobachten wir bei der Hochzeit zu Kana. Als der Wein ausging, ergriff Maria die Initiative, ging zu ihrem Sohn und teilte ihm das mit. Es war ein Wink mit dem Zaunpfahl: Sohn, du musst was unternehmen. Sie mischte sich als Mutter ein. Sie versuchte den Sohn zu beeinflussen, ihn zu lenken. Jesus reagierte auf dieses Ansinnen sehr massiv. Gleich wie wir die Aussage von Jesus drehen und wenden: Es ist ein deutliches, um nicht zu sagen hartes Wort: *Frau, das ist meine Sache, nicht deine!* Jesus orientiert sich am Willen seines Vaters im Himmel und nicht an gutgemeinten Ratschlägen seiner Mutter. Darum sprach er sie auch mit »Frau« an, um deutlich zu machen: Wer bist du eigentlich. Misch dich nicht in Dinge ein, die dich nichts angehen. Es gehört zu den Eigenarten von Müttern, dass sie sich gerne in die Angelegenheiten der Kinder, besonders der Söhne, einmischen. Jesus wies dies scharf zurück.

Aber Jesus blieb bis zu seinem Tod mit seiner Mutter verbunden. Er hat sich offensichtlich auch um sie gekümmert und für sie gesorgt. Wir wissen nicht, wie dies konkret ausgesehen hat, aber eine Bemerkung, kurz vor seinem Tod am Kreuz, lässt kaum einen anderen Schluss zu. Unterm Kreuz standen verschiedene Personen – unter anderem seine Mutter und der Jünger Johannes. Mitten im Todeskampf wandte sich Jesus an seine Mutter mit den Worten: *Frau, das ist jetzt dein Sohn!* Dann wandte er sich an seinen Jünger Johannes und sagte zu ihm: *Sie ist jetzt deine Mutter!* Von dieser Stunde an hat sich Johannes um Maria gekümmert (Joh 19,25-26).

Wilhelm Faix

22 Jesus und seine Begegnung mit unterschiedlichen Generationen

»Ihr plagt euch mit den Geboten, die die
Gesetzeslehrer euch auferlegt haben.
Kommt alle zu mir;
ich will euch die Last abnehmen!
Ich quäle euch nicht und
sehe auf niemanden herab.
Stellt euch unter meine Leitung
und lernt bei mir;
dann findet euer Leben Erfüllung.
Was ich anordne, ist gut für euch,
und was ich euch zu tragen gebe,
ist keine Last.«
Matthäus 11,28-30

■ Dies sind bemerkenswerte Worte, die aufhorchen lassen. Ich möchte dieses Wort von Jesus ganz bewusst unserem Thema voranstellen, weil es bis heute so geblieben ist, dass es genügend »Gesetzeslehrer« oder »gesetzlose Lehrer« gibt, die viele gute Ratschläge anbieten, aber letztlich den Menschen Lasten auferlegen, die das Miteinander nicht erleichtern, sondern erschweren. Jesus ruft zu sich und zu einem Leben unter seiner Leitung, damit unser Leben Erfüllung findet. Ein Leben unter den »Regeln« von Jesus bringt nicht Druck und Belastung, sondern entlastet und stärkt das Miteinander.

Das Urbild allen Miteinanders findet sich bei Gott selbst: im Umgang von Vater, Sohn und Heiligem Geist. Vater, Sohn und Heiliger Geist leben in einer intensiven Beziehung der Einheit, ohne Streit, Konkurrenz und gegenseitiges Beherrschen. Ein Traum von Leben. Je mehr dieser Gott unser persönliches Leben und unser Miteinander durchdringt, desto besser wird unser Miteinander der verschiedenen Generationen gelingen.

Das Miteinander, die Kommunikation untereinander fällt uns schwer. Nicht umsonst stehen die Beziehungsfragen an erster Stelle der Lebenshilfeliteratur und füllen die therapeutischen Praxen. Die Gründe, warum wir Menschen uns in unserem Miteinander so schwer tun, sind vielfältig. Eine der Hauptursachen ist sicherlich unsere gefallene Natur. Aber auch als erlöste und erneuerte Menschen klappt unser Miteinander nicht automatisch. Das sollte uns zum Nachdenken bringen. Eine Mitursache, warum es im Umgang der Generationen zu Konflikten und Auseinandersetzungen kommt, ist die gesellschaftliche Entwicklung. Wir leben in einer Zeit großer Umbrüche. Kommen wir doch von einer hierarchisch bestimmten Gesellschaftsordnung und leben jetzt in einer pluralistisch-individualistisch bestimmten Demokratie. Die traditionelle Gesellschaft war geprägt von einer hierarchischen Autoritätsstruktur. Wir finden diese auch heute noch – zum Beispiel in der arabischen Welt. Mir sagte kürzlich meine über 90-jährige Tante: »Früher hatten die Alten das Sagen und heute die Jungen, damit komme ich nicht zurecht.«
Wenn wir das Leben von Jesus anschauen und nach seinem Umgang mit den Generationen fragen, dann bekommen wir keine unmittelbare Antwort. Das Stichwort »Generationen« als solches kommt in den Evangelien nicht vor. Zur neutestamentlichen Zeit gab es aber Kinder, junge Menschen, Erwachsene und Alte, die allerdings nicht getrennt voneinander oder nebeneinander lebten und schon gar nicht in einer eigenen Subkultur, wie wir es heute oft antreffen. Alle lebten miteinander in einem Haus. Durch die Hausgemeinschaft waren die Generationen miteinander verbunden, darum brauchte es auch Regeln, wie man miteinander umgeht. Man lebte in einer Wir-Gemeinschaft, während wir heute in einer Ich-Gemeinschaft leben. Das ist ein großer Unterschied.
Konflikte entstehen in solchen Lebensgemeinschaften nicht nur zwischen den Generationen: Eltern – Kinder, Alt – Jung, sondern

auch zwischen den verschiedenen sozialen Schichten und Gruppierungen. In dieser Hinsicht können wir bei Jesus dazu interessante Beobachtungen machen.

Der Umgang von Jesus mit Kindern

Kinder waren zur Zeit von Jesus vor dem Gesetz unmündig und darum theologisch von geringer Bedeutung. Bei Jesus ist es anders. Er stellt die Kinder als Vorbild für den Empfang des Reiches Gottes hin (Lk 18,15-17). Den Jüngern gefiel das ganz und gar nicht. Auch heute erleben wir immer wieder die Diskussion, ab welchem Alter denn ein Kind »richtig« glauben kann. Damals wie heute gehen die, die so fragen, von der intellektuellen und kognitiven (verstandesmäßigen) Fähigkeit des Kindes aus. Glaube sei nur das, was mit dem Kopf lehrmäßig begriffen und bejaht werden kann, alles andere zähle nicht. Bei Jesus ist das anders. Er misst die Kinder nicht an dem, was sie verstandesmäßig fassen können, sondern weist auf ihr Vertrauen und damit auf ihre Herzenseinstellung hin. Vertrauen und Glauben sind im Griechischen das gleiche Wort, *pistis*. Dieses kindliche Vertrauen stellt Jesus heraus und wendet es auf alle Menschen an. Es klingt schon sehr provokativ, wenn Jesus sagt: »*Wer nicht das Reich Gottes annimmt wie ein Kind, der wird nicht hineinkommen*« (Lk 18,17).

Für die Glaubensvermittlung ist dieser Satz von außerordentlicher Bedeutung. Es gilt, die Kinder in die Begegnung mit Jesus hineinzunehmen. Das kann durch Vorlesen biblischer Geschichten und dem gemeinsamen Gebet geschehen, aber vor allem durch einen konkret alltagsbezogenen Glauben. So lernen die Kinder, Gott zu vertrauen. Das Alter spielt dabei keine Rolle. Jesus macht den Glauben anschaulich. Er nimmt die Kinder auf den Arm und gibt ihnen emotionale Zuwendung, legt ihnen die Hände auf und segnet sie. Jedes Kind versteht diese Sprache und zwar besser als alle biblisch-dogmatische Lehrunterweisung. Diese warmherzige Zuwendung von Jesus tut Kindern einfach gut. Es ist ein ursprüngliches väterliches Verhalten. Bei Jesus können wir lernen: Alles hat seine Zeit. Die kognitive Unterweisung beginnt in der Regel mit dem Schulalter und ist im Teenageralter besonders wichtig, dem Kleinkind gilt die emotionale Zuwendung mit einem segnenden Zuspruch. Von Johann Blumhardt wird berichtet, dass er, wenn er Kindern begegnete, sie segnete. Ich habe es mir auch zur Aufgabe gemacht, nicht nur bei den eigenen Kindern, sondern überall dort, wo es angebracht ist, Kinder zu segnen – in der Stille oder auch mit hörbaren Worten.

Der Umgang von Jesus mit Müttern und Vätern

Eltern wünschen sich, dass aus ihren Kindern »etwas Rechtes« wird. Sie versuchen darum immer wieder, auf das Leben ihrer Kinder Einfluss zu nehmen. Dazu wird uns eine interessante Begegnung von Jesus mit einer Mutter zweier seiner Jünger berichtet. Es handelt sich um Johannes und Jakobus, die Söhne des Zebedäus und der Salome. Der Mutter war es nicht genug, dass ihre beiden Söhne zu den Jüngern von Jesus gehörten, sie wollte mehr. Wenn Jesus das Reich Gottes auf dieser Erde errichten wird, sollten ihre Söhne die wichtigsten Ämter nach Jesus bekleiden. Offensichtlich hatte sie die Söhne in diese Richtung beeinflusst, denn sie waren damit einverstanden, dass sie gemeinsam zu Jesus gingen und ihm diese Bitte vortrugen. Jesus wies dieses Ansinnen zurück, weil es nicht zu seinem Aufgabenbereich gehörte, Posten im Reich Gottes zu verteilen. Jünger und Jüngerinnen von Jesus sollen es auch nicht anstreben, im Reich Gottes hohe Ämter zu bekleiden. Aber damit war die Geschichte noch nicht zu Ende. Sie hatte ein Nachspiel. Die anderen zehn Jünger, die diesen Vorgang mitbekommen hatten, wurden neidisch und ärgerlich. Verborgene Rivalitäten und Konkurrenzdenken kamen da auf einmal zum Vorschein. Es kommt zu einem Streit. Offensichtlich wollte jeder der Jünger diesen ersten Platz für sich reserviert sehen (Lk 22,24ff.). Diese Auseinandersetzung nahm Jesus zum Anlass, um die Jünger und damit auch die Mutter zu belehren. Jesus deckte ihre falsche Haltung auf. Es geht nicht um hohe Ämter (Karriere), sondern ums Dienen. Damit wird das Karrierestreben, wie es unter uns Menschen üblich ist, geradezu auf den Kopf gestellt.
Wie viele Mütter und Väter versuchen, den Lebensweg ihrer Kinder zu beeinflussen und in der Karriere nachzuhelfen. Oft sind sie sogar die treibende Kraft. In der Regel beginnt es schon in der Schule. Eltern machen Druck, damit die Kinder gute Noten schrei-

ben, weil das die Voraussetzung für ein zukünftiges Weiterkommen ist. Aber ist das im Sinne Gottes? Vielen Eltern fällt es schwer zu akzeptieren, wenn die Kinder nicht den Berufsweg einschlagen, den sie gerne gesehen hätten.

Ganz anders verhielt sich Jesus einem Vater gegenüber, dessen Sohn von Kind auf von einem bösen Geist besessen war, der das Kind quälte (Mk 9,14-27). Der Vater litt mit dem Sohn. Er konnte die Qualen des Kindes nicht länger ertragen, darum brachte er es zu Jesus. Diesem verzweifelten Vater half Jesus. Er hatte Verständnis für ihn, obwohl der Vater an der Hilfe von Jesus zweifelte. Der Zweifel drückt sich in der Formulierung des Vaters aus: »*Wenn du aber etwas kannst, so erbarme dich unser und hilf uns!*«
Es ist wichtig, verzweifelte Eltern ernst zu nehmen und ihnen zu helfen und sie nicht noch zusätzlich unter Druck zu bringen. Auch Väter, die in Not sind, brauchen Hilfe und keine Ermahnungen.
Ähnlich reagierte Jesus beim Synagogenvorsteher Jairus, dessen Tochter im Sterben lag (Mk 5,21-43). Als Jesus auf dem Weg zum Haus des Vaters längere Zeit aufgehalten wurde und ein Bote mit der Nachricht kam, dass die Tochter in der Zwischenzeit gestorben sei und Jesus darum nicht mehr zu kommen bräuchte, da ermutigte Jesus den Vater mit den Worten: *Erschrick nicht, hab nur Vertrauen!* Der Vater vertraute Jesus und durfte erleben, dass Jesus die Tochter von den Toten auferweckte.
Als Jesus einer weinenden Witwe begegnete, die gerade ihren einzigen Sohn zu Grabe trug, da erfasste ihn das Mitleid und er ging zur Mutter, tröstete sie und weckte den toten Sohn auf (Lk 7,11ff.).
Aus diesen drei Begegnungen von Jesus mit Vätern und Müttern sehen wir, wie wichtig es ihm war, Eltern in ihrer Not Hilfe und Beistand zu geben. Gerade in unserer heutigen Zeit stehen wir in der Gefahr, Eltern mit den Nöten ihrer Kinder allein zu lassen. Dabei muss es nicht immer um solche schwerwiegenden Fälle wie die geschilderten gehen. Es gibt im Erziehungsalltag viele Probleme und Schwierigkeiten, mit denen Väter und Mütter nicht zurecht kommen und oft verzweifelt nach Hilfe suchen. Es gehört mit zur christlichen Verantwortung, dass wir uns gegenseitig gerade in Erziehungsfragen oder in Nöten, die Väter und Mütter betreffen, beistehen. Auch die christliche Gemeinde hat hier eine wichtige Aufgabe, Hilfen zum Leben und Glauben anzubieten.

Der Umgang von Jesus mit älteren alleingelassenen Menschen

Im Johannesevangelium wird uns eine bemerkenswerte Begegnung von Jesus mit einem alten, einsamen Mann berichtet, der seid achtunddreißig Jahren auf Hilfe wartete und niemand hatte sich seiner angenommen (Joh 5,1-16). Wie viel Verbitterung und Traurigkeit muss im Herzen dieses Mannes gewesen sein. Auf die Frage von Jesus: »*Willst du gesund werden?*«, antwortet dieser Mann: »*Herr, ich habe keinen Menschen ...*« Jesus erkannte sofort die ausweglose Lage des Mannes und heilte ihn. Der Mann, glücklich endlich gesund zu sein, hat sich noch nicht einmal bei Jesus bedankt. Als man ihn fragte, wer ihn gesund gemacht hat, wusste er es nicht. Später, als Jesus ihn wieder traf, versuchte er ihn darauf aufmerksam zu machen, dass Gesundheit nicht alles ist, sondern dass der Mensch auch für das Leben nach dem Tod verantwortlich ist. Die Weichen für das Leben nach dem Tod werden zu Lebzeiten gestellt.
Ein anderes Mal heilte Jesus eine ältere Frau, die seit 18 Jahren krank war, ohne dass diese ihn dazu aufgefordert hatte.
In beiden Fällen ist auffallend, dass Jesus von sich aus die Initiative ergriff. Offensichtlich ist es so, dass ältere Menschen nach vielen Enttäuschungen nicht mehr die Kraft haben oder auch nicht mehr den Mut aufbringen, um Hilfe zu bitten.
Wir wissen heute, dass es immer mehr alte und ältere Menschen gibt. Sie leben oft allein oder in einem Altenheim. Viele sind einsam, verbittert und ohne Lebensmut. Jesus zeigt uns, dass die Initiative von der jüngeren Generation auszugehen hat, damit die alten Menschen Beistand und Hilfe bekommen, ermutigt werden und am Leben Anteil nehmen können. Hier ist nicht nur die Familie, sondern auch die Gemeinde gefragt.

Der Umgang von Jesus mit Betrügern, Versagern und Zweiflern

Da ist Zachäus, der Betrüger (Lk 19,1ff.), dem Jesus seine Freundschaft anbietet und ihn mit einem Besuch ehrt. Zachäus ist so überwältigt, dass er beschließt, ein neues Leben zu beginnen. Auch der Versager Petrus bekommt bei Jesus eine neue Chance, indem Jesus ausgerechnet ihm den Auftrag gibt, seine Herde zu weiden (Joh 21,1ff.). Dem Zweifler Thomas kommt Jesus soweit entgegen, dass er ihn auffordert, die Wunde in seiner Seite zu überprüfen und ihn dann erst zum Glauben auffordert (Joh 20,24ff.). Es ließen sich noch mehr solcher Beispiele anführen. Diese drei Beispiele zeigen uns, dass wir Menschen nicht ausgrenzen sollen, deren Leben und moralisches Verhalten dem unsrigen nicht entspricht. Viele Eltern praktizieren eine Bewahrungspädagogik. Sie versuchen alles von ihren Kindern fern zu halten, was nicht in ihrem Sinn ist. Ist aber solch ein Verhalten im Sinn von Jesus?

Kinder versagen in unserer heutigen Leistungsgesellschaft schnell. Sie bringen nicht die Leistungen, die Eltern von ihnen erwarten und fühlen sich als Versager und minderwertig. Das kann das Lebensgefühl eines Kindes so beeinflussen, dass es letztendlich wirklich versagt. Immer wieder erlebe ich in Gesprächen mit jungen Menschen, das sie sich als Versager vorkommen, weil der Vater sie als Versager abstempelte. »Bei meinem Vater bin ich ein Versager.« Das gilt auch für Kinder mit auffälligem Verhalten, z. B. wenn sie lügen und stehlen. Statt nach der Ursache des Verhaltens des Kindes zu fragen, üben Eltern oft Druck aus in der Hoffnung, dass das Kind sich dadurch ändert. Aber verhaltensauffällige Kinder, Versager und Zweifler ändern sich nicht durch Moralpredigten und Vorhaltungen, sondern durch Annahme, Liebeserweis und das Vertrauen, das ihnen entgegengebracht wird.

Der Umgang von Jesus mit traditionsbewussten Menschen

Wenn wir die Gesetzeslehrer im Neuen Testament als Vertreter von traditionsbewussten Menschen sehen (die mit der Tradition den Willen Gottes verbinden), dann können wir durchaus einen Vergleich zur Gegenwart ziehen. Unsere so genannte Postmoderne ist ja besonders gekennzeichnet von der Ent-Traditionalisierung. Mit dem Verlust von Traditionen gehen auch viele Werte verloren,

besonders solche wie: Ordnung, Pflichtbewusstsein, Gehorsam, Unterordnung, Autorität, Hilfsbereitschaft, Verzicht u.a.m.
Jesus hat sich immer wieder und oft ganz bewusst mit solchen traditionsbewussten Menschen angelegt, zum Beispiel wenn er am

Sabbat Kranke heilte. Die Gesetzeslehrer warfen ihm vor, Gottes Gebot zu missachten. Jesus verteidigte nicht sein Vorgehen, sondern wies auf die innere Haltung dieser Menschen hin, die auf genaues Einhalten der Gesetze bestanden. Ging es ihnen wirklich um das Gebot Gottes oder lediglich um das formale Einhalten von Gesetzen und Traditionen? Jesus deckte eine falsche Herzenshaltung auf, indem er klar machte, dass ein äußeres Halten von Geboten nicht das ist, was Gottes Willen entspricht (Mt 23,5ff.; Lk 20,45ff.).
Jesus sah auf die Herzenshaltung und nicht auf äußere Richtigkeiten, darum konnte er den Gesetzeslehrern die Frage stellen: »*Warum denkt ihr so Böses in euren Herzen?*« (Mt 9,4), als Jesus einem Kranken die Sünden vergab und die Gesetzeslehrer sein Verhalten theologisch in Frage stellten. Jesus nennt das Nichtübereinstimmen der inneren Herzenshaltung mit dem äußeren Verhalten Heuchelei.
Ein sehr anschauliches Beispiel dafür gibt Jesus im Vergleich von Splitter und Balken. *Wie kannst du zu deinem Bruder sagen: Lass mich den Splitter aus deinem Auge herausziehen! – und dabei steckt in deinem Auge ein Balken?* (Mt 7,4+5)

Die Familie heute hat es nicht leicht. Das Fehlen von Traditionen, die gesellschaftlich akzeptiert sind, erschweren das Familienleben. Nun sind Traditionen durchaus wichtig und für das Aufwachsen der Kinder sogar notwendig. Die Meinungen darüber, ob die verloren gegangenen Traditionen wieder belebt werden sollten oder ob neue, der heutigen Zeit angepasste, entwickelt werden müssen, gehen weit auseinander. Oft entsteht Streit zwischen den Eltern darüber, ob die Kinder sie in den Gottesdienst begleiten müssen oder nicht. Die Großeltern oder auch andere ältere Gemeindeglieder berufen sich auf ihre eigene Kindheit: »Bei uns war es selbstverständlich, dass wir in den Gottesdienst gingen. Wir mussten noch den Eltern gehorchen, aber die heutige Jugend ...«
Ein ähnliches Spannungsfeld ergibt sich mit dem Stichwort Autorität. Von der Tradition her hatte der Vater Autorität, weil er der Mann war und die gesellschaftliche Ordnung es so vorschrieb. Vie-

le Väter klagen, dass sie keine Autorität mehr haben und sie begründen es mit dem Wandel der heutigen Gesellschaft. »Ich bin das Haupt der Familie und darum habe ich das Sagen. So ist es biblisch!«, sagte mir ein junger Vater.
Ist das so einfach?
Sollten wir hier nicht von Jesus lernen, der sich eben nicht auf die Zeit und die Gesellschaft berief und auch nicht vorschnell den Willen Gottes mit traditionellen Gewohnheiten gleichsetzte? Von Jesus können wir lernen, nach dem Inhalt des Willens Gottes zu fragen und dann einen Weg zu suchen, ihm eine Form zu geben und daraus eine Tradition zu entwickeln.
Diese Aufgabe muss in unserer heutigen Zeit jede Familie selbst leisten, aber viele Familien sind damit überfordert, darum wäre es sinnvoll, wenn die Gemeinde die Familie darin unterstützen würde.

Jesus behandelt alle Menschen von ihrer Grundwürde her gleich, er sieht nicht auf Ansehen und Alter. Jesus beurteilt die Menschen nach ihrer Herzenshaltung und nicht nach ihrem äußeren Erscheinen, nicht nach dem, was sie sagen und was sie für richtig und falsch halten. Wir können es auch anders ausdrücken: Jesus sucht im Leben der Generationen nach der Herzenseinstellung (1. Sam 16,7; Offb 2,23; Eph 3,17), weil daraus gute Frucht wächst (Mt 12,33ff.). An den Früchten wiederum kann man erkennen, wie diese Menschen zu Gott stehen (Mt 7,16).

Erziehung im Kontext

Sr. Irmgard Richter

Erziehung im Kontext der Entwicklungspsychologie

23

Wozu Entwicklungspsychologie?

■ Mit dem Schöpfungsauftrag *»machet sie (die Erde) euch untertan«* (1. Mose 1,28) hat Gott uns erlaubt und geboten, auch den Menschen selbst zu erforschen. Medizin und Psychologie – in Ehrfurcht vor Gott betrieben – dürfen wir uns also zunutze machen.
Das Wissen über Gesetzmäßigkeiten in der Entwicklung von Kindern und Jugendlichen hilft uns, Kinder besser zu verstehen, ihr Verhalten einzuordnen und entsprechend darauf zu reagieren. Es hilft uns, ihre Bedürfnisse wahrzunehmen und Störungen in ihrer Entwicklung zu erkennen.
Gerade für eine christliche Erziehung ist es z. B. wichtig zu wissen, dass kleine Kinder andere Formen der Verkündigung brauchen als Schulkinder; dass Werte nicht nur über Worte vermittelt werden; dass und warum Jugendliche mehr Freiheit brauchen, um selbst glauben zu können.

Was heißt »Entwicklung«?

Menschen »reifen« nicht wie Pflanzen allein aus sich selbst heraus, sondern sie verändern sich in Auseinandersetzung mit ihrer Umwelt. Genetische Anlagen und individuelle Begabungen spielen dabei ebenso eine Rolle wie die Art der Beziehung zu den Eltern und Geschwistern, das Schulsystem und die Kultur, in der ein Kind aufwächst. Nicht zuletzt steuert jeder Mensch seine Entwicklung zu großen Anteilen selbst mit.

Für die Erziehung bedeutet dies, dass wir weder zu optimistisch sein dürfen, als könnte Erziehung alles bewirken, noch dürfen wir einen Menschen festlegen auf das, was er von Geburt an oder aus der frühen Kindheit ins Leben »mitbringt«. In welcher Weise äußere und innere Faktoren die Entwicklung eines Kindes beeinflussen, können wir nie vollständig nachvollziehen oder gar voraussagen. Wir sind deshalb aber umso mehr in die Verantwortung gestellt, nach bester Erkenntnis die Entwicklung eines Kindes zu fördern. Und wir dürfen im Vertrauen auf Gott mit seinem Eingreifen rechnen.

Entwicklungsverlauf und Entwicklungsaufgaben

Seit Jahrzehnten beobachtet man, dass sich die körperliche und seelische Entwicklung von Kindern auf immer frühere Altersabschnitte vorverschiebt.[1] Gleichzeitig werden die Entwicklungsunterschiede bei Kindern im selben Alter immer größer. Alle Altersangaben von Entwicklungsmerkmalen sind darum relativ und können nur einen ungefähren Richtwert geben.

Die vorgeburtliche Entwicklung

Menschliches Leben beginnt mit der Verschmelzung von Eizelle und Samenzelle. Schon nach wenigen Wochen nimmt das Ungeborene Sinneseindrücke wahr, zuerst Berührungen, dann Veränderungen im Geschmack des Fruchtwassers, Geräusche und Lichteinflüsse. Es wurde nachgewiesen, dass starke Emotionen der Mutter sich auf die Herzfrequenz des Kindes auswirken. Diese vorgeburtlichen Eindrücke sind bereits die ersten psychischen Erfahrungen des Menschen. Seine Entwicklung wird von der Empfängnis an nicht nur durch einen vernünftigen Umgang der Mutter mit ihrem Körper geprägt, sondern auch durch ihre Einstellung zu dem Kind. Freudig erwartete Kinder erweisen sich später häufiger als seelisch ausgeglichen. Ablehnende Schwangere haben dagegen öfter komplizierte Geburten, ihre Kinder sind häufiger nervös und überaktiv. Die Liebe der Eltern zu dem noch ungeborenen Kind beeinflusst seine Entwicklung in jedem Fall positiv.

Das erste Lebensjahr

Während des ersten Lebensjahres erwirbt der Mensch im Wesentlichen die drei Hauptmerkmale, die ihn vom Tier unterscheiden: den aufrechten Gang, die Wortsprache und die spezifisch menschliche soziale Bindungsfähigkeit.
Das Laufenlernen bedeutet für das Kind zunehmende Selbstständigkeit: es kann seine Umgebung aktiv erkunden, soziale Kontakte aufnehmen, eigene Erfahrungen sammeln.
Eine eigene »Sprache« ist bereits das Schreien, Wimmern und Jauchzen, durch die es sein Befinden und seine Bedürfnisse zum Ausdruck bringt. Lange bevor das Kind die Bedeutung der Worte erkennt, versteht es die Botschaften, die der Tonfall und die Mimik des Erwachsenen transportieren. Wenn es dann selbst zu sprechen beginnt, gegen Ende des ersten Lebensjahres und zunächst in Ein-Wort-Sätzen, dann drückt es durch sein »Mama!« oder »Ball!« mittels Tonfall oder situativem Zusammenhang bereits viel mehr aus.
Besonders wichtig ist die Entstehung einer emotionalen Bindung zu einer verlässlichen Bezugsperson, in der Regel zur Mutter. Indem sie sich dem Kind liebevoll zuwendet – durch Körperkontakt beim Stillen und Pflegen, durch Sprache, Mimik und Spiel –, indem sie seine Bedürfnisse befriedigt und auf seine Signale eingeht, verhilft sie ihm zu dem notwendigen »Urvertrauen«.

Das Kleinkindalter

Im zweiten und dritten Lebensjahr wird sich das Kind in gewisser Weise von seiner Mutter emanzipieren. Die neu erworbenen Fähigkeiten wie Sprechen, Laufen und bald die Kontrolle der Ausscheidungen tragen dazu bei. Mit der Sauberkeitserziehung und der so genannten Trotzphase sind die ersten großen Konfliktfelder in der Erziehung vorprogrammiert. Sie sind entwicklungsnotwendig.
Die Sauberkeitserziehung sollte nicht zu früh begonnen und nicht zu streng durchgeführt werden. Das Kleinkind identifiziert sich mit seinen Ausscheidungen und bezieht es auf seine Person, wenn der Erwachsene Ekel zeigt oder »peinlichen« Fragen ausweicht. Es

braucht viel Geduld und Ermutigung, dann wird es das »Loslassen« und seinen eigenen Körper positiv bewerten lernen.
Die Entdeckung des eigenen Ichs ist begleitet von der Lust, den eigenen Willen zu erproben und ihn trotzig gegen alle – besonders die Mutter – durchzusetzen. Wird der Wille des Kindes ständig gewaltsam gebrochen, dann kann es ängstlich, unsicher, antriebslos und überangepasst werden. Lässt man sich aber vom Willen des Kindes tyrannisieren, erzieht man es womöglich zu einem egoistischen, anspruchsvollen Außenseiter, der sich nur schwer in einer Gemeinschaft zurechtfinden kann. Mit Konsequenz, aber auch Humor und Fantasie kann man manche Konfliktsituationen entschärfen und dem Kind Entscheidungsspielräume geben, die seinem Alter entsprechen.

Das Vorschulalter

Spätestens mit dem Eintritt in den Kindergarten bekommen das Spiel und der Umgang mit Gleichaltrigen eine große Bedeutung für die kindliche Entwicklung. Ob Rollenspiele, Regelspiele, spielerisches Gestalten mit Material oder reine Bewegungsspiele – das Kind braucht genügend Zeit, Raum, Gefährten und Anregungen zum Üben seiner Fähigkeiten und zum Erkunden der materiellen und sozialen Umwelt.
Sein Denken ist bis kurz vor dem Schulalter noch »egozentrisch«, das heißt, es kann nur von sich selbst ausgehen, seinen eigenen Wahrnehmungen und Erfahrungen. Fremde Sichtweisen kann es noch nicht einbeziehen. Seine vielen Fragen zielen vorerst noch nicht auf naturwissenschaftliche Erklärungen, sondern auf Sinn und Zweck der Dinge.

Das Grundschulalter

Zu Beginn der Schulzeit ist das Denken des Kindes besonders stark auf konkrete Anschauungen angewiesen, sein Abstraktionsvermögen nimmt jedoch im Verlauf der Grundschuljahre zu. Seine Sicht der Welt wird mehr und mehr »realistisch«. Es vollzieht naturwissenschaftliches Denken nach und interessiert sich auch für Dinge

außerhalb der eigenen Erfahrungswelt. Das Kind lernt, sein Verhalten zu planen und Strategien zu entwickeln, um Ziele zu erreichen. Seine Konzentration und Sprachgewandtheit nehmen zu.
Neben diesen Merkmalen der Denkentwicklung ist nun auch eine typische Arbeitshaltung zu beobachten. Das Schulkind ist lernbegierig und will etwas leisten. Erfolg und Versagen in der Schule werden wichtig für sein Selbstwertgefühl und werden von ihm als entscheidend für die Beliebtheit bei Lehrern und Mitschülern empfunden.
Überhaupt tritt die Schule als Lebensraum neben die Familie. Während sich das Kind von den Eltern ein Stück weit emotional distanziert, wird der Lehrer zu einer wichtigen Identifikationsperson. In die Gruppe der Mitschüler lernt das Kind sich einzugliedern und in ihr seine Position zu finden. Es wünscht, von ihnen anerkannt zu werden und schließt mehr oder weniger feste Freundschaften. Beim Spielen und Arbeiten in der Gruppe übt es sich in Kooperation und Wettbewerb.

Die Pubertät

Der Beginn der Geschlechtsreife setzt, wie oben erwähnt, heute früher ein als noch vor wenigen Jahrzehnten. Dies und der Einfluss der Medien führen zu einer allgemeinen Verkürzung der Kindheit.
Mit der Vorpubertät ändert sich das Weltbild des Kindes. Oft erscheint die ganze Umwelt erotisiert; das Interesse verlagert sich mehr und mehr aus der Familie heraus und die Beziehungsaufnahme zum anderen Geschlecht wird wichtig.
Dabei gibt es große individuelle Unterschiede zwischen den »Frühreifen« und den »Spätentwicklern«. Zwölfjährige Mädchen können z. B. noch ganz kindlich oder schon fast voll entwickelt sein. Im Allgemeinen setzt die Pubertät bei Mädchen früher ein als bei Jungen. Die »Frühreifen« – Mädchen und Jungen – werden wegen ihrer körperlichen Erscheinung von ihrer Umgebung oft überschätzt und überfordert. Das kann sie stark verunsichern, da sie sich selbst durchaus noch als Kinder erleben. Oft kommt es in dieser Zeit zu einer deutlichen Verschlechterung der Schulleistungen, weil die Pubertierenden stark mit sich selbst beschäftigt sind.
Die »Spätentwickler« haben dagegen häufig mit Gefühlen von

Minderwertigkeit und Isolation zu kämpfen. Spätreifende Jungen sind ihren Altersgenossen kräftemäßig unterlegen, spätreifende Mädchen empfinden, dass sie noch nicht mitreden können bei dem, was ihre frühreifen Freundinnen beschäftigt. So fühlen sie sich häufig als Außenseiter. Manche versuchen das zu kompensieren, z. B. durch gute Noten, andere reagieren möglicherweise gereizt oder mit Rebellion gegen die Eltern.

Erstmals unterscheiden sich Jungen und Mädchen auch in ihrer psychischen Entwicklung deutlich voneinander. Die Jungen erleben in dieser Phase eher positive Emotionen, sind extrovertiert und verfügen über schier unerschöpfliche Kräfte. Entsprechend zeigen sie einen starken Bewegungsdrang, sind zum Teil aggressiv, suchen nach Abenteuern, starken Sinnesreizen und körperlichen Herausforderungen. Gemeinschaft und Anerkennung in der Gruppe der Gleichaltrigen (*peer group*) sind für sie sehr wichtig. Die Beziehung zu den Eltern lockert sich, es kann zu Konflikten kommen, häufig dann, wenn die Eltern Ordnung und Einhaltung von Regeln einfordern. Dennoch bleibt jetzt vor allem der Vater ganz wichtig als Vorbild für die Entwicklung einer männlichen Identität.

Die Mädchen erleben gegen Ende der Vorpubertät häufig eher negative Emotionen, jedenfalls aber starke Gefühlsschwankungen. Sie sind oft unsicher, ängstlich und inaktiv, ziehen sich gern zurück. Die eigene äußere Erscheinung wird interessant. Körperpflege, Kosmetik und Kleidung beschäftigen sie. Gleichgeschlechtliche Freundschaften werden weniger in Gruppen gestaltet als in der Bindung an einzelne enge Freundinnen. Erotische Phantasien und Tagträume sind häufig.

Das Tagträumen kommt auch bei den Jungen vor; es handelt bei ihnen allerdings mehr von Abenteuern und »Action«. Bei beiden dient es der Erfüllung von Wünschen nach Selbstbehauptung und Selbsterhöhung; man kann es als eine Art gedankliches Rollenspiel auffassen, das legitime Bedürfnisse erfüllt. Allerdings kann es im extremen Fall zur Flucht aus der Realität führen.

Die zentrale Entwicklungsaufgabe in der Pubertät ist die Identitätsfindung. Die Fragen »Wer bin ich?«, »Was denken andere über mich?« oder »Was will ich aus meinem Leben machen?« werden zum einen durch die körperlichen Veränderungen und die erwachenden Triebansprüche ausgelöst, zum anderen durch die neuartigen Ansprüche, die die Umwelt an die Heranwachsenden stellt.

Die Frage nach dem künftigen Beruf, die Aufgabe, neuartige Beziehungen zu gestalten und seine »Rolle« zu finden, werden mehr und mehr an sie herangetragen. Entsprechend probieren die Pubertierenden verschiedene soziale Rollen aus: sich verlieben, sich einer Gruppe anschließen, politisch tätig werden, sich für einen Beruf entscheiden usw. In der Spannung zwischen dem Wunsch, sich zu bewähren und zu behaupten und der Angst und Unsicherheit allem Neuen und Unbekannten gegenüber stellt der Jugendliche sich selbst in Frage und versucht sich über sich selbst klar zu werden. Dem dienen nicht nur lange Gespräche mit Freundinnen, Tagebuch- und Gedichteschreiben (eher bei Mädchen) sowie risikoreiches bis nahezu kriminell auffälliges Verhalten (eher bei Jungen), sondern auch die probeweise Identifikation mit Moden, Musikstilen, Stars und jugendlichen »Szenen«.

Das Jugendalter

Die Bezeichnungen Pubertät, Adoleszenz und Jugendalter lassen sich nur schwer voneinander abgrenzen. Mit »Jugend« ist allgemein der Lebensabschnitt zwischen dem Erreichen der sexuellen Reife und der emotionalen und wirtschaftlichen Selbstständigkeit gemeint. Da in unserer Gesellschaft Schule und Ausbildung immer längere Zeiträume beanspruchen, hat sich die Jugendphase ständig ausgedehnt.

Eine Zeit lang hat die Entwicklungspsychologie sich stark mit dem so genannten »Problemverhalten« Jugendlicher beschäftigt: mit Kriminalität, Aggressivität, Bandenbildung, Drogenkonsum und Depression bei Jugendlichen.

Heute wird stärker danach gefragt, welche Entwicklungsaufgaben Jugendliche zu lösen haben und wie sie diese bewältigen. Dabei lassen sich geschlechts- und alterstypische Schwerpunktsetzungen erkennen.

Die Beschäftigung mit der anstehenden Berufswahl hat sowohl für Jungen als auch für Mädchen die höchste Bedeutung. Die drohende Möglichkeit, keinen Ausbildungs- und Arbeitsplatz zu bekommen, macht es ihnen schwer, sich als wertvolles Glied der Gesellschaft zu sehen. An nächster Stelle rangieren bei beiden Geschlechtern die Beschäftigung mit dem eigenen Selbstbild und der

Aufbau eines Freundeskreises. Den Mädchen ist die Auseinandersetzung mit den Werten der Gesellschaft und mit der eigenen körperlichen Erscheinung wichtiger als den Jungen. Bei diesen stehen die Aufnahme intimer Partnerbeziehungen und die Auseinandersetzung mit der Rolle als Mann stärker im Vordergrund. Älteren Jugendlichen (mit ca. 18 Jahren) sind die Ablösung von den Eltern, intime Partnerbeziehungen sowie die Beschäftigung mit ihrer zukünftigen Rolle als Eltern und Ehepartner deutlich wichtiger als noch zwei Jahre zuvor.

Den meisten Jugendlichen gelingt es, diese Fülle von zum Teil belastenden Aufgaben in relativ angemessener Weise zu lösen. Das hängt u. a. damit zusammen, dass sie zu unterschiedlichen Zeitpunkten der Entwicklung auftreten, so dass die Bewältigung schrittweise erfolgen kann. Dennoch scheinen 20 – 30% der Jugendlichen den Anpassungsaufgaben ihrer Altersstufe nicht gewachsen zu sein. Ein Höhepunkt der Belastung liegt etwa im Alter von 17 Jahren.

Bei den Strategien zur Bewältigung von entwicklungsbedingten Problemen unterscheiden sich Jungen und Mädchen deutlich. Mädchen suchen öfter als Jungen offene Aussprachen, beschäftigen sich mehr gedanklich mit ihren Problemen, suchen eher Hilfe, Rat, Trost oder Information, schließen eher Kompromisse, versuchen stärker als Jungen, sich abzureagieren und ihrer Verzweiflung emotionalen Ausdruck zu geben, neigen aber auch mehr zu Resignation, Rückzug und Verdrängen. Jungen gehen eher sorglos an die Dinge heran, weichen aber häufiger als die Mädchen ihren Problemen durch Alkohol- und Drogengenuss aus.

Das höchste Maß an psychischer Belastung geht für Jugendliche von den Auseinandersetzungen mit dem eigenen Selbst und mit den Gleichaltrigen aus. Das wird verständlich, wenn man sich erinnert, dass Identitätsfindung die Hauptaufgabe dieser Entwicklungsphase ist.

Übergang zum Erwachsenwerden

Das frühe Erwachsenenalter ist geprägt durch zunehmenden sozialen Austausch, z B. mit Arbeitskollegen, Nachbarn, Gemeindemitgliedern usw., und durch Entwicklungsaufgaben, die mit Partnerwahl, Partnerschaft und Elternschaft verbunden sind.

Auf der Grundlage einer gefundenen Identität wird jetzt Intimität möglich: das Sich-Verlieren und Sich-Finden im anderen und die Gestaltung einer tragfähigen Partnerschaft. Welche Kriterien eine Partnerwahl leiten, beantwortet der Volksmund unterschiedlich: Sind es »Gegensätze, die sich anziehen« oder »gesellen sich gleich und gleich«? Anscheinend entwickelt sich eine Partnerschaft von anfänglicher »glücklicher Verbundenheit« auf der Basis von Ähnlichkeiten zu einer »aktiven Bearbeitung« von Unterschiedlichkeiten. Vielfältige Anpassungs- und Abstimmungsbemühungen führen dahin, dass zwei Menschen eine »Identität als Paar« finden, gleichzeitig aber die Identität beider Individuen erhalten bleibt. Die prinzipiell lebenslange Kommunikationsarbeit zwischen den Partnern erfordert zugleich für jeden eine Auseinandersetzung mit der eigenen Person und ihren Prägungen, die dazu führen, dass man den Partner so oder so wahrnimmt. So treibt die Partnerschaft auch die eigene Entwicklung des Einzelnen voran.
In ähnlicher Weise stellt sich Elternschaft als eine Entwicklungsaufgabe dar. Mit der Geburt des ersten Kindes verändert sich die Kommunikationsstruktur grundlegend: aus der Paarbeziehung wird eine Dreierbeziehung. Neben Gefühlserfahrungen wie Freude, Erfüllung, neuer Lebenssinn und Stolz auf das Kind erleben die jungen Eltern auch belastende Einschränkungen ihres Lebens, finanzielle Sorgen und oft neue Abhängigkeiten von den eigenen Eltern. Die Bewältigung dieser neuen Lebenssituation erfordert von ihnen Flexibilität, Geduld und bewusstes Planen. Damit löst die Elternschaft innerpsychische und partnerschaftliche Prozesse der Bewältigung und Anpassung aus.

Schlussbemerkungen

Die psychische Entwicklung eines Menschen dauert lebenslang. Wie sich förderliche oder belastende Einflussfaktoren auswirken, können wir immer nur vermuten. Man weiß aber, dass schädigende Einflüsse aus Kindheit und Jugend im späteren Leben zumindest teilweise kompensiert werden können. Eine schwierige Kindheit muss daher nicht schicksalsbestimmend sein. Die neuere Hirnforschung weist darauf hin, dass die in der frühen Kindheit gebildeten neuronalen Verschaltungen durch später entstehende überlagert werden können. Das ermöglicht ein Umlernen bis ins Alter hinein. Einzelne Risikofaktoren der Entwicklung, wie z. B. Trennung der Eltern, können unter ansonsten günstigen Bedingungen von Kindern aufgefangen werden. Bei einer Häufung von Risikofaktoren sind allerdings Entwicklungsstörungen zu erwarten. Dennoch können auch Kinder, die unter schweren Belastungen aufwachsen, sich zu psychisch gesunden Erwachsenen entwickeln, wenn bestimmte Schutzfaktoren vorhanden sind. Dazu zählen eine gute Mutter-Kind-Beziehung, tragfähige emotionale Beziehungen zu anderen Personen, aber auch »innere« Faktoren wie die Fähigkeit, positive Reaktionen in der Umwelt hervorzurufen, gute sprachliche Kommunikationsfähigkeit oder ein positives Selbstkonzept. Weitere schützende Faktoren im Jugend- und Erwachsenenalter sind z. B. Heirat mit einem stabilen Partner, Elternschaft, Unterstützung durch Freunde und Verwandte und aktive Mitgliedschaft in einer Religionsgemeinschaft.

Für Christen verbietet sich eine fatalistische (schicksalsergebene) Einstellung sowieso. Gott als der Schöpfer, Erlöser und Tröster greift rettend, heilend und verändernd in unser Leben ein. Der Glaube an ihn stellt alle Erziehenden in die Verantwortung, Kinder und Jugendliche in ihrer Entwicklung zu begleiten und nach besten Kräften zu fördern. Der Glaube ermutigt uns, sie und ihr Leben immer wieder im Gebet Gott anzubefehlen und sie in seine Hände loszulassen.

Angelika Rühle

Erziehung im Kontext der Pädagogik 24

Erziehungspartner Schule

■ Für uns Eltern gewinnt die Erziehung eine neue, spannende Komponente, sobald die Kinder in den Kindergarten oder in die Schule eintreten.
Bis dahin konnten wir in gewisser Weise fördern, regeln, beeinflussen oder gar Kontrolle ausüben, wer unsere Kinder erzieht und auf welche Weise jemand dies ausübt.
Bis zum Eintritt der Schulpflicht im Alter von 6 Jahren (nach gegenwärtiger Diskussion vielleicht auch noch früher) genießen die Eltern das alleinige Recht zur Erziehung ihrer Kinder. Allerdings mit der Maßgabe, dass der Staat über die Einhaltung wacht. Offensichtliche Erziehungsdefizite (möglicherweise ausgelöst z. B. durch die Berufstätigkeit der Eltern, die schwierige Situation Alleinerziehender, fehlende ausreichende Betreuung, massiven und unkontrollierten Fernseh- und Videokonsum) führen zu steigender Gewalt- und Aggressionsbereitschaft, sinkenden Lernergebnissen, Verwahrlosung der Kinder, steigende Jugendkriminalität ... Deshalb wird der Ruf nach Ganztagsschulen permanent lauter. Ob Ganztagsschulen dieses Problem lösen können, scheint zweifelhaft, wie der Blick auf Staaten mit solchen Schulsystemen zeigt. Zugegeben, für vernachlässigte Kinder wäre die ganztägige Betreuung eine große Hilfe. Aber sollten sich deshalb alle Eltern das Recht der Miterziehung einschränken lassen?
Nach Artikel 6 (2) des Grundgesetzes sind »Pflege und Erziehung der Kinder das natürliche Recht der Eltern und die zuvörderst ihnen obliegende Pflicht«.
Nun hat die Schule mit der Aufnahme ihrer Schüler dieses Recht der Eltern zu achten. Gleichzeitig jedoch ist die Schule in ihrem Bereich verantwortlicher Träger der Erziehung.

In diesem Zusammenspiel Eltern-Schule soll über einen nicht unerheblichen Zeitraum (mind. 9 Jahre lang!) hinweg ein Erziehungsauftrag an unseren Kindern wahrgenommen werden.

258 Deshalb sollte es uns Eltern wichtig sein, die Inhalte des schulischen Erziehungsauftrages zu kennen.

1. Bildungsauftrag der Schule

Im Schulgesetz finden sich zusammengefasst folgende Leitlinien zum Auftrag der Schule (hier exemplarisch am Schulgesetz von Baden-Württemberg dargestellt):

- Jeder junge Mensch hat ohne Rücksicht auf Herkunft oder wirtschaftliche Lage das Recht auf eine seiner Begabung entsprechende Erziehung und Ausbildung.
- Ein junger Mensch muss zur Wahrnehmung von Verantwortung, Rechten und Pflichten in Staat und Gesellschaft sowie in der ihn umgebenden Gemeinschaft vorbereitet werden.

Die Schule vermittelt den Schülern nicht nur Wissen, Fähigkeiten und Fertigkeiten.
Darüber hinaus ist die Schule verpflichtet:

- in Verantwortung vor Gott, im Geiste christlicher Nächstenliebe,
- zur Menschlichkeit und Friedensliebe,
- in der Liebe zu Volk und Heimat, zur Achtung der Würde und der Überzeugung anderer,
- zu Leistungswillen und Eigenverantwortung
- sowie zu sozialer Bewährung zu erziehen und die Schüler in der Entfaltung ihrer Persönlichkeit und Begabung zu fördern.

Außerdem soll die Schule:

- zur Anerkennung der Wert- und Ordnungsvorstellungen der freiheitlich-demokratischen Grundordnung erziehen (Dies schließt im Einzelnen eine Auseinandersetzung mit diesen Vorstellungen nicht aus, wobei jedoch die freiheitlich-demokratische Grundordnung, wie in Grundgesetz und Landesverfassung verankert, nicht in Frage gestellt werden darf.),
- auf die Wahrnehmung der verfassungsmäßigen staatsbürgerlichen Rechte und Pflichten vorbereiten und die dazu notwendige Urteils- und Entscheidungsfähigkeit vermitteln,

- auf die Vielfalt der Lebensaufgaben und auf die Anforderungen der Berufs- und Arbeitswelt mit ihren unterschiedlichen Aufgaben und Entwicklungen vorbereiten.

Zu aller Wissensvermittlung hinzu, die momentan den Ruf nach mehr Qualität und Quantität erfährt, sollen verstärkt wichtige Schlüsselqualifikationen gelernt werden:
- Selbstständigkeit,
- Verantwortungsbewusstsein,
- Teamfähigkeit,
- Methodenkompetenz.

Sicherlich wird es immer ein Ringen der Verantwortlichen um gut und sinnvoll konzipierte Unterrichtsziele geben, genauso in der Frage nach der geeigneten Didaktik, also, in welcher Art und Weise Wissen und Schüler zusammenkommen können.
Das Geschehen im Schulunterricht wird nicht nur von Konzepten und Techniken, sondern ganz wesentlich von der *Lehrerpersönlichkeit* mitbestimmt.

Für Eltern kann es hilfreich sein, die verschiedenen *Unterrichtsstile* der Lehrer ihrer Kinder kennen zu lernen, um diese bejahen und unterstützen, aber auch kritisch hinterfragen zu können.
Nie wird ein Lehrer in Reinform einer pädagogischen Anschauung unterrichten. Meistens mischen sich Ausbildungskonzepte mit gewonnenen Überzeugungen, bewährten Methoden und Erfahrungsschatz. Ebenso fließen aktuelle Erkenntnisse aus Psychologie und Pädagogik mit ein.
Unterrichtsinhalt, Unterrichtsstil und Lehrerpersönlichkeit prägen das Erziehen unserer Kinder an der Schule. Aber nur im vertrauensvollen Zusammenspiel von Elternhaus und Schule kann eine gute Erziehung gelingen. Deshalb sollten wir als Eltern die Lehrer unserer Kinder und ihre jeweiligen Unterrichtsweisen kennen lernen und über Lerninhalte sowie über Beurteilungskriterien informiert sein und versuchen, diese zu akzeptieren.

2. Aufbau des Schulwesens
Doch wo liegt der richtige Weg durch die Schulzeit für mein Kind? Was uns Eltern oft langes Kopfzerbrechen bereitet, nämlich die

passende Schulart für unsere unterschiedlich begabten und entwickelten Kinder zu finden, ist als große Chance gedacht: Denn das Schulwesen mit seinen verschiedensten Schularten soll dazu dienen, dass der einzelne Schüler eine maximale und für ihn individuelle Förderung erhält.

Schularten und Schulstufen (Überblick)

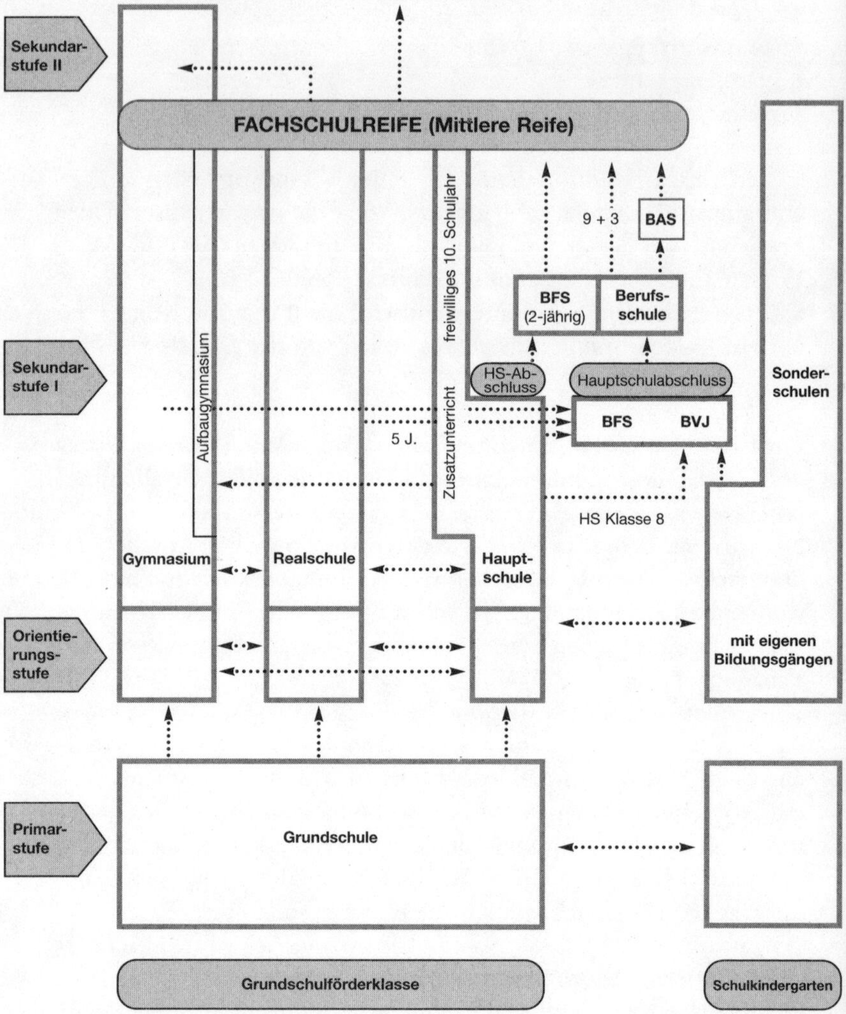

BAS = Berufsaufbauschule
BVJ = Berufsvorbereitungsjahr
BFS = Berufsfachschule

Die oberste Schulaufsichtsbehörde jedes Bundeslandes ist das *Kultusministerium.*
Zu den vielen Aufgaben dieser Behörde gehört die *Erstellung der Bildungs- und Lehrpläne.* Orientiert an den jeweils neuen wissenschaftlichen und technologischen Erkenntnissen werden die Lehrpläne festgeschrieben und fortlaufend überarbeitet, damit neue pädagogische Anforderungen berücksichtigt werden können. An diese Lehrpläne sind Lehrer/innen im Rahmen ihrer pädagogischen Freiheit gebunden.
Für uns Eltern ist nun Folgendes interessant:
Was soll inhaltlich an den Schulen gelehrt und vermittelt werden? Lehrer/innen stellen ihre Unterrichtseinheiten in der Regel an den Elternabenden in groben Zügen vor. Eltern können zusätzlich um Einsicht in die Lehrpläne bitten.
Eltern haben Mitwirkungsrechte insofern, als dass sie den Bildungsgang (im Rahmen der Leistungen des Kindes) wählen. Sie können sich zwischen einer öffentlichen oder privaten Schule entscheiden, die Teilnahme oder Nichtteilnahme am Religionsunterricht, eine Zurückstellung bzw. vorzeitige Aufnahme oder das Überspringen einer Klasse bestimmen. Ebenso haben sie ein Recht auf Beratung, Information u. a. Elternrechte nehmen Eltern in der Klassenpflegschaft, in den Elternvertretungen und in der Schulkonferenz wahr. Außerdem gibt es Elternsprechstunden, Elternsprechtage und Kontaktaufnahme zwischen Eltern und Lehrern zu besonderen Anlässen.

Die (nicht ganz leichte) Situation in der Schule

Die *Anforderungen an die Pädagogen* im Schulalltag haben sich in den vergangenen Jahren deutlich verändert. Zu den bekannten Schulproblemen (unterschiedliche Begabungen der Kinder) traten weitere, neue hinzu.
Die Ursachenforschung bringt viele schlüssige Erklärungen zutage, die uns allerdings nur bedingt helfen, die Probleme zu lösen. Teilweise schränken sie sogar eher unseren Handlungsspielraum ein, eine Verbesserung der Klassensituation zu erwirken. (»Mein Kind hat halt …, da darf man eben nicht so streng sein, es kann ja nichts dafür ...«)
In den Schulklassen bewältigen Pädagogen einen Spagat zwischen den Kindern mit

- ADS (Aufmerksamkeits-Defizit-Syndrom) verschiedener Ausprägungen;

- LRS (Lese-Rechtschreibschwäche);
- Rechenschwäche;
- mangelnder Konzentrationsfähigkeit;
- schlechter sprachlicher Ausdrucksfähigkeit;
- fehlender Selbsteinschätzung bzw. Selbstüberschätzung;
- fehlenden Grundfertigkeiten – nicht nur bei den Grundschülern (z. B. schneiden, kleben, anziehen ...);
- mangelnder Organisationsfähigkeit;
- schlechten Umgangsformen;
- überdurchschnittlicher Begabung und Intelligenz, die durch Unterforderung zu Störern in der Klasse werden;
- geringer Frustrationstoleranz;
- einem hohen Konflikt- und Aggressionspotenzial (oft verursacht durch seelische Verletzungen);
- Probleme im Elternhaus (Trennung der Eltern, Arbeitslosigkeit, Alkohol, Schuldgefühle ...), die dadurch zu Schulversagern werden, und den Eltern mit
- hohem Erwartungsdruck (nur gute Noten zählen ...);
- mangelnder Erziehungskompetenz und hilfloser Haltung (wie soll ich nur mit dem Kind klar kommen, jetzt ist die Schule dran mit zu erziehen ...)
- mangelnder Aufmerksamkeit oder Gleichgültigkeit gegenüber den schulischen Belangen.
- dem Bedürfnis, dem spürbaren Erwartungsdruck aus Politik und Wirtschaft gerecht zu werden.

Motivationspartner Eltern

Für die *Wahrnehmung der erzieherischen Aufgaben der Schule ist ein enges Zusammenwirken mit dem Elternhaus* ganz besonders wichtig. So formulieren es Lehrpläne im Eingangswort.

Die Eltern und ihr Kind

→ Zum Bedenken:
Prägen Ihre eigenen Schulerfahrungen von früher Ihr Kind heute? Konnten oder durften Sie kein Abitur machen, kein Studium absolvieren? Muss deshalb Ihr Kind nun diesen Weg gehen?

Im Fach Mathe brachten Sie es nur zur Note 5? Kein Wunder, dass Ihr Kind es auch nicht schaffen kann – oder jetzt erst recht dagegen ankämpfen muss – zur Not auch mit Nachhilfe ohne Ende.
Erscheint es Ihnen unglaublich, dass Ihr Kind nach stundenlangem Pauken die Regeln immer noch nicht beherrscht, da Sie zu Ihrer Schulzeit Aufgaben mit links erledigten?

- Machen Sie sich frei von Ihren eigenen Erlebnissen und übertragen Sie diese nicht auf Ihre Kinder!
- Nehmen Sie ernst, dass Gott Ihr Kind zur einmaligen Persönlichkeit geschaffen hat.
- Erkennen Sie, dass es deshalb auch eine eigene Schulgeschichte besitzen darf (mit eigenem Lerntempo, eigenen Neigungen und eigenen Schwächen).

Sie ersparen sich und Ihrem Kind viele Nerven und Tränen am Tisch des nachmittäglichen Lernens!

→ Zum Bedenken:
Treibt Ihr Ehrgeiz Ihr Kind zu Schulleistungen?
Wie hoch ist Ihr Maßstab, den Sie für Ihr Kind anlegen? Ist dieser dem Kind und seinen Begabungen und Fähigkeiten angemessen?
Quälen Sie Überlegungen, ob Sie Ihr Kind optimal fördern können und legen deshalb zusätzliche Übungszeiten und -aufgaben fest?
Nichts spricht gegen konkrete Übungen, um Sicherheit im Lernstoff zu gewinnen. Jedoch braucht jedes Kind nach Anspannung wiederum auch Entspannung durch Freizeit, Spaß und Spiel.

- Planen Sie bewusst Ruhe- und Spielzeiten!
- Nutzen sie natürliche Lernangebote (z. B. Erklärung über die Baumwelt beim Waldspaziergang; Rechnen beim Einkaufen; Ausflüge von Kindern planen und organisieren lassen ... die Möglichkeiten sind endlos, fängt man nur einmal an solche zu suchen!).
- Spielen Sie gemeinsam Gesellschaftsspiele!
- Helfen Sie Ihrem Kind durch ein festgelegtes Maß an Fernseh-, Computer- und Internetzeit.
- Vielleicht hilft Ihrem Kind ein Zeitplan für die verschiedenen Aufgaben.
- Denken Sie darüber nach, wo die Begabungen Ihres Kindes liegen.

Erfährt Ihr Kind zu viel Druck, wird es sich leicht verweigern. Damit wäre mehr Schaden angerichtet, da letztlich das Kind so keine

Befriedigung und keinen positiven Aspekt des Lernens erfahren kann.
Ausgesprochener und unausgesprochener Ehrgeiz gleichermaßen greift auf Dauer die Beziehung zwischen Eltern und Kind an.

➔ Zum Bedenken:
Was kann Ihr Kind an Ihrem Leben erkennen?
Sind Sie zufrieden mit Ihrem Lebensweg? Gibt es für Sie erst ein glückliches und erfülltes Leben ab einem gewissen Einkommen, bei einer bestimmten Ausbildung, einem Titel oder Berufsstand? Könnten Sie bei Ihrem Kind andere Lebensziele akzeptieren? Fühlt sich Ihr Kind von Ihren Idealen getrieben? Erfährt Ihr Kind, dass sie Ihr Leben bejahen?
Sieht Ihr Kind in Ihnen den »Superman«, den perfekten Vater, die vollkommene Mutter und Hausfrau? Oder kann Ihr Kind erleben, dass Sie etwas nicht können (weder wir Eltern, noch die Lehrer, noch wir als Christen sind perfekt – perfekte Menschen gibt es nirgends!)

- Kinder sind unser Spiegel! (Die Unlust des Kindes zu arbeiten, kann von meiner verbreiteten Unlust kommen!)
- Sich bei seinem Kind zu entschuldigen, kann schwer fallen, aber in angespannter Beziehung unendlich weiterhelfen.
- Dankbarkeit schafft Zufriedenheit. Auch da, wo selbst objektiv gesehen viele widrige Umstände sind, schafft der Dank für kleine Dinge eine neue Sicht, eine neue Lebenseinstellung – und das wirkt sich wohltuend auf uns und unsere Kinder aus. Danken Sie Gott für das, was Sie haben! Danken Sie Gott für die Begabungen und Eigenschaften, die Ihre Kinder haben, anstatt zu jammern, was ihnen fehlt.

➔ Zum Bedenken:
Ermutigen Sie genug?
Wenn sich der Blick erst einmal am Misslingen und den Mängeln eingehakt hat, fällt es uns Eltern ungeheuer schwer, auf die Stärken des Kindes zu blicken, das Gelungene zu suchen.
Wie viel schwerer muss es dann unseren Kindern fallen, sich etwas zuzutrauen, sich wert zu schätzen, wenn es spürt: meine Eltern sind enttäuscht, da ich nicht die gewünschte Leistung bringe.
Ein Kind braucht deshalb immer wieder Zuspruch, damit sich im Lauf der Zeit ein Fundament des Selbstvertrauens entwickelt.

Vermitteln Sie ihrem Kind:

- *Du bist geliebt!* – unabhängig von Noten, selbst mit schlechten Noten oder mangelnder Auffassungsgabe usw.
- *Du hast Gaben!* – Warum nicht eine Liste mit den Fähigkeiten des Kindes machen und als »Zeugnis« übers Bett hängen?
- *Du kommst voran!* – Feiern Sie selbst *kleine* Lernerfolge mit ihrem Kind!
- *Du bist Du!* – Vergleiche mit der Schwester oder dem Bruder müssen nicht sein!

Ermutigen meint nicht, die Schwächen und das Versagen zu verschweigen (das Kind weiß ja darum und leidet selbst), sondern vorwurfsfrei zu benennen. Dann aber durch das Loben und Hervorheben seiner Stärken dem Kind helfen, dass es eine innere Balance und ein gesundes Selbstwertgefühl erhält.

Entgegen aller Signale aus Politik, Wirtschaft und Gesellschaft gilt dennoch:

Noten und Beurteilungen entscheiden nicht über den Wert eines Menschen. Deshalb darf sich das Selbstwertgefühl ihres Kindes keinesfalls auf Noten aufbauen! Ein Kind muss sich um seiner selbst willen geliebt wissen, nicht aufgrund der Schulleistungen!

Die Eltern und ihr Kind in der Schule

- **Suchen Sie das Gespräch mit den Lehrern**

Nutzen Sie die angebotenen Elternsprechzeiten oder -tage oder erkundigen Sie sich ab und an nach dem Befinden Ihres Kindes. Bedenken Sie aber auch das Maß! – Stellen Sie sich vor, alle 30 Elternpaare der Klasse würden sich 1-2 mal pro Woche melden!! *Geben Sie einen Vertrauensvorschuss.* Die meisten Lehrkräfte meinen es gut mit ihren Kindern!

Auf einer solchen Vertrauensbasis lassen sich möglicherweise zukünftig auftretende Schwierigkeiten gemeinsam aus dem Wege räumen.

Leider gelingt es nicht allen Lehrkräften in einem Elterngespräch am angesprochenen Problem des Kindes zu bleiben, sondern sie fühlen sich leicht persönlich kritisiert und teilweise angegriffen (besonders, wenn die Eltern ebenfalls Lehrer oder Pädagogen sind). Bleiben Sie deshalb in Gesprächen stets bemüht, an der Sache orientiert zu diskutieren. Eine Hilfe zum sachlichen Gespräch können Notizen oder Fragen sein, die Sie zu Hause notiert haben.

Vielleicht können Sie auch Vorschläge zur Lösung des Problems anbieten.
Suchen Sie das direkte, offene Gespräch mit dem Lehrer.
Das kann wiederum eine ganz wichtige Erfahrung für Ihr Kind sein: dass Eltern und Lehrer gemeinsam nach Lösungen suchen.
Meiden Sie solche Gespräche mit anderen Eltern, bei denen keine wirklichen Lösungen angestrebt werden.
Manchmal geraten Eltern auch an die Grenze aller Bemühungen, wo sie sagen müssen: An dieser schulischen Situation ist wirklich nichts zu ändern, es bleibt nur das Erdulden. Es bleibt zu hoffen, dass das Kind keinen weiterreichenden Schaden (z. B. psychischer Art) davonträgt. Wenn jedoch diese Gefahr droht, gibt es auch die Erwägungen, in die Parallelklasse oder sogar die Schule zu wechseln.

- **Nicht vor dem Kind über den Lehrer schimpfen!**

Erstaunlicherweise fällt vielen Kindern das Akzeptieren eines Lehrers leichter, als deren Eltern.
Ein Kind muss nicht zwangsläufig Probleme mit dem Lehrer haben, den der Vater nicht mag oder mit dem die Mutter Differenzen hat!

- **Machen Sie Gebrauch von Ihren Möglichkeiten, sich in der Schule zu engagieren**

Unterstützen Sie die Klassenaktionen! So lernen Sie auch die Mitschüler kennen. Das hilft dabei, Erzählungen des Kindes einzuordnen und zu verstehen.
Signalisieren Sie den Lehrern Hilfsbereitschaft und Unterstützung bei außerschulischen Unternehmungen.
Bieten Sie im Rahmen Ihrer Möglichkeiten Fahrdienste, Begleitung, Materialspenden o. Ä. an.

- **Lernen Sie die Freunde ihres Kindes und deren Elternhäuser kennen!**

Unterrichtszeit ist nur ein Teil des Schultages! Pausen und Schulwege sind wichtig für die Kinder, um sich gegenseitig von einer anderen Seite, nicht nur der schulischen Leistung, kennen zu lernen. Da entstehen Freundschaften, die teilweise fürs ganze Leben gelten. Vielleicht laden Sie auch einmal gerade schwierige Klassenkameraden zum Spielen ein!

• Bleiben Sie im Gespräch mit Ihren Kindern über die Inhalte des Unterrichts

Das gilt für alle Unterrichtsfächer, im Besonderen aber auch bei Themen aus Religion, Biologie und Ethik, die menschliche Werte oder den christlichen Glauben betreffen. Setzen Sie sich gemeinsam mit ihrem Kind intensiv damit auseinander, welche Lebens- und Glaubensauffassungen es außerhalb des christlichen Glaubens gibt. Es ist wichtig, dass ihr Kind diskussionsfähig in der Auseinandersetzung mit den Klassenkameraden und Lehrern wird. So wird letztendlich auch Christsein glaubwürdiger!

• Entlassen Sie ihr Kind in den Schulalltag!

Mitzuverfolgen, was Ihr Kind in der Schule erlebt und lernt, ist sicher wichtig. Genauso bedeutsam aber ist es, das Kind seinem Alter und der Schulklasse angemessen in die Selbständigkeit loszulassen. Zunehmend sollte ein Kind ohne elterliche Hilfe Hausaufgaben erledigen können. Es sollte nicht ständig an unerledigte Aufgaben erinnert werden, es soll sich auf Klassenarbeiten auch ohne Mutter vorbereiten können. Lassen Sie Ihr Kind notfalls die Konsequenzen für Fehlendes oder Ungelerntes erkennen und auch tragen.

• Beten Sie mit Ihrem Kind und für Ihr Kind

Natürlich bleiben bei allem guten Willen und viel Einsatz für eine gelungene Erziehung und Kooperation zwischen Elternhaus und Schule Zweifel: Ob auch alles gelingt? Selbstzweifel: ob man nicht zu viele Fehler macht?

Es gibt sie: die schwierigen Lehrerpersönlichkeiten; es gibt sie: die verfahrenen und verkorksten Situationen. Es gibt Schulängste, Krisen und Nöte.

In all diesem sind Sie nicht allein gelassen: Gott selbst, dem treusorgenden und liebenden Vater liegt daran, dass das Leben Ihres Kindes gelingt. Sie haben die großartige Möglichkeit, Ihr Kind in seiner schulischen Situation im Gebet zu begleiten. Nicht Sie allein tragen alle Verantwortung auf Ihren Schultern. Gott trägt mit. Deshalb entlastet Beten. Beten hilft uns, unsere Kinder loszulassen, die Sorgen loszulassen. Unsere Sorgen können wir ablegen an den, der *für uns* sorgt. Vertrauen Sie auf die große Macht des Gebetes.

Beten Sie für Ihr Kind und seine Lehrer! Und wo Sie im Umgang mit Ihrem Kind und seinen schulischen Belangen scheitern, gilt: Ein Neuanfang ist jeden Tag möglich!

Cornelia Mack

25 Erziehung im Kontext von Fernsehen, Computer und Internet

Einleitung

■ »Die Generationen vor uns ... hatten nur das Licht der Sterne, des Mondes, des Feuers ... In der Geschichte der Menschheit hat es bisher nicht eine einzige Kultur gegeben, die derart enorm viel Zeit – und zwar ... Tag für Tag – darauf verwandt hat, in dunklen Zimmern in ein künstliches Licht zu schauen.« So beschreibt Jerry Mander das Phänomen der Medien, insbesondere des Fernsehens, in unserer heutigen Zeit. In vielen Familien ist der Fernseher, der Computer bzw. das Internet tatsächlich die elektronische Großmutter geworden.

Bis in die 70-er und 80-er Jahre hinein stand bei den Medienmachern das publizistische Interesse im Vordergrund. Sie wollten bilden, informieren, analysieren, dokumentieren, kommentieren und politische, kulturelle, wirtschaftliche und aktuelle Dinge einer breiten Masse in der Bevölkerung nahe bringen.

Seit es die privaten TV-Sender gibt, stehen nur noch ökonomische Interessen im Vordergrund. Wer die beste Einschaltquote hat, kann am meisten Geld für die Werbespots erzielen – darum werden immer extremere, absurdere, perversere Dinge gesendet. Dinge, die man in der Öffentlichkeit so nicht sieht. Nur um die Einschaltquote zu erhöhen, werden Katastrophen, Verfolgungsjagden, Perversitäten, auch Okkultes, Unnormales, Unheimliches, Horror usw. möglichst hautnah gesendet. Der Kampf der Sender untereinander um die Zeit der Menschen hat absurde Ausmaße angenommen. Denn, wer die Zeit eines anderen Menschen beansprucht und füllt, hat auch Macht über ihn.

Die Auswirkungen des Fernsehens und anderer Medien auf unsere Kultur sind immens und sehr subtil. Darum ist es gut, sie etwas genauer unter die Lupe zu nehmen und zu analysieren.

Auswirkungen auf das Familienleben

Unser Familienleben hat sich grundlegend verändert. Während man vor der Einführung des Fernsehens und des Internets darauf angewiesen war, etwas miteinander zu tun, miteinander zu reden und Konflikte auszutragen, kann man heute scheinbar friedlich zusammen vor dem Fernsehgerät sitzen – oder besser nebeneinander. Denn Kommunikation vor dem Fernseher oder auch vor dem PC ist kaum möglich.

Manche Eltern ahnen die schädlichen Wirkungen, aber sie fühlen sich machtlos, dagegen anzugehen. Anstelle eines Patriarchats oder eines Matriarchats sprechen manche heute von einem *Telearchat*. Der Fernseher und der Computer bestimmen den Familienalltag. Sie bestimmen, wann die Kinder ihre Hausaufgaben machen und wann sie ins Bett gehen, wann zu Abend gegessen wird und wann Besuch eingeladen wird.

Im Miteinander einer Familie – auch im Durchleben von Streit, im Durchdiskutieren von kontroversen Meinungen, wächst und reift ein Kind. Die Persönlichkeit stabilisiert sich, Familienatmosphäre wird erlebt und Familiengeschichte geschrieben. Jeder durchgestandene Streit trägt zur Reife bei. Man lernt aufeinander zu hören, Rücksicht zu nehmen, Kompromisse zu schließen, Interessen anderer zu achten, sich in andere hineinzufühlen und hineinzudenken. All dies wird durch den Fernseher oder die Zeit vor dem Computer verhindert.

Auch Familienrituale sind wichtig für Eltern und Kinder – also regelmäßige, verlässliche, immer wiederkehrende, mit der Zeit vertraute Geschehnisse, die uns das Gefühl geben, einer Familie mit besonderer Prägung und mit Geschichte anzugehören. Dazu gehören Essensrituale, Einschlafrituale, Krankheitsrituale, Urlaubsrituale, aber auch Gespräche, Spiele, Familienfeiern und Diskussionen. All dies formt Charaktere und Persönlichkeiten. Durch das Diktat der Medien wird dies größtenteils verhindert.

Auswirkungen auf das Spielverhalten des Kindes

Das Spielen gibt dem Kind die Möglichkeit, Verhaltensweisen und soziale Rollen einzuüben. Spielen ist für eine gesunde geistige und emotionale Entwicklung notwendig – dazu gehören Aspekte wie Nachahmung, Phantasiespiele, Rollenspiele. Im Spiel kann das Kind schwierige Aspekte der Realität verarbeiten, kann das Böse überwinden, die Realität akzeptabler machen, schmerzliche Erlebnisse nachspielen und zu befriedigenden Ergebnissen umfunktionieren. Im Spiel kann das Kind Machtverhältnisse umkehren und selbst aktiv strukturieren. Das Spiel hilft zur Körperbeherrschung, zum Spannungsabbau von angestauten Emotionen, zum Erlernen von sozialen Fähigkeiten (Rollentausch, Einfühlungsvermögen), zur Impulskontrolle und zur Fantasieentwicklung. Manche Spiele, die intensiv gespielt werden, ziehen sich über Wochen und Monate hin und werden zu richtigen Geschichten: Dramen, die sich immer weiter entwickeln. Das alles braucht viel Zeit. Das Fernsehen und die Zeit vor dem Computer vermindert die Zeit zum kreativen Spielen. Durch die Medien werden zusätzlich Konflikte in ein Kind hineingetragen, das führt dann oft zu Aggressionsstau und macht die Kinder passiv, vermindert die Entdeckung der Fantasie im Spiel. Kinder, die viel fernsehen, sind weniger kreativ und spontan, sie spielen weniger fiktive (ausgedachte) Spiele, weniger Fantasiespiele, weniger Rollenspiele, entwickeln weniger Eigeninitiative im Spiel. Spielende Kinder werden in erster Linie motiviert, Spaß am Leben zu haben. Es gibt in der Generation, die quasi vor dem Bildschirm aufwuchs, in der Tat Anzeichen, dass ihnen das Erwachsenenleben langweilig und mühsam erscheint, dass ihnen eine gewisse Lebensfreude fehlt, die sie in einer Kindheit mit ausreichenden Spielmöglichkeiten vielleicht erworben haben könnten. Fernsehkinder zeigen weniger Ausdauer, dafür mehr Hektik und Unruhe beim Spielen. Fernsehen verkürzt die Zeit, in der Kinder spielen. Aber gerade das freie, schöpferische Spiel hilft zum Abbau der Spannungen und Ängste, die u. a. durch Fernsehen verursacht wurden. Ein Kind, das zwei Stunden fernsieht, müsste deshalb mindestens die gleiche Zeit spielen.

Auswirkungen auf die Gewaltbereitschaft

»Es ist besonders schwierig für Eltern, die Vorstellung zu akzeptieren, dass das Fernsehen zu aggressivem Verhalten führt, wenn es im eigenen Heim eine so völlig andere Funktion hat. Dort macht das

Fernsehen die Kinder still und passiv und verhindert nicht nur lautes und ungestümes Spielen, sondern auch Auseinandersetzungen zwischen Geschwistern sowie vielleicht zerstörerische Experimente im Haushalt« (Marie Winn). Angeblich beruhigt das Fernsehen also, denn Kinder werden still davor, aber diese Ruhe täuscht. Es ist eher wie ein Bonbon, das man lutscht, eine Zigarette, die man raucht oder eine Tablette, die man nimmt. Es wirkt eher verdrängend und verhindert damit die Auseinandersetzung mit Konflikten. In Wirklichkeit aber erhöht das Fernsehen, ebenso wie Computerspiele, die Gewaltbereitschaft und verringert das Mitleidsgefühl. Kinder identifizieren sich mit den Filmfiguren, können keine Distanz gewinnen und müssen andererseits die Konflikte und Spannungen, die sich in einem Film aufbauen und die die Figuren, mit denen sie sich identifizieren, erleben, wieder loswerden. Sind Kinder fasziniert von den Filmhelden, so neigen sie dazu, diese nachzuahmen und sich in ähnlicher Weise brutal, sadistisch oder hinterhältig zu verhalten. Dies wiederum schafft neue Konflikte und Streit. Aber nicht nur das Fernsehen, auch Computerspiele bzw. Gameboy- oder Video-Spiele haben einen ganz ähnlichen Effekt auf die Gewaltbereitschaft. Es gibt fantasieanregende Computerspiele, die auch einen gewissen Lerneffekt bieten. Aber in vielen PC-Spielen geht es nur noch ums Schießen und Töten. Zwar wird die Reaktionsschnelligkeit geschult, gleichzeitig aber findet eine innere Programmierung auf das »negative Gegenüber« statt. Wer in die Quere kommt, wird niedergemetzelt – andernfalls ist das Spiel zu Ende. Forschungen über Gewaltbereitschaft an amerikanischen Schulen kamen zu dem Ergebnis, dass viel Gewaltbereitschaft in PC-Spielen eingeübt und in die Psyche einprogrammiert wurde (Dave Grossmann). Menschen haben normalerweise im Mittelhirn eine Hemmschwelle, die sie daran hindern, sich gegenseitig zu töten. Darum müssen Soldaten speziell zum Töten ausgebildet werden, um diese Hemmschwelle zu überwinden. Die Art und Weise, wie das Militär seine Soldaten zum Töten ausbildet, ist die gleiche Art wie es in den PC-Spielen in die Psyche einprogrammiert wird: Brutalisierung, Zerstörung von ethischen Grundwerten, Desensibilisierung, Konditionierung. Die Desensibilisierung gegen Gewalt beginnt meist schon sehr früh vor dem Fernseher. Schon Kleinkinder erleben Gewalt, Mord, Tod auf dem Bildschirm – oft bei Figuren, zu denen sie zuvor eine innere Beziehung aufgebaut haben.

Den Unterschied zwischen Wirklichkeit und gestellter Szene können kleine Kinder noch nicht erfassen. Vergleichende epidemiologische Studien zwischen Regionen mit und ohne Fernsehen stellen nach der Einführung des Fernsehens eine Explosion der Gewaltbereitschaft und eine Zunahme der Mordraten um das Doppelte fest. Die Konditionierung auf Gewalt beginnt auch vor dem Fernseher: Kinder sehen Gewaltfilme, Horrorszenen, Vergewaltigungen und gleichzeitig haben sie ihr Lieblingsgetränk bzw. -essen vor sich. Somit wird Gewalt mit Vergnügen assoziiert. Eine weitere Form der Konditionierung auf Gewalt finden wir bei PC-Spielen. Diese arbeitet mit dem Reiz-Reflex-Mechanismus. Auf ein bestimmtes Signal (Ton, Gestalt, Licht) muss mit einem bestimmten Reflex reagiert werden (Knopf oder Taste drücken). Je schneller, desto sicherer. Soldaten werden auf diese Weise zum Töten ausgebildet: ihnen wird eine möglichst realistische Attrappe gegenübergestellt, auf die sie lernen müssen zu schießen – und zwar innerhalb von Sekundenbruchteilen. Mit genau denselben Mechanismen arbeiten PC-Spiele. Kinder werden darauf konditioniert, in Sekundenbruchteilen auf ein Gegenüber aggressiv, d. h. tötend oder verletzend einzuwirken. Dies trägt in erheblicher Weise zum Gewaltpotenzial der Jugendlichen und Kinder in unserer Gesellschaft bei.

Auswirkungen auf das Lernverhalten

Immer wieder hört man Argumente, dass Fernsehen oder Internet bilde. Vielen Eltern dient dies zur Rechtfertigung dafür, dass ihre Kinder viel Zeit vor dem Fernseher oder dem Computer verbringen. Pädagogen können ein Lied davon singen, wie sich diese stundenlangen Fernsehsitzungen vor allem montags auf die Unfähigkeit zur Konzentration und auf die Gewaltbereitschaft auswirken.Sicher kann man nicht grundsätzlich den Bildungsgehalt des Fernsehens oder des Internets leugnen (Nachrichten, Dokumentationen, schneller Informationsabruf). Trotzdem dürfen wir nie vergessen, dass viele Inhalte manipuliert sind. Wer selbst bei einem Ereignis dabei war und hinterher die Meldung im Fernsehen verfolgt, erkennt oft nur noch Bruchstücke der Realität wieder. Das Internet ist ein großer Warenhauskatalog ohne Zensur. Jeder kann ins Internet stellen, was er will. Die Inhalte werden nirgends geprüft oder zensiert. Darum findet sich im Internet auch vieles, das für Kinder und Jugendliche gefährlich ist – von Rechtsradikalismus bis hin zu Pornographie, Okkultismus oder Aufforderungen in Chats zu Selbsttötungen. In wissenschaftlichen Untersuchungen darüber, wie Lernen eigentlich vor sich geht, wird durchgängig deutlich, dass man am besten und schnellsten lernt, wenn man sich mit dem Lernstoff auseinandersetzen kann – am besten mit den Händen und allen Sinnen. Nehme ich – im Gegensatz zum Fernsehen – ein Buch in die Hand, so kann ich mich auch damit auseinander setzen, ich kann das Lern-Tempo selbst bestimmen, ich kann vor- und zurückblättern, ich kann eine Pause einlegen, über den Inhalt in aller Ruhe nachdenken und später weitermachen. Vor dem Fernseher bin ich den Abläufen mehr oder weniger hilflos ausgeliefert, ich kann nicht an den Anfang zurück, ich kann das Tempo nicht bestimmen, ich bin emotional festgelegt und geistig unbeweglich. Mit Hilfe verschiedener Studien konnte nachgewiesen werden, dass Fernsehen bei Schulkindern keine Verbesserung des Sachwissens in Geistes- und Naturwissenschaften bewirkt und dass Kinder, die häufig fernsehen, auch nicht besser über aktuelle Tagesereignisse informiert sind als Kinder, die selten vor dem Bildschirm sitzen.

Auswirkungen auf die kindliche Wahrnehmung

In Fernsehfilmen werden verschiedene Szenen in verschiedenen Räumen kurz hintereinander gezeigt, dabei ist kaum eine Einstellung länger als 3 Sekunden. Für Kinder im Vorschulalter ist kaum nachvollziehbar, was da auf dem Bildschirm vor sich geht: die verschiedenen Kameraeinstellungen, Zoom und Bildschnitt, Überblendungen, Schrift auf den Bildern, dramatische Musikuntermalung. All das übersteigt die kognitiven Filter-Fähigkeiten eines Kindes, darum wirkt es subtil und ungefiltert auf das emotionale Empfinden. Kinder vor dem Fernseher werden an die Faszination der Reize und an die ständige Überreizung der Sinne gewöhnt. Durch die außergewöhnlichen Inhalte (Superlative), die das alltägliche Leben nicht bietet, lässt das Fernsehen das alltägliche Leben mit der Zeit langweilig erscheinen. Eine Schweinwelt wird aufgebaut. Erfahrungen im Fernsehen sind immer Erfahrungen aus zweiter

Hand. Durch die Medieninhalte geschieht eine Gleichschaltung von Kindheit und Erwachsenenwelt. Vorgekautes, nicht selbst erworbenes Wissen wird übernommen und die Kritikfähigkeit wird nicht ausgeprägt. Kritisches Hinterfragen ist kaum möglich, weil das Bild als unwiderlegbar gilt. Darum verlieren Kinder, die viel fernsehen, ihre Kindlichkeit, sie bekommen einen negativen Blick für die Wirklichkeit durch Gewalt, Darstellungen von Katastrophen, Ehebruch, Untreue, Betrug, Perversion. Liebe, Harmonie und Freundschaft ist schwerer darzustellen als Hass, Brutalität und Zorn. Einfühlsames Empfinden und Denken, Mitfühlen und Betroffenheit – alles Voraussetzungen für eine gesunde emotionale Entwicklung – werden im Keim erstickt. So findet eine emotionale Programmierung auf das negative Denken statt und führt letztendlich zu einem pessimistischen Lebensgefühl. »Die Welt, in der ich groß werde, ist voller Gewalt.« Die Wirklichkeitsdarstellung im Fernsehen wird reduziert auf das, was leicht darzustellen ist: Grobes, Auffallendes, Überdeutliches. Das komplexe Leben wird auf einfache Modelle reduziert und die Wirklichkeit wird verengt. Im Fernsehen wird jedes Problem innerhalb von einer halben Stunde irgendwie gelöst. Im wirklichen Leben kann das viel länger dauern – darum klafft in unserem Empfinden oft eine Disharmonie zwischen der Fernsehwirklichkeit und unserem komplizierten Leben. Bilder sind immer nur die halbe Wirklichkeit, die eigene Erfahrung fehlt. Was im Fernsehen nicht vermittelt werden kann ist Geschmack, Geruch, Berührung – und ebenso wenig die Konsequenzen von Brutalität wie Blut, Schmerz, Verletzung, Trauer. Besonders extrem wird diese Verzerrung und Entfremdung in Comicfilmen dargestellt. Schon bei den »Teletubbies« finden wir eine Welt voller Technik und Virtualität, ohne klare Sprache und ohne Eltern, die Halt, Liebe und Geborgenheit geben. Das Fernsehen löst so etwas wie eine Grundlagenerschütterung aus, weil die kindliche Psyche durch Wissen um Leid, Konflikte, Katastrophen, Brutalität zu sehr überfrachtet wird. Kinder im Vorschulalter werden durch zu viel Wissen zum falschen Zeitpunkt belastet. Sie sind noch gar nicht reif dazu und können damit noch gar nicht umgehen. Die Kindheit sollte eine Zeit sein, in der sich ein großes Potenzial an Vertrauen, Hoffnung und Zukunftsperspektive ausbildet. Durch Entfalten der Fantasie und der psychischen Kräfte im spielerischen Umgang mit der Umwelt. Wo stattdessen belastendes Wissen alle Kräfte raubt und dieses Potenzial an Vertrauen noch gar nicht ausgebildet ist oder im Keim erstickt oder verletzt wird, können die Kinder keine Hoffnung entwickeln, keine Vorfreude auf ihr Leben. Sie wachsen zu früh in das erwachsene Denken und Empfinden hinein, es gibt keine Geheimnisse mehr, nichts mehr, das man selbst entdecken muss – alles ist offenbar und unverhüllt. Aktuelle neurophysiologische Forschungen weisen auf ein weiteres interessantes Phänomen der veränderten Wahrnehmung durch das Fernsehen hin: Jahrhundertealte Wahrnehmungsmechanismen werden durch die intensive Nutzung des Fernsehens umgekehrt. Unser Auge weist in der Mitte eine stärkere Sehschärfe auf als zum Rand hin. Mit der Mitte des Auges wird also das fixiert, was unsere größte Aufmerksamkeit erfordert – und was uns vertraut erscheint. Unser Sehverhalten ist so orientiert, dass es besonders an den Rändern auf unerwartete Bewegungen reagiert. Von der Seite her kommt normalerweise die Gefahr, auf die dann schnell mit Kopfbewegung, Fixierung und gegebenenfalls Fluchtreaktionen reagiert wird. Durch das Fernsehen ist das anders geworden. Hier ist unser Blick fest auf den Fernseher vor uns gerichtet, von diesem kommt nun plötzlich die Gefahr, das Unerwartete. Die Gefahr wird uns also zum vertrauten Gegenüber. Der vertraute Mitmensch neben uns auf dem Sofa dagegen erscheint uns unbewusst wie der Feind, von dem die Gefahr oder die Störung kommt. Die Menschen sitzen nicht länger einander gegenüber, stattdessen werden die wirklichen Menschen zu Nebenmenschen, die sich im Bereich der »Feinderfahrung« aufhalten.

Auswirkungen auf die körperliche Befindlichkeit

Kinder, die viel Zeit vor dem Fernseher oder Computer verbringen, leiden an Bewegungsmangel, Appetitlosigkeit oder Übergewicht (denn vor dem Fernseher wird oft gegessen oder etwas geknabbert). Sie haben oft einen Sitzbuckel, leiden unter Konzentrationsschwäche. Ein Kind, das dauernd fernsieht, ist auf einen Drei-Sekunden-Wechsel der Reize in seiner Umwelt programmiert und verlernt, sich langfristig auf eine Sache zu konzentrieren. Weitere Folgen sind Schlafstörungen und Übermüdung (in Schulen und Kindergärten bekannt als das »Montagsproblem«). Eine weitere Folge ist das Nachlassen der schulischen Leistungen, weil Fernsehen wichtiger wird als Hausaufgaben, und natürlich eine Gefährdung zur Sucht (einerseits Gewöhnungseffekt an Konsum, andererseits sind visuelle Reize gekoppelt an orale Befriedigung wie Essen und Trinken, oder Rauchen bei den Eltern). Auch Kontaktschwierigkeiten und Sprachschwierigkeiten können eine Folge sein. Die Gestaltungsfähigkeit der Sprache lässt nach und zieht einen Verlust der Fantasie nach sich. Wenn man etwas sieht, muss man es sich nicht mehr vorstellen. Was nicht gebraucht wird, verkümmert – so auch Kreativität, Vorstellungskraft und Fantasie. Ein weiterer Effekt ist die körperliche Frühreife durch zu viel Reize und zu viel künstliches Licht. Bestimmte Computerspiele können durch hell-aggressive schnell aufeinander folgende Lichtreize auch epileptische Anfälle hervorrufen.

Auswirkungen auf das Kaufverhalten

Ein nicht zu unterschätzender Teil der Fernsehinhalte sind Werbespots. Die Werbung zielt oft ganz bewusst auf Kinder, weil die Werbemacher wissen, dass diese am empfänglichsten für Werbesprüche sind und diese sehr schnell auswendig lernen. Mit der Werbung werden gleichzeitig ganz massiv Werte gesetzt: Reichtum, Schönheit, Jugendlichkeit, Schwung, Anerkennung, Geld, Macht, Lust. Das Ziel aller Werbung ist es, Unzufriedenheit und Sehnsüchte zu wecken, neue Bedürfnisse zu produzieren und dann damit natürlich Ware unter das Volk zu bringen, Geld damit zu verdienen. Bereits gekaufte Ware muss dann nach einiger Zeit wieder entwertet werden (das neue Waschmittel ist noch besser usw. oder die neue Super-Fleckentfernung ...), um wieder neue Ware auf den Markt zu bringen. »... in 15 Jahren Arbeit als Werbe- und Public-Relations-Manager habe ... ich gelernt, dass man mit Hilfe der Medien direkt in die Köpfe der Menschen eindringen und dort wie ein Zauberer aus einer anderen Welt Bilder und Vorstellungen einpflanzen kann, die diese Menschen dazu bringen können, Dinge zu tun, an die sie sonst nie auch nur gedacht hätten. Die Werbung hat die spezifische Aufgabe, die Menschen am Kaufen, Kaufen und nochmals Kaufen zu halten, womit sie natürlich arbeiten, arbeiten und nochmals arbeiten müssen, damit sie an das Geld herankommen, das sie dafür brauchen. Die Werbung ist einzig und allein dazu da, Dinge an den Mann zu bringen, die niemand braucht. Was die Menschen wirklich brauchen, werden sie auch ohne

Werbung finden, wenn es überhaupt zu kriegen ist. Es ist so offensichtlich und so simpel, dass es mich bis heute wundernimmt, wie es der Werbung gelingen konnte, diese Tatsache zu vertuschen« (Aichburg, S. 45). Privatsender leben von der Werbung. Darum kommt es nicht auf das Produkt an, sondern auf den Verkauf – egal ob gut oder schlecht. Der Gewinn eines Senders hängt von der Einschaltquote ab. Diese erhöht sich, je mehr neue und ungewöhnliche Reize geboten werden. Gerade unsere Kinder sind in besonderer Weise Zielgruppe der Werbung. Deren Wirkung sollten wir als Eltern bei allen sonstigen kritischen Anmerkungen zum Fernsehen nicht vergessen.

Fazit

In unserer Kommunikationsgesellschaft leiden wir unter einem Gegenwartsverlust. »Unser Leben medialisiert sich immer mehr und dialogisiert sich immer weniger. Die sozialen Kommunikationsräume entleeren sich« (Klenk). Eine kulturelle Umkehrung ist nicht möglich, aber eine punktuelle durchaus. Darum ist es wichtig, dass wir als Eltern den Fernsehkonsum unserer Kinder und unseren eigenen immer wieder kritisch unter die Lupe nehmen und uns Gedanken über einen sinnvollen Umgang mit den Medien Fernsehen, Internet und Computerspiele machen. Auch das Gespräch darüber in der Familie und gemeinsame Lösungen sind sehr wichtig. Eine grundsätzliche Tabuisierung oder ein generelles Verbot dieser Medien hilft nicht zu einem sachgemäßen Umgang. Allzu schnell geschieht es sonst, dass die Kinder bei Freunden oder Nachbarn fernsehen und wir dann keinerlei Wissen mehr um die Inhalte der Sendungen haben. Darum im Folgenden einige Hilfestellungen zum Umgang damit.

Konkrete Tipps

1. Von den Kindern nie etwas verlangen, wozu man selbst nicht auch bereit ist. Sein eigenes Fernsehverhalten kritisch unter die Lupe nehmen.
2. Kinder unter 4 Jahren sind nicht in der Lage, den Inhalten des Fernsehens zu folgen, deswegen gehören sie nicht vor den Fernse-

her. Setzen Sie den Fernseher niemals als Babysitter ein. Nehmen Sie lieber Lärm, Schmutz und Unruhe in Kauf und dafür letztlich ausgeglichenere und fantasievolle Kinder!

3. Kinder zwischen 4 und 6 Jahren sollten nur unter Aufsicht und im gemeinsamen Gespräch (auch im Nachbearbeiten) fernsehen. Vorschulkinder (4-6) sollten keine Nachrichtensendungen sehen. Bilder von Gewalt und Tod können traumatisieren.
4. Schulkinder können ab und zu mit den Eltern zusammen Nachrichten sehen, wenn die Eltern Unverständliches erklären.
5. Schulkinder sollten pro Tag nicht mehr als eine Stunde und nicht jeden Tag fernsehen.
6. Videogeräte helfen, den Fernsehkonsum zu steuern und zu reduzieren (Heimkino). Sendungen können aufgenommen werden, so dass die Tyrannei durch das Fernsehprogramm aufhören kann. Gemeinsames Fernsehen – als offizieller Programmpunkt – kann auch ein Erlebnis sein.
7. Gewöhnen Sie es sich nicht an, Sendungen regelmäßig anzusehen. (Sonst besteht die Gefahr der Gewöhnung, der Fremdbestimmung und Sucht.) Fernsehen sollte nicht zur Gewohnheit werden, sondern etwas Besonderes bleiben.
8. Überprüfen Sie die Anordnung der Möbel im Wohnzimmer. Welchen Stellenwert hat das Möbelstück Fernseher? Kann der Fernseher auch zugehängt oder hinter einer Schranktür »versteckt« werden? Sind die Sitzgelegenheiten kommunikativ oder auf Einwegkommunikation hin ausgerichtet?
9. Suchen Sie nach alternativen Angeboten: gemeinsame Spiele, Basteln, Unternehmungen – die Gegenwart miteinander genießen, füreinander da sein, die Spannung und den Spaß in einem gemeinsamen Spiel entdecken.
10. Üben Sie kontrolliertes Fernsehen ein:
    - Nur geplant und wenig fernsehen (vorher aussuchen, nicht einfach anschalten und sehen, was kommt).
    - Bestimmte Sendungen überhaupt nicht anschauen (Okkultes, Sadistisches, Sex, Horror).
    - Schlechte Sendungen mittendrin ausschalten.
    - Nach der geplanten Sendung sofort abschalten.
    - Nicht zappen (umschalten von einer Sendung zur anderen).
    - Hinterher über die Sendung sprechen.

Beurteilungskriterien zur Ablehnung von Fernsehsendungen und PC-Spielen

- Verzerrung der Wirklichkeit.
- Vorurteile werden verfestigt.
- Scheinrealitäten (Glück und Harmonie) durch Konsum und Reichtum.
- Gewalt ist ein erfolgreiches Mittel der Konfliktlösung.
- Gewalt wird als etwas Schönes oder Lustiges dargestellt (Comics).
- Gewalt löst Schadenfreude aus.
- Mitleid ist ein Zeichen von Schwäche.
- Gewaltlosigkeit ist ein Zeichen von Schwäche.
- Ängste werden gefördert.

Dieter Velten

Erziehung im Kontext der Kirchengeschichte 26

Erziehung im Spannungsfeld von Vergangenheit und Zukunft

■ Erziehung geschieht in der Gegenwart. Nur in einem konkreten Augenblick können wir pädagogisch wirksam sein: Erziehungsmethoden anwenden, Wegweisung geben, Grenzen setzen, Konsequenzen aufzeigen oder vollziehen usw.

Aber auch wenn Erziehung in der Gegenwart geschieht, ist sie doch nicht unabhängig von der Vergangenheit und der Zukunft. Wir können unser Leben in der Gegenwart nicht unabhängig von unseren Wurzeln in der Vergangenheit und unseren Erwartungen für die Zukunft gestalten. Gegenwart gibt es nicht ohne Vergangenheit und Zukunft.

Für die Erziehung bedeutet das zunächst: Wir erziehen unsere Kinder zwar heute, aber für morgen. Wir fragen: »Was brauchen sie, um morgen als mündige Bürger in unserer Gesellschaft leben zu können?« Und als Christen möchten wir sie vorbereiten auf die neue Welt Gottes. Erziehung ist zukunftsgerichtet.

Erziehung hat dann aber auch mit der Vergangenheit zu tun. Leider ist in unserer Gesellschaft das Geschichtsbewusstsein nur schwach entwickelt. Das gilt auch für die Christen. Man meint, sich von der Vergangenheit lösen zu müssen, um sich nach vorn auf die Zukunft hin verändern zu können. Festhalten an alten Traditionen gilt als rückständig. Sicher brauchen wir Visionen und Ziele, die uns motivieren, nach vorne zu gehen und uns zu verändern. Wer keine Ziele hat, der kommt leicht dort an, wo er nicht hin wollte. Aber es ist auch wichtig, dass wir unsere Wurzeln, die in der Vergangenheit liegen, nicht verleugnen oder vergessen. Was wir heute sind, sind wir nicht ohne die Vergangenheit. Traditionen geben

Halt, Sicherheit und Orientierung. Das ist in unserer unübersichtlichen Welt sehr wichtig. Die Entwurzelung des Menschen im so genannten christlichen Abendland hat beängstigende Ausmaße angenommen. Wer aber keine Wurzeln mehr hat, bei dem genügt ein kleiner Windstoß und er kommt zu Fall.

Deshalb fordert uns Gott in seinem Wort auf, nicht zu vergessen, was wir in der Vergangenheit mit ihm erlebt haben: »*Vergiss nicht, was er dir Gutes getan hat*« (Ps 103,2).

Auch in der Erziehung müssen wir das Rad nicht immer wieder neu erfinden. Wir dürfen zurückgreifen auf Erfahrungen, die unsere Väter und Mütter in der Vergangenheit gemacht haben.

Dabei geht es nicht um Nachahmung alter Erziehungsmethoden, sondern um das Verstehen ihrer Anliegen, Ziele und ihres pädagogischen Handelns. Es gilt das Gute zu entdecken und da, wo es möglich ist, weiterzuentwickeln für die Gegenwart und auf die Zukunft hin.

Im Folgenden wollen wir an ausgewählten Beispielen aus der Kirchengeschichte einige Linien der christlichen Erziehungstradition aufzeigen und fragen, was wir davon für heute lernen können.

1. Reformation – auch in der Erziehung zurück zum Wort

Der Blick in die Kirchengeschichte zeigt, dass in Zeiten geistlicher Erneuerungen auch das Kind wieder neu in das Blickfeld der christlichen Gemeinde rückt und pädagogische Fragen relevant werden. Vor der Reformation ist in der Kirchengeschichte nur wenig von Kindern die Rede. Sie waren viel mehr als heute in ihre Familien eingebunden. Offenbar kümmerte man sich auch nicht so sehr um das Heil der Kinder, weil man der Meinung war, mit der Taufe habe man seine Pflicht an ihnen erfüllt.

Erst in der Reformation gewinnen die Kinder und pädagogische Fragen wieder an Bedeutung. Luther war bemüht, die Erziehung des ganzen Volkes zu verbessern. Jeder Christ sollte lesen können, damit er aus der Bibel heraus seinen Glauben begründen konnte. Für die Erziehung hatten vor allem biblische Maßstäbe Gültigkeit. Luther schärfte den Eltern ein, in der Erziehung müsse neben der

Rute der Apfel liegen. Damit hat er auf zwei wichtige Elemente pädagogischer Wirksamkeit hingewiesen: Liebe und Konsequenz. In der Sprache der Reformation könnten wir auch formulieren: In der Erziehung sind Gesetz und Evangelium notwendig. Nur in der Spannung dieser beiden Pole kann sich die kindliche Persönlichkeit optimal entfalten.

Die Zeit nach der Reformation ist im theologischen wie im pädagogischen Bereich durch eine gewisse Erstarrung gekennzeichnet. Vorherrschend war die Meinung, der Glaube sei lehrbar und mit guten Schulen würde dieses Ziel erreicht.

Aber die Wirklichkeit sah anders aus. Pädagogische Fragen spielten nur eine untergeordnete Rolle. Die Verwahrlosung der jungen Generation war die Folge. Schließlich hat sich in beispielhafter Weise die Erneuerungsbewegung des Pietismus der pädagogischen Aufgabe der Christenheit wieder angenommen. Männer wie Francke, Zinzendorf u. a. erkannten die Not der Kinder ihrer Zeit und sahen in der christlichen Erziehung die diakonische Antwort auf diese pädagogische Herausforderung.

Bis in das 19. Jh. hinein war die christliche Erziehung sehr stark von pietistischen Gedanken geprägt. Deshalb soll im Folgenden einer der Väter des Pietismus, August Hermann Francke, etwas ausführlicher dargestellt werden.

2. August Hermann Francke (1693 – 1727) – Erziehung zur Ehre Gottes

Überblick über sein pädagogisches Wirken

1692 kam Francke an die neugegründete Universität in Halle und zugleich als Pfarrer nach Glaucha bei Halle. Franckes besondere Sorge galt den Kindern. Wegen häuslicher Armut erhielten sie weder Erziehung noch Schulbildung. Vernachlässigt und unbeaufsichtigt wuchsen sie auf und drohten zu verwahrlosen. Um diesen Zustand zu ändern, benötigte Francke Geld. Er gründete kurz hintereinander eine Armenschule, ein Pädagogium (eine Schule für Kinder aus adligen und wohlhabenden Familien), ein Waisenhaus, ein Seminar zur Ausbildung von Lehrern, eine Lateinschule und ein Gynäceum (Höhere Schule für Mädchen).

Bei seinem Tod zählten seine Schulen über 2200 Kinder, die von 176 Lehrern und 8 Lehrerinnen unterrichtet wurden.
Francke war wohl der bedeutendste Schulpionier seiner Zeit und ihr in manchem voraus. Er legte Wert auf eine breite Bildung der Schüler. Zu den Unterrichtsfächern gehörten Religion, Sprachen, Mathematik, Geografie, Geschichte, Astronomie, Botanik, Physik, Werken u. a.

Ziel der Erziehung

Für Francke war nicht nur die Schulbildung, sondern auch die christliche Erziehung seiner Schüler sehr wichtig. Keine innerweltliche Größe, sondern einen jenseitigen Bezugspunkt hat Francke für seine Pädagogik gewählt: die Ehre Gottes. Alles andere, die Vorbereitung auf den späteren Beruf und den Lebensunterhalt, sind für ihn »Nebenzwecke«, die, wenn sie zum Hauptzweck werden, die Kinder auf materielle Dinge ausrichten. Damit aber schaden sie sich selbst und verhindern ihr ewiges Heil. Deshalb sollen sie zuerst zu Ehrfurcht und Liebe gegen Gott erzogen werden, damit in ihnen das Ebenbild Gottes erneuert wird, zu dem sie ja geschaffen sind.
Das war das große Anliegen Franckes: den Kindern zu helfen, wieder zu dem zu werden, wozu sie von der Schöpfung her bestimmt waren – Ebenbilder Gottes.

Erziehungsmittel

- **Das Vorbild des Erziehers:**

Die Kinder lernen durch Nachahmung der Erwachsenen. Deshalb sollen die Eltern und Lehrer mit gutem Beispiel vorangehen und darauf achten, dass die Kinder nicht mit schlechten Vorbildern in Berührung kommen. »Denn die Kinder machen alles nach, es sei Gutes oder Böses.«

- **Die christliche Lehre:**

Für Francke war es unerlässlich, den Kindern den Inhalt der Bibel in kindgemäßer Form nahe zu bringen. Religionsunterricht, Bibellesen, Auswendiglernen von Psalmen und Bibelsprüchen und das Gebet nahmen deshalb einen großen Raum im Tagesablauf und im Unterricht ein. Dabei achtete er darauf, dass Bibellesen nicht zur Gewohnheit oder zum Verdienst wurde, sondern Regulativ und Norm für das Leben.

• **Ermahnungen:**
Es ist notwendig, dass die Kinder immer wieder mit viel Geduld und zur rechten Zeit ermahnt werden. Diese Ermahnungen sollen aber auf der Heiligen Schrift gründen, damit die Kinder erkennen, dass es nicht um Menschen, sondern um Gottes Willen geht. Auch die Eltern oder Lehrer, die die Ermahnungen aussprechen, stehen unter einer höheren Autorität.

• **Tugenden:**
Hier geht es Francke vor allem um die Liebe zur Wahrheit, um Gehorsam und Fleiß. Sie sollen den Kindern in lebendigen Farben vor Augen gemalt und so das Gute in seinem Wachstum gefördert werden. Wie streng er diese Tugenden aufgefasst hat, wird daran deutlich, dass er nicht nur Lügen als grausame Sünde bezeichnete, sondern auch Märchen, Komödien, Romane usw. verwarf, weil dadurch die Kinder zum Lügen erzogen würden.

Die eigentliche Kindestugend aber war für ihn der Gehorsam. Wenn Francke sagt, dass der Eigenwille des Kindes zu brechen sei, dann wollte er nicht zu einem willenlosen Ja-Sager-Typ erziehen. Es ging ihm vielmehr darum, dass der Wille des Kindes sich dem Willen Gottes unterordnen sollte. Der von Gott getrennt lebende Mensch muss wieder zurück in die Abhängigkeit von seinem Schöpfer. Er fordert nicht die absolute Herrschaft der Eltern oder Lehrer über die Kinder, sondern es ging ihm um eine Autoritätenhierarchie, an deren oberster Spitze Gott steht. Nur wer sich Gott unterordnet, ihn als Autorität anerkennt, könne auch für die Kinder eine Autorität sein.

Christliche Klugheit

Nach der »Gottseligkeit« ist die »Christliche Klugheit« das zweite Hauptstück der Pädagogik Franckes. Hier geht es um Erkenntnis und Erfahrung, also um den Bereich des Verstandes und damit auch um praktische Hinweise für den Unterricht:

Wie kann die Aufmerksamkeit geweckt werden? Wie sammeln wir Erfahrungen? Wie wird Gelerntes angewendet? usw. Diese wenigen Hinweise und ein Blick auf die Unterrichtsfächer zeigen, dass Francke kein weltfremder Frömmler war und auch keine weltfremden Frommen erziehen wollte, sondern junge Menschen, die sich als Christen den Anforderungen des täglichen Lebens stellen.

Die Liebe als Fundament der Erziehung

Francke ist oft als »Prügelpädagoge« missverstanden worden, der die kindliche Persönlichkeit unterdrücke. Ein wichtiger Grundsatz seiner Erziehungsarbeit aber war es, nicht durch Zwang, sondern durch »Lust und Liebe« zu erziehen und den Kindern etwas beizubringen. Die Kinder sollten sich nicht aus Angst vor Strafe hinter einer frommen Maske verstecken, sondern tatsächlich von der Kraft des Evangeliums erfasst werden.

»Soll in solchen zarten Herzen Glaube und Liebe und also das rechtschaffene Wesen, das in Jesus ist, erweckt werden, müssen sie gewiss durch die Lieblichkeit des Evangeliums und nicht durch die Strenge des Gesetzes dazu angeleitet werden« (S. 53).

Das Fundament der Erziehung Franckes war also nicht der Zwang, sondern die Liebe und zwar die Liebe im Sinne des Neuen Testaments, einer Liebe, die zwar konsequent sein kann, aber auch zur Hingabe, zum Opfer bereit ist.

Dieser Grundsatz, Erziehung durch die Liebe des Evangeliums, wird auch deutlich beim Thema »Strafe«. Trotz aller Konsequenz ist Francke auch hier nicht der pädagogische Tyrann, sondern einer, der seinen Glauben konsequent auch im Erziehungsbereich verwirklicht:

- Im Blick auf die Strafe rät er zur Besonnenheit. Wir sollen auch nicht aus Affekt heraus strafen, denn es geht beim Ungehorsam des Kindes ja nicht zuerst um die Verletzung unserer Ehre, sondern um die Ehre Gottes.
- Bevor er straft, muss sich der Erzieher selbst überwinden und beherrschen können.
- Kinder sollen wissen, warum sie bestraft werden.
- Die Strafe muss angemessen sein.
- Nach der Bestrafung muss die Angelegenheit erledigt sein.
- Ganz wichtig ist die Haltung des Strafenden:

Die Bestrafung soll aus einem »herzlichen Mitleiden« kommen, »dass auch die Kinder unschwer erkennen mögen, dass man nicht seine Lust daran habe, sie zu schlagen, sondern dass man lieber alle Ruten wegwerfen und sie nur allein mit Worten ziehen wollte, wenn es nicht die hohe Notwendigkeit erfordert hätte«.

Bis in das Strafen hinein hat Francke seine Erziehung konsequent auf das Ziel, die Ehre Gottes, ausgerichtet. Die Motivation seines pädagogischen Handelns war die Liebe zu Gott und zu den Kindern.

Was können wir von Francke lernen

- **Ein realistisches Menschenbild:**

Francke hat sich an dem realistischen Menschenbild der Bibel orientiert. Er wusste um die hoffnungslose Verstrickung des Menschen in die Sünde, aber auch um die Möglichkeit der Erneuerung durch die Wiedergeburt und den Glauben an Jesus Christus. Viele pädagogische Theorien heute, aber auch die Erziehungspraxis von Eltern, Erzieherinnen und Lehrern scheitern oft, weil sie von einer utopischen Vorstellung des Menschen ausgehen. Wer nur den guten Kern im Menschen entfalten will, wird keine Früchte ernten. Wer meint, das Wesen des Menschen durch gesellschaftliche Veränderungen und Umerziehung erneuern zu können, wird bald enttäuscht sein. Wir brauchen in der Erziehung ein realistisches, aber auch ein hoffnungsvolles Menschenbild. Als Christen sehen wir das Kind so wie es ist: als Geschöpf Gottes, verstrickt in Schuld und Sünde, aber auch die Möglichkeit der Erneuerung durch den Glauben.

- **Erziehungsziel:**

Wer erziehen will, muss wissen wohin, sonst kommt er dort an, wo er auf keinen Fall hin wollte. Das ist heute oft das Problem in der Erziehung: dass wir nicht klar wissen, wo wir hin wollen. Wir lassen uns beeinflussen und von unterschiedlichen Erziehungskonzeptionen und –zielen verunsichern. »Du darfst die Kinder nur fördern«, sagen die einen, »damit sich ihr guter Kern entfalten kann.« »Die Kinder brauchen eine strenge Erziehung, klare Grenzen«, meinen die anderen. Für Francke ergibt sich die Zielsetzung aus dem biblischen Menschenbild. Er wollte den Kindern zur Gemeinschaft mit Gott helfen, wozu sie von der Schöpfung her bestimmt sind. Deshalb stand für ihn die Ehre Gottes über allem pädagogischen Bemühen. Könnte dieses Ziel nicht auch für unsere Erziehungsarbeit heute wegweisend sein?

- **Der bewahrende Aspekt christlicher Erziehung:**

Kann man Kinder, die keine Christen sind, nach christlichen Maßstäben erziehen? Hat Francke seine Schüler nicht überfordert, zu sehr behütet und geführt? Der ganze Tagesablauf der Kinder war ja bis in Einzelheiten hinein verplant. Es gab keine freie Zeit für den Einzelnen. Jede Minute sollte mit einer »nützlichen« Tätigkeit ausgefüllt sein.

Sicher muss man Francke auf dem Hintergrund seiner Zeit sehen. Diesen strengen Tagesablauf können wir heute nicht mehr nachvollziehen. Aber das Grundprinzip hinter diesen Maßnahmen ist wichtig: Die Erziehung soll die Kinder von schlechten äußeren Einflüssen abschirmen. Wir können sie nicht zu Christen erziehen, aber durch die Erziehung manche verführerischen Einflüsse von ihnen fern halten. Christliche Erziehung hat bewahrenden Charakter.

- **Erziehung durch Liebe und Konsequenz:**

Die Forderung Franckes, den »Willen der Kinder zu brechen«, ist für uns heute in dieser Radikalität nicht mehr akzeptabel. Wir leben in einer freiheitlichen Gesellschaftsordnung. Damals aber war der Untertanengeist eine Selbstverständlichkeit. Wie wir bereits festgestellt haben, ging es Francke darum, den natürlichen Willen dem göttlichen unterzuordnen. Das lernen Kinder, indem sie sich auch menschlichen Autoritäten unterordnen. Francke hatte erkannt: Erziehung ist ohne Autorität nicht möglich. Kinder brauchen Orientierungshilfen, um sich in dieser Welt zurecht zu finden. Sie brauchen die Auseinandersetzung mit Autoritäten und Grenzen, um ihre eigene Identität zu finden. Erziehung muss auch Grenzen setzen und konsequent auf deren Einhaltung achten.

Auf der anderen Seite wusste Francke aber auch, dass Erziehung viel Liebe braucht. Durch die Liebe der Eltern und Erzieher sollen die Kinder etwas von der Liebe Gottes erfahren. Hier ist eine Liebe gefragt, die zur Hingabe, zum Opfer von Zeit, Kraft usw. bereit ist, die aber auch um des Kindes willen Grenzen setzt. Liebe und Konsequenz sind nur die verschiedenen Seiten derselben Medaille. Liebevolle Konsequenz brauchen Kinder zu einer gesunden Entfaltung ihrer Persönlichkeit.

- **Das Selbstverständnis des Erziehers:**

»Das Werk der Erziehung ist über alle Kräfte des natürlichen Menschen. Es muss durch den Geist Gottes geführt werden, wo der im Herzen wohnt und regiert, da wird allein der rechte Grund dazu gelegt. So auch jemand gedenken wollte, dass er durch seine Sorgfalt und Fleiß oder durch seine Klugheit und Verstand die Kinder recht erziehen wollte, so würde es ihm am wenigsten gelingen. Es richtet kein menschlicher Verstand aus, und auch die, so Gott fürchten, dürfens auf ihre eigenen Kräfte nicht ankommen lassen« (S. 58). Immer wieder betont Francke, »dass hier nichts sei, der da pflanze, sondern alleine Gott, der das Gedeihen dazu giebet« (S. 58).

Die Person des Erziehers spielt in der Erziehung eine wichtige Rolle. Der Erzieher hat viele Möglichkeiten, Einfluss auf die Kinder zu nehmen. Aber er darf sich auch nicht überschätzen. Wir sind nicht die Macher. Der christliche Erzieher ist immer nur pädagogisches Werkzeug in der Hand Gottes. Den letzten Schritt zum Glauben kann er nicht organisieren, der bleibt allein Gottes Geschenk.

Fazit

Francke wollte die Kinder durch Erziehung und Unterricht gut auf das Leben in dieser Welt vorbereiten. Seine Pädagogik war aber auch ganz klar an Gott und seinem Wort orientiert. Sein pädagogisches Handeln war deshalb nicht zuerst erfahrungs-, sondern verheißungsorientiert und damit von der christlichen Hoffnung geprägt. Wir brauchen auch heute eine Erziehung, die Kraft hat, Zeichen der Hoffnung zu setzen für die junge Generation.

3. Die Familie Kullen – Bürger für den Himmel und brauchbare Mitglieder der menschlichen Gesellschaft (18.-20. Jahrhundert)

Pietistische Pädagogik war nicht weltfremd und wollte auch keine weltfremden Frömmler erziehen. Francke hat sich z. B. an dem damaligen Ständewesen orientiert und eine Schule besonders für die Adligen eingerichtet. Er hat die Herausforderungen des Lebens gesehen und seinen Unterricht darauf ausgerichtet. Was gelehrt wurde, sollte für das Leben nützlich sein. Deshalb hat er zum ersten Mal auch Fächer wie Werken oder Naturwissenschaften eingerichtet.

Auch späteren christlichen Pädagogen ist diese Weltoffenheit wichtig. Ein gutes Beispiel dafür ist die pietistische Lehrerfamilie Kullen. Vom 18. bis 20. Jh. wirkten sie in Hülben, einem kleinen Ort auf der Schwäbischen Alb. Ihr wichtigstes Anliegen war es, diese gottlose Welt für Gott umzuwandeln, indem die Menschen umgewandelt werden. Die Erziehung soll in allen Lebensbereichen mithelfen, dem Geist Gottes Raum zu verschaffen und dadurch den Menschen zu verändern. »Die Kinder sollen auf den Weg der Nachfolge finden, damit sie in den Himmel kommen.«

Kinder waren für die Kullens ein Geschenk Gottes. Deshalb erzogen sie sie in einer Atmosphäre der Liebe und natürlichen Frömmigkeit und ließen sie gleichzeitig auch in großer Freiheit aufwachsen. Dadurch konnte ein inniges Vertrauensverhältnis zwischen Eltern und Kindern entstehen, was für die Erziehung sehr wichtig ist. Die Familie war für sie ein Raum der Geborgenheit, in dem die Kinder sich entfalten und stark werden konnten, bevor sie in die Welt entlassen wurden. Deshalb sollten die Kinder auch nicht zu früh zum Lernen und Arbeiten angehalten werden.

Den Kindern sollte nicht zu viel verboten werden, nur das, was wirklich Sünde und Unrecht ist. Die Kullens waren ihren Kindern Autorität: nicht durch viele Ermahnungen, sondern durch ihr Vorbild in der Lebensgestaltung.

Das geistliche Anliegen stand für die Kullen-Familie nicht im Widerspruch zur Entfaltung des Menschen und des Menschlichen. 1830 formuliert Johannes Kullen als Ziel und Weg der Erziehung für die Korntaler Internatsschule: »Wir suchen Bürger für den Himmel und brauchbare Mitglieder der menschlichen Gesellschaft zu bilden. Das erste Mittel dazu ist uns der tägliche Unterricht im Wort Gottes, um die Furcht Gottes in die Herzen zu pflanzen, die der Anfang aller wahren Weisheit und Gottseligkeit ist... Das zweite Mittel ist uns die anhaltende und geordnete Arbeit. Es ist dem Menschen gut, dass er das Joch in seiner Jugend trage; aber wir möchten den Schülern ihr Joch sanft und ihre Last leicht machen, indem wir mit möglichster Klarheit den Unterricht zu geben suchen und ihnen zur Selbstständigkeit Anleitung geben« (S. 141).

In der Pädagogik der Kullens stehen Erziehung, Evangelisation und Katechese in einem engen Zusammenhang. Dabei spielt das erzählende Element eine wichtige Rolle. Es ist Inhalt und Methode gleichzeitig. Erziehung, Verkündigung und Belehrung werden in eine kleine Geschichte, oft mit geistlichem Inhalt eingekleidet.

4. Johann Friedrich Flattich (1713 – 1797)

Erziehung ist viel Liebe, viel Geduld, viel Gebet

»Bei der Kindererziehung soll man nicht befehlen wollen, sondern beten, weil alle guten Gaben von oben herabkommen. Aber man will nicht beten, sondern befehlen. Darum geraten auch so viele

Kinder nicht« (S. 94). Dieses Zitat stammt von dem originellen schwäbischen Pfarrer und Erzieher Johann Friedrich Flattich.
Flattich hat keine Theorie der christlichen Erziehung formuliert, ist aber durch seine Originalität über seine Zeit hinaus pädagogisch

wirksam gewesen. Das Motto seiner Erziehung war schlicht, aber von tiefer Bedeutung: »Viel Liebe, viel Geduld, viel Gebet.«
Liebe ist das entscheidende methodische Element in der Erziehung. Sie ist aber nicht zu verwechseln mit Zügellosigkeit und Verwöhnung. Liebe meint Hingabe, Bereitschaft zum Opfer für das Kind, aber auch Grenzen setzen und Konsequenz zum Heil und Wohl des Kindes. Für Flattich war der Mensch von Gott geschaffen und somit sehr wertvoll, deshalb dürfen auch seine natürlichen Gaben nicht verachtet werden. Aber weil der Mensch in Sünde gefallen ist, braucht er Führung. Durch eine liebevolle Zuwendung und Begleitung der Kinder sollen sie Verständnis für Vergebung, Versöhnung und die Liebe Gottes gewinnen. Für die Gehorsamserziehung war es ihm wie auch den Kullens wichtig, dass man den Kindern nicht zu viel befiehlt, sondern nur das, was wirklich wichtig und notwendig ist.
Flattich betonte die Bedeutung der Familie für die Erziehung: »Kinder werden leichter in Zucht und Ordnung gehalten, wenn die Eltern sie bei sich haben ...« (S. 97). Dabei spielt zunächst die Mutter eine entscheidende Rolle: »Denn die Mütter sind zum Geben geboren, wo sie doch die Kinder stillen« (S. 97). Von tief greifender Wirkung ist die frühe personale Bindung an die Mutter bzw. die Schädigung beim Fehlen einer solchen.
Den Vätern kommt die Zucht zu: »Die Zucht der Väter soll aber nicht im Dreinschlagen bestehen, sonst werden die Kinder erbittert und zum Zorn gereizt« (S. 97).
Die ganzheitliche Sicht des Menschen nach Leib, Seele und Geist spielte für Flattichs Erziehung eine große Rolle. An erster Stelle stand die Ausrichtung der Kinder auf die Ewigkeit. Aber ganz wichtig war ihm auch die Entfaltung der Gaben der Kinder für Familie und Beruf. Auch auf die sportliche Betätigung legte er großen Wert.
Eine zentrale Rolle in der Erziehung spielt die Persönlichkeit des Erziehers. Das wusste auch Flattich. Deshalb wandte er sich gegen eine krankhafte Abhängigkeit von Lob und Anerkennung durch andere. Für ihn war klar: »Gott gibt Autorität.« Gab es Probleme in

der Erziehung, dann ermahnte er zunächst zu prüfen, ob nicht die Ursache bei sich selbst, dem Lehrer oder Erzieher, liegen würde. Scharf wandte er sich auch gegen den falschen Ehrgeiz in der Erziehung, der zur Überforderung der Kinder führt. Die Ursache der Überforderung der Kinder liege oft darin, dass die Eltern mit ihren Kindern wie mit Paradepferden angeben möchten. »Es gibt Frühbirnen und Spätbirnen. Die Spätbirnen sind die Dauerhafteren. ... Nur keine Verfrühung! Geduld!« (S. 95). Geduld war für Flattich eine wichtige Eigenschaft des Erziehers. Die Kinder brauchen Zeit für ihre Entfaltung. Ungeduld führt zu falschem Handeln und kann die Atmosphäre in der Familie vergiften.

Gott ist der Ursprung, aber auch das Ziel der Erziehung. Als Erzieher vertraute Flattich darauf, dass Gott auch die Zukunft des Kindes in der Hand hat. »Ich kann die Kinder nicht bewahren, wenn Gott sie nicht bewahrt. Wenn man meint, man müsse die Kinder überall selber hüten, dass ihnen kein Unglück begegnet, dann ist es ein Anzeichen, dass man an keine göttliche Vorsehung glaubt. Ebenso wenig ist man im Stande, seine Kinder vor allem Bösen zu bewahren, wenn Gott sie nicht bewahrt. Daher ist das Gebet, dass Gott sie bewahren möchte, die Hauptsache.«

Das Gebet ist die dritte Säule in Flattichs Erziehung. Auch er war sich dessen bewusst, dass der Erzieher nur ein Werkzeug ist, Gott aber das Entscheidende tun muss. Er kann unsere Kinder nicht nur vor dem Bösen bewahren, sondern trotz unserer Erziehungsfehler aus ihnen noch etwas Gutes machen.

4. Erziehung als diakonische Antwort auf die Herausforderungen der Gesellschaft

Die christliche Pädagogik, insbesondere die pietistische, hat sich immer auch an den jeweiligen Herausforderungen ihrer Zeit orientiert. Sie hat die biblischen Werte und Maßstäbe in den Erziehungsalltag übertragen und aus dem Glauben heraus Antworten auf die pädagogischen Herausforderungen gesucht.
Es war vor allem die Not, die Verwahrlosung der Kinder, die christliche Pädagogen motiviert hat. Für viele wurde Erziehung zu einer

diakonischen Antwort auf die Situation der Kinder. Zwei Beispiele sollen hier kurz dargestellt werden: Christian Heinrich Zeller und Andreas Bräm.

292 *Christian Heinrich Zeller (1779 – 1860)*

Zeller stand als Lehrer und Erzieher unter dem starken Einfluss der Pädagogik Pestalozzis: die Idee der Volksbildung, die »Veredlung« der Armen, die allseitige Menschenbildung (»Kopf, Herz und Hand«), die liebevolle Behandlung der Kinder, Erziehung als Dienst am Menschen. Er hat jedoch diese pädagogische Grundgedanken stärker als Pestalozzi vom Evangelium her entfaltet.

So war ihm die Achtung vor dem Kind als Geschöpf Gottes wichtig. Diese Achtung äußert sich vor allem in der Liebe zum Kind. »Die Liebe des Lehrers spricht zu den Kinderherzen ohne Worte, durch den ganzen Ausdruck des Wesens, durch die Tat.« Sein eigenes Verhalten gegenüber den Kindern hat er immer wieder kritisch unter die Lupe genommen. So tadelte er sich selbst, dass er sich beim Spielen mit einem Schüler vom Zorn überwältigen ließ, der Schwäche verriet und ihn beim Kind verächtlich machte.

Auch die Lehrweise Pestalozzis hat Zeller auf seine Schüler zu übertragen versucht, z. B. der ganzheitliche und »naturgemäße« Unterricht: »Naturgemäß ist nur der Unterricht, der ... die von Gott in das Kind gelegte Anlage erreget, entwickelt und stärket, dass es durch einen lückenlosen, auf die Natur gesetzte, menschlichen Seele gegründeten und aus dem Wesen des Lehrstoffes hervorgehenden Fortschritt von dem Einfachsten zum Zusammengesetzten, von dem Besonderen zum Allgemeinen, ... zu einem freien selbstständigen Denken und Können ... geführt werden könne« (S. 108). Für die Erziehung war Zeller wichtig, dass sie nicht an der Oberfläche blieb, sondern in die Tiefe des menschlichen Herzens zielte: »Die rechte Methode aber ist die, welche sich an das Gewissen der Menschen hält und durch das Gewissen der Menschen an sie und in sie spricht. Das Gewissen der Menschen ist die Tür zum Herzen« (S. 108). Was er über das Vorbild des Lehrers sagte, gilt auch für alle in der Erziehung Tätigen: »Das Vorbild des Lehrers steht in der Schulzucht oben an. Es ist daher erstes Gesetz für den Lehrer, die Fehler der Kinder zuallererst an sich selbst und in seinem eigenen Beispiel aufzusuchen« (S. 108).

Die Situation der Kinder vor allem aus armen Familien lag ihm sehr am Herzen: Sie kamen nicht regelmäßig zum Unterricht. Wegen der Armut der Eltern mussten die Kinder zu Hause bleiben und arbeiten. Bei einer Begegnung mit Christian Friedrich Spittler entstand die Idee, eine »Armenschullehrer- und Kinderanstalt« zu gründen. Hier sollten arme, verwahrloste Kinder unterrichtet und christlich erzogen und Lehrer für diese besondere Aufgabe ausgebildet werden. In dieser Anstalt sollten Lehrer und Schüler wie in einer großen Familie zusammenleben. Auf dem Hofgut Beuggen (Rheinfelden) wurde diese so genannte »Kinderrettungsanstalt« gegründet, die nach dem Willen Zellers nicht nur Unterrichts-, sondern Bildungsanstalt sein sollte. Die Kinder sollten nicht nur für den Staat und die Erde erzogen werden, sondern für das Reich Gottes, das Himmel und Erde umfasst.

Zeller ging in seiner Pädagogik vom biblischen Menschenbild aus. Von daher kritisierte er auch die Pädagogen seiner Zeit. Er lobte zwar deren Mittel und Methoden zur Entfaltung der Verstandeskräfte der Kinder, stellte aber fest, dass sie dort erstaunlich zurücklagen und nur Theorien aufgestellt hatten, wo das eigentliche Übel war: »... die Herzensbildung der Jugend durch das Evangelium auf evangelischem Wege, und darauf kommt bei mir alles an« (S. 117). Zeller hat Pestalozzis Anliegen der Armenerziehung im christlichen Geist umgesetzt. Als Pestalozzi am Ende seines Lebens Beuggen besuchte, soll er mehrmals gesagt haben: »Das war's, was ich wollte!«

Andreas Bräm (1797 – 1882)

Andreas Bräm ist im Unterschied zu seinen Zeitgenossen Christian Heinrich Zeller und Johann Hinrich Wichern heute nicht mehr so bekannt wie diese. Aber er hat als Mann der Erweckungsbewegung des 19. Jh. entscheidende pädagogische Impulse gegeben – vor allem durch den Neukirchener Erziehungsverein, den er als »Verein zur Erziehung armer, verlassener und verwahrloster Kinder in Familien« gründete. Die Praxis der Liebe war seine Antwort auf die soziale Not seiner Zeit. Gerade in der Erziehung sah er sich mit dieser Grundfrage seiner Zeit konfrontiert.

Christliche Erziehung war für Bräm zunächst Gottes Erziehung an Eltern und Erziehern. Sie müssen zuerst in Gottes Schule. Oft entdecken sie sich selbst bei den Schwierigkeiten in der Erziehung in den Kindern wieder. Hier kommen die Folgen ihrer Schwächen und Versäumnisse an den Tag. Wer sich so sieht, wird auch gegenüber den Kindern barmherziger. Der Erzieher muss sich selbst üben »in Liebe, Geduld, Selbstmut und Demut, in Treue, Wahrheit und Glauben«. Erziehung ist zunächst Selbsterziehung, Arbeit an sich selbst. Das aber ist eigentlich nur möglich, wenn er sich von

Gott führen lässt. Erziehung geschieht weithin durch das Vorbild. Nicht, was der Erzieher den Kindern sagt, sondern was er ihnen vorlebt, ist das Entscheidende. Angesichts unserer Unvollkommenheit und Schwächen können wir nur wirklich Vorbild sein, wenn wir aus der Vergebung leben.
Der eigentliche Erzieher war für Bräm Gott selbst, wir sind nur seine »Diener und Werkzeuge«. Vor Gott stehen Eltern und Kinder auf derselben Stufe. Es geht bei beiden darum, dass sie Kinder Gottes und in das Bild von Jesus umgestaltet werden.

Im gesamten Erziehungsgeschehen sah Bräm für die Familie einen entscheidenden Erziehungsauftrag. Hier wird mitmenschliches Leben im Alltag, durch Freuden und Leiden, durch Konflikte und Belastungen hindurch mit langfristigen Bezugspersonen eingeübt. Diese Funktion der Familie kann die Schule nicht ersetzen. Wichtig war Bräm auch die christliche Gemeinde im Blick auf den Erziehungsauftrag. Ohne sie ist die Familie überfordert. Die Gemeinde unterstützt die Familie in ihrem Auftrag. In ihr erfahren die Kinder eine Verstärkung der christlichen Orientierung, wie sie sie in der Familie erleben. Von der christlichen Gemeinde erwartete Bräm, dass sie ein Bewusstsein für die Gefährdung von Familie und Erziehung entwickelte und präventiv für die Stärkung der Familie und ihres Erziehungsauftrags tätig wurde.

In der »Kinderrettungsarbeit« spielte für Bräm aus den genannten Gründen die Familienerziehung eine wichtige Rolle. Sie war seine diakonische Antwort auf die Herausforderung des ungeheuren Kinderelends seiner Zeit.

5. Herausgefordert von der Vergangenheit

Der kurze Blick in den pädagogischen Rückspiegel hat gezeigt, dass Vergangenes nicht immer antiquiert sein muss. Frühere Pädagogen waren oft nicht nur sehr fortschrittlich und ihrer Zeit voraus, ihre

Gedanken und pädagogischen Erkenntnisse sind z.T. heute noch aktuell und können uns zu neuem Nachdenken herausfordern.

Welche Ziele haben wir in der Erziehung unserer Kinder?

Es ist unbestritten: Wer erziehen will, braucht Ziele, um nicht zu scheitern. Die Frage ist allerdings: Wozu wollen wir die Kinder heute erziehen? Für die christlichen Pädagogen der Vergangenheit war die Antwort klar: »Bürger für den Himmel und brauchbare Mitglieder für die menschliche Gesellschaft« erziehen. Beides gehörte für sie zusammen. Die Kinder sollten lernen, als Christen in dieser Welt zu leben und Verantwortung zu übernehmen.
In unserer pluralistischen Gesellschaft ist die Zielfindung nicht so einfach. Viele Möglichkeiten werden angeboten, aber welche ist die richtige? Oft sind die Erziehungsziele sehr oberflächlich und vordergründig: Die Kinder sollen einmal anständige Menschen werden. Sie sollen einen guten Beruf lernen, Verantwortung in Familie und Gesellschaft übernehmen usw. Das sind sicher alles gute und wertvolle Ziele. Aber werden wir damit unserer Verantwortung für die Kinder gerecht?
Erziehung muss unter ganzheitlichen Gesichtspunkten geschehen. Die Kinder sollen nicht einseitig im Blick auf ihre intellektuellen oder praktischen Fähigkeiten gefördert werden, sondern eine ganzheitliche Erziehung erfahren, die die gesamte Persönlichkeit des Kindes im Blickfeld hat:

- die Entfaltung der Persönlichkeit, der persönlichen Gaben und Fähigkeiten und die Entwicklung der Identität;
- die Entwicklung der sozialen Beziehungen;
- die Einführung in die Kultur einer Gesellschaft.

Zu diesen Aspekten gehört auch die religiöse Dimension der Persönlichkeit. Existenzielle Fragen nach dem Woher und Wohin, nach Sinn und Gerechtigkeit treiben den Menschen um. Es wird heute viel über Erziehung und Bildung, Kindergarten und Schule diskutiert, leider aber zu wenig über diesen Aspekt. Die Pädagogen früherer Zeiten wussten: wo der religiöse Aspekt vernachlässigt oder vergessen wird, bleibt Erziehung bruchstückhaft. Deshalb wollten sie die Kinder zuerst zu Gott hin erziehen.

Christliche Erziehung muss gegen den Trend der Zeit mit diesem Aspekt einen deutlichen Schwerpunkt setzen. Denn der Mensch ist

nicht nur auf das Du des Mitmenschen, sondern auch auf das Du Gottes hin angelegt. Diese verschiedenen Beziehungsebenen beeinflussen einander. Wo die Beziehung zu Gott nicht in Ordnung ist, gibt es auch Beziehungskrisen im mitmenschlichen Bereich und umgekehrt.
Es gilt auch zu bedenken, was Jesus sagt: *»Was hülfe es dem Menschen, wenn er die ganze Welt gewönne und nähme doch Schaden an seiner Seele?«* (Mt 16,26). Was nützt die beste Bildung und Erziehung, wenn der Mensch ohne Gott lebt?
»Bürger für den Himmel und brauchbare Mitglieder für die menschliche Gesellschaft« – ein Erziehungsziel, über das es sich auch für uns heute lohnt nachzudenken.

Was sind unsere Maßstäbe und Werte?

Erziehung braucht nicht nur ein deutliches Ziel, sondern auch ein festes Fundament und lohnenswerte Inhalte. In der christlichen Erziehung war das Wort Gottes immer Grundlage und Quelle für pädagogisches Handeln und Werte in der Erziehung. Die 10 Gebote galten als absolut gültige Maßstäbe im persönlichen und zwischenmenschlichen Bereich.
Heute haben wir Probleme mit der Wertefindung und -vermittlung. Das bestimmende Merkmal unserer Gesellschaft ist die Vielfalt. Eine Vielzahl von Werten und Normen stehen gleichberechtigt und gleich-gültig nebeneinander. Wir leben wie in einem Supermarkt, aus dem sich jeder nach Belieben bedienen kann. Es herrscht eine »Kultur der Wahl« im Blick auf materielle und religiöse Werte, Möglichkeiten der Lebensgestaltung u. a.
Viele junge Menschen haben Orientierungsprobleme. Was gilt eigentlich noch? Wer hat Recht, wenn es um die Antworten auf die existenziellen Fragen des Lebens geht?
Unsere Kinder brauchen heute mehr denn je deutliche Orientierungshilfen. Erziehung muss ihnen helfen, sich in diesem Wertedschungel zurechtzufinden.
Es ist wichtig, dass unsere Familien in dem Strudel der pluralistischen Gesellschaft Inseln der Geborgenheit und Wertesicherheit werden, wo die Kinder eindeutige Orientierungshilfen erfahren und für das Leben in der pluralistischen Gesellschaft zugerüstet werden. Das geschieht dadurch, dass das Familienleben nach biblischen Normen gestaltet wird. Wichtig ist aber auch, dass wir als Eltern

und Erzieher durch unser Vorbild zeigen, auf welche Werte es sich lohnt, ein Leben aufzubauen.

Der zentrale Wert der christlichen Erziehung ist die Liebe. Christliche Eltern und Erzieher sind Durchgangsstationen für die Liebe Gottes. Sie geben die Liebe Gottes durch ihr erzieherisches Handeln an die Kinder weiter. Eine Liebe Gottes, die zur Hingabe, zum Opfer von Zeit, Kraft, Lebensstandard, aber auch zu konsequentem Handeln um des Kindes willen bereit ist.

Zusammen mit den Kindern müssen wir Entscheidungskriterien entwickeln und Entscheidungskompetenzen für das Leben in unserer Gesellschaft ausbilden. Kinder sollen lernen, Wichtiges von Unwichtigem und Wertvolles von Wertlosem zu unterscheiden. Dadurch helfen wir den Kindern, starke Persönlichkeiten zu werden, die ihren Standpunkt gefunden haben und in der Lage sind, sich von diesem Ausgangspunkt her kritisch mit ihrem Umfeld auseinander zu setzen.

Wie reagieren wir auf die gesellschaftlichen Herausforderungen?

Es ist bezeichnend für viele Pädagogen des Pietismus, dass sie zunächst keine pädagogischen Theorien entwickelt haben. Sie haben vielmehr auf die pädagogischen Herausforderungen ihrer Zeit aus dem Glauben heraus mit deutlichen Zeichen verantwortlichen Handelns geantwortet.

Auch wir dürfen heute nicht die Augen vor den Realitäten der gesellschaftlichen Veränderungen verschließen. Wir dürfen nicht gleichgültig und ohnmächtig zusehen, sondern müssen unsere Verantwortung als Christen in diesem Bereich wahrnehmen. Klagen und Kritik bringen uns allein nicht weiter.

Als Christen tragen wir auch für unsere Gesellschaft Verantwortung und sind nach glaubwürdigen und tragfähigen Antworten gefragt – auch im Bereich der Erziehung.

Zwei Entwicklungen sollen angesprochen und mögliche Konsequenzen für die Erziehung angedeutet werden:

- Die bereits erwähnte pluralistische Gesellschaft und die Entwicklung zu einer multikulturellen Gesellschaft erfordern eine Erziehung, die Kinder stark macht und ihnen hilft, Entscheidungskompetenzen zu entwickeln.
- Die Gesellschaft der Zukunft wird eine Lern- und Wissensgesellschaft sein. Wissen wird zur wichtigsten Ressource. Was aber ge-

schieht mit den Kindern, die durch das Netz der Wissensgesellschaft durchfallen? Welches Menschenbild vermitteln wir durch unser Erziehungs- und Bildungssystem? Ist eine gute Schulbildung wirklich das Wichtigste? Christliche Erziehung muss den Kindern helfen, ihren Wert nicht von äußeren Bedingungen und Leistungen abzuleiten, sondern aus der Beziehung zu Gott. Weil Gott sich in seiner Liebe mir zuwendet, deshalb bin ich wertvoll.

Die Wissensgesellschaft erfordert natürlich auch Medienkompetenz – verantwortliches Umgehen mit den modernen Massenmedien –, alternative christliche Medienangebote (Kassetten, CDs, Bücher ...) und als Gegengewicht zu dem Konsum von »Erlebniskonserven« in Fernsehen und Computer die Erfahrung echter, reeller Erlebnisse durch entsprechende Freizeitgestaltung in Familie und Gemeinde. Darüber hinaus wird es für die Zukunft sehr wichtig sein, die zwischenmenschlichen Beziehungen zu fördern.

Welchen Standpunkt nehmen wir als Erwachsene im Prozess der Erziehung ein?

Die Person des Erziehers hat große pädagogische Bedeutung. Das wussten auch die Pädagogen der Vergangenheit. Francke hat das Vorbild des Erziehers angemahnt. Flattich ermutigt Eltern und Erzieher, bei Problemen in der Erziehung die Fehler zunächst bei sich selbst zu suchen. Aber sie wussten auch, dass das Entscheidende in der Erziehung nicht durch den Erzieher, sondern durch Gott geschieht. Der Erzieher ist nicht der Macher, sondern nur der Handlanger, das Werkzeug in der Hand Gottes. Gott verleiht ihm Autorität.

Der christliche Erzieher weiß sich in seinem Tun vor Gott und Menschen verantwortlich. Er orientiert sein Tun an dem in der Bibel offenbarten Wort Gottes. Davon lässt er sich in seinem Verhältnis zum Kind vor allem anderen leiten. Biologische, emotionale, soziale oder gesellschaftlich-politische Aspekte der Erziehung sind dieser Bestimmung untergeordnet.

Weil Gott das Entscheidende in der Erziehung tun muss, hat für den christlichen Erzieher das Gebet eine große Bedeutung. Welche Rolle spielt das Gebet in unserer Erziehung heute? Sind wir überzeugt davon, dass Gott durch unsere Gebete unsere Kinder verändert, dass er sie bewahrt und auf ihrem Weg begleitet? Beten wir nur für ihre nächste Klassenarbeit oder auch für ihr Heil?

Kinder sind für den Christen Gaben Gottes, für die Eltern, Erzieher oder Lehrer für eine gewisse Zeit vor Gott Verantwortung tragen. An der Bibel orientierte Erzieher wissen um ihre eigene Unzulänglichkeit, um Versagen und Schuld. Sie sind deshalb auch in ihrem erzieherischen Handeln auf die Kraft der Vergebung angewiesen.

Welches Persönlichkeitsbild bieten wir den Kindern? Schwimmen wir einfach mit im Strom der Meinungen und Trends? Oder steuern wir dagegen? Haben wir einen Grund, auf dem unser Leben gründet und der auch für die Kinder zum Anreiz wird?
Das glaubwürdige Vorbild der Eltern ist ein entscheidender Erziehungsfaktor. Kinder ahmen uns nach. Sie sind oft wie ein Spiegel für uns selbst. Kinder brauchen Vorbilder, an denen sie sich in dieser Welt orientieren können. Wie sie ihre Persönlichkeit entfalten, hängt wesentlich auch davon ab, welche lohnenden Vorbilder wir ihnen gezeigt haben und ob wir selbst solche waren. Ist unsere Lebensgestaltung ein Anreiz für die Kinder?

Welche Bedeutung hat die Erziehung in der christlichen Gemeinde?

Andreas Bräm hat nachdrücklich auf die große Bedeutung der christlichen Gemeinde für Erziehung hingewiesen. Diesen Zusammenhang haben wir heute leider weithin aus dem Blickfeld verloren.
Die christliche Gemeinde hat immer auch einen pädagogischen Auftrag. Christliche Erziehung gehört zu den wesentlichen Lebensäußerungen der Gemeinde.
Dieser Auftrag wird zum einen durch die Unterweisung der Kinder in Kindergottesdiensten und verschiedenen Kindergruppen erfüllt. Das geschieht heute in Fortsetzung und Weiterentwicklung der Sonntagsschularbeit des 19. Jh. in großem Ausmaß.
Zum anderen muss dieser pädagogische Auftrag durch die Unterstützung der Erziehung im engeren Sinn erfüllt werden. Die Gemeinde ist für die christliche Erziehung ihrer Kinder mitverantwortlich.
Eltern brauchen Hilfe im Erziehungsalltag: Ermutigung, Rückenstärkung, Fürbitte, Begleitung, Schulung ... Und die Kinder brauchen einen relativ wertsicheren Raum, der ihnen Geborgenheit vermittelt und das Anliegen der Familie unterstützt. Es ist eine

wichtige Erfahrung, wenn Kinder merken: unsere Familie steht nicht allein, da gibt es noch andere, die auch nach den Maßstäben der Bibel leben.
Hier tragen christliche Gemeinden und Gemeinschaften eine große Verantwortung. Christliche Erziehung darf sich nicht vom Leben der Gemeinde abspalten. Sie ist ein Teil christlichen Lebens, ein Teil der christlichen Gemeinschaft. Deshalb müssen wir dafür sorgen, dass das Anliegen der christlichen Erziehung durch die Gemeinde gefördert wird: Fürbitte für Kinder, Eltern, Erzieher, Lehrer; Seminarangebote und Erziehungsvorträge für Eltern; konkrete Hilfen für Familien oder Alleinerziehende u.a.

Aus welcher Perspektive begegnen wir den Kindern?

Als Erzieher stehen wir in der Gefahr, zu sehr vom Erwachsenen her zu denken. Wir wollen Kinder zu uns hin oder sogar hinauf erziehen.
Christliche Pädagogen hatten immer einen klaren Blick für das Kind: Sie wollten die Kinder nicht überfordern, sondern ihnen Zeit geben, sich zu entwickeln (Flattich). Die Strafen sollten angemessen sein und aus einem herzlichen Mitleiden heraus kommen (Francke). Man soll Kindern nicht zu viel verbieten und sie in einer möglichst großen Freiheit aufwachsen lassen (Kullen). Eltern und Kinder stehen auf der selben Stufe vor Gott (Bräm). Diese Hinweise zeigen, dass man sehr stark vom Kind her dachte.
Wir müssen uns fragen lassen, ob wir die Kinder noch wirklich im Blickfeld haben? Aus welcher Perspektive geschieht unser pädagogisches Denken und Handeln? Von dem vermeintlich vollkommenen Erwachsenen oder von den Kindern her?
Wir brauchen heute in der christlichen Erziehung einen Perspektivenwechsel. Kinder dürfen nicht nur als »Objekte der Fürsorge von Erwachsenen« verstanden werden, sondern sind als »kreative Subjekte mit Recht auf Eigensinn« in die Gestaltung ihrer Lebenswelt aktiv einzubeziehen. Dieser Perspektivenwechsel meint keine einseitige »Pädagogik vom Kind aus«, aber doch eine stärkere Berücksichtigung der kindlichen Bedürfnisse und die Erkenntnis, dass Erziehersein nicht einfach identisch ist mit Erwachsenensein.
Für Stückelberger[2], einen christlichen Pädagogen des 20. Jh. ist Erziehung Begegnung. »Erziehung heißt Einfluss ausüben in der Begegnung« (S. 18). Der Schwerpunkt liegt zwar beim Erwachsenen,

dennoch sind beide Teile Erzieher: das Kind und der Erwachsene. Erzieher und Zögling stehen auf der gleichen Ebene. Das heißt z. B., dass Schuld und Vergebung auf beide gleichmäßig verteilt werden und Kinder als vollwertige Persönlichkeiten beachtet werden. »... denn allein eine tiefere Einsicht in den Zusammenhang der Dinge, eine reifere Erfahrung, etwas mehr Geschicklichkeit, eine gewisse geistliche Reife und eine tiefere Liebe, das ist es, was wir den Kindern voraus haben« (Stückelberger, S. 40).

Schlussbemerkung

Der Blick in die Kirchengeschichte fordert uns heraus, die Grundlagen unserer Erziehung vom Wort Gottes her neu zu bedenken. Wenn wir unsere Pädagogik an den Maßstäben der Bibel ausrichten, dann wird Erziehung zu einer hoffnungsvollen Sache. Weil nicht wir, sondern Gott das Entscheidende tun muss. Es kommt darauf an, dass wir nicht zuerst erfahrungs-, sondern verheißungsorientiert leben und erziehen. Das ist gerade in unserer Zeit der negativen Schlagzeilen, der Katastrophen, des Terrors und der Ungewissheiten wichtig.

Es gehört zu den wichtigsten Aufgaben der gegenwärtigen Erwachsenengeneration, die Zukunft für die junge Generation zu »entkatastrophieren«, ihr Perspektive und Hoffnung zu geben. Das aber ist letztlich nur aus dem christlichen Glauben heraus möglich.

Ulrich Mack

27 Erziehung im Kontext der kirchlichen Kinder- und Jugendarbeit

Erziehung – nicht nur Sache der Eltern

■ Kindererziehung ist nicht nur die Aufgabe der Eltern. Dies zu fordern wäre eine Überforderung. Im Alten Testament wird zwar deutlich, dass das Elternhaus die wichtigste Bildungsinstitution ist; doch bereits zur Zeit der Könige David und Salomo wurde in Israel ein Schulsystem ausgebaut, das weiten Teilen der Bevölkerung ein gewisses Maß an Bildung und Erziehung zuteil werden ließ. Zur Zeit von Jesus und danach waren die Synagogen nicht nur Gottesdiensträume, sondern Schulhäuser und Bildungsorte im weitesten Sinn. Sie prägten zusammen mit den Eltern die Erziehung der Kinder und Jugendlichen.

Heute erfahren es Eltern immer wieder, dass viele Einflüsse auf die Kinder einwirken – im Kindergarten, in der Schule, in den Medien (v. a. Fernsehen) und in den Cliquen Gleichaltriger. Überall dort werden Kinder *mit*-erzogen, ob es Eltern wollen oder nicht. Die Frage für Eltern kann nicht heißen: Lassen wir erziehende Einflüsse an unsere Kinder heran? Sondern: Wie können wir die miterziehenden Personen und Institutionen so prägen, dass deren Erziehungsziele mit denen der Eltern weitgehend übereinstimmen? Hier ist die christliche Gemeinde als Ort der Bildung und Erziehung gefragt.

Erziehung – Sache der Kirche/Gemeinde

Jede Kirche und jede einzelne Gemeinde hat den Auftrag, an der Kindererziehung mitzuwirken. Dies scheint heute an vielen Orten eher ein Nebenaspekt kirchlichen Handelns zu sein. Wichtiger sind oft die Bereiche Verkündigung, Diakonie oder Musik. Doch eine Kirche, die kleine Kinder tauft, ist auch dafür verantwortlich, dass die Kinder über den Glauben erfahren und in ihn hineinwachsen können. In der Geschichte der christlichen Kirche spielte der Wille zur Erziehung eine große Rolle. Schulen standen jahrhundertelang in Verantwortung und unter Aufsicht der Kirchen. Neben der Verkündigung hatte die Bildung, das bewusste Prägenwollen von Kindern und Erwachsenen, einen hohen Rang – am Anfang in den Klöstern, dann in den öffentlichen Schulen und Pfarrhäusern.

Heute liegt die Verantwortung für die Schulen beim Staat. Der christliche Bildungsauftrag ist damit aber nicht erledigt – im Gegenteil. Im Religionsunterricht und in kirchlichen Kindergärten wird er wahrgenommen, aber darüber hinaus in der Kinder- und Jugendarbeit der Kirche: Kinderkirche, Kinderstunde, Jungschar, Konfirmandenunterricht, Jugendgruppen, offene Jugendarbeit – sie alle sind nicht ein beliebiges Hobby einer Gemeinde zur Förderung des kirchlichen Nachwuchses, sondern elementarer Auftrag jeder Gemeinde, begründet in der Kindertaufe, von Jesus Christus selbst gegeben: »... lehrt sie zu halten alles, was ich euch befohlen habe«.

Jugendarbeit wird besonders in der Pubertät wichtig

Jugendarbeit in dem uns vertrauten Sinn – nämlich die prägende Arbeit mit Jugendlichen zwischen 13 und 17 Jahren – gibt es erst seit etwa 200 Jahren. Dies klingt überraschend, hat aber zwei einfache Gründe:

Zum einen begann etwa um 1800 n. Chr. die Zeit der Industrialisierung: Heranwachsende übernahmen nicht mehr selbstverständlich den Hof oder das Handwerk der Eltern, sondern suchten sich immer mehr in den wachsenden Industrien der Städte Arbeit. Darum entstanden die ersten christlichen Jugendgruppen und Jugendverbände (z. B. Jünglingsbund, CVJM) zuerst in den großen und mittleren Städten: sie bemühten sich darum, jungen Menschen Heimat in christlicher Gemeinschaft zu geben. Zum anderen dehnte sich die Pubertätszeit deutlich aus. Bis zum 18. Jh. gab es keine »Jugendzeit« in unserem Sinn. Kinder wurden mit 7 Jahren eingeschult, mit 14 Jahren aus der Schule entlassen und genau am Schulende auch konfirmiert. Damit gehörten sie zur Erwachsenenwelt.

Für die Handwerker begannen die Lehr- und Wanderjahre; andere wuchsen in die Arbeit in Haus und Hof hinein. Nur sehr wenige konnten studieren oder einen anderen höheren Bildungsweg einschlagen.

304 Man kann in der Pubertätszeit das körperliche, geistige, seelische und soziale Reifen unterscheiden. Bis zum Ende des Mittelalters fanden diese Reifeprozesse bei den erwachsen werdenden Kindern etwa gleichzeitig statt: der Bildungsprozess war für viele mit 14 Jahren abgeschlossen; die Herausforderungen und Härten der dann beginnenden Arbeitswelt beschleunigten die seelische Reife. Zumindest Handwerkslehrlinge, aber auch Mädchen, die auswärts »in Stellung« gingen, mussten mit 14 Jahren das Elternhaus verlassen und auswärts lernen – dies förderte das soziale Reifen. Die körperliche Pubertät setzte verglichen mit den anderen Prozessen erst relativ spät ein – nicht allzu früh vor dem damals üblichen Heiratsalter, das deutlich unter dem heutigen Durchschnittsalter der Brautpaare lag.

Verglichen damit hat sich heute eine breite »Schere« aufgetan: Auf der einen Seite werden Jugendliche viel früher körperlich reif; Bilder von 14-jährigen Mädchen heute gleichen denen der 18-jährigen vor 100 Jahren. Auf der anderen Seite dauern die anderen Reifeprozesse deutlich länger. Manche Akademiker treten erst mit knapp 30 Jahren ihre erste Stelle an; Studenten oder Auszubildende wohnen oft noch bis zum Ende der Ausbildung bei ihren Eltern. Eine seelische Reife des Erwachsenseins und ein soziales Selbstständigwerden geschehen heute oft erst etwa 10 bis 15 Jahre nach der körperlichen Pubertät.

Diese 10 bis 15 Jahre sind »Jugendzeit« – Zeit des Reifens und damit Zeit der besonderen Herausforderung für Kirchen und Gemeinden. Es gehört zur Pubertätszeit, dass sich Kinder bzw. Jugendliche vom Elternhaus »abnabeln«. Dies ist ein natürlicher und notwendiger Prozess. Junge Menschen brauchen den Freiraum des Selbstständigwerdens; denn körperlich fühlen sie sich längst nicht mehr als Kinder; auch von ihrer Bildung her nicht. Pubertierende sind einerseits schon Erwachsene, andererseits aber gerade in ihren Wachstumsprozessen auch sehr unsichere Kinder, sowohl in ihrem Körper als auch in ihrem Selbstverständnis durchaus unsicherer als etwa 10-Jährige. Beides – ihr Körper und ihr »Ich« – muss nach der Kindheit erst wieder neu reifen und werden. Gerade in dieser Zeit brauchen Jugendliche den Raum der Freiheit. Bekommen sie ihn nicht – weder von den Eltern, noch von der Schule oder anderen Institutionen –, dann werden sie sich diesen Freiraum suchen. Viele der Probleme, die wir als Jugendprobleme kennen (Drogen, Disco-Szene, Gewalttätigkeit, Jugendsekten, Rechts- oder Linksradikale) haben hier einen Teil ihrer Wurzeln.

Auf diesem Hintergrund wird deutlich, wie wichtig eine christliche Jugendarbeit mit den 13-18-Jährigen ist. Gerade in den Reifeprozessen sind Vorbilder außerhalb des Elternhauses entscheidend, dazu Gruppen, in denen Gemeinschaft eingeübt werden kann, Abenteuer und Freizeiterfahrungen, die den eigenen Körper und die eigene Seele erlebbar machen und damit formen, in all dem auch die Erfahrung von Freundschaft mit Menschen und mit Gott. Für die Entwicklung des eigenen Ich kann und soll der christliche Glaube eine prägende, Identität stiftende Kraft haben. Die meisten Glaubensentscheidungen fallen in diesen Jahren. Freilich kann niemand Kinder und Jugendliche einfach zu Christen machen. Aber eine gute Jugendarbeit kann und soll zum Glauben an Jesus Christus einladen und in ihm begleiten.

Darum muss die Jugendarbeit innerhalb einer Gemeinde eine besondere Bedeutung haben. Hier nimmt die Kirche den Auftrag der Bildung und Erziehung in der neuen Herausforderung der verlängerten Pubertätszeit ernst.

Jugendarbeit braucht freien Raum

Jugendarbeit braucht aus diesen Gründen einen freien Raum in der Gemeinde. An vielen Orten herrscht unter den Erwachsenen die Meinung vor: Jugendliche sind am besten, wenn sie so sind wie Erwachsene – Orgelmusik und Kirchenbänke liebend, in den Gemeindehausräumen ordentlich, am Sonntagmorgen pünktlich, an den Gemeindefesten hilfsbereit. Andere Erwachsene, die früher einmal in der Jugendarbeit tätig waren, trauern diesen Zeiten nach und messen heutige Jugendarbeit bewusst oder unbewusst an ihrer eigenen, die natürlich – im verklärenden Rückblick – viel besser war als die heutige. Wieder andere – unter ihnen vor allem leitende Gremien und Pfarrer – sehen eine große Verantwortung für die Jugendarbeit und wollen sie darum nicht aus der Hand geben. Doch

Jugendarbeit braucht ihren Freiraum – auch in organisatorischer Hinsicht. Interessanterweise entstand christliche Jugendarbeit am Anfang des 19. Jahrhunderts nicht unter der Regie der Kirchen, sondern in eigenen Bewegungen und Verbänden (CVJM, EC usw.,

heute Jugendwerke und andere Verbände).

Der zeitlich gewachsene und darum in der Biografie jedes jungen Menschen bedeutende Lebensabschnitt der Pubertät braucht die Distanz zur Erwachsenenwelt. Diese Distanz sollte eine gute Jugendarbeit ermöglichen, um gerade darin junge Leute erwachsen werden zu lassen – auch erwachsen in einem lebendigen Glauben.

Was können Eltern heranwachsender Kinder tun?

- In der Kindheit (bis ca. 12 Jahre) viel aus der Bibel erzählen, positive Traditionen einüben (Tischgebet, Sonntagsfeiern, Feste im Kirchenjahr usw.), selbst Vorbild im Glauben sein.
- In der Pubertätszeit Jugendliche bewusst loslassen – auch auf ungewohnte Wege.
- Für die Kinder beten; besonders in schwierigen Zeiten mindestens so viel mit Gott über die Kinder reden wie mit ihnen selbst.
- In der eigenen Gemeinde mit allen Kräften eine gute missionarische Jugendarbeit fördern, die zum Glauben an Jesus Christus einlädt, die junge Menschen auf dem Weg des Glaubens begleitet und ihnen echte Gemeinschaft und eine alternative Freizeitgestaltung anbietet.
- Mitarbeiterinnen und Mitarbeiter unterstützen, loben, in der Fürbitte begleiten.

Ursula Wiesemann

Erziehung im Kontext der Mission 28

■ Die Erziehung von Kindern hat nicht in allen Kulturen den gleichen Stellenwert. Die Werte der jeweiligen Kultur fließen nicht nur in die Beziehungen zwischen Erwachsenen ein, sondern auch, und verstärkt, in das Verhältnis zwischen Eltern und Kindern.
Bei manchen Indianer-Völkern z. B. herrscht die Vorstellung, dass für jeden Menschen sein Schicksal schon bei der Geburt feststeht. Daran können und wollen die Eltern nichts ändern und haben somit relativ wenig Erziehungsverantwortung für ihre Kinder. In vielen Ländern Afrikas hingegen sind Kinder hauptsächlich zum Respekt gegenüber Eltern, Älteren und sonstigen Autoritätspersonen zu erziehen, und das mit Mitteln, die Stärkere den Schwächeren gegenüber üblicherweise anwenden – mit Gewalt. Unsere eigene Gesellschaft kannte es vor kaum 100 Jahren auch nicht viel anders.
Wenn wir heute nach neuen Zielen und Wegen fragen und uns verstärkt an Gottes Wort orientieren wollen, sind wir sicher auf dem richtigen Weg. Doch Vorsicht: wie leicht reißen wir Aussagen aus dem Zusammenhang und verfälschen damit die Orientierung, die Gott früher seinem Volk Israel und seit Jesus Christus uns als Christen anbietet.
Im Folgenden werden Beobachtungen vorgestellt, die bestimmte Regionen und Völker betreffen. Es handelt sich dabei nicht um eine in allen Fällen gültige Beschreibung, noch ist sie in irgendeiner Weise vollständig.

Beispiel Brasilien

Brasilien ist ein Land mit vielen Einwanderern, die aus verschiedenen Kulturen stammen und unterschiedlich lange dort ansässig sind. Im Süden waren spanische und portugiesische Einflüsse in vielen Landstrichen vorherrschend. Diese kulturelle Prägung wirkte sich im Stil einer Macho-Gesellschaft aus, in der sich Männer willkürlich durchsetzten und die Frauen zum Gehorsam den Männern gegenüber erzogen wurden. Noch bis in die Mitte des letzten Jahrhunderts wurden viele Mädchen von den Vätern verheiratet, bis zu ihrer Hochzeit von ihnen »behütet«. Sie gingen dann in die Verantwortung des Ehemannes über, der sie weiter zu »behüten« hatte. Die Söhne hingegen hatten volle Entscheidungsfreiheit über ihr Leben und später über das Leben ihrer Frau. In dieser Verantwortung mussten sie vom Vater geschult werden.

In anderen Landstrichen hingegen siedelten viele Nord- und Ost-Europäer wie Deutsche, Holländer, Polen und Russen und brachten aus ihrer Heimat andere Werte mit. In neuerer Zeit bestimmen auch Japaner und andere Asiaten das Bild von kleinen und größeren Städten. Im Einwanderungsland Brasilien ist also heute eine große Vielfalt von Kulturen zu finden. Im Norden kommen die Nachkommen der afrikanischen Sklaven dazu.

Die Integrationspolitik des Landes ermöglichte schon immer eine beliebige Vermischung der Bevölkerung. Dadurch erhielten auch die Erziehungskonzepte eine größere Bandbreite. Eltern, die selbst noch mit Stock und Peitsche erzogen wurden, lassen sich von neuen Ideen anstecken und finden auch für sich neue Lebensperspektiven. Im Allgemeinen ist die Erziehung der Kinder freundlicher geworden. Interessant ist es, dass viele Erwachsene, die zum Thema Kindererziehung befragt werden, sofort an Züchtigung denken. Ausbildung kommt erst nach weiterem Nachdenken zur Sprache. Immerhin ist kontinuierliche Weiterbildung heute in Brasilien in Mode gekommen. Auch in kleinen Ortschaften gibt es Abendkurse für Eltern, Jugendliche und Kinder, und das Angebot wird fleißig genutzt. Dabei ist das Spektrum der Angebote so breit wie in Deutschland. Es wird allerdings von den Lehrern vor Ort und deren Interessengebieten bestimmt.

Schwierig ist es für Verarmte, die in die Städte zogen und die in *Favelas*, Elendsvierteln, wohnen, die inzwischen zu jeder Großstadt gehören. Meist begann es damit, dass in der Landbevölkerung die Väter in die Stadt flohen und sich damit der Verantwortung entzogen, die Familie zu ernähren. Das ließ die Mütter mit einer wachsenden Kinderschar zurück, denn nicht selten kamen die Väter nur noch periodisch vorbei, um von der Mutter das inzwischen Ersparte zu fordern und eine weitere Schwangerschaft zu hinterlassen. Die Mutter musste irgendwie die Familie ernähren und den Kindern, wenn irgend möglich, eine Existenzmöglichkeit schaffen, indem sie sie zur Schule schickte.

In sehr armen Familien sind schon kleine Kinder auf sich selbst gestellt und müssen Überlebensstrategien entwickeln. Manche werden auch ausgesetzt. Wenn diese Kinder dann in die Kriminalität abrutschen, kann es passieren, dass die eigene Mutter die Polizei bittet, sie von dem gefährlichen Teenager zu befreien, weil sie sich vor ihm fürchtet und jeden Einfluss auf ihn verloren hat.

Sicher gibt es auch heute noch brasilianische Familien, in denen die Kinder mit Gewalt zur Unterwürfigkeit gezwungen werden. Durch die neuen Formen verschiedener Bildungswege entstehen jedoch neue Möglichkeiten zur Lebensentfaltung – auch für Leute aus dem Mittelstand. Das wiederum bewirkt mehr Lebensfreude und auch eine neue Offenheit für Kinder. Schon früh sind diese damit beschäftigt, sich mit Freunden auf der Straße und in der Schule auf das Leben und Überleben vorzubereiten.

Dabei ist die Rolle der Kirchen zwiespältig. Einerseits haben sie durch die frühe Förderung von Leseprogrammen auch in ländlichen Regionen neue Perspektiven eröffnet, als die Schulen noch uneffektiv und schwer zu erreichen waren. Viele, die nie eine Schule besucht hatten, haben anhand der Bibel lesen gelernt. In den letzten 50 Jahren hat die Regierung vermehrt Lese- und Fortbildungskurse angeboten, sodass die Kirchen diesen Bereich nicht mehr abdecken müssen. Außerdem ist durch diese Ausbildung das Niveau der Laienprediger gestiegen, die früher besonders in den Pfingstkirchen wegen mangelnder Ausbildung einen gesetzlichen Heilsweg predigten. Dazu gehörten außer Kleidungsvorschriften auch das Verbot jeglichen Spiels und Sports. Da nun in der Schule auch gespielt wurde, kamen die Eltern in Gewissenskonflikte.

Dazu kommen die Aussagen Salomos in den Sprüchen, die auf den ersten Blick die Gewalt an Kindern nicht nur empfehlen, sondern gar fordern – zumindest für den Sohn. Sie werden vom einfachen Bibelleser wörtlich genommen, da der soziale Kontext der jüdischen Kultur nicht immer klar aus der Übersetzung zu erkennen ist. Die (wenigen) Aussagen aus dem Neuen Testament bleiben oft unbekannt und damit unbeachtet, sicher auch deshalb, weil die Gewaltanwendung für viele eben der bequemere Weg ist, sich Ruhe zu verschaffen – allerdings mit fatalen Konsequenzen.

Die *Indianer* im Süden von Brasilien lebten schon 500 Jahre lang neben den Einwanderern. Lange blieben sie Beobachtende, die nicht immer wussten, wie sie das, was sie bei den Fremden sahen, einordnen sollten. In den letzten 20 Jahren haben sie genügend Portugiesisch gelernt, so dass sie auch Fragen stellen können. Dadurch nimmt der Einfluss der sie umgebenden Gesellschaft zu. Ihre eigene Kultur ist somit einem starken Wandel unterworfen.

Früher wurden die indianischen Kinder genau so, wie ihre Eltern gewesen waren. In einigen Familienverbänden wurde ein Neugeborenes bald benannt, »damit es sich wohl fühlt und nicht wieder weggeht«, wie mir der Kaingang Pedrinho erklärte. In anderen Verbänden wollte man lieber mit der Namensgebung warten, bis es klar war, ob das Kind überhaupt überleben würde. Das war in jedem Fall mit einem Ritual verbunden.
Erziehung bestand allein darin, dass die Kinder von den Eltern deren Fähigkeiten und Gewohnheiten beobachteten und nachahmten. Sie wurden beim Heranwachsen von den Erwachsenen ganz automatisch in die Lebensabläufe hineingenommen, hier und da auch bewusst angeleitet. Die Lebensabschnitte waren von Zeremonien begleitet, durch die sich die Indianervölker voneinander unterschieden. Oft lebten die Jungen auch mit ihren Altersgenossen in Gruppen, die je nach Stamm von einem erwachsenen Mann unterrichtet wurde. Es gab auch Tätigkeiten, die nicht von allen ausgeübt wurden. So wurde z. B. immer nur ein Kind von einem Schamanen in dessen besondere Welt eingeführt. Dabei hatten die Kinder auch Freiräume, sich ihr Leben nach eigenen Vorstellungen zu gestalten. Als Halbnomaden des Urwalds jedoch waren diese relativ gering, denn jeder musste zum Überleben für sich und die Gemeinschaft beitragen, wenn sie als Gruppe existieren wollten.

Disziplinprobleme gab es auch. Bei den Kaingang wurden rebellische Kinder eingeschüchtert, indem die Mutter mit barbarischen Eingriffen eines Onkels drohte. Ein kleines Kind wurde mit einer glühenden Kohle zur Raison gebracht – die bloße Drohung genügte normalerweise. Mädchen wurden oft schon sehr jung verheiratet, noch vor der Pubertät. Wenn sie dem Ehemann nicht willig war, war es Aufgabe des Vaters, der sie ja verheiratet hatte, zum Prügel zu greifen und ihr eine Lektion zu erteilen. Grober Ungehorsam des Sohnes wurde ebenfalls so geahndet. Aber das blieben wohl eher die Ausnahmen.

Von verschiedenen Indianervölkern Brasiliens ist zu lesen, dass sie Tabubrüche der Frauen mit mehrfachen Vergewaltigungen bestraften, d. h. alle Männer hatten die Frau oder das Mädchen zu vergewaltigen. Ehebruch der Männer ahndete man mit Hieben auf den Kopf mit Knüppeln aus Hartholz. Frauen waren oft Mangelware und wurden geraubt. Dabei konnte der Ehemann umgebracht werden und der Frau, die sich verweigerte, konnten die Kniekehlen durchgeschnitten werden. Damit war sie unbrauchbar – wer keine langen Strecken laufen konnte, musste versuchen, sesshaft zu überleben. Das war selten möglich.

Die Erwachsenen kannten auch das Mobbing, mit dem ein Widerspenstiger auf die Spur gebracht wurde. Er hatte dann nur noch die Wahl, mit seiner Familie zu fliehen. Doch auch Mord war nicht ausgeschlossen – durch Angriff oder durch Zauberei. Opposition wurde nicht geduldet.

Die Autoritätsstruktur bei Indianern, die seit 1930 in Reservaten leben, hat sich sehr verändert. Die Verwalter der Reservate waren für die Indianer Ausländer, sie wussten wenig von deren Wertvorstellungen. Im Lauf der Zeit setzten diese jetzt die Häuptlinge ein und ab, die früher aufgrund ihrer Persönlichkeit von der Gruppe als Autoritätsperson akzeptiert worden waren. Mit dem geänderten Einsetzungsverfahren hat sich auch das Autoritätsprofil verändert. Heute werden sie in einem Wahlverfahren eingesetzt, dessen Dynamik die Indianer erst langsam durchschauen. Geblieben ist großer Respekt vor Autoritätspersonen, die deshalb fest im Sattel sitzen. Sie dulden keine Opposition und deren Ablösung ist schwierig, auch wenn alle unter ihnen leiden.

Bei den mir bekannten Indianern ist die Botschaft der Bibel der größte Auslöser für Änderungen auf allen diesen Gebieten. In der Umbruchsituation, in der sie nun schon so lange leben, suchen sie nach Orientierungshilfen. Die Christen suchen sie im Wort Gottes. Bei den Kaingang ist das Alte Testament noch weitgehend unbekannt (es wird jetzt übersetzt). Das Neue Testament gibt Anweisungen über das gute Verhalten von Autoritätspersonen innerhalb der Gemeinde. Es gibt Warnungen, nicht zu viel Hoffnung auf die Unterstützung von weltlichen Autoritäten zu setzen, sowie Römer 13, das unseren Respekt gegenüber der Staatsform, in der wir leben, empfiehlt.

Jesus ist auch mit Kindern vorbildlich umgegangen. Er hat sie geheilt, als Vorbild hingestellt, in die Arme genommen, gesegnet. Bei den Kaingang fällt auf, dass Kinder im Gottesdienst willkommen sind, eigene Veranstaltungen haben und niemals zurechtgewiesen werden, gleichgültig wie störend ich sie manchmal empfinde. Es passiert auch, dass ein Elternteil oder ein älteres Geschwister das Kind nach draußen nimmt.

Wie man zu Hause mit Kindern umgehen soll, darüber besteht auch unter Christen keine einheitliche Vorgabe. »Einige Eltern überlassen es Gott, dass er die Kinder zurechtweisen soll«, erzählt mir ein Lehrer. »Damit entziehen sie sich ja jeder Verantwortung. Ich sehe das anders. Man muss die Kinder auch in ihre Schranken weisen. Aber man darf nicht einfach drauf los schlagen. Das muss man genau überlegen. Also man darf schon schlagen, aber sagen wir mal ein bis zwei Hiebe«, entscheidet er. Im Geist sehe ich, wie er so seine drei Buben erzieht. Sie scheinen recht gut zu geraten. Epheser 6,4 hat seine Wirkung bei ihm getan. Es ist eben nicht mehr so, dass die Kinder einfach die Eltern kopieren können. Die Jüngeren müssen neue Lebenskonzepte für sich entwickeln, neue Berufe erlernen, die ihre Eltern nur in ihrer Umgebung sehen aber nicht durchschauen.

Heute gibt es auch für die Indianer neue Ausbildungsmöglichkeiten, besonders durch die Schule. Ein zweisprachiges Schulsystem wird jetzt in Brasilien für die Indianervölker angedacht – besonders für solche, die schon lange im Kontakt mit der brasilianischen Bevölkerung leben. Die 40 Gruppen, deren Sprache inzwischen verschriftet ist, haben seit 20 Jahren, einige seit 30 Jahren die Möglichkeit, mit Buchwissen umzugehen. Das ist ihnen eine große Hilfe in ihrem Überlebenskampf. Aber es ist ein Wissen, das sie nur in den wenigsten Fällen von ihren Eltern lernen können. Die Schule und die Lehrer haben somit eine besondere Stellung. Viele Eltern sehen relativ hilflos zu, wie die Jungen ganz andere Wege gehen. Auch für die Kirchen ist das eine große Herausforderung – anders und doch ähnlich wie in der »alten« Welt.

Beispiel Afrika

In Afrika ist auf dem Gebiet der Ausbildung durch die Missionarsschulen viel Gutes geschehen, und das schon seit Anfang des 20. Jahrhunderts. Allerdings wurde in den Schulen, wie in Europa damals üblich, mit Prügelstrafen gearbeitet. Das kam der afrikanischen Mentalität sehr entgegen. Sklaven wurden schon immer als »Prügelknaben« gebraucht. Sklaverei war auf dem Kontinent weit verbreitet, schon ehe die Europäer daraus einen Handel machten. Auch heute noch gibt es sie in Afrika. Dazu kam, dass Frauen und Mädchen immer als Besitz der Männer angesehen wurden, erst der Väter und sonstiger Erziehungsberechtigter, dann als Besitz der Ehepartner. Auch daran hat sich bis heute wenig geändert. Diejenigen zu schlagen, die einem untertan sind und »gehören«, war schon immer »normal«.

Als den Kindern in den Schulen das Schlagen zum Wissen zu verhelfen schien, war es nur einleuchtend, dass diese Methode allgemein angewandt wurde und leider heute noch wird. Wenigstens ergibt das eine Art Gerechtigkeit: nicht nur Sklaven, Mädchen und Frauen werden geschlagen, sondern alle. Allerdings ist die Grausamkeit, mit der dies geschieht, ungemein verrohend. Nachdem ich dieses Prinzip endlich begriffen hatte, wunderte ich mich nicht mehr, dass Diebe tatsächlich gelyncht werden.

Es ist also tatsächlich in den meisten (wenn nicht sogar allen) Ländern Schwarzafrikas so, dass die Schulpädagogik in der Grundschule (Klassen 1-6) praktisch aus Hieben besteht. Dabei müssen Striemen zu sehen sein, am besten gar Blut fließen, damit die Maßnahme effektiv wird. Da der Unterricht in der europäischen Landessprache statt in der Muttersprache geschieht, muss viel auswendig gelernt werden.

Schläge helfen, sich etwas zu merken, auch wenn der Grund der Maßnahme dem Kind nicht einleuchtet. Sie hindern aber, wenn es darum geht, Denkprozesse in Gang zu setzen. Von Entdeckerfreude und Lernen aus Motivation kann da keine Rede sein. Es geht darum, Wörter, Sätze und Aussagen wortgetreu wiederzugeben und buchstabengetreu aufzuschreiben. Vor allen Dingen ist die absolute Autorität des Lehrers zu achten. Seine Anweisungen brauchen nicht einsichtig zu sein, sie müssen nur fehlerlos befolgt werden.

Das ist auch die Grundlage für die Kindererziehung in der Familie. Erspäht der größere Bruder oder ein Elternteil ein Fehlverhalten, gibt es Prügel. UNICEF und EMIDA haben im Dezember 2000 das Resultat einer repräsentativen Umfrage vorgelegt (Œnquête sur les violences éducatives faites aux enfants dans les familles et a l'école primaire au Cameroun, Yaoundé 2000), die in den vier bevölkerungsreichsten Provinzen Kameruns durchgeführt wurde. 2004 Kinder wurden befragt, 1002 Eltern und 105 Lehrer aus den verschiedensten Muttersprachgebieten, auch aus Nachbarländern. Die Statistiken sprechen eine deutliche Sprache:

83,4% der Eltern geben zu, ihre Kinder zu prügeln.
90,5% der Kinder geben an, daheim regelmäßig geschlagen zu werden.
93,3% der Lehrer benutzen in der Klasse die Prügelstrafe.
97,6% der Schulkinder sagten aus, dass sie in der Schule geschlagen werden.
Weniger als 1% der Kinder gaben an, weder daheim noch in der Schule geschlagen zu werden.

Viele Jahre habe ich das in Afrika trotz meiner guten Kontakte mit Studenten und anderen Afrikanern nicht gewusst. Erst in meinem sechzehnten und letzten Jahr fügten sich für mich die vielen Einzelbeobachtungen zu einem Bild zusammen, das mich tief erschütterte. Kindererziehung geschieht normalerweise weder im Gespräch, noch in Erklärung oder Ermahnung, sondern einfach durch Prügelstrafe. Auf diese Weise wird Autorität gefürchtet und gehasst, die Eltern werden respektiert, man ordnet sich unter. Auf der anderen Seite lernt das Kind, nur sich selbst zu vertrauen und sonst niemand, nach »oben zu buckeln und nach unten zu treten«, sich nie anmerken zu lassen, wie man sich fühlt. Initiative ist gefährlich, Durchführen von Anweisungen dagegen die erlernte Norm. Man hat viel erlitten, um einen guten Posten zu bekommen. Unbewusst wird man sich auf vielerlei Weise für das rächen, was man erlitten hat. Vielleicht ist in diesem Sinn die Aussage eines Burundi-Reisenden zu interpretieren, der während des blutigen Bürgerkrieges dort war: »Man kann es nicht fassen. Jahrelang haben die Familien als Nachbarn gelebt. Plötzlich kommt irgendetwas über den Mann, er nimmt sein Buschmesser, geht zum Nachbarn und bringt alle um, vom Säugling bis zum Greis.« Dieser kulturelle Hintergrund ist vielleicht ein Grund, warum so viele in Afrika die Botschaft von der Erlösung mit offenen Ohren hören. Die Befreiung von den Leiden dieses Lebens, die ewige Herrlichkeit ohne Leid, Wunden, Weinen ist schon eine anziehende Perspektive für jemand, dessen Leben nur von Leiden geprägt ist!

Diese Erziehungsmethode ist nicht nur in Kamerun zu Hause. Ich selbst habe sie in einer Reihe von Ländern West- und Ost-Afrikas recherchiert, wenn auch nicht so systematisch wie die UNESCO-Studie. Das System ist sowohl in der Familie als auch in der Schule verankert und wird von den Betroffenen als normal und notwendig akzeptiert. Man kann sich nichts anderes vorstellen. Viele mir bis dahin unverständliche Handlungen und Verhaltensweisen wurden mir klar, als ich das Ausmaß dieser »Pädagogik« begreifen lernte!

Das Programm EMIDA (B.P.14197, Yaoundé, Kamerun) bietet Orientierungshilfen für junge Familien, um neue Erziehungsperspektiven zu entwickeln und einzuüben. Diese noch junge Initiative scheint gerade bei jungen Ehepaaren auf Echo zu stoßen, es ist zu hoffen, dass dies der Anfang einer hilfreichen Bewegung wird. Doch mit Aufklärung allein ist es sicher nicht getan. Die schlimmen Erlebnisse müssen erkannt und unter der Vergebung geheilt werden. Erst dann kann langsam eine neue Freiheit entstehen.

Fazit

In den zwischenmenschlichen Beziehungen gilt überall das Recht des Stärkeren. Der Schwächere ist normalerweise der Unterlegene. Nicht überall, aber oft bezieht sich das auf physische Gewalt. Dieses Prinzip kann offensichtlich nicht immer durch Mutter- oder Elternliebe neutralisiert werden, die ihren Nachwuchs zu einem erfolgreichen oder »guten« Leben vorbereiten möchten. Fürsorge, Zuwendung, aufeinander hören, Gespräch, gemeinsames Leben und Handeln als Erziehungs-»Kunst« sind nicht automatisch in allen Kulturen verankert. Durch Vorbild und Angebot ist es möglich, gute Erziehungsstrategien zu verbreiten. Gerade darin hat die Gemeinde eine wichtige Aufgabe, die schon bald, nämlich in der nächsten Generation, nachhaltige Wirkung zeigen kann.

Zu 6. Erziehung und Gewissen

Literaturhinweise

Fischer, Hans (Hrsg.): Ethnologie. Eine Einführung. Berlin 1983
Käser, Lothar: Fremde Kulturen. Eine Einführung in die Ethnologie für Entwicklungshelfer und kirchliche Mitarbeiter in Übersee. Bad Liebenzell und Erlangen 1997

Zu 8.
Familie in der griechisch-römischen Kultur und die christlichen Haustafeln

[1] Peter Müller: In der Mitte der Gemeinde. Kinder im Neuen Testament, Neukirchen 1992, S. 326

[2] Ernst Dassmann/Georg Schöllgen: Art. Haus II (Hausgemeinschaft), in: Reallexikon für Antike und Christentum (RAC) 13, Sp. 801-905, Sp. 805

[3] »Gewiss wird es in ländlichen Gebieten weiterhin Großfamilien gegeben haben, den Rahmen für die Lebensform der meisten, vornehmlich der städtischen Einwohner des Imperiums dürften sie nicht gebildet haben. Die Gemeinschaft der Eheleute mit ihren Kindern, in die durchaus die eine oder andere allein stehende Person einbezogen gewesen sein mag, bildet ... die normale, auch emotional erfahrene Lebensform der römischen Bürger« (ebd. Sp. 807).

[4] Peter Müller: In der Mitte der Gemeinde, S. 320

[5] Ebd., S. 320

[6] Ebd., S. 107f., 117, 320

[7] Ebd., S. 320

[8] Vgl. J. Gaudemet: Art. Familie I (Familienrecht), RAC 7, Sp. 286-358, Sp. 331f.

[9] Vgl. Peter Müller: In der Mitte der Gemeinde, S. 94ff.

[10] Ebd., S. 103

[11] Ebd., S. 101

[12] Martin Luther: Kleiner Katechismus. Bekenntnisschriften der Evangelisch-lutherischen Kirche. 8. Aufl., Göttingen 1979, S. 523

[13] Bei den folgenden grundlegenden Überlegungen zur christlichen Haustafel beziehe ich mich hauptsächlich auf die wohl älteste Haustafel im Neuen Testament in Kolosser 3,18-4,1. Bei der Auslegung der Mahnungen an Kinder und Väter/Eltern (Punkt 3) gehe ich auf beide Abschnitte im Kolosser- und Epheserbrief ein.

[14] Vgl. Martin Dibelius/Heinrich Greeven: An die Kolosser. Tübingen 1953, S. 48f.

[15] Vgl. Peter Müller: In der Mitte der Gemeinde. S. 326ff. Und Roger W. Gehring: Hausgemeinde und Mission. Gießen 2000, S. 386ff.

[16] Eduard Schweizer: Der Brief an die Kolosser. EKK, Neukirchen 1976, S. 159

[17] Ebd., S. 162

[18] Peter Müller: In der Mitte der Gemeinde, S. 329

[19] Wiard Popkes: Paränese und Neues Testament. Stuttgart 1996, S. 162

[20] Peter Müller: In der Mitte der Gemeinde, S. 327

[21] Ebd., S. 337

[22] »Mit der Wendung ‚im Herrn' werden die Mahnungen, und zwar auch die, die mit antiker Begrifflichkeit und außerchristlichen Inhalten übereinstimmen, in den Bereich der Herrschaft Jesu Christi gerückt« (Roger W. Gehring: Hausgemeinde und Mission, S. 407).

[23] Vgl. das Zitat von Epictet, s. o.

[24] Eduard Schweizer: Der Brief an die Kolosser. S. 165

[25] Walter Bauer: Wörterbuch zum Neuen Testament. 6. Aufl. Berlin 1988, Sp. 497
[26] Roger W. Gehring: Hausgemeinde und Mission. S. 408
[27] s. Walter Bauer: Wörterbuch zum Neuen Testament. Sp. 1281
[28] Vgl. Eduard Schweizer: Der Brief an die Kolosser. S. 166
[29] Peter Müller: In der Mitte der Gemeinde. S. 338
[30] Ebd., S. 336
[31] Ebd., S. 338
[32] Ebd., S. 343
[33] Eberhard Hahn: Der Brief des Paulus an die Epheser. Wuppertal 1996, S. 167
[34] Ebd., S. 167
[35] Rudolf Schnackenburg: Der Brief an die Epheser. EKK, Neukirchen 1982, S. 268
[36] Ebd., S. 268
[37] Eberhard Hahn: Der Brief des Paulus an die Epheser. S. 168
[38] Werner Jentsch: Handbuch der Jugendseelsorge. Teil II: Theologie der Jugendseelsorge. Gütersloh 1963, S. 298f.

Zu 9.
Die Ehe der Eltern

[1] Gustav Friedrich Oehler: Theologie des Alten Testaments. J. F. Steinkopf: Stuttgart, 1891[3], S. 230-231
[2] Kurt Kleeman: Das Römische Museum Remagen. Rheinische Kunststätten 401. Neusser Verlag: Neuss, 1994, S. 21 (Inschrift auf einer der frühesten christlichen Grabplatten im Rheinland aus dem 5. Jh., gefunden in Remagen, heute im Rheinischen Landesmuseum, Bonn); vgl. die lateinische Fassung und den Kommentar in Helga Hemgesberg. »Die frühchristliche Meteriola-Inschrift aus Remagen«. Bonner Jahrbücher 186 (1986): 299-313
[3] D. Schneider: »Liebe«. S. 240-243 in: Fritz Grünzweig u. a. (Hg.): Brockhaus Wörterbuch. R. Brockhaus Verlag: Wuppertal, 1982, hier S. 240-241

Zu 11.
Erziehen durch Prägen

Literaturhinweise

Mack: Ideen für Ostern. Hänssler
Mack: Wir gestalten das Osterfest. Brunnen
Mack: Das große Kinderweihnachtsbuch. Hänssler
Mack: Am Himmel steht ein heller Stern. Brunnen
Mack: Immerwährender Adventskalender. Hänssler

Zu 15.
Gebet der Eltern für ihre Kinder

Literaturhinweise

Bright, Bill: »Wirksames Gebet – wie lernt man das?«. In: Mitteilbare Konzepte 9, Neuhausen-Stuttgart 1971
Christenson, Evelyn: »Was geschieht, wenn Frauen beten?«. Neuhausen-Stuttgart 1989
dies.: »Was geschieht, wenn wir für unsere Familie beten?«. Neuhausen-Stuttgart 1993
Mühlan, Eberhard: »Kinder in der Zerreißprobe«. Asslar 1985
Omartian, Stormie: »Mein Gebet macht uns stark«. Wuppertal 2000

Mütter in Kontakt-Infoadresse:
Mütter in Kontakt e.V., Ingrid Giger, Postfach 1241, D-73602 Schorndorf;
E-Mail: mik.de@t-online.de

Zu 16.
Pubertierende Kinder – Erziehung auf dem Prüfstand
Zum Weiterlesen:
Jan Uwe Rogge: Loslassen und Halt geben. Hamburg 2001/3
Claudia und David Arp: Und plötzlich sind sie 13. Gießen/Basel 1998/9

Zu 23.
Erziehung im Kontext der Entwicklungspsychologie
[1] Über die Ursachen der so genannten »Akzeleration« gibt es verschiedene Vermutungen; u. a. wird sie auf eine bessere Ernährung zurückgeführt, aber auch klimatische Bedingungen können eine Rolle spielen.

Literatur:
Flammer, August: Entwicklungstheorien. Psychologische Theorien der menschlichen Entwicklung. Bern 1988
Oerter, Rolf: Ist Kindheit Schicksal? Kindheit und ihr Gewicht im Lebenslauf. In: Was für Kinder. Aufwachsen in Deutschland. Hrsg. vom Deutschen Jugendinstitut. München 1993
Oerter, Rolf/Montada, Leo: Entwicklungspsychologie. Ein Lehrbuch. München; Weinheim 2., neu bearb. Aufl. 1987
Schenk-Danzinger, Lotte: Entwicklungspsychologie. Wien [21]1991

Zu 25.
Erziehung im Kontext von Fernsehen, Computer und Internet
Literatur
Dave Großmann, Gloria Degaetano: Stop Teaching our Kids to Kill. Crown Publishing Group, 1999
Jürgen Berthelmes: Fernsehen und Computer in der Familie. Für einen kreativen Umgang mit Medien, Kösel Verlag 1999
Computer- und Videospiele, pädagogisch beurteilt – zu bestellen bei Jugendamt Stadt Köln, Wolfgang Fehr, Im Mediapark 7, 50670 Köln
Aichburg: Fernsehen. Wissenswertes über Wirkungen und Wertmaßstäbe. Hänssler Verlag 1983
Dominik Klenk: Gegenwartsverlust in der Kommunikationsgesellschaft, LIT-Verlag 1998
Jerry Mander: Schafft das Fernsehen ab. Rowohlt 1979
Marie Winn: Die Droge im Wohnzimmer. Rowohlt 1979
Detlev Linke: Neurologie des Fernsehens in: Die neue Gesellschaft, Frankfurter Hefte Jg. 42, Januar 1995

Zu 26.
Erziehung im Kontext der Kirchengeschichte
Seitenangaben beziehen sich auf folgenden Titel:
Dieter Velten (Hrsg.): Glauben – Lehren – Erziehen. Pädagogen und pädagogische Konzepte im Pietismus, Gießen 1988
[2] Alfred E. Stückelberger: Erziehung. Wuppertal 1979